臺灣歷史與文化 研究輯刊

九 編

第 16 冊

高雄都會區台灣原住民口傳故事研究

張 百 蓉 著

花木蘭文化出版社

國家圖書館出版品預行編目資料

高雄都會區台灣原住民口傳故事研究／張百蓉 著 -- 初版 -- 新
北市：花木蘭文化出版社，2016〔民 105〕

目 4+298 面：19×26 公分

（臺灣歷史與文化研究輯刊 九編：第 16 冊）

ISBN 978-986-404-484-9（精裝）

1. 民間故事　2. 臺灣原住民　3. 高雄市

733.08　　　　　　　　　　　　　　　　　105001816

ISBN-978-986-404-484-9

9 789864 044849

臺灣歷史與文化研究輯刊
九　編　第十六冊　　　　　　ISBN：978-986-404-484-9

高雄都會區台灣原住民口傳故事研究

作　　者　張百蓉

總 編 輯　杜潔祥

副總編輯　楊嘉樂

編　　輯　許郁翎

出　　版　花木蘭文化出版社

社　　長　高小娟

聯絡地址　235 新北市中和區中安街七二號十三樓

　　　　　電話：02-2923-1455／傳真：02-2923-1452

網　　址　http://www.huamulan.tw 信箱 hml810518@gmail.com

印　　刷　普羅文化出版廣告事業

初　　版　2016 年 3 月

全書字數　243583 字

定　　價　九編 24 冊（精裝）台幣 50,000 元

高雄都會區台灣原住民口傳故事研究

張百蓉 著

作者簡介

張百蓉　出生於中華民國高雄市。中國文化大學中國文學系學士，中國文學研究所碩士、博士。曾任道明中學專任國文教師、國立高雄應用科技大學兼任講師，現為輔英科技大學護理系通識教育組專任副教授。碩士論文《李漁及其戲劇理論》寫於 1980 年，博士論文《高雄都會區台灣原住民口傳故事研究》在 2002 年完成。研究範圍有：戲劇理論、民間文學以及中文閱讀與寫作教學的相關議題。教授的課程則有：國文、中國語文能力、文學與人生、民間文學之採錄與整理。

提　　要

　　高雄都會區位在台灣原住民分布最廣的南台灣，高雄市又是南台灣唯一的院轄市，工、商、漁業發達，生活其中的都市原住民在民間故事的流傳方面，會有什麼樣的呈現，值得研究。本論文《高雄都會區台灣原住民口傳故事研究》即就移居高雄都會區台灣原住民講述的神話、傳說、故事加以分析、分類、比較，希望能藉此了解台灣原住民口傳故事在高雄都會區的發展概況，並發掘其特色與價值。本論文共計六章：

　　第一章「緒論」，說明本論文之研究動機、目的，研究材料及研究方法。

　　第二章「高雄都會區自然環境、歷史發展及其原住民族群」，敘述高雄市的自然環境、歷史發展、以高雄市為中心的都會型態、移居高雄都會區的台灣原住民及其文化歷史等，做為以下各章節論述故事的背景資料。

　　第三章「高雄都會區原住民故事與講述人」，敘述在高雄都會區採錄的台灣原住民故事、故事講述人以及故事來源。講述人共有六十七人，包括阿美、排灣、魯凱、卑南、鄒族、平埔、噶瑪蘭以及漢族。故事來源則包含了阿美、布農、鄒族、排灣、魯凱、卑南、平埔、噶瑪蘭、漢族、邵族、賽德克族和日本。這些故事分別是神話十六則、傳說六十三則、民間故事一一七則，共有一九六則。神話類別有大自然的神話、人類起源的神話、洪水神話以及糧食神話等四種，傳說類別有族群遷移傳說、人物傳說、動物傳說、地方傳說、風俗傳說和糧食傳說等六種，故事類別則有動物故事、幻想故事、生活故事、笑話等四種。由於針對高雄都會區採訪台灣原住民口傳故事之舉尚無前例，因此上述的些許材料，都是金師榮華及筆者帶領學生採錄的成果。

　　第四章「高雄都會區原住民口傳故事之類型分析」，根據故事的分布，將高雄都會區原住民口傳故事之類型，分為「國際性類型」和「與漢族共有的類型」，隸屬於前者的有九種，屬於後者的有一種。而尚未列在ＡＴ分類類型索引，但合乎類型條件的民間故事，便歸為「台灣原住民特有類型」，共有十七種，至於內容、結構也合乎條件的神話、傳說，則訂為「神話和傳說的類同現象」，共有七種。

　　第五章「高雄都會區原住民口傳故事與相關資料之比較」，根據第四章歸納整理的各種故事類型，將高雄都會區原住民的口傳故事與各族原鄉、其他台灣原住民族以及漢族流傳的故事進行比較，並探討其在本族或異族之間發展的歷程與方向。

　　第六章「結論」，歸納出高雄都會區原住民各族的口傳故事的交流與個別性早有歷史基礎，都會時空的影響有限。不過，以趣味為中心的笑話，則有與網路網絡交集的趨勢。

目

次

圖　次

表　次

第一章　緒　論

第一節　研究動機與目的

　　由於高雄都會區鄰近的山區有不少原住民聚落包括排灣、魯凱、布農，和隔著中央山脈的卑南、阿美族，加上高雄市是台北市以外的唯一院轄市，既擁有高雄港，又是許多產業工廠的所在地，工業、商業和漁業都很發達，為外來人口提供許多基礎勞力的工作機會。因此，來到高雄市生活或定居的原住民，剛開始多是因為地緣和謀生方便，隨後為了子女教育問題、或者與平地人的通婚而遷居高雄地區的原住民族群也以上述五族居多。至於因為自身是學生或者是為了從軍而來的年輕人，就比較不受地緣的限制，而還有些達悟、泰雅、賽夏、鄒族人，不過為數較少。

　　在高雄市及其都會區從事採訪時，所遇到的原住民以四、五十歲的青壯年為最多數，他們多半是早年離家，一心改善生活、脫離貧困，因此不是不曾聽過故事，便是把童年往事忘得差不多了。在說不出故事或只記得片段的受訪者當中，大致上有兩種情形：一種是認為故事全是不經之言，不足以代表原住民傳統文化；另一種則認為那是逐漸流失的瑰寶。而後者又有不願出賣祖先智慧和樂見大家蒐集保存的兩種反應。樂見蒐集保存者，還會極力推薦採訪者回原鄉採訪老人家，筆者得以深入鄰近高雄的聚落採訪，部分機緣便是從此而來，但是一些採訪活動中斷、不了了之的結果，也往往肇因於此。

　　一旦記得故事，這類青壯年齡層的講述者，則常比其他年齡層的人要善

於述說，故事量也比較多。究其原因有二：一是他們的記憶力還不錯，二是童年的美好正好撫慰奔波多年後的心靈。然而更嚴肅的因素則是，在自覺人生不過如此的哀樂中年裡，他鄉異族的生活情境與文化氛圍，並不能帶來認同上的充實感，轉而正視並且警覺到族群文化的流失。因此有些人的諸多故事，並不是幼年的記憶，而是近年來自行蒐集、四處詢問的結果，而這種人往往也會推介老人家給採訪者。都市裡也會探訪到老人家，不過這些老人家很少是定居在一處，常常是被子女接來小聚，或者不定期地自行下山探望子孫者。那些早年到高雄謀生的老人家，只要精神健旺者，也多半會回鄉定居，或者家鄉、都市兩地往來。

身為在高雄都會區出生、成長、工作的一分子，筆者自認對高雄都會區有一份熟悉，但是直到親身採訪，才發現原住民族群就在生活週遭的事實。在這個外地人占大多數的高雄都會區，今天的原住民雖然也在外地人之列，但是因為其居處分散，而且人數不多（九十年五月底止，高雄市的原住民總數有八千四百八十九人，至於流動人口便無法明確估算），如果再加上其有意的隱藏身分，避開平地人的活動場合，都讓一般人少有機會接觸，進而了解這些生活在都會區的原住民。筆者因緣際會得以與之相遇，並且感受到多數原住民的友善、熱情，尤其是與人為善的態度，並不因為身在都會之中而失色多少。實在是一項寶貴的人文資產。而這些優質往往在不一樣的生活習慣、外貌、口音甚至不夠精準的漢語用詞中，被輕率的忽略、誤解，姑不論這樣的情境對於原住民族群這類都會區的外地人，所帶來的傷害與不公，是如何的不該。就一個本來就是以外地人為構成主體的都會區，這種不成熟的情境，根本無法為都會區發展其涵融多元資糧的特質，這對高雄都會文化格局的開展，也是一種停滯。

而涵融多元的第一步便是了解，而且是就現象的掌握、分析，去呈現事相的過去、現在，以及表相、底層。民間故事深入而且廣布時間與空間的特色，其實已經在其流傳過程的無數有意、無意之間，留下了豐富的線索，只待有心人的累積和釐析。因此，從民間文學的研究入手，是應該可以發掘、並且建立一些足資了解的基石的。況且，原住民在都會區流傳口傳故事的現狀，也一直沒被討論過。於是在一次次的採訪紀錄之後，筆者決定以這個嶄新的領域為研究主題。

第二節　研究材料與方法

　　本論文主要材料，為高雄都會區台灣原住民講述的口傳故事，共有一九六篇，講述人計有六十七人。這些材料都是實地採錄而得的成果。由筆者負責的部分，開始於民國八十四年（一九九五）由金師榮華主持的一項南台灣原住民口傳文學的採錄計畫。當時筆者因地利之便，先是負責高雄地區原住民的聯繫，進而參與採集的工作。並在計畫結束之後，繼續進行採訪。

　　民國八十八年（一九九九年）起，除了持續個人在高雄都會區的原住民口傳故事採錄，也利用教學課程中民間文學的採錄實習，把學生採錄所得的資料建檔。從個人採訪到帶領學生採訪，逐漸擴大經驗與方法，累積一些採錄時的變化因素，這些累積對於日後在資料的判讀、取捨，都有相當的幫助。採錄活動一直持續到九十一年（二〇〇二年），其中一些高雄都會區台灣原住民所說的故事，經過篩選、整理之後，也納入論文的研究材料，其份量約佔一九六篇的二分之一。

　　至於高雄都會區的範圍則定在高雄市十一個行政區及高雄縣之鳳山、鳥松、仁武、大寮、林園。由於份量和時間的關係，所有的採訪稿目前都還沒整理出版，因此在第三章詳細說明材料的內容，以為其他章節討論時的依據。高雄地區以外的原住民故事材料，除了近年來實地採錄的資料以外，還採用了日據時代以來中、日人類學界和語言學界的調查、原住民各族自行採集整理的故事集、金師榮華整理出版的台灣各族故事集、胡萬川教授主持的台灣若干縣市故事集以及陳勁榛教授所整理的《台灣故事選集》（網路版）等各書中，與高雄都會區原住民故事有關的資料計三百七十八篇。此外，尚有相關的漢族故事十八篇。

　　關於論文的材料，分成故事和相關資料兩大部分，故事部份採用 AT 分類的項目和順序。從同類之中分析各篇情節架構，按照 AT 類型索引，列出故事類型，就同類型故事之異說，與原鄉、與其他各族的故事排比對照，探討其意義和相互之間的關係。

　　此外，AT 類型索引中尚未收列，但其條件符合「有兩種以上說法得成型」者，也按照 AT 類型的標準，條列故事架構，分析情節，訂定故事類型。關於神話、傳說部分，也著眼於其敘事結構之分析歸類，將架構相同，且情節單元相近者，以類同現象（類同篇）名之，定出神話、傳說的故事類型。以分辨其傳承之脈絡，抉引其殘存之幽微寓義。

第二章 高雄都會區自然環境、歷史發展及其鄰近之台灣原住民

第一節 高雄市的自然環境和歷史發展

一、自然環境

　　高雄市位於台灣本島的西南海岸，絕對位置在東經 120°14'30" 至東經 120°23'30"，北緯 22°30'30" 至 22°45'30"，西扼台灣海峽，南臨巴士海峽。陸地部分則與高雄縣接壤，北界橋頭鄉與梓官鄉，東北接大社、仁武、鳥松三鄉，東接鳳山市，東南臨大寮鄉和林園鄉，總面積為一萬五千五百七十三點三三五公頃〔註1〕。其中百分之八十五是低平的隆起海岸平原〔註2〕，地質則多屬第四紀中之沖積層，高山、台地都是隆起珊瑚礁，由北而南依序有：半屏山、龜山、壽山、旗後山以及鳳山台地。

　　從三百多年前有歷史紀錄迄今，嘉南平原的海岸線大致是持續向西移動，造成陸地不斷擴大。今從本市內惟的龍泉寺貝塚、壽山北端的桃子園貝塚、半屏山西緣的左營貝塚以及丘陸地西麓的覆鼎金貝塚等遺址推定，除了壽山至半屏山一帶為陸地外，現今鳳山市街以西的高雄市平原地區絕大部分

〔註1〕高雄市發展史編纂小組：《高雄市發展史》，（高雄市文獻委員會，民國八十四年四月再版），頁八五四。

〔註2〕王鑫：《台灣的地形景觀》，（台北‧渡假出版有限公司，民國八十六年五月），頁二一～二五。

原來是被海水所淹沒〔註3〕。由於海岸平原剛隆起不久，又沒有受到其他地殼變動的影響，所以本市的地表高度百分之九十一介於零至二十公尺，地形坡度百分之八十九在零度至五度之間，境內河川只是發源於平原內的小溪流，既短且少。這些河流流速緩慢，流量和含沙量都少，又直接入海，水文變遷相當小，只有近海河段水位受潮汐影響，而有潮川的特徵。主要河川有三，從北而南依序為後勁溪、高雄川及其下游仁愛河、前鎮溪。較重要的湖泊有斷層造成窪地積水為池的蓮池潭、金獅湖以及內惟埤。

　　由於注入的溪流含沙量有限，沿海潟湖內自然淤積的速度十分緩慢，使本市海岸線的變遷遠較嘉南平原其他地區緩和。而不同於嘉南海岸地盤的不斷隆起，高屏沿岸的沉降情形，也使本市海岸線沒有繼續西移〔註4〕。因此利用潟湖興建而成的高雄港，先天條件相當優越，現設有第一、第二兩個港口，航道長十二公里，寬一百一十至二百五十公尺，水深十點五至十六公尺，十萬噸級的貨輪也通行無阻，目前為台灣本島最重要的對外貿易港。

二、歷史發展

　　位於中國大陸西南方海面的台灣島，在三國時期被稱為夷州，到了隋代則稱流求〔註5〕。至於其與外界的往來，即使在唐朝晚期到宋朝，商人已然逐漸參與經南中國海到達東南亞，甚而到印度洋的海外貿易〔註6〕，仍然不見任何文字紀錄。宋室南渡後，經濟、文化重心移到東南，福建沿海海上活動發達，泉州躍為世界首要港口〔註7〕。此時台灣西南岸被稱「流求國」〔註8〕，

〔註3〕同註一，頁三四。

〔註4〕同註一，頁三六。

〔註5〕曹永和先生採市村瓚次郎、和田清及凌純聲三位學者之說，認為三國東吳臨海郡太守沈瑩所撰《臨海水土志》中所載之夷州即是台灣，而在《隋書‧東夷列傳》以及《陳稜列傳》所載錄之流求國，其習俗又與前述夷州一地吻合，因此台灣在隋代被稱為流求。

〔註6〕曹永和著、陳宗仁、陳利甫合譯：〈十七世紀作為東亞轉運站的台灣〉，（《台灣風物》四十八卷三期，民國八十七年九月），頁九〇。

〔註7〕曹永和：〈中華民族的擴展與台灣的開發〉，（《台灣早期歷史研究》，（台北‧聯經出版社，民國八十四年十一月初版五刷），頁五。

〔註8〕南宋樓鑰所撰《汪大猷行狀》及周必大撰寫之《汪大猷神道碑》，談及乾道七年（一一七一）知泉州的汪大猷曾派兵屯戍澎湖，以防「毗舍耶」的侵襲，趙汝适寫成於理宗寶慶元年（一二二五）的《諸蕃志》也記載了「流求國與毗舍耶」。轉引自陳冠學：《老台灣》，（台北‧東大圖書公司，民國八十八年

鄰近的澎湖群島則是漁場，並且納入南宋版圖。到了元代，泉州仍是海上貿易中心，不過，隔海的台灣雖有時人登陸遊賞的紀載〔註9〕，卻依然處在亞洲貿易網路之外〔註10〕。

　　明初，明廷先後放棄澎湖巡檢司、實施海禁，加上內地的人口壓力，使得澎湖成為中日海賊以及沿海漁戶的聚匿之藪，漁業因此興盛，來台捕魚的人口也因而逐漸增多〔註11〕。隆慶元年（一五六七年）開放海禁，漢人來台捕魚和貿易的活動更趨頻繁。中葉以後，亞洲各國的貨物交流日益暢旺，西人也陸續來到東亞，菲律賓和日本之間的航路多通過台灣附近，加上轉運基地的需求，從此台灣成為各方覬覦的目標〔註12〕。

　　萬曆二十五年（一五九七年），明廷在澎湖增設遊兵，台灣轉為海賊巢穴〔註13〕。加上日本戰國時代以後，需求鹿皮甚殷，從而促進漢人與台灣原住民的貿易活動〔註14〕，台灣成為鹿皮供應地和中日走私商人的會合地。荷人入據安平之前，安平港內的台江，便是中、日商人的交易中心〔註15〕。此時，漢人不僅與台灣南部早有來往，甚至還移居落戶〔註16〕。這些經商、定居的

八月六刷），頁二〇。

〔註9〕元順帝時，汪大淵曾到澎湖、琉求，還到琉求登山觀海，都紀錄在《島夷誌略》中，而此琉求就是台灣。

〔註10〕同註六，頁九二。

〔註11〕同註七，頁九。陳冠學：《老台灣》，（台北‧東大圖書公司，民國八十八年八月六刷），頁二〇。

〔註12〕曹永和：〈荷蘭與西班牙佔據時期的台灣〉，（《台灣早期歷史研究》，（台北‧聯經出版社，民國八十四年十一月初版五刷），頁二八：萬曆十四年（一五八六），在菲律賓的西班牙人便呈請攻占包括台灣在內的菲律賓周圍地區。萬曆二十一年（一五九三），日本豐臣秀吉有侵台之議，在菲的西班牙人，認為是攻擊呂宋的先聲，於萬曆二十四年、二十五年（一五九六～一五九七），三次上書國王主張占據台灣，以維護中菲之間的貿易。萬曆三十七年（一六〇九）、四十一年（一六一三），荷駐日平戶商館長曾建議占據台灣，以為中日貿易的轉接基地。日本於萬曆三十七年（一六〇九）、四十四年（一六一六），兩度派兵至台，都失敗。

〔註13〕陳冠學：《老台灣》，（台北‧東大圖書公司，民國八十八年八月六刷），頁二〇。

〔註14〕同註七，頁十一：萬曆三十年（一六〇二），陳第隨軍東征台灣，其《東番記》中言及：「……彰泉之惠民、充龍、烈嶼諸澳，往往譯其語，與貿易：以瑪瑙、瓷器、布、鹽、銅簪環之類，易其鹿脯皮角。」

〔註15〕同註十三，頁二三：天啓二年（一六二二），七月三十日荷蘭台灣探勘隊之航海日記謂：「此港（安平）為日人貿易之地，每年有日船二三艘來此。據漢人言，此地鹿皮甚多，日人向土人購之。每年有中國沙船二三艘，載運綢緞織物，來此與日人交易。」

〔註16〕同註十三，頁二三：天啓二年（一六二二），荷蘭澎湖司令官雷爾生（Lornelis

漢人和日人都分布在大員港、安平一帶。本市則由於海岸有寒暖潮流通過，形成每年的烏魚期，吸引大陸漁民來此捕魚，漁業活動早有發展。至於港灣的貿易活動，想來也有些私下的進行才是。

天啓二年（一六二二年），荷人再度進占澎湖，還劫捕漳州海面漁民來築城〔註17〕。到了天啓四年（一六二四年），福建巡撫商祚命趕走荷人，荷人轉占台灣，此時漢人來台捕魚和收購鹿皮、鹿肉的活動依舊暢盛〔註18〕，荷中的貿易狀態轉趨良好，在台日人的商業活動依然活躍〔註19〕。荷蘭方面為增加墾殖人力，還大量招攬漢人來台。崇禎十一年（一六三八年）在台漢人已有一萬至一萬一千人，在荷蘭人勢力內捕鹿、捕魚或種植經濟作物甘蔗和稻米〔註20〕，台灣在荷蘭的商業貿易經濟下，受到管制與賦稅。

這時本市市郊西北段已然開墾，鼓山地區還建有阻敵的防禦木柵「打鼓柴」，小港地區之海澄、海昌、海豐、海原四里與大林蒲及埤頭間，有港口直通今之內海。打狗不但是漁業中心、漁民泊船貿易移居之地，也逐漸發展為台灣石灰、藤、鹽、木材、魚類和稻米的輸出口之一，與荷屬巴達維亞之間有定期船隻的往來〔註21〕。

荷人雖看出打狗港不便於大船進出，但灣內風平浪靜，可以避風，在此築城，有助於防禦。但直到鄭成功攻台，終其三十八年的占台期間，巴達維亞方面都不曾因為打狗的軍事地位而應允築城，只在鹿耳門設警哨站以掌握烏魚獲量課稅。崇禎七年（一六三四年）以後，還陸續派員至打狗檢查捕魚執照，甚至為了保障東印度公司受益最多的漁業稅，而以武力保護捕魚船〔註22〕，足見

Reijersen）的七月二十七日發現距安平五六十公里處一島嶼，其航海日記：「該島……頗為肥沃，生長甚多椰子及其他樹林，又有耕地……漢人通譯未肯同行，謂島上有四百以上凶悍之食人族居住。……三年前有漢人百餘被害。」頁二五：天啓四年（一六二四），二月十六日巴達維亞日記記載雷爾生在安平東南角建築臨時堡壘，土人受漢人煽動，殺害前來取竹的荷蘭士兵，顯見堡壘附近已有定居之中國移民。

〔註17〕同註十三，頁二一。
〔註18〕同註十二，頁三二：天啓五年（一六二五），巴達維亞城日記四月九日條：「在大員灣中，約有一百艘中國帆船，是從中國來的，從事於漁業，並收購鹿肉，輸至中國。此項戎克船要進入內地，其中載著很多要收購鹿皮、鹿肉的中國人。」
〔註19〕同註十二，頁三九：天啓五年（一六二五），荷人向在台日人加課輸出稅。
〔註20〕同註十二，頁十二～十三：一六三八年十二月二十二日荷蘭東印度總督致本國報告。
〔註21〕同註一，頁五七一。
〔註22〕同註一，頁二九五～二九六。

荷蘭對台的經營只在榨取經濟。根據紀錄，荷據中期的打狗猶見魚汛時期搭建漁寮暫時停留的漁民，到荷據末期，打狗已經有漢人定居〔註23〕。這應該和本市在漁業發達之外，也是貿易交換之地有關〔註24〕。

　　永曆十五年（一六六一年），鄭成功率兵驅逐荷蘭人，設天興縣及萬年縣，高雄地區即隸屬於萬年縣。鄭經時，萬年縣改為萬年州。當時打狗沿岸的泊船條件已經比大員港優越，心有未甘的荷蘭巴達維亞方面還曾意圖循此途徑再回台灣〔註25〕。不過明鄭早有準備，不但在首府安平附近增強防禦，更在打狗沿岸地區設有圍柵〔註26〕。可見當年高雄地區在軍事防禦上的重要。

　　明鄭在台的經營以屯墾為主，目的在寓兵於農，足兵足食，農業性格因而傾向農本思想的主穀作物，農民的移動性也較荷據時代種植經濟作物時期要低，加上清廷實行海禁和遷界令，流動的漢人於是趨於定居〔註27〕。這時，漢人的移民中心場所共有二十四里，都在今日台南縣市、高雄縣市境內〔註28〕。官兵的營盤田則大都分布在嘉南鳳山一帶，本市的前鎮（在前鎮區）、前鋒尾（在鼓山區南）、後勁、左營（在左營區）、右沖（今右昌，在楠梓區）等地都是當時設鎮屯墾之處〔註29〕。也有移民搭建草寮居住，逐漸發展為漁村者，如旗後（今旗津）之開發〔註30〕。

〔註23〕荷據中期的崇禎十六年（一六四三年），荷人《熱蘭遮城日誌》在二月二日載及：「打狗有小屋四間，有許多中國人（大多數是漁人）睡於其中。」此當為應魚汛期所需，在打狗停留時的暫時性漁寮。及至荷據末期，駐台長官揆一（Coyette）為防堵國姓爺，還將大員、打狗、小琉球等地居住的漢人，帶到荷人控制之地。參見註一，頁二九六。

〔註24〕同註一，頁二。

〔註25〕同註一，頁三○○：荷蘭司令官勃特（Balthazan Bort）於康熙二年（一六六三）訓令巴達維亞總督 Maetzuiker Jan：「如無平底船，不應在大員上岸，而改由打狗後方為之。……此地除上岸方便外，亦可期待南方之住民協助荷蘭人，此一來台灣之中國人即不敢抵抗。」

〔註26〕同註一，頁三○一。

〔註27〕曹永和：〈中華民族的擴展與台灣的開發〉，（《台灣早期歷史研究》，台北·聯經出版社，民國八十四年十一月初版五刷），頁二三。

〔註28〕同註一，頁五七一：即文賢里、仁和里、永寧里、新昌里、仁德里、依仁里、崇德里、長治里、維新里、嘉祥里、仁壽里、武定里、廣儲里、保大里、新豐里、歸仁里、長興里、永康里、永豐里、新化、永定里、善化里、開化里、感化里。

〔註29〕同註一，頁二九八～二九九。

〔註30〕同註一，頁七五。旗後（今旗津）的開發始於永曆二十七年（康熙十二年，

　　明鄭爲充裕軍費也曾與英國、日本通商，發展東西兩洋貿易。對英的交易港口是安平，對日的交易之口在雞籠。此外，其興販船舶也遠到呂宋、蘇祿、文萊，中南半島之交趾、暹羅、柬埔寨等地〔註31〕。

　　康熙二十二年（一六八三年），鄭克塽降清。次年，台灣正式列入版圖並隸屬於福建省，原萬年州改爲台灣縣和鳳山縣。本市歸鳳山縣管轄，縣治初在興隆莊（今左營區），直到乾隆五十一年（一七八六年）莊大田事件，鳳山縣城（興隆里）被陷，才移城埤頭街（今鳳山市）。

　　康熙五十年（一七一一年）起，渡台限制漸弛，閩粵移民接踵來台，在台漢人的活動範圍也已延伸到山後，與當地的原住民頗有接觸：

　　　　四人皆能通番語，皆常躬親跋涉其地墣社和番，熟悉山後路徑情形。

　　〈橄淡水謝守戎〉〔註32〕

但傀儡內山的原住民還爲外界所懼，甚至連武裝的亂民都不敢進入：

　　　　傀儡內山……，賊不敢進。〈橄外委守備陳章撫擒逸賊〉〔註33〕

當時的打狗港水淺灘淤，不利大船靠岸：

　　　　打狗港水淺灘淤，戰艦繒艍概無所用，需盡易舢板頭艠子小船，乃

　　　　可入也。〈與制府論進兵中路書〉〔註34〕

雖然如此，在雍正三年（一七二五年）成立之商人組織——台南三郊，其中港郊從事交易的台灣各港，已經包括位在本市的旗後港（打狗港）〔註35〕。至於今之高雄平原處，則一貫荷、鄭時期栽種經濟作物的農業型態，多是開墾的蔗田：

　　　　登岸旱田百餘里，夾道蔗林，……臺民以蔗維生，糖貨之利上資江

　　　　浙〈與制府論進兵中路書〉〔註36〕

雍正九年（一七三一年）頒新制，減輕新墾田園之賦率，更加速漢人之開墾。

　　一六七三），閩籍徐阿華在當地建草寮居住，隨後洪應、王光好等多人繼至，逐漸發展爲一漁村。

〔註31〕台灣省文獻委員會：《台灣史》，（台北・眾文圖書公司，民國八十五年十月一版五刷），頁一九八～二一一。

〔註32〕藍鼎元：《東征集》，（《台灣歷史文獻叢刊》，台灣省文獻委員會，民國八十六年六月），頁二五～二六。

〔註33〕同註三十二，頁一二。

〔註34〕同註五十八，頁二。

〔註35〕同註一，頁五七四。

〔註36〕同註三十二，頁二。

此墾拓事業以台灣縣爲最古，鳳山縣亦受此影響，新墾土地激增〔註37〕。隨著日漸增多的入墾者，供應生活所需的交易活動亦趨活絡，康熙年間的鹽程社因而發展出市街，如今建國路以西的高地便是當年的主要商業貿易區——鹽埕埔〔註38〕。

　　港口方面，從乾隆五十二年（一七八七年）至同治十三年（一八七四年）的六十餘年間，也有大幅的變化：

> 旂後港（即打鼓港，今名旂後）：距縣城西一十五里。……此港當年
> 甚淺不堪泊舟。近十餘年日漸深闊，自鹿耳門淺淤以後，今唯旂後
> 可泊巨艦；此滄海桑田之明徵也。〈鳳山縣志〉〔註39〕

乾隆五十七年（一七九二年）時，本港已是實際上與大陸早有貿易交通的港口〔註40〕，而後也漸有洋行在此，從事蔗糖、樟腦、鴉片的買賣〔註41〕。咸豐八年（一八五八年）天津條約要求在台開通商口岸，打狗與安平繼淡水、基隆之後，在同治三年（一八六四年）一起開關〔註42〕，本港晉身國際商港，設有打狗領事館，駐有領事〔註43〕。旂後口要隘之打鼓山、旂後山，皆有通商洋人蓋屋居住〔註44〕，且陸續增加設防、建築砲台，軍事地位更爲提高〔註45〕。

　　今之左營一帶，是「原隰曠平，村莊叢聚；山溪環遶，港汊紛歧」。縣治舊城則因爲「依山作城，居高臨下之勢，每爲盜寇所先憑」，已然移城埤頭街（今鳳山市）。埤頭往南到旂後港之間，是直達苓仔寮的一片平沙。到了同治二年（一八六三年）底，英人必麒麟（W. A. Pickering）來台，擔任打狗的海關檢驗員，打狗海港、壽山、旗後山、高雄平原、左營舊城以及埤頭縣治，在他的眼中有如下的面貌：

〔註37〕 同註一，頁一六五。
〔註38〕 同註一，頁一三，五七二。
〔註39〕 《台灣府輿圖纂要》，（《台灣歷史文獻叢刊》，台灣省文獻委員會，民國八十六年六月），頁一四一～一四二。
〔註40〕 同註一，頁五七五。
〔註41〕 參見林玉如：《清代台灣港口的空間結構》，（台北·知書房出版社，民國八十五年初版），頁二六五。
〔註42〕 同註三十一，頁四三一。
〔註43〕 同註四十一。
〔註44〕 同註三十九，頁二六。
〔註45〕 同註一，頁二一。

打狗的海港由於風沙填滿礁湖，潮水沖積到入口處，致使船隻停泊的部分日益縮小。越過淺攤，需經過一條斷層才能到達港口入口。北方有一座石灰岩構成的峭壁巉巖，再往裡便是「猴山」（今壽山），南邊是一處一百八十呎高的小岬「撒拉森山頭」（今旗後山），南北邊以一深陷的斷層為界，中間有一小小綠色堤岸，和「猴山」隔著一個陷層，和「撒拉森山頭」則隔一條約六十碼寬的深水道，也就是內港入口。堤岸長約七、八哩，最寬處為二、三哩，是個平靜的礁湖。北端接著一個富饒的平原，遍植印度榕與林投樹，並種甘藷。南端是低淺的沙岸，是「撒拉森山頭」延展出來的平原，而這裡正是「打狗」市鎮的所在地。內港裡可見形形色色的漢人捕魚所用的各式竹筏。打狗是個由漁民組成的城市，偶而可看見外國人的半歐式住宅。到處都有竹林和印度榕樹林，即使是荒蕪的沙地上也不例外。「猴山」是座古老龐大的珊瑚岩山，由山頂望去景象壯麗。……再往裡走，出現一片肥沃的平原，種植著翠綠的稻子和纖細的甘蔗，還有叢叢翠竹點綴其間，偶而還會遇見一個小村莊，景致如詩如畫。最遠的邊界是一條低矮的山脈。打狗附近城鎮不多，最大的是埤頭（今鳳山市）。前往埤頭要先乘坐小船到苓雅寮小村，再騎馬或乘轎子走七哩遠的路到埤頭，沿途都是富饒的田園。打狗北方五、六哩處，有座大城曾是這一帶的首府，目前部分地區已經荒廢。打狗附近低濕的河流地帶，不僅是獵鷸的好地方，也是最佳的漁場〔註46〕。

如此看來，雖然打狗港的淤積現象比安平港要緩和，甚至在清廷眼裡比以前要深闊些，但從外人的描述裡，那遠從荷據以來就不便於大船進出的地理因素還是存在的。

至於鄰近打狗這個「漁民組成的城市」的深入山區，是崇爻、傀儡等嗜殺之山地原住民的活動範圍，敢入其境者依然稀少。

而反映商業發展的市街興替，則從乾隆二十九年（一七六四年）興隆舊城垣的縣衙街、下街仔、大街、南門口街、總爺口街、北門內街等六條街，到光緒十九年（一八九三年）只剩下縣衙街，其餘皆已不作市，取而代之的

〔註46〕必麒麟（W. A. Pickering）著、陳逸君譯述：《歷險福爾摩沙》，（台北・原民文化出版社，民國八十八年第一版），頁三九～四〇。

是陂頭街新街市。隨後又有城垣外，東南、西南以及西方的過溝仔街、能雅寮街、三塊厝街、旂後街代而興起〔註47〕。

駐防方面，從康熙二十三年（一六八四年）起，位在本市的打狗、歧後都是主要分汛地〔註48〕，並築有防禦工事。乾隆初期還曾增加軍防，直到道光初葉才有少許變化。

光緒元年（一八七五）廢除對台渡航禁制令，本港與國內外貿易量益增，但因鳳山地方集散區域的生產力還不如台南地方，因此貿易額始終不如安平。不過，打狗港的關稅收入仍在同治三年（一八六四年）到光緒十七年（一八九一年）之間，成長了十倍之多〔註49〕。而本市所在的鳳山縣，由於米、糖等生產事業的發展，兼爲台灣南部貨物吞吐港打狗海關之所在，地方稅源也日益充裕〔註50〕。

光緒二十一年（一八九五年）清廷將台灣割讓日本。《臺灣日日新報》記者芝中一曾隨第一批侵臺軍登陸澳底，十一月間到打狗，同月二十三日由打狗港乘船返日。其在昭和五年（一九三〇年）回憶打狗印象如下：

> 今壽町（鼓山一路）的氏川洋服店（在鼓山下路口）的地點，適爲壽山的突角，寶船寺下到哨頭町（哨船頭）的陸軍被服廠間，有輕便的鐵路敷設，現在的湊町（濱海一路北邊）一帶仍爲汪洋大海，看到雜草叢生的外國墓地……明治三十一年（一八九八）再度渡臺，……四十一年（一九〇八）……的歲暮，奉派駐在鳳山。那時，每隔一天要到打狗一趟。當時，鳳山有鳳山廳署、守備隊、醫院等，不愧爲行政的中心，市街比打狗繁榮許多，勿寧說是居支配打狗的地位。……我在四十四年（一九一一）調職於打狗。那時候，築港工程的前提——填海工作甫告完成，今新濱町（濱海一路南邊）房屋較多，湊町一帶既無道路和水溝，房屋也寥寥無幾，無異於原野。當時繁榮的是對岸的旗後町（旗後），和位於市街西端的哨船町。現在的高雄州廳（在五福路壽山登山口東北邊，爲舊州廳）以北是一片茂密的竹林，因過於冷清，入夜即無行人。如今快成市區繁榮中

〔註47〕同註一，頁五七三～五七四。
〔註48〕同註一，頁三〇三：汛的組織大半由協營分散出來，通常是幾十個或幾百個士兵，由千總、把總帶領駐防汛地，組織嚴密，分布最廣。
〔註49〕同註一，頁四一五。
〔註50〕同註一，頁四一八。

心地帶的入船町（五福四路、大勇路交叉之東南）、堀江町（五福四
路、大勇路交叉之西南），塡海工作剛剛完成，現在的劇場（指舊高
雄座，在今婦女習藝所址）前大路（鼓山一路），荒草萋萋，被指責
爲：既無行人，何需築路〔註51〕？

可見光緒三十二年到三十五年期間（明治四十一到四十四年，一九〇八年～
一九一一年）處在築港開發海灘階段的打狗擁有大幅的偏僻新生地帶。

由於安平港淤塞日益嚴重，加上南進政策，日政府在縱貫鐵路到打狗的
全線通車後，開始積極從事高雄港的築港工程。第一期工程開工，並公佈市
區計劃，仁愛河以西土地約一七〇萬平方公尺爲打狗市區，其中入船町、堀江
町爲新生地。整治仁愛河以後的新生地則有榮町（五福四路東邊）、北野町（富
野街一帶），就是現在的鹽埕區，又稱西高雄。原來的鹽田都被徵收爲工業用
地，從此此區更具商業機能，農業則漸趨沒落。接著有居住打狗地區的蕃仔
頭（日人頭目）集資成立打狗土地株式會社，收買今前金區的田園、漁塭，
進行東高雄的開發〔註52〕。

因爲擁有港口之利，身爲日政府南進樞紐的本市，積極發展各項工業以
供軍需，重要的公營事業有石油業（高雄煉油廠）、鋁業（高雄廠）、機械造
船業（高雄鐵工所）、化學肥料業（台灣肥料株式會社高雄廠）、水泥業（台
灣水泥化成工業會社高雄廠）、紙業（東亞製紙工業株式會社高雄廠）、糖業
（鹽水港製糖會社）。而在第二期築港工程竣工後，高雄港的貨物吞吐量大
增，相繼興起各種工業及工廠，較著名的有：高雄造船所，高雄軋鋼廠，碱
業公司高雄廠，高雄硫酸錏廠及高雄肥料廠〔註53〕。光復後高雄工商業的繁
榮即奠基於此時。

民國九年（大正九年，一九二〇年）九月一日，廢廳改設高雄州，置高雄
郡轄高雄街及左營、楠梓二庄，打狗之名從此步入歷史。高雄街轄高雄（原
打狗）、中洲、大港、三塊厝、林德官、大港埔、前金、苓雅寮、過田子、戲
獅甲、前鎮、內惟。原來的打狗僅包括哨船頭、鹽埕埔、鹽埕、旗後四個聚
落而已。民國十三年（大正十三年，一九二四年）改高雄郡爲高雄市，仍隸

〔註51〕轉引自照史：〈日據時代的高雄土地開發〉《打狗滄桑》，（高雄·春暉出版社，
民國七十四年九月），頁一〇二～一〇三。

〔註52〕照史：〈漫談高雄港〉，《打狗滄桑》，（高雄·春暉出版社·民國七十四年九月），
頁一一九。

〔註53〕同註一，頁四二三，頁五二三，頁五三七。

屬高雄州，原高雄郡下之左營、楠梓二庄撥歸岡山郡〔註54〕。到了民國二十九年（昭和十五年，一九四〇年）、民國三十三年（昭和十九年，一九四四年），左營、楠梓才又先後劃入高雄市轄下〔註55〕。

　　大戰末期，高雄港因為其日軍南侵基地的戰略地位，成為盟機轟炸的主要目標。從民國三十三年（昭和十九年，一九四四年）十月十二日起到次年（一九四五年）八月十五日日本無條件投降為止，空襲規模高達五十次，港區滿目瘡痍，港灣效能完全喪失。

　　民國三十四年（一九三四年），台灣光復，接管初期成立高雄市政府。民國三十九年（一九五〇年）全省重新劃分行政區域，因襲高雄市舊名升格為臺灣省轄市。民國六十八年（一九七九年）七月一日，改制為院轄市，並將小港鄉併入轄區內，全市劃分為鹽埕區、鼓山區、左營區、楠梓區、三民區、新興區、前金區、苓雅區、前鎮區、旗津區、小港區，共十一個行政區。

　　光復之初，本市工業分布以鹽埕區為最多，鼓山區次之，三民區又次之，以下依序是：左營區、前金區、新興區、旗津區、苓雅區、楠梓區、前鎮區。截至民國七十三年（一九八四）底，各區以三民、小港、鼓山、前鎮的工廠數最多〔註56〕。

　　民國五十五年（一九六六年）十二月，前鎮海面的浮洲—中島地區，經浚港填築後成為高雄加工出口區，面積約六十九公頃〔註57〕。民國五十七年（一九六八年），高雄加工出口區的設廠飽和，遂增設楠梓加工出口區，於民國六十年（一九七一年）三月建設完成〔註58〕。

〔註54〕綜合照史：〈日據時代的高雄土地開發〉《打狗滄桑》，（高雄·春暉出版社·民國七十四年九月），頁一〇四。以及高雄市政府全球資訊網。

〔註55〕曾玉昆：《高雄市各區發展淵源（上）》，（高雄市文獻委員會，民國八十一年初版，民國八十四年再版），頁三六〇，頁五一〇。

〔註56〕同註一，頁五四八。

〔註57〕同註五十二，頁一二五。

〔註58〕同註一，頁五四八。

高雄市行政區域圖

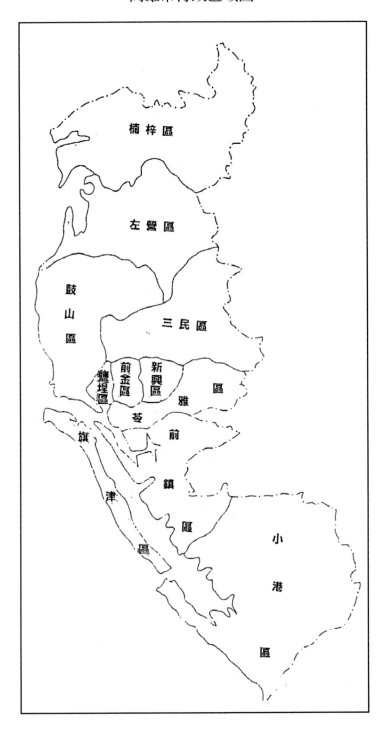

第二節 以高雄市為中心的都會型態及其台灣原住民族群

開埠甚早的高雄市在承襲漁業和轉口貿易的傳統優勢，和光復後持續的經濟建設和港灣開發計畫之下，終於在往後的幾十年間迅速成長發展，並在民國六十八年（一九七九年）七月一日，繼台北之後，成為台灣地區的第二個院轄市。其人口總數也從光復之初的不滿二十萬人，發展到如今的超過一百五十萬人。在這些成長的人口裡，移自外地者不在少數，而從山地鄉、邊陲鄉村，被都市的經濟優勢吸引前來謀職、就學的台灣各原住民族群便是其中之一，並且在居處環境改變的連鎖影響之下，更有形成一種有別於傳統的都市原住民族群的趨勢。

在民國四十三年到七十三年期間（一九五四年～一九八四年），六十三年（一九七四年）以前，位在已發展區的外緣以及鄰近就業中心的新發展區的三民、苓雅、前鎮三區人口增加最速，其後略被楠梓區趕上，鼓山區則持續緩慢增加，升格之後加入的小港區，人口增加之快速還高居各區之冠。此時，移居高雄市並有戶籍紀錄的台灣原住民之分布，也正以前鎮、鼓山、小港區為大宗，不過這些原住民的職業絕大多數是受雇出海捕撈，在當時逐漸興起的工、商業領域裡，原住民移民還沒有多少參與能力〔註59〕。至於鹽埕區、前金區、新興區、旗津區、左營區這些早期發展的聚落，則因為地價高昂、環境品質低落或發展重心移轉等因素，而導致人口外遷〔註60〕。

產業分布方面：第一級產業（包括農、林、漁、牧、狩獵業）多在都市邊緣，即產業及土地使用以農漁業為主的旗津、小港區。第二級產業（包括各種製造業）偏重在楠梓加工區、高雄煉油廠、前鎮加工區、臨海工業區等主要加工區、工業區，位置所在地為楠梓、前鎮、小港等區。第三級產業（包括商業、各種服務業）比較集中在主要商業中心所在的鹽埕區、新興區、前金區。大致說來，高雄市整體經濟結構偏向第二級產業、第三級產業，是個以工、商為主的都市〔註61〕，所吸引的外來就業人口，也以工、商業者居多。

〔註59〕林金泡：《台北市高雄市山胞居民生活狀況》，（台北縣政府，民國七十三年八月），頁三～七。

〔註60〕《高雄市發展史》，（高雄市文獻委員會，民國七十七年元月初版，民國八十四年四月再版），頁八四三。

〔註61〕同註五十九。

而移入的原住民職業人口，則集中在第一級產業的漁撈業。

　　民國七十年（一九八一年）以來，由於各項建設的完成，以及運輸系統的建立，高雄市與外圍鄉鎮的發展也合為一體，形成所謂高雄都會區。由於都會區的範圍並無法定的界線，本文將討論的高雄都會區範圍設定在高雄市十一個行政區及高雄縣的鳳山市、鳥松、仁武、大寮、林園等鄉。從交通部的交通旅次調查結果顯示，本都會區與外圍市鎮的互動關係雖然密切，但外圍市鎮往來貫穿高雄市區的旅次互動比例卻很小〔註62〕，倒是與東側市鎮如高雄縣的鳳山市之間的互動頻率很高〔註63〕。足見這個位在台灣西南邊緣的都會區，對外的聯動偏重在東側市鎮。那濱海與港灣的地理特徵，在建立對外的人文網絡方面，似乎尚未發揮作用。

　　七十年到八十三年（一九八一年～一九九四年）間，高雄都會區內人口持續向高雄市郊之楠梓、小港、鳳山甚至更外圍的鳥松等地移動。從產業的分布可見，三級產業集中在鹽埕、前金、新興舊市區，並逐漸往苓雅、三民等新市中心區發展，為都會區內主要的商業與服務業中心。二級產業方面仍以製造業為發展主軸，石化、鋼鐵、機械等重工業為發展重點，重要工業區分布於前鎮、小港、楠梓、仁武、大寮、林園等地，為都會區的工業發展重心。可見都會區人口不但往外圍分散，而且是隨著產業的引進與發展而變化、成長〔註64〕。這段時期，一級產業人口幾乎沒有增加，二、三級產業人口則快速成長。在第一級產業的漁撈業占大宗的原住民人數之萎縮亦可想而知，不過，隨著高雄都會區成為以工業、商業機能為主導的南部區域第一大都會的同時，移入的原住民也轉往運輸、加工、板模、機械等勞力密集的行業發展。其居處的分布也和整個都會人口持續向市郊、鳳山甚至鳥松等外圍移動的趨勢一般，形成目前高雄都會區原住民散居各處的現狀〔註65〕。而隨著市

〔註62〕《高雄都會區住戶交通旅次調查》，（交通部運輸研究所，民國八十七年八月），頁四～七。按：所謂旅次，是為了某一目的，使用某種交通工具，從某地移動至另一地的現象。通常有人旅次或車旅次之分。本文所指為車旅次。

〔註63〕《高雄港區聯外道路與高雄都會區交通運輸系統整合規劃初期報告（上冊）》，（頂和國際工程顧問股份有限公司，民國八十四年十二月），頁 II～十九：從現存擁擠路口多集中在市區，鐵道兩側之東西向幹道，顯示高雄市與東側市鎮如高雄縣的鳳山市之間的互動性非常強。

〔註64〕同註六十二，頁 II～五，II～十四。

〔註65〕高雄市政府原住民事務委員會：《高雄市原住民基本資料暨生活狀況調查統計分析報告》，民國八十九年十月。

中心都市機能增強，也加速商業及個人、社會服務業的發展，二級產業有逐漸轉型為以高科技產品製造業為重心的趨勢。另外，「工商綜合區的開放申請，促使中石化、台糖產業朝多角化經營，也將逐漸改變都會區內的產業經濟結構」〔註66〕。

　　但是，約在八十四年（一九九五年）以後，位在南台灣的高雄都會區卻面臨產業無法順利升級，成長停滯的危機。根據行政院主計處的「八十七年台灣地區社會發展趨勢調查」，台灣地區各都會區的人口及勞動力的成長，台北都會區的增長趨緩，鄰近的桃園、新竹甚至台中都會區的人口則持續增加，而同在南部的嘉義、台南、高雄都會區的人口增長率卻是每況愈下，八十五年（一九九六年）時都低於百分之一。就業人口的消長更是明顯：台北、台中、桃園、新竹都會區的就業人口暴增，嘉義、台南及高雄都會區則是負成長〔註67〕。到了八十九年（二〇〇〇年），在高雄市設籍的都市原住民，還因為「謀職與就業不易，已有部分中老年、甚至青壯年人口回流原鄉，賦閒或從事農牧耕作」〔註68〕。

　　九十年（二〇〇一年）四月三十日《中國時報》報導，行政院主計處發佈的三月份失業概況，高雄縣、台南市等九個縣市失業率超過了百分之四，高雄縣失業率百分之四‧八九高居榜首，台南市百分之四‧七七居次，高雄市百分之四‧三八，台南縣百分之四‧五四，南台灣已經全面呈現就業市場的寒冬。其中高雄市在同年三月還創下了加工出口區投資掛零的紀錄〔註69〕。

　　總之，從荷據以來歷經明鄭、清廷、日據時期，高雄市以其臨海的地理位置，在漁業、貿易和軍事等方面持續發展。光復之後，更因為幾處加工出口區的規劃，為高雄市乃至鄰近鄉鎮吸引了大量而密集的勞工，也創造了台灣經濟起飛的黃金歲月。從高雄都會區隨著產業發展、移動而明顯消長的人口分布，也可以推知其人口結構以工商勞動者居多。然而隨著高科技產業的代興、島內外景氣的蕭條，高雄都會區的眾多工商勞動就業人口受到的衝擊不小，以從事勞力密集工作為主的都市原住民自然也不能置身事外。

　　至於高雄都會區都市原住民的族群，早期在高雄市設籍者是以花蓮、台

〔註66〕同註六十二，頁 II～九。
〔註67〕《中國時報》一九九九年四月十九日報導，http://www.gcaa.org.tw/env.news/
　　　　199904/88041902.htm　二〇〇三年十二月三日。
〔註68〕http://192.192.148.27/news/2001/04/30/2001-0430ch12.html　二〇〇三年七月一日。
〔註69〕同註五十九，頁四。

東的阿美族爲主幹，佔有總數的百分之八十六〔註70〕，這是因爲阿美族原鄉分布在平地區域，早與平地社會接觸，但在缺乏交易文化的背景之下，頻頻賣掉祖業。光復後，原來的劣勢未除，又不能享有山地保留區的保護，於是在貧困的驅逐下，毫無規畫的來到都市討生活。然而隨著農業經濟的衰退，許多山地部落的人口也逐漸往工商業起飛的高雄市、以及鄰近市鎮移入。因此，僅僅是高雄市一地，設籍的原住民其原居地雖然以台東縣、屏東縣爲最多，但已經包括了台灣地區的所有族群。不過，在比例上仍以阿美族居首，其餘依次是排灣族、泰雅族、布農族、卑南族、魯凱族、賽夏族、鄒族、達悟族和其他族群〔註71〕。至於那些在高雄都會地區或暫居或長住，只因種種因素而未設籍的都市原住民居民自然也包括了上述各族群。基於反映事實的需要，本文所探討的高雄都會區台灣原住民便包括了在高雄都會區活動的台灣地區各原住民族群，其是否設籍以及居停時日的久暫則沒有設限。

　　關於台灣原住民在高雄都會區活動的個別具體內容，將在本文第三章第四節的講述人當中，敘述個人經歷時一併介紹，下節先就原鄉分布區和文化特徵等方面，介紹高雄都會區台灣原住民各族群的歷史背景。

〔註70〕同註五十九，頁四。

〔註71〕高雄市政府民政局：《高雄市原住民行政工作簡報》，民國八十五年二月，頁二。同註六十四，頁二～三。

高雄都會區圖

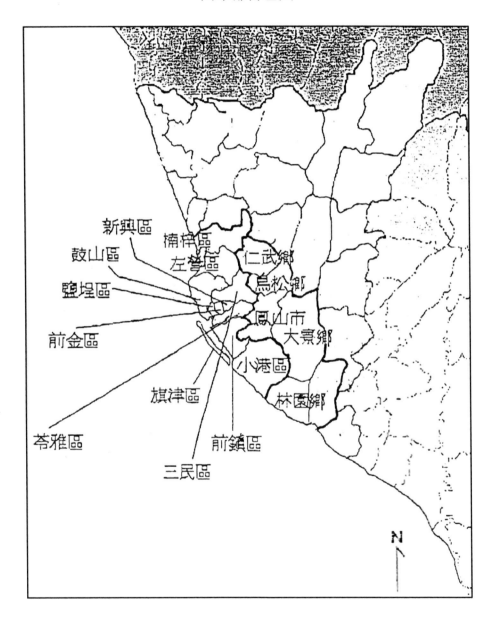

（參引 http://100s.hypermart.net/big-ks-map.html　2003/12/15）

高雄市山胞居民人口分布圖（民國七十三年）

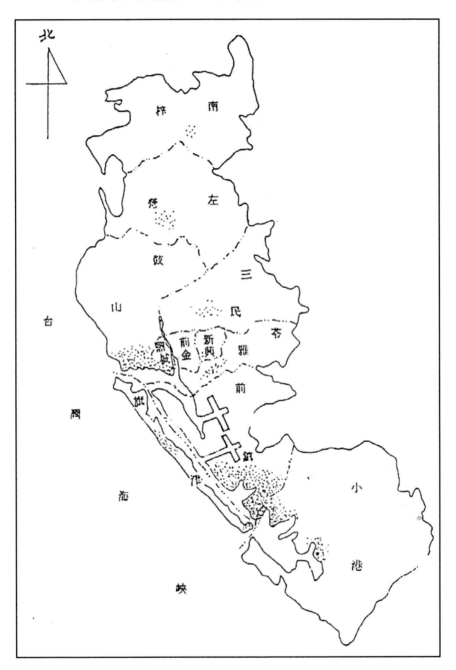

（引自林金泡：《台北市高雄市山胞居民生活狀況》，民國七十三年八月）

高雄市原住民人口分布圖（民國八十五年）

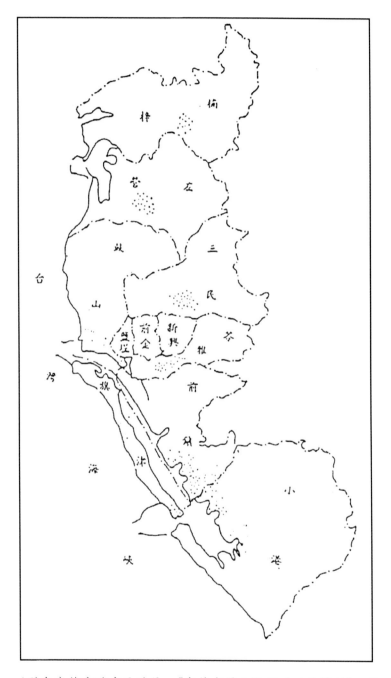

（引自高雄市政府民政局：《高雄市原住民行政工作簡報》，民
國八十五年二月，頁十九）

高雄市各區原住民人口數（民國八十九年五月）

單位：人

區域別	性別	原 住 民 人 口 數					
		合 計		平地原住民		山地原住民	
總　計	計	戶數 2084	口數 7004	戶數 1389	口數 4631	戶數 695	口數 2373
	男		3429		2356		1037
	女		3575		2275		1300
鹽埕區	計	21	61	8	31	13	30
	男		22		11		11
	女		39		20		19
鼓山區	計	100	324	48	145	52	179
	男		165		79		86
	女		159		66		93
左營區	計	241	754	114	333	127	421
	男		351		170		181
	女		403		163		240
楠梓區	計	291	934	165	514	126	420
	男		440		258		182
	女		494		256		238
三民區	計	201	629	109	347	92	282
	男		281		158		123
	女		348		189		159
新興區	計	32	76	20	41	12	35
	男		34		18		16
	女		42		23		19
前金區	計	9	38	6	18	3	20
	男		20		11		9
	女		18		7		11
苓雅區	計	86	319	43	148	43	171
	男		137		73		64
	女		182		75		107

區域		戶數	人口數	戶數	男	戶數	女
前鎮區	計	492	1727	395	1375	97	352
	男		899		717		182
	女		828		658		170
旗津區	計	27	119	6	20	21	99
	男		58		5		53
	女		61		15		46
小港區	計	584	2023	475	1659	109	364
	男		1022		856		166
	女		1001		803		198

（引自高雄市政府原住民事務委員會：《高雄市原住民基本資料既生活狀況調查統計分析報告》，民國八十九年十月，頁十一）

高雄市各區原住民人口統計表（民國九十二年十月）

區域別	合　計		平地原住民			山地原住民		
	戶數	人口數	戶數	男	女	戶數	男	女
全　市	2690	8697	1710	2744	2794	980	1365	1793
鹽埕區	24	71	8	9	18	16	18	26
鼓山區	138	405	74	102	102	64	90	111
左營區	404	1230	183	295	262	221	288	385
楠梓區	359	1187	188	293	329	171	252	313
三民區	257	791	139	190	243	118	141	217
新興區	44	123	18	23	27	26	30	43
前金區	16	38	6	7	5	10	11	15
苓雅區	127	433	67	109	127	50	69	128
前鎮區	556	1802	436	715	704	120	181	202
旗津區	32	116	7	8	12	25	48	48
小港區	733	2501	584	993	965	149	238	305

（引自 http://www.kcg.gov.tw/~coaa/stats.htm　2003/12/14）

第三節　台灣原住民族群與分布

　　至民國九十二年七月底止，台灣地區原住民的人口總數計有四十三萬七千九百六十五人〔註72〕，佔全國總人口的百分之一點七五。除了達悟族住在蘭嶼島上，其他九族的分布地區遍布全島。

　　由於交通便捷，加上就學、通婚、服兵役等因素，都在提供就業機會的工商條件與地緣關係以外，爲高雄都會區吸引了鄰近山區之外的其他原住民族群，所以幾乎台灣原住民的各個族群都有人來到高雄都會區生活、發展。因此本章以高雄都會區爲中心，隨地緣的遠近，依序介紹台灣原住民族群的分布地區與主要的文化特徵。

（一）排灣族〔註73〕

　　原居地爲緊鄰高雄都會區東、東南方之台灣南部地區，北起大母母山一帶，南達恆春半島，東南包括中央山脈東南山麓和狹長的海岸地帶，即今屏東縣三地門、瑪家、泰武、來義、春日、獅子、牡丹、滿洲等八鄉，台東縣金峰、達仁、大武、太麻里等四鄉和台東市。人口集中屏東縣，以來義鄉人口最多，總人口數六萬九千零三十九人（行政院原民會，民九十二），爲台灣原住民第三大族。

　　分爲 Ravar（拉瓦爾）亞族和 Vutsul／Butsul（布曹爾）亞族兩大支群。Vutsul／Butsul 亞族又分爲 Paumaumaq 群（北部排灣巴武馬群）、Caupupulj（南部排灣查敖保爾）群和 Paljizaljizaw（南部排灣拍利達利達敖）群、Paqaluqalu 群（東部排灣）。其分布概況如下：

　　1、Ravar（拉瓦爾）亞族：位在排灣族最北端，北邊有魯凱族與之三面圍繞，彼此通婚頻繁，風俗習慣相互影響。自稱其先祖來自口社溪南大山西麓的大社村，主要聚落地在武洛溪上游，如今散居於三地門鄉。

　　2、Vutsul／Butsul（布曹爾）亞族：主要居住地在北口社溪以南，至東港溪之間。

　　（1）Paumaumaq（巴武馬）群（北部排灣）：由固有布曹爾群居地 Padain

〔註72〕「全國各縣市原住民族群人口數統計表」資料標準日：九十二年七月三十一日（行政院原住民委員會）

〔註73〕綜合 http://www.apc.gov.tw/04_nine/intro.asp，衛惠林等原修、洪敏麟整修：《台灣省通誌・卷八同冑志（第一冊）》，（台中・台灣省文獻委員會，民國六十一年），頁一五～一六，童春發：《排灣族史篇》，（南投市省文獻會，民國九十年），頁一二～一八。

（巴達姻）、Tsalisi（查利西）、下排灣等地方南移者，因其稱原居地為Paumaumaq，故以名稱之。現在分布在屏東縣泰武鄉、來義鄉一帶。

（2）Caupupulj（查敖保爾）群（南部排灣）：為排灣族亞群中分布最廣者。包括現在的屏東縣春日鄉、獅子鄉。

（3）Paljizaljizaw（拍利達利達敖）群（南部排灣）：分佈於屏東南端一帶，包含牡丹鄉及滿州鄉。此群北與查敖保爾的 Sabedeq（薩布立克）群相鄰，南與卑南、阿美和平埔等族共處，族群間交相通婚，文化也彼此影響。

（4）Paqaluqalu（巴卡羅）群（東部排灣）：其組成的來源，一方面是經中央山脈移來的巴武馬群，另一方面是由中央山脈西側南移而後東遷的查敖保爾群。遷徙期間又分別與卑南、阿美或其他族群相遇，由於自然生態環境和多元族群的融會，在血統以及文化上都有所混合。分布地區有臺東縣達仁鄉、金峰鄉、太麻里鄉、大武鄉和台東市。

共同的文化特徵〔註74〕：

1、繼嗣採兩可直系制，即不偏父也不偏母的兩性平等出現的兩可制。

2、長嗣直系的主幹家族和旁系分出的核心家庭，或分家。

3、長嗣繼承家產、家屋。

4、社會組織中，有貴族地主與佃民的封建社會。

5、宗教上有祭祀團體。各祭祀團各有祭司或巫師，崇奉不同的神靈〔註75〕。

（二）魯凱族

原居地位在高雄都會區東北方的中央山脈南段東西兩側。西側有荖農溪支流濁口溪的下三社群（高雄縣茂林鄉），以及隘寮溪流域的西魯凱群（屏東縣霧台鄉）；中央山脈東側的一支則是呂家溪流域的大南群或東魯凱群（台東縣卑南鄉）。

人口數以屏東縣霧台鄉最多，其次為台東縣卑南鄉，再其次是高雄縣茂林鄉及屏東縣三地門鄉。人口總數有一萬零七百四十八人（行政院原民會，民九二）。

〔註74〕吳寧遠：《文化變遷與生活適應之研究：原鄉地區原住民遷徙都會問題之省思》，（委託單位：高雄市政府原住民事務委員會，研究單位：國立中山大學，民國八十八年六月），頁八。

〔註75〕綜合衛惠林等原修、洪敏麟整修：《台灣省通誌·卷八同冑志（第七冊）排灣族篇》，（台中·台灣省文獻委員會，民國六十一年），頁一、頁九～一一。

由於三群分布的地區分散，彼此往來不易，反而與鄰近其他族群的互動較多，例如下三社群與布農族、鄒族的往來，比與西魯凱族群及大南群要方便；西魯凱族則為排灣族所環繞，其與排灣族的區分，外人不易分辨；而大南群則與東部的卑南族及布農族有互動關係。在語言方面，三群之間也有差異，甚至在同一群中，言語也未必互通，如下三社群的三個村子的語言各不相同。在習俗方面也有所差異，譬如會所制度便僅見於大南群。

共同的文化特徵〔註76〕：

1、繼嗣採偏父系的兩可直系制，由父母任一方的關係來決定繼嗣群內成員之資格，男女嗣在任一世代中都可以被指定為承宗接嗣者。不過，比較多出現的是父系。

2、偏重從父從夫居的直系主幹家族。

3、原則上由長男繼承家產，無男嗣則由長女繼承。

4、社會組織由宗族系統組成。此宗族系統由貴族地主與佃民組成。組織領袖除貴族地主外，還有選出來的地方領袖，司祭領袖以及戰爭領袖。

5、為神祇崇拜。

分辨魯凱族與排灣族的風俗習慣有：

1、在祭典方面，魯凱族不舉行五年祭。

2、在繼嗣方面，排灣族採長嗣繼承，魯凱族採長男繼承。

3、在葬俗方面，魯凱族行側身葬法或直放葬；排灣族行蹲踞屈肢葬法〔註77〕。

（三）布農族

分布於中央山地，海拔一千至一千五百公尺或甚至高達二三○六公尺的高地上。行政區分跨於南投縣仁愛、信義兩鄉、花蓮縣瑞穗、卓溪、玉里三鄉、高雄縣三民、桃源兩鄉，台東縣海端、延平兩鄉及關山鎮〔註78〕。共有卓、卡、丹、巒、郡等五個族群，總人口數四萬一千一百五十六人（行政院原民

〔註76〕綜合衛惠林等原修、洪敏麟整修：《台灣省通誌·卷八同冑志（第七冊）魯凱族篇》，（台中·台灣省文獻委員會，民國六十一年），頁七～一○、頁一七～一八，及註七十四，頁八。

〔註77〕衛惠林等原修、洪敏麟整修：《台灣省通誌·卷八同冑志（第一冊）》，（台中·台灣省文獻委員會，民國六十一年），頁一四～一五。

〔註78〕衛惠林等原修、洪敏麟整修：《台灣省通誌·卷八同冑志（第五冊）布農族篇》，（台中·台灣省文獻委員會，民國六十一年），頁一～二。

會，民九十二）。

　　鄰近高雄都會區東北方的高雄縣三民、桃源鄉境內者屬於郡社群，是布農族人口數最多的社群〔註79〕。

　　共同文化特徵〔註80〕：

　　1、繼嗣採只由父方追溯祖先，也只算男嗣所出後裔的父系單系制。

　　2、從父從夫居的擴散家族。

　　3、家產由長子繼承，如果兒子分家，則平分家產。女兒不能繼承家產，若無子嗣便由女兒繼承。

　　4、社會組織亦為父系氏族組織，不過整個部落由親族（氏族）、地域群、會所、年齡組織與軍事組織統一而成。首長由特權氏族世襲。另有部落司祭和戰爭時的軍事領袖。

　　5、把宇宙分為自然（Dihanin）、萬物精靈（Hanidu）、人（Bunun）三界；自認為大地唯一的「人」，其餘皆為異類或精靈。

（四）阿美族

　　分布在中央山脈東側，立霧溪以南，太平洋沿岸的東台縱谷及東海岸平原。分為北部群、中部群和南部群。北部群即南勢阿美；中部群包括秀姑巒溪阿美、海岸阿美；南部群包括卑南阿美、恆春阿美。行政區域包括花蓮縣、台東縣、屏東縣〔註81〕。就地理位置而言，與高雄都會區較接近的是南部群的卑南阿美及恆春阿美。

　　由於居地南北狹長，北部不斷受木瓜、太魯閣方面泰雅族侵襲，中部則遭布農族侵襲，南部則屈服於卑南族的統治，在物質文化或習俗，都各受鄰近強勢異族影響。而彼此又因獵場隔開，聯繫不佳，導致語言習俗方面各有特異之處〔註82〕。

　　總人口數一十四萬七千一百五十五人（行政院原民會，民九十二），是台灣原住民中人口最多的一族。

〔註79〕http://www.kscg.gov.tw/other/fupl-a6.htm　二○○三年五月十八日。

〔註80〕綜合衛惠林等原修、洪敏麟整修：《台灣省通誌·卷八同胄志（第五冊）布農族篇》，（台中·台灣省文獻委員會，民國六十一年），頁一二～一七、頁二七～二八，以及註七十四，頁六～七。

〔註81〕衛惠林等原修、洪敏麟整修：《台灣省通誌·卷八同胄志（第八冊）阿美族篇》，（台中·台灣省文獻委員會，民國六十一年），頁一。

〔註82〕同註七十七，頁一八。

共同文化特徵〔註83〕：

1、繼嗣採母系單系制。

2、母方旁系擴散家族。傳統婚姻是招贅婚，從妻居。

3、長女為家系承繼人，亦為家產之法定繼承人。家族財產以不分割為原則，次女以下婚後仍住家中。男嗣則出贅。

4、社會組織由男子組成的部落會所與組織嚴密的年齡階段為骨幹。頭目之外，另有老人組成的顧問團，輔佐頭目管理部落。

5、泛靈信仰。祭祀中大司祭為世襲，也有巫師自成一格。

（五）卑南族

卑南族過去曾與魯凱族併入排灣族，因語言、風俗迥異，現已別為一族。依其起源傳說，分為兩個系統：

1、石生起源說的知本系統，包括知本、建和、利嘉、初鹿、泰安。

2、竹生起源說的南王系統，包括南王、賓朗、寶桑。

隨著鄰近族群的不同，知本、南王兩系在語言、服飾、祭儀等逐漸分化：知本系有濃厚的排灣、魯凱色彩，南王系則明顯受阿美族的影響。

居住地位在高雄都會區東方的中央山脈以東，卑南溪以南的海岸地區，台東縱谷南方的平原上。其他分出之地有太麻里鄉、滿州鄉、牡丹鄉及恆春鎮等處。恆春一帶的卑南族與平埔族、漢族、阿美族、排灣族混居，且受到排灣族的深度同化〔註84〕。

本族人口集中在台東縣，以台東市比例最高，其次是卑南鄉，總人口數九千零一人（行政院原民會，民九十二）。

共同文化特徵〔註85〕：

1、繼嗣採偏母系的單系制。

2、母方伸展家族（包括旁系擴展型與直系或主幹型）、核心家庭。

3、家族土地由長女繼承，並繼承財產權。動產與特別財產分由男女繼

〔註83〕 綜合衛惠林等原修、洪敏麟整修：《台灣省通誌‧卷八同胄志（第八冊）阿美族篇》，（台中‧台灣省文獻委員會，民國六十一年），頁一六～二二、頁二七～三一、頁三八～三九、頁四六，及同註七十四，頁一○。

〔註84〕 同註七十七，頁一七。

〔註85〕 綜合衛惠林等原修、洪敏麟整修：《台灣省通誌‧卷八同胄志（第七冊）卑南族篇》，（台中‧台灣省文獻委員會，民國六十一年），頁六～七、頁一三～二○、頁二六。同註七十四，頁九。

承。

4、社會組織由母系氏族加上男系會所及年齡組織構成。權力中心為：長者、會所中心長老及氏族中的司祭。

5、神祇崇拜。

（六）泰雅族

泰雅族分布在台灣北部中央山脈兩側，以及花蓮、宜蘭等山區，又分為泰雅亞族（Tayal）和賽德克亞族（Sedek）。泰雅亞族分為 Sekoleq 群和 Tseole 群，賽德克亞族分為東賽德克群和西賽德克群。

泰雅族居住地境內的高山相當多，例如插天山、棲蘭山、合歡山、大霸尖山、奇萊山等。河川則有新店溪、大甲溪、秀姑蘭溪等。分佈的行政區有台北縣烏來鄉、新竹縣尖石和五峰兩鄉、桃園縣復興鄉、苗栗縣泰安鄉、南投縣仁愛鄉、台中縣和平鄉、花蓮縣萬榮鄉和秀林鄉、宜蘭縣大同與南澳兩鄉〔註86〕。總人口數八萬九千三百二十七人（行政院原民會，民九十二），僅次於阿美族，為台灣原住民族的第二大族。泰雅的紋面最引人注意，以前，泰雅男子須獵首，女子需會織布，才可紋面。

共同文化特徵〔註87〕：

1、繼嗣採雙系親族原則，即完全依照血親關係，對父方親屬與母方親屬無分軒輊，對男性親屬與女性親屬及其所出也平等對待。

2、從父居的核心及主幹家族。

3、父系由父傳子，直系繼承。長子與末子優先權。長子繼承家長地位。女子不得繼承任何財物。若家族中無子，長女可繼承父母地位。

4、社會組織有祭祀團體（gaga），再由數個祭祀團體聯合成大祭團（gamil）。領袖有部落領袖與經濟生活圈領袖，即地域與血緣領袖。

5、精靈崇拜：不分生靈、鬼魂、祖靈。

（七）賽夏族

分布在新竹、苗栗兩縣交界的山區，傳說賽夏族祖先曾自大霸山山麓移

〔註86〕衛惠林等原修、洪敏麟整修：《台灣省通誌・卷八同冑志（第五冊）泰雅篇》，（台中・台灣省文獻委員會，民國六十一年），頁一。

〔註87〕綜合衛惠林等原修、洪敏麟整修：《台灣省通誌・卷八同冑志（第五冊）泰雅篇》，（台中・台灣省文獻委員會，民國六十一年），頁一七～二七、頁三三～三四以及註七十四，頁五。

至大湖及苗栗一帶，其後又繼續南移。以鵝公髻山和橫平背山的脊線，分為南北兩群：

1、北賽夏分布在新竹縣五峰鄉大隘社的十巴兒（Shipaii）、夏埔（Shigao）、碑萊（Pilai）。

2、南賽夏分布在苗栗縣南庄鄉東河村瓦羅（Walu）、卡拉灣（Kalawan）、蓬萊村的巴卡散（Pakasan）、阿米希（Amisi）、泰安鄉錦水村的巴卡利（Pakali）、馬陵（Malin）、坑頭（Invawan）、獅潭鄉百壽村。著名的矮靈祭場向天湖即是隸屬於東河村。

族人分布以苗栗縣南庄鄉最多，其次為新竹縣五峰鄉，新竹縣竹東鎮亦有賽夏族人。總人口五千一百九十九人（行政院原民會，民九十二）。由於背鄰泰雅族和前臨漢族，在其深刻的影響之下，逐漸失去其固有文化〔註88〕。

共同文化特徵〔註89〕：

1、繼嗣採父系單系制，只由父方追溯祖先，也只算男嗣所出的後裔。

2、從夫從父居的擴散家庭。

3、家室與主要家產由長子或幼子繼承主要部分，其餘均分諸子。除非招贅，否則女兒不能繼承家產。

4、社會組織由父系氏族組成，即由親族構成社會組織。組織的領袖有管戰爭的部落首長和部落最高的祭祀領袖兩種。

5、祖靈崇拜為其宗教特質，惟矮靈之祭例外。

（八）鄒　族

分布於玉山西側一千至一千五百公尺的高地，分為三個語言群。北鄒的阿里山群講鄒語，分布於阿里山，嘉義吳鳳鄉及南投信義鄉；南鄒的四社群分布於高雄縣桃源、三民兩鄉，操沙阿魯阿語；簡仔霧群分布在高雄縣三民鄉，操卡那布語〔註90〕。總人口有四千一百四十四人（行政院原民會，民九十二）。

〔註88〕衛惠林等原修、洪敏麟整修：《台灣省通誌・卷八同冑志（第五冊）賽夏篇》，（台中・台灣省文獻委員會，民國六十一年），頁一。

〔註89〕綜合衛惠林等原修、洪敏麟整修：《台灣省通誌・卷八同冑志（第五冊）賽夏篇》，（台中・台灣省文獻委員會，民國六十一年），頁一二～一三、頁二一。及註七十四，頁六。

〔註90〕http://www.kscg.gov.tw/other/fupl-a4.htm　二〇〇三年五月十八日。

共同的文化特徵〔註91〕：

1、繼嗣採父系單系制。

2、從父從夫居的擴散家族。

3、社會組織為父系氏族，幾乎與布農族類似。

4、神祇崇拜，相信各物皆有神靈。

（九）邵　族

過去通稱為「水沙連化番」，主要聚落有卜吉社、水社、頭社、沈鹿社、貓蘭社等。曾有學者認為他們是阿里山鄒族的一支；有的認為在歷史上，他們和南鄰的布農族較密切；陳奇祿先生認為他們是獨立的一族〔註92〕。

清雍正四年（一七二六）「骨宗事件」〔註93〕之前，水沙連境域包括今中寮、集集、水里、魚池等鄉鎮，以及竹山、鹿谷、名間、國姓、埔里之一部分。勢力強盛時，不僅折衝於西部平原各平埔族群之間，更與比鄰的鄒、布農、泰雅諸族相抗衡。「骨宗事件」之後，勢力逐漸衰退，道光年間，尚領有今魚池鄉境，光緒至日據初期，因瘟疫肆虐，族人易居，僅遺日月潭畔四周。昭和九年（一九三四），因日月潭發電工程，迫遷卜吉社（今德化社），光復後又因漢人移入，街地重劃，目前居住地僅餘南投縣魚池鄉德化社以及水里大平林等零星社區〔註94〕。如今總人口數只有三百七十一人（行政院原民會，民九十二）。

傳統文化特徵〔註95〕：

1、從父居之父系社會，嚴守一夫一妻制。氏族為最大親屬單位。

2、老人政治，涉外、內部事務，均由長老會議議決。

3、部落頭目，同一氏族構成之部落，氏族族長為頭目，採長嗣世襲制。

4、祖靈信仰，崇拜「公媽籃」。

〔註91〕綜合衛惠林等原修、洪敏麟整修：《台灣省通誌・卷八同冑志（第六冊）曹族篇》，（台中・台灣省文獻委員會，民國六十一年），頁七～一六、頁三〇～三二，以及註七十四，頁七。

〔註92〕鄧相揚、許木柱：《邵族史篇》，（南投市省文獻會，民國八十九年十二月），頁一四。

〔註93〕一七二六年水沙連社抗租，清廷出兵彌平，擒拿頭目骨宗等二十餘人。說見註九十四，頁八一。

〔註94〕同註九十四，頁一，一九。

〔註95〕同註九十四，頁七七～八二。

5、女祭師「先生媽」，祭祀祖靈的執行者。

6、成年鑿齒，於豐年祭時舉行。

（十）達悟族

達悟族居住地在今台東縣蘭嶼鄉，有紅頭、漁人、椰油、東清、胡島、銀野六村。總人口數三千二百七十人（行政院原民會，民九十二）。處在台灣東南方太平洋上之蘭嶼島，因為海洋阻隔而保有固有風俗習慣。是原住民中較晚接觸漢人的一支。

共同文化特徵〔註96〕：

1、繼嗣採父系繼嗣制。

2、從父從夫居的新居制核心家庭。

3、無統一權威之社會領袖，社會組織由父系世系群、漁團組成，領袖為父系群族長與漁船長。

4、配合捕捉飛魚行動的飛魚祭儀。

（十一）噶瑪蘭族

噶瑪蘭族原居宜蘭平原，在山地土著原住民與漢人的雙重壓力下，大多捨棄原住地，今分散在宜蘭平原各地〔註97〕。行政區域有宜蘭縣羅東、三星、花蓮市、台東縣長濱、豐濱。由於族群歷史之傳承不明，難以定義宜蘭平原之噶瑪蘭後裔，其人數不易估算。至於花東地區，在原住民族群空間，噶瑪蘭族裔則相當清楚。根據一九六五年阮昌銳在東海岸的調查，有一二八九人〔註98〕。

〔註96〕綜合衛惠林等原修、洪敏麟整修：《台灣省通誌・卷八同胄志（第八冊）雅美族篇》，（台中・台灣省文獻委員會，民國六十一年），頁九、頁二○～二一，以及註七十四，頁一○～一一。

〔註97〕同註七十七，頁二二。

〔註98〕詹素娟、張素玢：《平埔族史篇（北）》，（南投・省文獻會，民國九十年三月）頁七七～七八。

臺灣原住民族群分布圖（原居地）

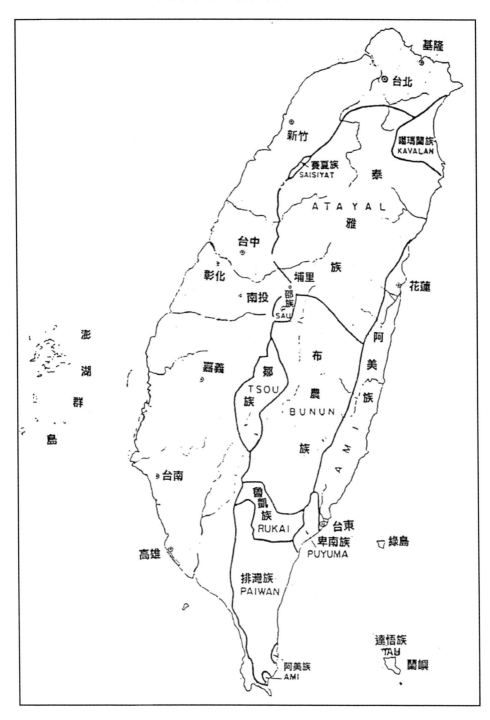

第三章 高雄都會區原住民故事與講述人

前章已對高雄都會區週遭以及台灣地區的原住民族群分布和文化特徵有所說明。以下針對來到高雄都會區之後的台灣原住民，從他們記憶、聽聞以及傳述的口傳故事內容，探討其一旦置身於異文化的環境，面對迥異於傳統的生活形態，日新又新的科技發展等情境時，是如何看待口傳故事，而這些故事又有些什麼樣的面貌？可有不一樣的訊息？

本章根據一般分類，將這些口傳故事分為神話、傳說、故事三大類進行論述。三大類之下則採用 AT 分類項目順序，力求細分各小類，以便呈現高雄都會區台灣原住民口傳故事的特徵。

此外，由於這些故事都是經由實地採訪所得，採訪紀錄之中也包括了受訪者以及講述情境的資料，對於故事的了解有很大的幫助。因此另立一節，在第四節討論講述人。

第一節 神 話

神話的內容充滿初民對天地萬物起源的解釋，包括天文地象的變化、人類的降生、種族的綿衍、萬物的生成途徑。通過神話，人們建立了自身與天地、社會、他人的秩序，因此，神話也是確立這些秩序的信念的基石。台灣原住民神話的內容，自然也不離開上述的範疇，同時，也具備了類似的作用。

然而，隨著時日的變遷，神話的素材以及所蘊含的解釋與信念，也有所增減、衍申變化。或者轉納晚近新生的見識，或者簡化不知所以的昔日風俗。

在高雄都會區所見的台灣原住民故事當中，亦不乏上述的情形，爲了便於呈現和討論這些多種層面並列的時代面貌，本文在神話的界定上，係以其所涉及的素材爲判準的依據，也就是將涉及天文、地象、人類的降生、種族綿衍、萬物生成的故事，歸在神話之列。

綜上以觀，高雄都會區所見的台灣原住民故事中的神話有下列四種：大自然的神話、人類起源的神話、洪水神話以及糧食神話。

一、關於大自然的神話

（一）射　日

在有關天文、地象變化的大自然神話，高雄都會地區的天文神話提到的天文物體或現象有太陽、月亮和彩虹，而其地象神話所涉及的地理物體或現象則是高山與地震。

這類關於大自然的神話一如一般所見的台灣原住民神話，其關心的不是天地的開闢或者宇宙的生成，而是對初始世界的失序加以調整，或者就其現狀有所增補〔註1〕。射日神話屬於重建世界秩序性質的神話，其在高雄都會地區出現的有五則異說和一則殘文。

這些結構完具的異說，除了都以太陽爲其整治的對象之外，情節鋪陳的順序也都一致：1、日炙爲患。2、勇士出征。3、執行任務。4、天文秩序的確立。

阿美族的說法有兩則，內容大要如下：

1、以前，天上有兩個太陽，人們熱得受不了，於是頭目們開會決定讓弓箭手「瑪戈兆」去打太陽，因爲他箭射得又遠又準。弓箭手觀察太陽在中午時懸在天空非常小。早上和傍晚時則又圓又紅，比較大。於是推測中午時距離太陽最遠，日出日落時比較近。但是，向東是大海，有風浪阻隔，便選擇往西的陸路到世界盡頭，準備在日落處，射下太陽。他帶著弓箭、成年的孩子和太太，也帶了食物，和許多的穀子出發。途中，他生了新的孩子。最後，他老了，走不動了。成年的孩子把他埋了，繼續向前走。一年一年過去了，這孩子也老了，走不動了，他的弟弟——他在路途中

〔註1〕何廷瑞：《台灣土著的神話、傳說比較研究》，（台北・東方文化供應社，民國五十六年），頁三三。

成長——也把他埋了，然後，繼續走下去。終於，這孩子來到世界的盡頭，他拿起弓箭，射向太陽，太陽被射中的噴出血來，血塊變成星星。而熱和光減半的太陽也變成了月亮。於是，現在天上有太陽，有月亮，還有星星〔註2〕。

2、以前有十個太陽，天氣很熱，又沒有晚上、白天之分。人們就去射太陽，第一代射不到，換第二代，一代一代的到高山上去。因為，山上離太陽比較近。有人還沒有到山上，就中暑熱死了。正中午射太陽比較好。雖然比較熱，但比較近，好射。那時候大家只顧衝過去，沒想到半路上會沒有水。只有一個聰明的小男孩，他不吃飯，只帶水。所以他沒有脫水、熱死。射太陽要找地方，要挑那不太熱也不太冷的太陽，還要先祭拜太陽神，說：「對不起，我們要把你射下來。」再抓準時間發射。小男孩一次只射一個，射完就下山，隔半年或一年再去一次，一共去了三趟。其他六個太陽是別人射下來的，只是那些人都沒回來。從此，剩下一個太陽，天氣不冷也不熱〔註3〕。

魯凱族的說法有兩則，內容大要如下：

1、幾千年前，世上沒有火，而天上有九個太陽。大地不分晝夜，都是白天，沒有晚上。所種的食物、植物都枯死了。有某家的兩兄弟，決定去打太陽。兩兄弟爬了將近二十年的坡，終於到達現場。他們射了又射，一共射下八個。那些太陽，都拖著一團火焰。把兩兄弟燒死了。從此，天上只有一個太陽，也有了晝夜。這是個真實的故事〔註4〕。

2、以前有九個太陽，山裡的人覺得太熱，便去射太陽。他們一直走，然後一直射，最後，都被射下的太陽曬死了。他們一共射掉八個，剩下現在的一個太陽〔註5〕！

〔註2〕 「射日」：林春治講述，張百蓉採錄，高雄市小港區，一九九八年八月二日。

〔註3〕 「射太陽的故事」：洪學良講述，張百蓉採錄，高雄市前鎮區，一九九七年四月二十二日。

〔註4〕 「射太陽」：江秋山講述，張百蓉採錄，高雄縣鳳山市，一九九七年十一月二十六日。

〔註5〕 「射太陽」：張惠妹講述，張百蓉採錄，高雄縣鳳山市，一九九七年十一月二十六日。

邵族的一則說法，大要如下：

> 遠古時代，天上只有一個極大的太陽，沒有月亮。太陽太大，烤死
> 萬物。邵族的神射手就在農曆三月十一日，把太陽射成兩半，一半
> 成了今天這個太陽，變小也變暖和了。另外一半，就變成月亮。從
> 此他們拜兩個神，一個是日神，一個是月神。而祭拜月亮的那一天
> ——三月十一日，也舉行成年禮。還要打掉一顆牙齒，做爲成年禮
> 的紀念，由家長保管〔註6〕。

其中比較有趣的是阿美族對於太陽遠近所做的推論：

1、他看中午的太陽懸在天空非常小。早上則又圓又紅，比較大。傍晚西
下時，也是這樣，因此推測中午的距離最遠，日出日落的時候比較近〔註7〕。

2、正中午離天近。雖然比較熱，但是比較近〔註8〕。

兩者都以中午時分爲共同的觀察現象，前者以那時所見太陽的大小爲
準，後者以那時所感受的溫度高低爲憑，得出完全相反的結論。這使人聯想
到在《列子·湯問》〔註9〕中記載的兩小兒辯日故事，也是並呈上列兩說。以
所見太陽的大小爲準的論點是：

> 日始出時，去人近，而日中時遠也。……日初出，大如車蓋，及日
> 中，則如盤盂，此不爲遠者小而近者大乎。

以所感受溫度的高低爲憑的論點如下：

> 日初出遠，而日中時近也。……日初出，滄滄涼涼，及其日中，如
> 探湯，此不爲近者熱而遠者涼乎？

兩方各執一詞，各有所據，而以之與對方說辭對反，毫無妥協轉圜的空間。
不過，《列子·湯問》中的兩造說詞都集中在論辯日之遠近，極力陳說太陽是
遠是近的依據與狀態，有意突顯兩者居然各自成理，卻在事實的認定上形成
兩不相容的結果，更進一步的對所謂的理之認知的絕對性提出質疑。因此太
陽是遠是近的論據，只是提升到另一思辯層次的媒介。而上引兩則阿美族的
射太陽故事，都是以射下太陽爲重心。太陽是遠是近的論據，是爲了表現主

〔註6〕 「射日」：杜羽翔講述，吳瑛秋、林惠萍、張金菊採錄，高雄縣鳳山市，二○
○一年二月二十一日。

〔註7〕 「射日」：林春治講述，張百蓉採錄，高雄市小港區，一九九八年八月二日。

〔註8〕 「射太陽的故事」：洪學良講述，張百蓉採錄，高雄市前鎮區，一九九七年四
月二十二日。

〔註9〕 張湛注，（台灣中華書局，四部備要子部，中華書局據世德堂本校刊），民國
六十九年七月臺四版。

人翁的智慧，因此不論選用那一個論點，都是把情節推衍到下一階段的媒介。不過口傳故事的敘述本來就是以事件的縱向進行為常態，將推理併入情節發展的過程，自是理所當然的。

至於射日的地點，也是根據對太陽遠近的判斷而來，上引阿美族故事中的說法分別是：

1、向東，朝海邊，怕遇到風浪，於是他選擇陸地，往西走到世界的盡頭。

2、山上離太陽近，一定要到山上。

邵族的射日神話，敘述的重點在射成兩半的太陽，比較小的一半變成月亮，從此射日的那一天成為祭月的日子。族裡也在這一天舉行成年禮。

（二）月　亮

專屬於月亮的排灣族天文神話，其實是藉著解釋月亮因流淚而留下缺口，來歌頌千古不朽的主題：愛情。那愛情之感人足以撼動天象，其內容大要是：

> 一對身分懸殊的愛戀男女，因為地位高的一方為女兒另結婚姻，兩人決定私奔，卻遭人告密，男方也因而喪命。獨活的女孩望月感嘆，跳崖自盡。本來長圓的月亮也為之流淚，形成一個缺口，從此有了上弦月、下弦月。

最後，講述者還為漢文化背景的採錄者提出一組對照，以供理解：

> 也就是你們所謂的梁山伯與祝英台嘛！

在這裡，物理的客觀現象之真是不敵心理的主觀感受之真的。而月亮的故事和梁祝傳說共同的元素：門戶不相當、婚姻不能自主、男方為女孩喪生，女孩為男孩殉情等，更使講述者和採錄者跨越族群、文化、習俗的藩籬，認同並理解這類故事的內涵。當然這位原住民青年對平地文化的熟悉，也反映出其平地生活中所受到的文化浸染。

（三）彩　虹

訴說天上彩虹由來的這一則天文神話，以人的意志之強大足以通天撼地為其基本精神。而其堅持的意志，又和講述者所屬排灣族的傳統禮法及貴族尊嚴有關。內容大要是：

> 美麗的公主被非禮，她在危急之中在對方衣領上留下檳榔漬，作為查凶的線索。當她發現對方竟然是自己表哥，便串起象徵尊貴的琉璃珠，在兩山之間盪鞦韆。最後，繽彩的珠鏈斷落，幻化為天上的

彩虹〔註10〕。

在衣領上留下檳榔漬的情節，反映了原住民男男女女慣嚼檳榔的傳統生活習俗，也為女主角在身分和美貌之外，增添一分機智聰慧。選用排灣族象徵地位的琉璃珠為製作鞦韆的素材，兼以數量之大，都在說明並加強其尊貴的份量。盪鞦韆在排灣族也是貴族專屬的活動，尤其她盪鞦韆的地點，還在山巒之間。因此在兩山之間的盪鞦韆，就不僅是另一個引起聽眾興趣的情節，還為了解排灣族文化的聽眾，營造出一分不容侵犯的悲壯氣勢。這位貴族小姑娘維護禮法與貴族尊嚴的嚴肅性，因而與天地相通，以世人共鑑的彩虹之姿，留給後人不盡的讚嘆。所以，這是一則蘊含排灣族傳統文化精神的神話故事，不可只以解釋天象視之。

（四）地　震

關於地震的兩則神話，其內容大要分別如下：

1、水牛在河裡泡澡，螃蟹爬進牠的耳朵。等主人牽水牛回去，綁在房柱後，螃蟹在耳朵裡一咬，水牛一驚，狂拉柱子，房子震動，形成地震〔註11〕。

2、民國四十、四十一年，花蓮大地震，阿美族和卑南族的老人家眼見牛車掉進馬路上的裂縫裡，以為是地震吃人。從此每逢地震，就在屋裡各角落撒米，念道：「沒有人了啦！」使地震停止〔註12〕。

第一則的故事來源是阿美族，第二則的來源則包括阿美、卑南兩族。其中的思維都是以自身的相似經驗去理解、對應外界的變動，自然界所有的變易增減，猶如個人生活週遭所見的事物現象，在在可相比擬。譬如，大地震動就像牛受刺激後的拉柱搖屋，其造成的一陣搖晃是一樣的，所以它的成因也一樣。地裂車落與張口吞人相彷彿，要它停止吞噬，當然也得加以安撫甚而哄騙。

這裡所呈現的心靈狀態是樸素、平實的，完全是運用己身的生活經驗來

〔註10〕「彩虹的由來」：劉秋治、孫瑱淳採錄，高雄市左營區，二○○一年二月十九日。

〔註11〕「地震的來源」：蔡武雄講述，張百蓉採錄，高雄市左營區，一九九六年四月三十日。

〔註12〕「如何使地震停止」：蔡武雄講述，張百蓉採錄，高雄市左營區，一九九六年四月三十日。

認知外在世界的種種。至於產生的背景，從其運用的元素：水牛泡澡、螃蟹、咬、牛發狂拉動柱子震動房子、牛車、吃人、撒米等等，這兩則有關地震的神話，已經邁入單純的農耕社會。

（五）山　岳

關於高山變矮的排灣族神話並不完整，其大略是：

> 筏灣的「卡布魯難」，「嘎來巴賴」兩座山是兄弟。「嘎來巴賴」山很高，人們曾經在此避洪水之患。後來，「嘎來巴賴」山受兄弟山「卡布魯難」欺騙，變矮了〔註13〕。

就情節的安排而言，「卡布魯難」用什麼法子欺騙「嘎來巴賴」，使它變矮，應該是全篇的焦點。但是，敘述者對此沒有說明。而在原鄉則有如下的敘述：

> 「獨瑪巴拉巴拉」山本來是最高的山，排灣族人還曾在此躲避洪水。在那山和山還可以對話的時代，大武山提議：「我們太高了，低一點吧。」但「獨瑪巴拉巴拉」山降低高度之後，大武山卻耍賴，硬是不肯降下來，而成了最高的山〔註14〕。

據此可知，這個神話的背景是洪水時期之後。至於如何欺騙高山變矮的情節，則在高雄都會區的敘述中被遺漏了。

二、關於人類起源的神話

關於人類起源的神話故事，都有明顯的我族色彩。講述者口中最早出來的人類，就是自己所屬的族群，說法也都相當樸素簡短。

阿美族的說法有兩種：

1、天地初開，只有一人一鷹一石，人與鷹交配，遂有鷹之後代的阿美族。而人站石上，頭頂一隻老鷹的圖案便在標誌此一源頭〔註15〕。

2、上天派男、女神仙到人間，兩神在人世間經由周遭動、植物的自然啟發，而習得取火和繁衍生命之道，他們便是阿美族人的祖先

〔註13〕「兩山比高」：吳呂月嬌講述，張百蓉採錄，高雄市前鎮區，一九九八年十二月十三日。

〔註14〕「山和山的對話」：林陳金花講述，林瑞珍、林文選口譯，張百蓉採錄，屏東縣瑪家鄉，一九九六年二月三日。

〔註15〕「阿美族的圖騰」：薛明偉講述，林怡芳採錄，高雄市鹽埕區，二〇〇〇年十二月二十四日。

〔註16〕。

魯凱族的說法是：

　　我們（魯凱族）是太陽孵蛋生出來的〔註17〕。

排灣族的說法有：

　　太陽正對陶甕照射，陶甕破裂，出現一男一女兩嬰孩，排灣族從此
　　而來〔註18〕。

阿美族的第一則說法，內容充滿了自然物：人、鷹、蛋、石、太陽，有著交配繁衍和孵化生產的概念，關於物種不同的差別則不在思考之列。其產生的時期應該是最早。至於排灣族那陶甕受陽光孵化，出現一男一女的嬰孩的說法，雖然也採用孵化生產的概念，且跨越陽光與陶甕兩不相屬的物質進行繁衍，但是陶甕已是人為產物，可見當時人類的物質文明漸有發展。將陶甕擬比蛋卵，與影響大地最鉅之陽光連結，其思慮已從物類之間的直接移植，進入有所擷擇、有所推尊的移轉，建立價值的需求隱然成形。而一男一女從同一甕中出世的形象，又與同胞手足極為接近，視為血親相婚的殘留，也不無可能。因此這一則神話的成形，應當較晚。

　　上述魯凱、排灣族神話的簡單情節，在排灣族也融入與頭目起源有關的傳說裡：

　　1、大社村有兩兄弟在大母母山發現一個由百步蛇護著的陶壺在冒
　　　　煙。哥哥背起陶壺，走到半路，陶壺不見了！回頭看，山上又有
　　　　煙，是陶壺在那邊！就讓弟弟背，結果順利下山回村。他們把陶
　　　　壺放在牆上靠窗的置物架。第二天早上，陽光穿過窗口，照在壺
　　　　口，生出一個小女孩。從此，排灣族把陶壺、百步蛇跟太陽當成
　　　　神。女孩在大社結婚，生了三個女兒，老大叫「搭里瑪樓」，就
　　　　是大頭目。老二是「搭滴瑪里緹」，老三是「嘎沙里拉」，她們都
　　　　是排灣族的頭目。後代也都是頭目級的。排灣族的三個大家族就
　　　　是這樣來的〔註19〕。

〔註16〕「阿美族祖先的故事」：沈杰講述，謝佳憓、楊瓊文、陳品華採錄，高雄市前
　　　　金區，二○○一年二月二十八日。
〔註17〕「太陽的故事」：王娜良講述，林雅鳳、李妍瑾、許綺芬、吳淑婷、郭津而、
　　　　何琇玉採錄，高雄市左營區，二○○一年二月十七日。
〔註18〕「太陽與甕」：陳歸名講述，吳水華、張惠妹口譯，張百蓉採錄，高雄縣鳳山
　　　　市，一九九七年十一月二十六日。
〔註19〕「三個頭目的由來」：陳進光講述，王秋萍等採錄，高雄市新興區，二○○一

2、從前，太陽下了兩顆蛋給頭目「嘎啦基姆」家族。他們用最好的
布料，把蛋裹起來，還派勇士看守。孵化的時候，一直沒有動靜，
族人都很著急。這時，「嘎的」家族也來關心，他們的狗看到那
蛋，便驚慌得直叫。這時，蛋孵化了。一顆孵出男的，另一顆是
女的。大頭目很高興，就為男孩取名「魯阿」，而女孩是「奇咪」。
所以，「魯阿」跟「奇咪」是貴族的名字，是太陽之子〔註20〕。

第一則傳說的故事來源是屏東縣三地門鄉大社村，該村是排灣族拉瓦爾亞族
諸部落的源頭。而排灣族神話的講述者是從德文村嫁到魯凱部落的排灣族老
婦人，大社村與德文村同在三地門鄉的中央部分，為口社溪及隘寮北溪所夾
抱的德文山與三地山區域〔註21〕。德文村居民大部份遷自屏東霧台鄉霧台
村，但久受排灣族同化，使用排灣語或兼通排灣、魯凱雙語〔註22〕。從地理
環境之接近和文化侵染的傾向看來，該神話傳述的來源應該也是大社村。然
而縱使是相同的文化元素如太陽、陶壺等不變，神話情節還是在建構社會組
織，形塑社會價值的過程裡，成為族群傳說的一部分。就如上述第二則傳說，
其情節仍然保有與其他物種相通的思維，但是，事件發生的時空已經脫離蠻
荒，是有階級組織的社會了。

阿美族的第二則說法，著重在生命生存與繁衍之道的探索和建立，這些
探索和建立雖然還是經由世間萬物的啟發而來，但是探索和建立者是上天指
派的神仙。其思維的建構，顯然是更加繁複了。產生的時期應該不會太早。

三、關於洪水的神話

在高雄都會區所採的布農族洪水神話是由漢族轉述的，情節發展依序有
三個階段：1、發生洪水。2、解除水患。3、重建生存環境。內容大要如下：

從前，大蛇擋住溪水，造成洪水，族人逃到現在的玉山「瑪布哈」。
洪水一直不退，有隻螃蟹願意幫忙，族人說：「只要幫能退去洪水，
什麼都答應你。」那螃蟹很色，便要一位美婦的腳毛。族人讓婦人

年二月十七日。

〔註20〕「『魯阿』和『奇咪』兩名字的由來」：陳慕義講述，劉秋治、孫瑱淳採錄，
　　　　高雄市左營區，二○○一年二月十九日。

〔註21〕蔣斌主持：《三地門鄉鄉志編纂計劃第一年期末報告》，（台北・中央研究院民
　　　　族研究所・民國八十六年七月），頁三。

〔註22〕同註二十一，頁六五。

拔下腳毛給它，螃蟹便高興的下山去和大蛇打架，用螯把蛇夾死。水退了，族人還派些鳥先去查看，鴿子的視野比較好，找到有水、有植物的地方。從此鴿子就成了聯絡、通信的工具。洪水剛退時，也沒火可用，大家又冷又怕。於是，「海畢西」鳥往遠方取火，火把燒了牠的嘴，到現在還紅紅的。而族人直到有火有耕地了，才紛紛下山，來到現在住的地方〔註23〕。

　　整個生存環境的重建全都仰仗族人以外的生物，人為的努力完全不見著墨。在「解除水患」的階段，是一隻螃蟹有條件的為人們結束水患。「重建生存環境」的階段，先是依靠鴿子的眼力找到有水有植物的居處，再經由「海畢西」鳥的取火獲得溫暖，這兩種鳥跟人類的關係和外形特徵也因此確立。全篇的發展，從為禍、除患到重建，無不是由大自然界的其他生物來主導。人類只是一個受難、待援、獲助的形象。惟一有所貢獻的人，是給了螃蟹三根腳毛的美麗婦人，但也僅是被動地回應螃蟹的要求。在這個神話的世界裡，沒有人類高高在上、驅使萬物的氣焰。其思維在上古神話一貫的單純之外，還保有幾分萬物齊平、相互對話的素樸。

　　不過，身在現在社會的漢族講述者仍然或顯或隱地流露出一些當代的角度與認知，明顯的地方是在提到螃蟹提出的要求時，講述者加上了主觀的評語：「那螃蟹很色。」晦隱的是索性將螃蟹在布農族說法中要求的「體毛」直接換作「腳毛」。這種上古神話在後世傳述時，因為風俗習慣的改變，價值觀的轉移，而被提出質疑或者逕自更改的現象，其實不在少數。尤其是不同文化背景的講述者，更會在不自覺中做出這樣的變易。

四、關於糧食的神話

　　關於糧食的神話有一則，只說從前在門口種少許小米，便有許多收穫，而且一、兩粒米便夠煮一頓〔註24〕。

　　根據講述者的報導，這個神話是幾位原住民婦女朋友在高雄市住處小聚閒聊時聽來的。如此看來，似乎是一群成年且族別不同的婦女在交換見聞時的產物，聽、講兩方或者無意詳述、或者所知有限，遂只以三、兩句話帶過。

〔註23〕「洪水的故事」：阿仙—卡道講述，林美雯、王妍雅採錄，高雄市小港區，二〇〇一年三月三日。
〔註24〕廖金娟講述，張百蓉採錄，高雄市前鎮區，一九九八年三月十四日。

不過這樣的情節畢竟神奇，還是讓人一聽難忘、記憶深刻。

第二節　傳　說

　　在史事以口耳相傳的族群，其經驗、見聞的傳遞，以及傳統的傳承，都是以口傳的形式進行。而且傳述者的態度嚴肅，其對講述內容之重視與以文字為傳述工具的族群中所認定的正史相近。講述者、印證者都須具有相當的地位或者被認可的身分，否則會受到質疑且不具有公信力。這在目前台灣原住民族群中，以擁有階級制度的排灣族與魯凱族最為明顯。至於史事的傳衍，時代愈早便愈與神話有所糾葛，這是即使以文字為載具的族群亦不可避免的普遍現象。

　　本文在傳說與神話繁複的分合之中，以其所涉及的素材為判準依據，將傳說界定在附著於實有或被認為實有的人、事、地、物的故事。在高雄都會區的台灣原住民傳說故事，就目前所見者，有：族群遷移傳說、人物傳說、動物傳說、地方傳說、風俗傳說和糧食傳說等多種。

一、族群遷移傳說

　　關於族群遷移的傳說有十二則，阿美族的兩則大概如下：

　　（一）本來布農、阿美跟泰雅三族都住在海岸山脈，日本人撤退的時候，三族為了爭奪東海岸平原，引發了很多戰爭。後來覺得不是辦法，便改由每族派出十名勇士去跨跳峽谷。只要有一人能跳過那十幾公尺寬的峽谷，該族就擁有東海岸平原。輪到阿美族時，第一個、第二個……直到第九個人，都不成功。到了最後一人，一跳就躍過去了。這就是阿美族為什麼都在東海岸的由來〔註25〕。

　　（二）在很遠的東方，一次大退潮時，姊姊帶著弟弟去撿海苔、海菜，他們越走越遠。不知不覺，海水漲潮了，兩個人回不來。附近正好有個舢舨，於是坐著舢舨，漂到臺灣，在長虹橋那裡住下來。那時台灣是無人島，為了傳宗接代，只好姊弟結

〔註25〕「為什麼阿美族都在東海岸平原」：沈杰講述，謝佳憶、楊瓊文、陳品華採錄，高雄市前金區，二○○一年二月二十八日。

婚。我們的母系社會就是這樣來的，男的一定要入贅，比較沒有說話的份量、沒有地位。不過，這是以前，現在已經變了。時代的變遷往往使一個原住民的文化或是風俗，慢慢被同化〔註26〕。

卑南族的五則，內容大要如下：

（一）一對姊弟乘竹筏從菲律賓漂來台東，他們生了三個兒子：喜歡在海邊玩水的，成了現在的阿美族；喜歡往山上跑的，成了現在的排灣族；喜歡在平原乾地的，就成了我們卑南族〔註27〕。

（二）1、登陸都蘭山：村人不相信巫師，把他們夫婦和五個孩子趕出村子。巫師過世後，發生大洪水，五個孩子攀住一塊柚木，漂到綠島。兩、三年後，老大和弟弟不和，和妻子坐船往北划，登陸都蘭山，以狩獵維生。幾代之後，有個人腳程如飛名叫「砂咖」，來到新港一帶。他趁吃人狗追到腳跟時，把綁著女人頭髮的糯米飯餵狗，使狗嘴張不開，於是將牠馴服，成為打獵的幫手。

2、卑南大溪的形成：砂咖跟著狗，發現池上到紅葉有個大湖。便和「都霸」商量，由都霸作向〔註28〕、念經，自己一步一步地引湖水向前流，形成卑南大溪。從此族人從都蘭山移居卑南平原，一直到現在。

3、大美人拿奴奧：移居卑南平原以後，族裡有一個大美人。她一嫁新郎就死掉。再嫁，還是一樣。原來她的下體有牙齒。母親沒辦法，便把她裝箱扔到卑南大溪放流。漂到知本時，被人勾上來。知本頭目為她除去禍根，嫁給自己的兒子，生了兩男兩女。大美人交代兩個兒子回南王村外婆家，使用自己當年的用具。外婆知道女兒沒死，想跟外孫

〔註26〕「阿美族從哪裡來的」：張進福講述，張百蓉採錄，高雄市左營區，一九九八年五月十二日。

〔註27〕金榮華：《高雄屏東地區卑南族與魯凱族口傳故事之採錄與整理》，（行政院國家科學委員會專題計劃 NSC 84-2421-11-034-001-A7，民國八十六年），頁七～八：「阿美、排灣、卑南三族是怎麼分的」。

〔註28〕台語，就是作法。

去探望。但是跟不上，還把裝石灰的小杯「麻盪」掉在地上。於是有麻盪這地名。

4、風箏救兄弟：兩兄弟不敢進南王村，便去偷「拉搭穆斯」人的甘蔗吃。園主在蔗園口鋪石灰，發現有人偷甘蔗，就等在那裡，抓到弟弟。弟弟被關，還被迫吃下蜈蚣、蚯蚓之類的東西。哥哥作風箏救弟弟，上面放把菜刀，要弟弟攀上拉起的風箏後，就把刀丟下去，結果刺中一名孕婦。弟弟得救，而他吐出東西的地方就成了一個湖，每天晚上都傳出哀叫、哭泣、生產等各種聲音。我們叫它「了訝」，也就是吐。現在湖已經填平，可是晚上還是有聲音。而絪成一團的風箏的繩子也變成石頭，至今石頭上還看得見繩子的紋痕。

5、殺蛇：妹妹跟去外婆家時，把外婆和兩兄弟的衣服，拿到卑南大溪洗，就沒有回來了。兩兄弟在溪邊發現蛇跡，循線在今台東大橋下發現一個山洞。於是在竹竿上綁「雙流」，還磨製一把七尺長的刀。在山洞裡，先由哥哥拿刀，弟弟用竹竿誘蛇。可是，蛇一出來，哥哥退縮了，拿著刀跑出來。改由弟弟操刀後，就把巨蛇斬成兩段，妹妹的手環和鐲子都掉了出來。殺巨蛇的人，不能進村子回去，他們只能在村外蓋房子。

6、報仇：兩兄弟為了報復拉塔穆斯人囚禁之仇，便發起地震，使天地昏暗，拉塔穆斯人受不了而逃走。留下的圍牆、房子都變成石頭。也就是現在台東新站的石棺。

7、七尺寶刀：民國四十七年的大地震是兩兄弟的靈魂為了把刀還給村落而引動的。兩兄弟曾託夢給巫師屋烙，去找某個盲人一起到龍骨穴拿刀。龍骨穴很深，在都蘭山上，是龍的通道，上潮時海水會從紅葉到池上的那座湖通到這裡。曾經有隻海底龍通到龍骨穴，兩兄弟把七尺刀丟進龍骨穴，造成地震。而龍就死在龍骨穴。兩兄弟死後埋在一起，他們想把刀還給村子，讓村人祭拜他們。可是屋烙去

找時，盲人已經死了。到現在都沒人去拿七尺寶刀〔註29〕。

(三) 1、登陸都蠻山：兩兄弟的祖先經過蘭嶼、綠島，往北登陸都蠻山。發展到三十幾戶時，有個獵手從高地看過去，發現前面的樹林的林梢是平的，想找個幫手去探險。聽說小馬村有人養吃人狗。便去打聽，主人放狗咬他，獵手把用女人的頭髮綁好的糯米飯，丟給狗咬而黏住狗牙，馴服那狗。從此獵手帶著幫手，去打獵。一天，他發現狗全身都是濕的，跟蹤而去，發現了鹿鳴橋到池上的湖，當時是大海，再往南，便是卑南鄉的平原，從此在台東卑南鄉發展。

2、女根生齒：從山上到卑南鄉的平原以後，生了一個女孩。這女孩一結婚，先生就死掉。母親把她放在漂亮的木箱裡，放水漂流。漂到知本，那裡的人把她拖上來。知本頭目為了兒子，就幫女孩把下體的牙齒打掉。女孩結婚後生了兩男兩女。那兩兄弟，後來去龍骨穴殺龍。

3、地名的由來：母親兩兄弟去南王，讓外婆知道女兒沒死。兩兄弟向外婆要母親用過的湯匙、筷子。一次，兩次，到了第三次，外婆才相信。他們的母親就是『達魯奧』。她想去南王看女兒，卻跟不上孫子，又想吃口檳榔，把裝石灰的杯子「當槓」掉在地上，於是那村落就叫「麻蕩」，就在知本往台東市的地方。

4、殺龍：妹妹也跟兩兄弟去南王，還到卑南大溪洗衣服，卻被龍被抓到洞穴吃掉。兩兄弟把一支七尺刀，綁在長竹上，竹尾還綁上「雙流」的樹枝，進洞殺龍。龍一動，哥哥怕。就讓弟弟拿刀，哥哥戳龍，弟弟一刀就把龍砍成兩段，妹妹的首飾就掉出來。不過，龍是神，殺了牠，大家不准兩兄弟進村子。

5、風箏救弟弟：兩兄弟不能進村子，沒東西吃，就去偷「拉拉咪斯」族的甘蔗。起初，大家以為有鬼。進甘蔗園看又像人吃的。就在出口撒白石灰，上面留下腳印。於是，埋

〔註29〕 「卑南人的起源（甲）」：劉吉勇講述，張百蓉採錄，高雄縣鳳山市，一九九五年十二月二十四日。

伏捉住弟弟。他們把弟弟關在籠子裡，拿蚯蚓、蟑螂等東西給他吃。哥哥做了風箏，把繩子綁在「君界」的樹上，那樹現在成了石頭，還有繩子的痕跡。拉拉咪斯人聽到風箏的聲音，很害怕。弟弟跑到走廊，爬上風箏尾巴，被哥哥拉上去。風箏過來時，拉拉咪斯人一直跟著弟弟。弟弟很生氣，把風箏上的一把刀丟過去，結果劃到一個孕婦的肚子，她們的靈魂就跟著過去了。弟弟把吃的髒東西全吐了，那個地方就變成一個湖，那湖晚上會有嘔吐、喊救命、還有嬰兒的哭聲。現在湖填平了，可是晚上還是有各種聲音。

6、建屋：兩兄弟殺了龍，不能回村子，父親都不聞不問，兒子很生氣。於是，他們搭了個「拔拉貫〔註30〕」，誓言殺掉任何一個來人。父親硬要去看兒子，結果被殺。

7、報仇：兩兄弟逃出來，吐了以後，非常生氣，要報復。頭一次，他們用魔術，讓白天沒太陽。整年都只有夜晚。但是，拉拉咪斯人把東西綁上繩子，扶著繩子拿東西。兩兄弟就改用發脾氣來震動大地，結果，地面裂開，拉拉咪斯人死的死，沒有死的就溜。那竹子架成的房子，經過摩擦後，變成石頭，就是那些石棺。現在還在南迴鐵路台東新站前面。

8、七尺刀：池上過去是一個通到海的湖，中間經過一個龍骨穴。他們說有一條龍在那裡。三千年前，兩兄弟殺龍的七尺刀還在那邊，村人一直在找能夠去拿刀的人。民國四十幾年，神託夢給「屋烙」〔註31〕，要派個盲人一起去拿七尺刀。結果，盲人要去，「屋烙」不敢。後來又找不到盲人。最後，兩人都死了。再也沒人去了〔註32〕。

（四）有個人被神指定為巫師，但村人不諒解，把他趕走。他在五個孩子十幾歲時，去世了。不久，發生洪水，五個孩子漂到

〔註30〕卑南語，就是少年集會所。
〔註31〕卑南語，指會作法的人。
〔註32〕「卑南人的起源（乙）」：劉吉勇講述，張百蓉採錄，高雄縣鳳山市，一九九六年五月十九日。

蘭嶼。後來，老大往北到都蠻山。剩下的兩男兩女看到哥哥離開，也划船往知本去。這時還是大海的台東平原，退潮了，露出大平原。兩男兩女同船太重，他們就把大哥推上天變成太陽，把大姊推上去當月亮。剩下的一男一女就在知本河上岸，所插的枴杖變成竹子。現在還有個石牌在那裡。成年以後，上天規定，兄妹要遮住身體下面留個洞，才能發生關係。之後，女孩往南發展成現在的排灣族，男孩往北發展出知本村。所以排灣和卑南族的語言有一半是相同的〔註33〕。

（五）1、哥夫妻坐一艘船，四個弟姊另外一艘船。四人搭一船太重。他們商量後，讓哥哥上去變太陽，姊姊上去變月亮。弟弟和妹妹成婚。上岸後枴杖一插，就變成竹子。

2、他們在蘭嶼那邊分開，大哥夫妻往北去，在都蠻山登陸，繁衍到三十戶。其餘四個在這裡，所以我們有八社，八社的語言差不多。就是後來的普悠瑪，普悠瑪的意思是一家人。民國以後才改名叫做卑南族〔註34〕。

布農族的一則族群遷移傳說是一位卑南族年輕女孩講述的，其內從大要是：

從前，有一對情侶，他們是親戚，由於親戚結婚，下一代會有後遺症，所以頭目反對他們。可是他們從小相愛，還是在一起。就在他們凌晨十二點私會小米倉庫時，頭目知道了，就追捕他們，一路上，很多人拿石頭丟他們，也有人幫他們做個獨木舟。於是他們漂到一個無人島生定居，生兒育女後，又還移居到平原。後來，豐年祭烤肉時，爐灶突然斷裂，有人認為不祥，再度遷移，所以布農族有不同的社區、部落〔註35〕。

鄒族的遷徙傳說，大要如下：

一群鄒族人去打獵，他們追捕一隻肥大的鹿，但是，都翻過玉山了，還是射不到它。後來鹿在日月潭中消失。這些人也迷路了，就留在

〔註33〕「卑南族來源（甲）」：劉吉勇講述，張百蓉採錄，高雄縣鳳山市，一九九五年十二月二十四日。

〔註34〕「卑南族來源（乙）」：劉吉勇講述，張百蓉採錄，高雄縣鳳山市，一九九六年五月十九日。

〔註35〕「布農族的遷移」：詹子琳講述，陳貴淑、吳瑛秋、林惠萍、張金菊、梁秋珍採錄，高雄市三民區，二○○一年一月二十日。

那裡，沒有回阿里山。他們姓毛，我們的話叫「摩幼阿」，他自稱毛
酋長、毛王爺，還娶了布農族的女孩，最大的孩子稱大公主，長得
很漂亮，還有二公主、三公主。大公主划獨木舟時，淹死在潭中。
現在長輩都不在了，也都平地化，成了邵族。不過，他們承認祖先
是鄒族，因為毛酋長家的牌子上有記載〔註36〕。

邵族的遷徙傳說，內容大略如下：

邵族本來住在阿里山菜吉鄉附近，他們祖先的大頭目帶了十五個人
去打獵，卻一直沒收穫。終於發現一隻白鹿，大家鼓起精神一直追，
狗一叫就跟過去，直跑到現在的南投日月潭附近。發現那邊獵物多，
水源充足，魚又多，還從水裡跳起來，一抓就是幾百隻，甚至幾千
隻。他們想，既然有這麼多收穫，就不必追白鹿了。於是找人回去
通報，沿路作下記號，可是那人帶群族人過來時，記號都不見了。
就這樣，派了三、四個人，都一樣，只好放棄了。可能是山上的神
明不讓很多人發現吧。到現在，邵族分兩派，口音不一樣，身形、
身高，感覺都不一樣。一部份遷移到日月潭，一部份在阿里山。而
那隻鹿一直沒找到，但他們把牠當神明看，是牠帶領他們到那裡的
〔註37〕。

排灣族的兩則傳說大要如下：

（一）有個山地女孩嫁給平地人，生了兩個孩子。她以身邊的樹做
　　　標誌，和哥哥分界，山坡的地歸女孩，一個在山上，一個在
　　　平地。從此斷絕關係，誰也不管誰〔註38〕。

（二）有一對兄妹，平地人娶了妹妹。哥哥不服，就和妹夫拔樹，
　　　比力氣。哥哥輸了，還是不服氣，就砍了妹夫的頭。妹妹很
　　　生氣說：你住山上，我住平地。所以我們山地人在山上，平
　　　地人在平地〔註39〕。

〔註36〕「追鹿的鄒族」：鄭金鳳講述，張百蓉採錄，高雄縣大寮鄉，一九九九年三月
　　　十六日。

〔註37〕「白鹿的故事」：杜羽翔講述，吳瑛秋採錄，高雄縣鳳山市，二○○一年二月
　　　二十一日。

〔註38〕「一對原住民兄妹分為平地人和山地人」：陳歸名講述，吳水革、張惠妹口譯，
　　　張百蓉採錄，高雄縣鳳山市，一九九七年十一月二十六日。

〔註39〕「為什麼平地人山地人分開住」：戴百年講述，張百蓉採錄，高雄縣鳳山市，
　　　一九九七年十一月二十六日。

　　前列阿美、卑南兩族的講述都是以自己的族群為重心，間或增添一些周邊素有互動的其他族群。而阿美族的第一則傳說，便就族群分布的現況，針對本族提出解釋。其中的「勇士躍峽」，在原鄉的傳說裡，還用在追求女子的競逐，應是個流行於阿美族群間的情節。

　　阿美族的第（二）則傳說族群是以兩個同胞手足為開端。這些情節與同胞配偶型洪水神話有相當逼近的性質，譬如海水漲潮造成兩姊弟被汪洋的大水所困，而後乘坐無主的舢板，漂來台灣，相較於同胞配偶型洪水神話裡常見的洪水氾濫，大地一片汪洋，姊弟借助或者屬於自然物的浮木、葫蘆之類，或者屬於人造產物的木桶、木臼之類，終於漂流到不為水侵的高地。兩者敘述的都是一對異性同胞手足，遭逢汪洋大水，寄身漂浮物，終於登上陸地。箇中的差異不過是：洪水變成海水，水患變成漲潮，漂浮物則轉為人為製作的舢板，不為水侵的高地變成台灣島上的台東。在在都與同胞配偶型洪水神話的情節相符，只是神話中屬於普遍共相的種種物件，在此傳說裡都一一賦予性質相同的殊相實物。再配上解釋阿美族的母系社會風俗的說法，這一則從神話脫胎而來的傳說，就更具有其專屬性和個別性了。

　　卑南族第（一）則傳說，內容和上述阿美族第（二）則傳說相同，只少了水困的情節。可說都是古老神話在後世轉化變異的產物。而其情節中所包含的為當代所熟知的實地實物，在傳述時所發揮的「有憑有據」效應，使得這類傳說成為講述者在他鄉異地介紹本族時的優先選擇。

　　在卑南族的第（二）則傳說，第 1 段的「登陸都蘭山」故事中，大洪水的產生並無任何說明，巫師的被逐也只發揮了開始遷移的作用。那些逐人的村人，則從此消失，不見任何交代。而且以都蘭山這樣的高地為登陸之處，似乎也該有個水位較高的配套說法，讓人不禁懷疑這其中是不是蘊含著一個發生在洪水期間的故事，只不過這故事的情節，已經遺落大半了。

　　對於健步如飛的能人「砂咖」，講述者為了強調「砂咖」如飛的腳程，特意作了一番比喻：

> 他一跑就像在飛，比如說我們現在從鳳山到三地門，隊伍已經走過屏東了，這個人還在家裡，等隊伍要到了三地門，他才開始走，還可以趕得上。所以說，砂咖是非常厲害的人〔註40〕。

「鳳山」、「三地門」、「屏東」等地，都在高雄都會區或鄰近之地，地域色彩

〔註40〕同註二十九。

是相當清楚的。這樣的取材與敘述，對於身在高雄地區，熟悉當地環境的聽講者，有形象鮮明加深印象的效用。此外，卑南族在移居卑南平原之前，作物的栽種只有小米，這種認知在其糧食傳說故事裡便有所交代：

> 在都巒山登陸台灣，可是除了打來的獵物，台灣沒有其他東西可以吃。「阿都魯茂」和「阿都魯邵」夫妻就回到蘭嶼、綠島，把以前種的小米帶回台灣〔註41〕。

「纏了女人頭髮的糯米飯」所涉及的糯米，應是移居台東平原以後才有的事，但由於卑南族群改種稻米的時間早、歷史長，「糯米飯」這種移居平原之後才有的產物，有足夠的歲月逐漸進入故事的講述之中，終於成為故事情節中影響事件成立與否的關鍵物。從此可以確知，生活環境對故事變化有其必然的影響，台灣原住民移居高雄都會區造成的環境改變，自然也不例外。至於其影響層次的深淺，則有待時間的醞釀發酵了。

　　第 2 段落的故事「卑南大溪的形成」中，因狗而發現新水源或下一個移居地的說法，也常在其他族群的遷徙傳述裡出現，至於從一片廣大的水域引流造溪至平坦地區，創造出適合的生存環境的說法則比較少見，而幾乎有以人力鑿河引流的架式了。但是，畢竟其引流的思維仍然瀰漫著樸素的初民色彩，因此不但需要擁有超能力的能人，還要配合經由作法而來的上天之力。

　　根據講述者在講述故事時所夾雜的片段說明：「以前卑南平原是海」和「在以前，今天的池上到紅葉一帶是一個大湖」，再加上前一段落所述及大哥夫婦登陸的地點是今天的都巒山。當時的地理環境似乎只有都巒山是突出水面的陸地，而週遭的平地猶潛藏在水面之下。至於這水是淡的洪水？鹹的海水？則並不明確。從今日濱海的地理位置看來，當年侵占陸地的比較可能是海水。但是，在將一片水域引流入海而成今日的卑南大溪和卑南平原的敘述裡，絲毫不見有積水的態勢，而且和疏通水患的洪水故事情境相當接近。因此，這一段落的故事是否也殘留了一些洪水故事的痕跡？或者根本就是從洪水故事演化而來的？應該還有推敲的空間。

　　第 3 段落的「大美人拿奴奧」，是卑南族定居卑南平原以後的傳說故事。從「美人禍夫」到「遺兒認親」敘述架構是層遞漸進的。其中「美人禍夫」一節，在卑南族〔註42〕及魯凱族〔註43〕的講述人中，也有以獨立故事的形態

〔註41〕「小米的來源」：劉吉勇講述，張百蓉採錄，高雄縣鳳山市，一九九六年五月十九日。

〔註42〕「禍夫之女」：蔡武雄講述，張百蓉採錄，高雄市左營區，一九九六年四月三

流傳者，前者還提到發生的地點是卑南族的某個村落，後者則地點、族別都沒有交代。可見得到了魯凱族，傳說的色彩更加淡化，只留下那離奇怪誕的身體異狀，供人嘖嘖稱奇，傳述不已。第3段落在結尾處打翻裝石灰的小杯，因而構成一個「麻盪」地名的由來，其實已經是個地名傳說的架構，而具有獨立成篇的條件了。

第4段落的「風箏救兄弟」，故事的重心集中在兩兄弟。在偷竊與捕盜的過程，蔗園主人用「石灰留痕」的計策以確定竊賊的描述是最戲劇性的一環。緊接著利用高高拉起的風箏救人，則是整個段落的最高潮。在其前後的鋪陳當中，分別交代了弟弟被關時所受的非人虐待，以及從風箏上丟下刀子傷及孕婦的情節，為接續的發展預留伏筆，繼之而來的「嘔物成湖」，承著前述的情節，弟弟吐出吃下的蚯蚓、蜈蚣等物，該處形成一湖。那湖因而得名「了訝」，就是吐的意思。此處又見一個地名傳說的形式。

在第5段落的「殺蛇」，多出一個妹妹的角色，不過這妹妹一下子就被吞噬了。敘述很簡要，彷彿只是一個為了表現兩兄弟「懲凶報仇」的英勇和決心所安排的橋段。

第6段落「報仇」中，兩兄弟驅離異族，拉那勒斯人在原址留下變成石頭的遺物，就是現在台東新站附近的石棺。這裡不但有地名的傳說，還有地方文物的傳說。

有關兩兄弟的故事，「南王村的老人家都知道〔註44〕」，證諸另一則來自南王村的片段說法：

> 哥哥一刀劈下去，聽到有手鐲劈趴的聲音，知道妹妹被吞了，就把
> 蛇肚剖開，把她拉出來〔註45〕。

殺蛇的結果完全不同。看來，那些老人家講述時的變化，不僅僅內容增減、詳略不同而已。

比較上述卑南族第（三）則傳說和其第（二）則傳說的增減詳略，其情況如下：

〔註43〕 十日。

〔註43〕 「不祥的女人」：吳嬌、陳歸名講述，張惠妹、吳水華口譯，張百蓉採錄，高雄縣鳳山市，一九九七年十一月二十六日。

〔註44〕 蔡武雄講述，張百蓉採錄，高雄市左營區，一九九七年六月二十八日。

〔註45〕 「兩兄弟的故事——殺蛇救妹」：許介文講述，張百蓉採錄，高雄縣鳳山市，二○○二年七月十五日。

一、「登陸都巒山」段落中，減去「巫師被逐」階段。

二、「卑南大溪的形成」整個段落闕如。

三、「風箏救兄弟」與「殺蛇」兩段落的順序顛倒。在「殺蛇」段落，妹遭蛇吻，兄長爲其懲凶報仇。因爲殺巨蛇，而被拒於村外。兩兄弟無以果腹只好偷甘蔗，接著發展出「偷竊被捕」、「風箏救人」、「嘔物成湖」等情節。順序比較合理。

四、繼「風箏救兄弟」的「建屋」的段落。內容只有「在村外建拔拉貫」和「弒父」兩部分。「拔拉貫」與卑南族風俗中的「少年集會所」同名，也是採用高腳的建築形式。講述者還特別對於爲何取高腳的形式有所說明：「下面有樓梯啦，因爲怕野獸攻擊，所以把房子弄高。」但是否就是少年集會所的由來，故事中並無說明。不准到少年集會所的禁令，是卑南族的習俗之一，只是禁止的對象是女性，而非此處提到的父親這等男性。這一部份的情節與卑南族風俗的牽連頗爲參差。

另外，弒父的情節在卑南族以外的台灣原住民故事裡也曾出現，情節通常與馘首的風俗，甚至和馘首之由來相連結，在地理上與卑南族鄰近的阿美族，便有類似的故事情節流傳。基於勢力範圍的維護、刀耕狩獵並行的謀生模式以及神靈的信仰，馘首之風本來就普遍存在於台灣本島各原住民族之中，只是各族禁絕此風的時間各有早晚罷了。卑南族人移居平地的時間較早，生活的環境、生產的方式乃至風俗信仰各方面，都早與平地人有所相融，馘首之風的根絕也比其他原住民族要早。這一段故事情節的紀錄是鄰近族群相互影響的結果？亦或歷來傳說的殘留？似乎都有可能。

五、在「報仇」段落的敘述，其內容梗概不變，但在情節的描述比較仔細。

卑南族第（四）則傳說的來源其實是前述第（三）則傳說故事群中「登陸都巒山」故事的另一發展。那「插杖成竹」是卑南族關於始祖登陸台灣的傳說中常見的情節；而所謂台東平原原是一片大海，同胞手足在上天的教導之下繁衍下一代，則又和配偶型洪水傳說所包含的元素相近；手足分散發展爲不同族群，也是常見的族群遷移說法。如此看來，「卑南族來源」這傳說故事收納了幾種傳說故事的情節或從之變化而來的情節，是個殘留數種故事段落的綜合體。

在第（五）則傳說，一弟一妹成婚之後沒有後續的發展，接著講的是登

陸都巒山的長兄和後來在南方登陸的四弟妹的分別發展，以之說明卑南八社形成的由來，敘述風格的走向完全趨於寫實。

　　綜合上述卑南族第（二）、（三）、（四）、（五）等四則傳說，這位長年在外的卑南族講述人，對於當年聽講的故事記憶頗深但也很雜，誠如他自己所說：

> 在我們村落老人家多啊。講過去漂流到台灣的過程啊，當然不能很
> 快就講完，講不完啦。有時候今天問的，下次碰到他，再問起，他
> 才講。你要他一下子全部講，一個故事都說不完啦〔註46〕。

故事太長、時間不夠，這些異說的增減約繁，就是這般情境的產物。至於第（五）則傳說，才說了一段人化為日月的神奇情節，就接續了一段寫實性質濃厚的族人發展歷史，頗見後人整理族史的痕跡，也許和講述者成年之後離鄉在外的見聞和經歷有關。不過，這種在神奇與敘實兩套思維間往來轉換，卻完全不見困擾的態度，可以說是當代台灣原住民講述故事時的一種特殊現象。

　　布農族的族群遷移傳說中，提及親戚結婚生出的下一代會有問題，應是人類經過同胞血親通婚後所得的知識，而布農族的婚姻制度也以嚴格規範通婚者血緣關係著稱，且有一套具體明確的規定。這些都是較晚出的觀念與做法。而將逃亡的情侶乘坐獨木舟漂到無人島的情節，與前段的血親禁婚相呼應，再與隸屬上古的同胞配偶型洪水神話相比對，這一則傳說顯然有同胞配偶型洪水神話的影子。此外，故事裡雖然包含了一段愛情，也有一點小小的對抗權威，但情節的發展還是不脫族群遷徙傳說的模式。不過敘事使用的素材，諸如：「頭目」、「小米倉庫」、「獨木舟」、「凌晨十二點」、「石頭」、「爐灶」、「豐年祭」等等，都已經不具有明顯的個別族群特徵，甚至出現非布農族所有的「頭目」一詞及非台灣原住民傳統的「凌晨十二點」用詞。可見得來到都會區的原住民年輕人，在講述來自原鄉但異鄉異族群的故事時，雖然仍然遵循故事架構，不過在用詞和認知上，還是有一份因生疏而來的差距。新生代受年齡和環境的影響，以及與其他原住民族文化習俗的隔閡，從此可見一斑。

　　鄒族和邵族的遷徙傳說其實是一個故事的兩種說法。兩說最大的差異在「定居」部分的處理。鄒族傳說認為這些人是迷路而被動的留在日月潭，他

〔註46〕同註三十二。

們的後人在此地生活還發生了一些不幸。邵族傳說中，這些人卻是主動留下來，而且還打算把其他人帶來，只是神明不答應罷了。讓人驚訝的是，邵族說法敘述新天地的發現、美好、以及不許外人再來的布局、轉折，與陶淵明「桃花源記」的處理幾乎一致。而講述人正是一名在高雄市就學的國中學生。

邵族傳說聲稱日月潭和阿里山兩地都是邵族的一支，鄒族傳說不但強調追逐鹿隻的是鄒族，還念念不忘鄒族是邵族的祖先。兩說都承認一分為二的現狀，只因為講述人分屬兩個族群的各一方，於是在敘述當中各有明顯的我族意識。

排灣族的兩則族群遷移傳說的兩位講述人是母子，第（二）則的故事來源正是第一則傳說的講述人。第（一）則傳說中手足各自分散發展是主幹，至於為什麼會這麼絕決的分裂，並沒有交代。那位平地夫婿在整個事件中也沒有任何作為。就敘事的結構而言，這一則傳說是不完整的。第（二）則傳說內容大致與第一則一樣，祇是沒有提到妹妹生了兩個孩子。不過在上一說中，這兩個孩子對故事的發展本來就沒有什麼作用。第（二）則勝出之處，在於明白交代兩兄妹為何產生齟齬。平地妹夫在故事中，不僅是得以建構「徒手拔樹」情節的主要人物之一，也是造成這對兄妹決裂的關鍵人物，他的存在不再可有可無。此外，兩種說法都提到了「樹」，但作用不同，第（一）則說法用它作為劃分山地與平地的分界點，第（二）則傳說以之作為評比力氣的道具，並且有早期的文化習俗「砍人頭」，更添故事的原鄉色彩。

從故事來源而言，第（一）則傳說的講述人是第二則傳說的源頭；就素材的運用而言，兩說都有屬於原住民的樸實風貌；在故事結構上，第（二）則傳說在情節的安排與人物的處理上都比較有條理可循，也比較豐富。不過面對兩說並陳時所呈現的變異，筆者以為應該照顧到故事的外圍因素。第（一）則傳說的講述人講述時已經八十多歲，又是四、五個人一起聊，相較於昔日年紀青壯而且為自己的兒子講故事的條件，情境自是不同。相信其今日所說的比起當年，應該會有所簡略，而其簡略之處，透過第（二）則傳說的說法應可有所補白。但第（二）則傳說的說法中，是否存有屬於其個人對於故事的處理、變化？這種可能性也是不容忽視的。至於何者是原來的樣貌，何者是後來的變異？以眼前的資料，還不足以認定。目前可以確定的是，這個傳說故事，反映了山地與平地之間早有接觸甚至通婚的歷史事實。至於那平地人指的是平埔族還是漢族，則須再考。

二、人物傳說

（一）巴嫩的故事

在台灣原住民的口傳文學中，流傳著一個女孩執意嫁給自己中意的蛇郎的傳說故事。在高雄都會區所採集的這種人嫁蛇的傳說共有十一則。

其中魯凱族的八則說法，內容大略如下：

1、Balhenge 是個頭目家族的美女，她看中一個大家眼中是百步蛇的英俊男子，老人家阻止不了他們。那蛇住在大鬼湖，牠帶著琉璃珠，衣服等聘禮來迎娶，迎親的都是蛇，在竹竿上過夜。洞房時，老人家去偷看，有條大百步蛇纏住 Balhenge。幾天之後，送親回夫家，新娘交代大家要吃熱食，冷食是蛇吃的。當湖面的傘在轉，就表示進入夫家了。後來，娘家忙不過來時，他們依照習俗回來幫忙。也是人吃熱食，而蛇吃冷食、睡竹竿。工作的時候，看不見蹤影，但事情都做完了〔註47〕。

2、霧台鄉阿禮村有一對年輕人，因為男方家長沒在開始交往時，遵循習俗到女方家致意，而且他們還違背傳統單獨約會，所以女方親人反對他們交往。這女孩名叫「巴妊」，她知道男孩是百步蛇，所以一直沒家人來。因為巴妊非常堅持，大家只好答應婚姻。結婚那天，新郎從巴友池（小鬼湖）來迎娶，而且按照傳統來提親。最後，她由一些年輕人陪到「巴友池」。蛇郎跟牠家人，在湖中等候，當巴妊走到湖中，蛇郎就變成大百步蛇，纏住巴妊，一起沉到湖裡。後來，魯凱族人去那裡打獵，就有煮好的食物，族人都說是蛇郎跟巴妊表示謝意而煮的。所以族人非常敬重百步蛇，牠是不可侵犯的，是神的象徵〔註48〕。

3、從大武或阿禮過去，山上有個「搭盧巴令」湖。美麗的巴嫩就住在附近的舊大武，她是外曾祖父的表妹。有個很帥的男孩子追求她，可是別人看是蛇。對方來提親，只有她能談，因為別人只看到蛇。老人家只好答應婚事。結婚的時候，來了很多蛇，巴嫩帶著大頭目的雨傘由一條大蛇背著，外曾祖父送她去夫家，路上看

〔註47〕「蛇郎君的故事」：柯淑夏講述，王佳雯、謝淑玲、邱梅瑄、吳美麟、陳姵華、何佳芬採錄，高雄市苓雅區，二〇〇一年二月十八日。

〔註48〕「蛇郎君」：杜勇明講述，劉容甄、吳季玲、王雅玲、方美琪、潘蕙如、黃婷鞠採錄，高雄市新興區，二〇〇一年二月五日。

　　見的都是蛇。來到湖邊，有點飄雨。她說，湖面的傘不見時，我就到家了。而且湖邊的飯，不要吃冰的，要吃熱的〔註49〕。

4、我是巴冷的後代，巴冷很美，追求她的是大鬼湖百步蛇。第一次見面時，有兩條百步蛇來，巴冷看是人，就跟牠講話，可是父母只看到蛇。第二次來的是些金蛇，村人看是蛇，巴冷說是人，還招待牠們。第三次提親，來了好多蛇，村人都很怕，只有巴冷跟牠們講話。求婚時要幫女方工作。鬼湖的蛇都來了，巴冷一個個的分鐮刀給牠們。煮飯的人，只看見樹、草一直不斷倒下，一下子就做完了。吃飯時，也是巴冷分湯匙給牠們。一大鍋飯，一下子就吃完了。村人都嚇壞了。訂婚時是鬼湖的長老青蛇來，巴冷在門口，給牠一把椅子，村人就在一旁。他們聽見巴冷講話，聽不到青蛇族長回答。其實巴冷以前有個男朋友，因為家人反對，兩人不再交往，然後才跟百步蛇交往。要結婚了，村人都來幫忙，村子裡到處是蛇，大家已經不怕了。結婚那天，巴冷唱了好聽的歌。跳舞的時候，男方抬轎接新娘。她帶把傘坐上轎子，走了一天半，才到大鬼湖。她哭著對村人說，這鬼湖是我的，以後你們來，有熱飯，是我接待你們的，冷飯不要吃，那是留給鬼的。她知道自己嫁給鬼。她一直甩袖子，好像有人在拉她，到了湖心，她說：最深的地方是我家，是棵榕樹，很漂亮，放心吧，我很滿足。雨傘沉下去時，我就到洞房了。一、兩年後，兩條百步蛇托夢給我曾祖父，他是酋長。牠們說：「不要怕，我們是巴冷的兒子，來關心你們。」從此，魯凱族很重視百步蛇，因為牠是我們的女婿〔註50〕。

5、巴冷看上一個人，其他人看是百步蛇。為了追求巴冷，他們來幫女方工作。鐮刀不夠，還向村莊借。都沒看見蹤影，事情卻一下子就做完了。談婚事的時候，族長只聽見巴冷講，知道他們談到什麼地步。因為百步蛇都很溫和，巴冷又喜歡，就答應婚事了。婚禮按照風俗進行，蛇家族都來了，非常熱鬧。巴冷唱道：「如

〔註49〕　「人和蛇結婚」：廖友蘭講述，廖家么女口譯，張百蓉採錄，高雄市三民區，一九九九年四月九日。

〔註50〕　「女孩嫁給百步蛇」：巴春松講述，王娜良口譯，薛曜如、林雅真採錄，高雄市左營區，二〇〇一年二月十一日。

果看到傘在飛，那傘就是我。」還在溪邊對村人說：「以後，這裡有我招待的熱飯，冷飯是牠們的。」後來她消失在河裡，傘也不見了。那地方很遠，分大、小鬼湖。湖心有棵榕樹，水不知從那裡來。不能隨便進去〔註51〕。

6、巴冷在散步時，遇到一個年紀相仿的男孩子。她很喜歡他，可是村裡的人看到的都是百步蛇，還嚇得跑掉。這蛇的故鄉在大鬼湖，牠也喜歡巴冷。雖然鄉裡、族裡都反對，但是百步蛇還是娶了她，帶她走〔註52〕。

7、那蛇是魔鬼化身的，我們看是蛇，女孩看是人。頭目去看，也是蛇。牠常到「妮瑪薩」家幫忙，還會煮飯給大家吃，可是飯是冷的。女孩說：她煮的是熱的，父母可以吃。因為女孩喜歡他，父母就答應婚事。女孩帶一把黑雨傘，被揹到山上的「靶絡喔」水潭。她要大家看著那雨傘，傘沉下去，就是她進去了。她死了，是靈魂進去了，魔鬼拉她的〔註53〕。

8、霧臺鄉阿禮村那一帶有個鬼湖。標致的「moaikai」（摩阿蓋）和女伴到湖邊玩，湖裡的蛇就在附近偷看。其中有條百步蛇看上了她。這蛇白天是蛇，晚上就變成人形。牠在晚上來到摩阿蓋的家，兩人都很喜歡對方。第二次，便和一群人帶了轎子和許多嫁妝來向摩阿蓋的父母求婚。父母不知道這人是蛇變的，他們看了聘金，而摩阿蓋也點頭，就答應了。沒想到，到了白天，女孩坐的轎子竟然騰空，沒有人抬，只有一堆蛇。女孩到了鬼湖，從湖邊下去，就不見了。過了一年，有條小蛇回來看外公、外婆〔註54〕。

排灣族的說法有兩則，內容大略如下：

1、從前，兩個姊妹到田裡，有個人走過來，妹妹看是蛇，可是姊姊看是人，還跟牠講話。那蛇要去求親，姊姊告訴父親，妹妹說，

〔註51〕「巴冷的故事」：王娜良講述，林雅鳳、李妍瑾、許綺芬、郭津而、何琇玉採錄，高雄市左營區，二○○一年二月十七日。

〔註52〕「巴冷嫁蛇」：王明德講述，張百蓉採錄，高雄市前鎮區，一九九九年二月八日。

〔註53〕「人嫁給蛇」：謝英妹講述，張百蓉採錄，高雄市旗津區，一九九九年一月二十一日。

〔註54〕「人嫁蛇故事」：杜櫻珠講述，張百蓉採錄，高雄市前鎮區，一九九八年二月二十三日。

那是蛇！第二天，來了很多蛇！只有姊姊看的是人，村人看的都
是蛇，覺得很可怕，都跑掉了，剩下父親和妹妹。姊姊要嫁，父
親沒辦法，就答應了。結婚時，所有的人都看見蛇站著抬轎子。
父親去送她，到了「按那達淋巴林」湖，姊姊說那是漂亮的院子，
還問父親進不進去。父親怕水淹，站在湖邊，姊姊跟著蛇到水裡。
還說：「爸爸！後天早上來這裡，看到熱飯就吃，涼的不要吃！」
第三天，果然有飯，爸爸吃完就走啦，沒有看到女兒。民國五十
一、五十二年時，德文村有個婦人瘋了，在村子裡轉來轉去，說
她看到巴嫩，要跟著去！她丈夫只好在家看著。有一次，丈夫出
去買東西，她就帶著四個小孩，從吊橋跳下去。那是被巴嫩帶走
的〔註55〕。

2、公主巴浪愛上百步蛇，父母把他們趕走。後來，他們結婚，走到
　　一個水邊，那蛇帶公主下去，死在那裡〔註56〕。

卑南族人的說法，內容大略是：

1、從前，有個頭目的女兒，常常到山裡的湖邊玩，那裡沒有其他人。
　　一天，她想看看那地方晚上是什麼樣子，結果，看到湖邊坐著個
　　很帥的年輕人。那是住在湖裡的蛇，他白天在湖裡睡，晚上出來。
　　從此小公主每晚都去約會。頭目接到報告，跟蹤小公主，看到她
　　跟個蛇怪談天。小公主看是人形，族人看是蛇，而且纏在小公主
　　身上。原來傳說那湖裡有鬼怪，大家對那裡又恭敬又害怕。一些
　　長輩還會在豐年祭時去祭拜。於是，頭目派人射殺蛇精。小公主
　　趕到時，看見蛇精中箭沉入湖水，也跳進湖裡。而後湖面一片平
　　靜，找不到屍體。這湖現在還在〔註57〕。

2、那蛇新郎，白天變成很帥的男生，晚上變回蛇。豐年祭跳舞的時
　　候，女孩看上他，不曉得他是蛇變的。女方的母親也很喜歡他，
　　只是他沒有陪嫁，所以還有點遲疑。結果，這男孩子就去女方家

〔註55〕「巴嫩的故事」：廖金娟講述，張百蓉採錄，高雄市前鎮區，一九九八年三月
　　　十四日。
〔註56〕「公主愛上百步蛇的故事」：陸曉臻講述，黃琬玲採錄，高雄市鼓山區，二〇
　　　〇一年一月一日。
〔註57〕「魯凱族小鬼湖之戀」：詹子琳講述，陳貴淑、吳瑛秋、林惠萍、張金菊、梁
　　　秋珍採錄，高雄市三民區，二〇〇一年一月二十日。

做工，聽說做很久，小米都熟了好幾次。他們成親以後，他白天是人，晚上女孩睡得迷迷糊糊，不知道自己的丈夫是蛇還是人。還是母親無意中發現棉被怪怪的，一拉，是蛇！母親念咒，蛇就走了。因為蛇是土地公、土地婆，母親懷疑蛇是神派來的。就去找巫婆，確定是土地公、土地婆派來照顧女孩的。從此，女孩家裡都很順利，不過她沒有孩子也沒有再婚〔註58〕。

上述魯凱族 1、2、3、4、5、6 和排灣族 1、2 等八則傳說的女主角叫巴冷，或者巴嫩、巴浪、Balhenge，四個名字的發音相近，指的應當是同一個人。而魯凱族 1、3、4 三則的講述人都強調這是真有其人其事，3、4 兩則還說自己和當事人同一家族，是其後代。而第 1 則的講述人還跟故事女主角同名 Balhenge，對照魯凱族命名時沿用家族先輩名字的風俗，她也應該是傳說中女主角的後代。這三位講述人分別來自阿禮村、霧台村。另外，第 5 則的講述人是第 4 則講述人的妻子，國語較流利曾為其夫口譯、說明，幾天之後，又為另一組採錄者講述同一個故事。她也說，兩年前看過該故事的歌舞劇演出，且在幾天前聽丈夫說過，所以她的故事也屬於真有其人其事一類。這四個自認是其後人講述的說法，在情節的安排方面，都是：（1）相戀，（2）求婚，（3）出嫁，（4）沒入湖中。除了第 5 則，其他三則都強調女孩非常美麗，因此蛇上門來追求。至於，他們是如何相識的，沒有細說。比起其他三個說法根本省略相識的敘述，直接就說蛇來找女孩，可說差異不大。這種省略有時是因為不清楚這一段，譬如第 1 則的講述者，便因為自覺記憶不夠完整而提出說明。但是其他講述者卻不很在意。

其實，「蛇去找女孩」這幾個字，雖然看似簡約平常，卻蘊含了屬於魯凱族年輕男女交往的風俗，也暗含了雙方的相識。在魯凱族，年輕男女在雙方家長的默契之下，男方在夜晚造訪女家，雙方在同伴的陪伴以及女方女性長輩的陪同之下，說說話、唱唱歌，表現自己的優點與誠意，爭取女孩的歡心以及長輩的支持。尤有甚者，在更保守的年代，男孩往往一整個晚上都在和長輩應對，女孩只能端坐當場觀察、聆聽，表現優雅嫻靜的風采而已。當然，男孩的應答內容、態度，便是考核其人品、能力的重要依據。整個氣氛是羞怯中帶有相當程度的嚴謹。不僅如此，只要是男未婚、女未嫁，有意追求者

〔註58〕 「人嫁蛇」：蔡武雄講述，張百蓉採錄，高雄市左營區，一九九六年四月三十日。

都可以加入競爭的行列，只是每一個晚上表示情意的人只有一位，其他的陪同者即使有意追求，也得在第二晚才能以第一主角的姿態前來示意。這些人的追求舉動都是公開的，追求者彼此都是知情且需保持風度的。也有人是互相幫忙，輪流陪對方去追求屬意的女孩。

　　在這麼一系列追求文化的認知與氛圍之下，對於「蛇去找女孩」便沒有特別渲染的必要，反而是這一蛇一人相逢時，女孩眼中始終是位俊美男子但旁人眼中卻是條蛇的奇異現象，才教人難忘而且津津樂道。女孩執意嫁蛇的動機由此建立，甚至在「求婚」時的議婚，居然由女孩主導溝通、定奪，也是從旁人無法和眼前的蛇類交談的情節衍生而來。人嫁蛇固然是件千古奇事，在婚事由雙方父母、族人親長以及頭目出面協商的魯凱族傳統裡，女孩為自己的婚事充當協調、議婚之人，也足以成為一樁出奇的大事。更何況，議婚時群蛇聚集，更增強了人蛇相戀的不可思議。因之，各說的「求婚」雖有繁有簡，但都是由女孩眼中是人旁人眼中是蛇，在傳統的提親場面單獨與蛇對話，議定自己婚事等情節交織而成。第 4 則的內容更豐富些，還有蛇群吃飯時只見湯匙舞動的描寫。還接著插述一段：女主角原有男友，但婚事沒談成，兩人不再交往之後，才與蛇發展新戀情。這段插曲中，所謂的不再交往之後才又展開新的戀情，也是魯凱青年男女交往的標準規範之一。因此這段話是在強調女孩的人品貴重。

　　接下來的迎娶、結婚，還是依循傳統風俗進行，不過每個說法發揮的部分不同。第 3 則選的是背新娘的禮俗，當然重點是呈現了眾人看見一條大蛇背著女主角的一幕。4、5 兩則表現的是龐大的迎親陣容、婚禮中的歌舞以及男方抬轎接新娘。而那迎親陣容還是在強調群蛇浩大的場面。第 1 則除了提到男方下聘的隊伍、傳統聘禮：琉璃珠、服飾。還因為魯凱族人新婚當天在女方過夜的習俗，為前來下聘、迎親的蛇群準備了許多竹竿以為睡眠之用。而且在老人家的偷窺之下，再度證實眾人眼中與女孩結婚的是一條蛇。

　　女孩依循習俗，被背著或者被親人送嫁到山裡的湖邊，臨入水前她叮嚀旁人根據傘在湖面的動態判斷她是否進入夫家。而要大家別吃湖邊所留的冷飯，要吃熱飯。雖然這叮嚀出現的順序或前或後不同，不過這兩個情節確實都是四則說法一致的特徵。當然各個說法在此處仍然各自點綴著些許的變異，譬如第 4 則點明女孩所嫁的是鬼，在她沒入湖中的過程還添加一些甩動衣服彷彿有人拉扯的描寫，並且藉著女孩的說詞，描述那潛在湖底的夫家是

棵大榕樹。新娘子甩衣、拉扯的動作，是魯凱族婚禮中女方進入男家時的儀式；榕樹葉是招鬼靈時的重要載具，大榕樹則是頭目家屋前才有的標誌；而在魯凱的傳統信仰，但凡大地的水流都有鬼靈。這些點點滴滴的描繪，都是魯凱文化的反映。最後，巴冷所生的兩條百步蛇還在一、兩年後回來認親、託夢給酋長，成為魯凱族注重百步蛇的由來。第 1 則在結尾處以魯凱族習俗：娘家、夫家有需要時，會互相幫忙。再次回顧冷熱食、蛇睡竹竿與工作時不見蹤影等情節。

除了相同的情節發展順序，幾個素材的運用：女孩眼中是人旁人眼中是蛇、女孩嫁到山上的湖水裡、以湖面旋轉的雨傘象徵女孩是否進入婆家、放在湖邊的熱食可吃冷食不可吃，都具有高度的重疊性，而且在字裡行間也都或隱或顯的流露魯凱文化和風俗的特色。這些認定此傳說真有其事的說法，不僅在部分內容取材有相類之處，更以取材性質一致的方式，各自發展出細節不同，卻情調相近的諸多形貌。

主人翁名喚巴冷或與巴冷發音相近的另外四則異說有排灣族的 1、2 則，和魯凱族的 2、6 則。排灣族 1 的說法，與前述魯凱族 1、3、4、5 四則的情節發展順序一樣，在共同素材方面只少了「以湖面旋轉的雨傘象徵女孩是否進入夫家」一項。各個段落也有一些變異穿插其間，例如增加了人蛇相遇的情節，當然，在女主角的眼裡對方是一位俊男。「求婚」時，結合排灣族與魯凱族相似的求婚習俗，即男方結伴來女方議婚，而蛇群的場面更增強了此事之不可思議。在「出嫁」時，男方抬轎，女方親人送行。而基於「女孩眼中是人而旁人眼中是蛇」的因素，以眾人之眼，呈現群蛇抬轎的奇景。最後的「沒入湖中」，女主角仍然維持其所見與眾人不同的狀態，而有旁人眼中是湖，女孩眼中是個漂亮院子的發展。故事結尾，又接續了一段後來在高雄聽親友轉述的巴嫩使德文村婦人發瘋，攜子投河的傳聞。從此可見，講述人雖是屏東縣三地門鄉三地門村的排灣族，但其親戚與同鄉德文村有往來。而該村中居民又多是來自霧台鄉，如今已經排灣化的魯凱族。同時分布在這一帶的排灣族拉瓦爾亞族也因為鄰近魯凱族，在風俗、制度以及通婚方面，與魯凱族有所交融。如今巴嫩在拉瓦爾亞族的大社村仍是一個具有貴族身分的名字〔註 59〕，其得以襲用這個名字的淵源，就是因為他們的祖母來自魯凱族的

〔註59〕筆者在一九九八年八月十九日在大社村採訪的一位講述人便叫做巴嫩，她也
講了一個巴嫩嫁蛇的異說。

某家族〔註60〕。

　　綜合上述種種，排灣族 1 的說法在某種程度上，也是認為女孩嫁蛇是真有其事的。而且通過講述者的見聞可知，這一宗嫁到鬼湖的人蛇相戀傳說，在現代還在知道這起傳說的排灣族群中，引發過一椿社會事件。排灣族 1 的說法不論在內容的取材和性質都和魯凱族 1、3、4、5 的說法相近。

　　魯凱族 2 在女主角的命名和情節發展的順序沒有什麼差別，但是內容變異很大。他完全不提蛇在眾人眼中是什麼樣子，只強調女孩自己知道戀愛的對象是蛇，而且是百步蛇。只保有人蛇相戀的情節和女孩的堅持贏得婚事的成功，但缺少引起眾人詫異且反對的蛇形形象。女方家長不贊成人蛇往來的原因，一則是因為男方家長沒有依照魯凱族男女交往的傳統習俗，親自到女方家致意，獲得允許追求的回應，再則是兩人違背了男女不得私下相會的文化傳統〔註61〕。在「相戀」的段落，除了說到兩人相識相戀，其餘幾乎都在說明男女交往的傳統習俗。這樣的取捨，可能多少和講述者的神職人員身分有點關係。不過從其為女孩的行為所做的解釋看來，他並沒有推翻故事中人與蛇交往的基礎情節，只是對於因此而發展出來的一些神奇情節沒有什麼理會，且一直保持著理性務實的解說形式。從他的講述中，聽講者可以獲得明白鋪陳的風俗知識，對於本族子弟或異文化背景的人還頗有些教育作用，但是在故事的趣味方面，就失色不少了。在「求婚」的階段，盛大的婚禮、蛇郎來迎娶、迎娶的過程、年輕人陪女孩到小鬼湖等方面，都不見具體的描述。到「沒入湖中」時，終於提到蛇郎的原形是大百步蛇。而其他說法中常用的雨傘不見提起。至於湖邊留飯的叮嚀一節，也從女孩口述的代言形式轉為由講述者的說明，而且少了關於冷熱食的區別。

　　整體看來，魯凱族 2 的說法，只是一個虛構的傳說，除了人嫁蛇之外，其他的神奇情節幾乎都不保留，而人嫁蛇的情節只在說明魯凱族為什麼敬重百步蛇，所提到的風俗也少有融入情節者。因此此說雖然與前述認其為真實事件的幾則說法架構相同，但在內容的取材和性質方面卻都是大異其趣的。

　　魯凱族 6 的說法，除了主人翁的名字叫巴冷，採用了鄉人眼中是蛇，女孩眼中是英俊男孩的奇幻景象外，內容比上述各則更加簡省。在「相戀」、「求婚」、「出嫁」三段沒有提到任何風俗或具體的過程，也少了末段的「沒入湖

〔註60〕簡美花講述，張百蓉採錄，高雄市前鎮區，一九九八年三月十四日。
〔註61〕根據杜勇明的說明：他們倆個人單獨相會，在我們的文化是不允許的。一直到結婚之前，男女都不可以單獨約會。所以女方的親人都非常反對。

中」。其故事來源是家鄉霧台鄉所舉辦的母語說故事比賽，當年的講述者對母語的理解不夠，致使部分內容不甚了了，因此內容有殘缺。但是和排灣族1、魯凱族2一樣，其架構與前述認其為真實事件的四個說法是同一模式，故可將此七個說法歸併為一組，稱為人嫁蛇傳說的第一模式。

排灣族2只有一個故事梗概，因為講述者忘了故事的前段。依序是：（1）相戀，（2）被驅逐，（3）結婚，（4）沒入水中。首尾兩處的發展，發音與「巴嫩」相近的名字「巴浪」，「公主」的貴族色彩，以及「女孩愛上百步蛇」、「人蛇結婚」的情節，都與人嫁蛇傳說第一模式的幾個說法相近，但是「女孩眼中是人，旁人眼中是蛇」的情節不見了。這一個變異也造成故事焦點的轉向，戀情的驚世駭俗招來被父母「驅逐」的對待，為這樁戀情蒙上悲壯的色彩，並且在沒入水中之後，走上悲劇性的死亡，女主角入水前對親人的叮囑當然也被刪掉了，整個情調因此而另開新局。就架構看來，「公主愛上百步蛇的故事」已經是另一個人嫁蛇傳說的模式了。在取材和故事性質上，也加進新的面貌。不妨視為人嫁蛇傳說第二模式。

魯凱族7、8兩則說法的內容比人嫁蛇傳說的第一模式少「相戀」一段。女主角名字叫「妮瑪薩」，蛇的真實身分則定調為魔鬼，蛇是魔鬼的變化，魔鬼以人形追求、迎娶新娘，但不論如何，一般人看見的還是蛇形。換言之，還是以女孩眼中是人形，眾人眼中是蛇形為前提，只不過在蛇的身分做了一個不同的界定。

魯凱族7從男方到女家幫忙以示追求誠意的傳統風俗展開，可說是把「相戀」與「求婚」融合為一。而關於熱食、冷食的差異，也移到這裡。敘述「出嫁」時只輕輕帶過一句。故事的結尾，呼應了蛇為魔鬼的說法，對女孩的出嫁不抱樂觀。雖然保留了人嫁蛇傳說第一模式的若干素材和架構，但也有些移挪、變化，更重要的是講述者對此傳說性質的看法傾向鬼魅作祟。也比較接近排灣族1提到的，在當代原住民社會從此傳說而來的鬼魅作祟傳聞。

魯凱族8的女主角名字叫「摩阿蓋」，情節發展的順序和人嫁蛇傳說第一模式完全相同。結尾處增加了一小節，小蛇回外婆家。雖然也把魯凱族風俗融入情節的發展，但整體而言，各段內容的取材都和人嫁蛇傳說第一模式相差甚遠。最明顯的是，在蛇的人形與蛇形的轉換上，捨棄了反覆運用的「女孩眼中是人，旁人眼中是蛇」的不尋常現象，而採用變形的概念，使蛇在夜

晚變成人形、白晝恢復蛇形。第一模式中諸多因為「女孩眼中是人，旁人眼中是蛇」而衍生的各個驚奇場面，就只剩下大白天看見群蛇抬轎的一幕而已，至於人嫁蛇傳說第一模式的故事精神與架構還是保留著。

　　卑南族 1 的情節發展依序有：（1）相戀，（2）失偶，（3）殉情。人物只剩下身分，也就是「頭目的女兒」或「小公主」。在相戀部分，神秘的深山大湖、蛇郎來自湖裡、「女孩眼中是人，眾人眼中是蛇」等等，都還保有巴冷嫁蛇的面貌，而夜晚的相會，也有蛇郎在夜晚去追求女孩，符合魯凱族風俗的殘餘痕跡。只是這種相會已經從被族人認同的傳統形式變成私下的幽會，而講述者對此並沒有發出任何批判或解說，這或許一方面是因為講述者的卑南族背景，對魯凱族的風俗不太了解，另一方面則是二十歲出頭的現代年輕人，對男女交往的看法也不同於傳統有關吧。不過接下來的發展是戀情遇到強大的阻力，父親認為她被鬼怪纏身，根本沒有任何辯解溝通的餘地，便派人一箭射殺蛇郎於湖中以及小公主的殉情。與巴冷嫁蛇著重在婚嫁禮儀的進行，其發展重心已經完全轉移。

　　卑南族 2 的情節發展順序是：（1）相戀，（2）求婚，（3）現形。在「相戀」部分，蛇郎有白天變成人，晚上恢復原形的變形規律。到「求婚」部分，母親在意男方沒有陪嫁，於是男方為女方做工為求婚的條件。此處，男子結婚帶陪嫁，及為女方做工以求婚，都是如今卑南族早已不時興的傳統風俗。到「現形」時，便呼應蛇郎變形的規律，讓母親發現蛇郎在睡覺時現出的原形，結果母親念咒，使蛇離去。結尾處，重心全放在母親一心探究蛇的來歷，在巫婆的釋疑，得出與卑南族相信蛇是土地公、土地婆相近的說法。

　　就結構而言，卑南族 2 與排灣族 1 的：（1）相戀，（2）求婚，（3）出嫁，（4）沒入湖中比較，除了最後段落之外，大致是一樣的。但是卑南族 2 在這些相近部分也有所變異，例如省略出嫁的描述，相遇相戀的場合改在豐年祭，婚嫁習俗轉為卑南族作風，當然那位被認為祖先的魯凱家族女孩也變成一個無名的卑南族女孩。看來，卑南族 2 是卑南化的「巴嫩的故事」異說。而在「現形」中，還提出一個蛇郎是被派來幫助女家的說法，這和阿美族「神奇的女婿」中，那名與上天隱有淵源的男子經由婚姻來到女家助其改善家境的概念是一樣的。卑南族 2 所受的影響來源，似乎並不單純。

（二）沙德倫的故事

　　排灣族的沙德倫的故事，其內容大要如下：

> 以前，瑪家鄉瑪家村有隻大老鷹「麼格力」，很恐怖，會吃人，翅膀
> 張開，能遮住太陽，地面都是黑的。「沙得倫」就去瑪家村，射下「麼
> 格力」，把羽毛插在頭上。所以，瑪家村人對大社村人都畢恭畢敬。
> 獵人頭時，「沙得倫」也經常帶人頭回來，掛在榕樹〔註62〕。

那隻翅膀一張，就遮住太陽，而且會吃人的大老鷹便是彰顯英雄不凡的重要
元素。而解決難題後把羽毛插在頭上，以及經常獵得人頭回來的敘述，也都
和傳統排灣族英雄的條件一致。可見，這一則講述者小時候在故鄉聽父親講
的傳說故事，現在在都會區講起來，還是保有濃郁的傳統色彩。

（三）沙拜的故事

卑南族沙拜的故事，大要如下：

> 「沙拜」是兩兄弟的後代，他出門打獵跨越中央山脈往西部走，翻
> 越山脈再回來，都不會累。回來的時候，總有一大堆的收獲，非常
> 厲害〔註63〕。

「沙拜」不僅自己有過人的狩獵能力和徒步快速翻山越嶺的本事，還是卑南
族傳說中那殺蛇兄弟的後人，這樣的血緣更增強了英雄人物的不同凡俗。不
過在表現其過人能力的具體作為上，倒是沒有什麼敘述，只利用「玉山山脈」
這個素材，讓知道這座台灣最高最大山脈的聽眾認同講述者對傳說人物的讚
揚。這傳說在都會區講述時，沒有其他素材可以彰顯一位獵手的優秀。

（四）吳鳳的故事

隨著陸續不斷的外來移民與商業、政治勢力的登陸，台灣原住民與外界
的互動逐漸繁複，從傳統部落之間的攻伐、馘首、通婚等接觸形態，到宗教
的宣傳、教育的推行、政治的協商、軍事的攻防、商業的交易不一而足。在
這些表面上或平和或衝突，或頌揚或憎厭，或互惠或侵奪的碰觸的同時，改
善生活、引進新知、傳統制度破壞、社會生態失衡等種種的衝突、矛盾也同
步滋生。這樣的爭執，在不同立場、不同信仰、甚至我族或個人利益的意識
下，各自演繹出不同的詮釋。有關於吳鳳的傳說，便是一個典型的例子。

在高雄採錄的這一則傳說的講述者，不是事件的兩造族群——鄒族與漢

〔註62〕「英雄的故事」：陳進光講述，王秋萍等採錄，高雄市新興區，二○○一年二月十
七日。

〔註63〕「打獵的強手」：劉吉勇講述，張百蓉採錄，高雄縣鳳山市，一九九六年五月十九
日。

族，更無涉於大力傳布此傳說的濫觴——日本〔註64〕。它是由另一個台灣原
住民阿美族人為中介，轉述鄒族人對這傳說的講法，可以說是台灣原住民族
群交流傳述的產物。這一則故事的情節發展軸心是「獵人頭」的風俗，其段
落如下：1、準備獵首，2、力阻馘首，3、獵取人頭，4、終止馘首。內容概
要如下：

> 吳鳳從大陸來到台灣，他在原住民社會做生意，總是拿壞東西換來
> 好東西，又讓人賒帳，欠收時就用土地來償還，他也教導大家一些
> 新的東西，所以頭目對他表面友善，心裡又恨得牙癢癢的。有一年
> 年成不好，根據傳統一定要舉行祭典，否則來年也不會有收成。更
> 何況還有吳鳳的借貸利息，壓得人喘不過氣來。於是頭目展開報復
> 的行動，他先故意請吳鳳幫忙找尋祭拜用的人頭，而吳鳳則一味的
> 勸說頭目不要殺人。另一方面，頭目跟部分族人假說已和吳鳳說好，
> 找不到人頭時，吳鳳願意犧牲自己。然後又騙吳鳳，說一切都已經
> 準備妥當，請他盛裝參加祭典。頭目知道吳鳳喜歡誇耀，一定會穿
> 上象徵地位的紅衣裳赴會，因此派了一批不知情的老百姓守在路
> 口，獵殺那個所謂的一身紅衣，由吳鳳派來的人。老百姓割下人頭
> 發現是吳鳳時，還很慌張，以為殺錯了人。不過他們還是用這人頭
> 祭拜祖先。其實在從前，凡是侵犯族群或不服從族群的人就會被割
> 下人頭。後來這個族就不割人頭了，因為再也沒有像吳鳳那樣侵害
> 他們的人了〔註65〕。

在這個說法裡，「設局使人被誤殺」的情節，「被殺者身穿紅衣」的素材，
以及誤殺者悔恨不已的反應，都和流行於漢人社會的說法相同。但設計的人
不是吳鳳，是頭目。頭目和吳鳳的形象也比較複雜，頭目不只是一味獵人頭
的擁護者，他還有維護族群生存、為年成欠收舉行祭典祈祝的傳統職責，也
有因為族人在借貸交易中逐步喪失生活所依的憤怒與憂心，又有為引進新
知、與外來生存模式接軌而維繫關係的謝意與策略考量。吳鳳也不只是一位
帶來新知識、新觀念的教化者，他也是在欠缺商業交易文化的原住民社會中

〔註64〕溫浩邦：《歷史的流變與多聲——「義人吳鳳」與「莎韻之鐘」的人類學分析
　　　　——》，（台北‧國立台灣大學人類學研究所碩士論文，民國八十五年六月），
　　　　頁二五～三一。
〔註65〕「吳鳳的故事」：洪學良講述，張百蓉採錄，高雄市前鎮區，一九九七年四月
　　　　二十二日。

的既得利益者與利益衝突者。年荒在即,他還無視於自己在借貸交易中造成的雪上加霜,而只在獵人頭的舉動上用力,力阻原住民祭人頭祈佑的傳統心理需求。當然也沒有自我犧牲,力革舊俗的悲壯與高潔。

　　這些相較之下更為立體、複雜的人物和情境,就敘事作品而言,應該增添了不少深刻和寫實,比起日本總督府和國民政府時期以移風易俗,教化初民為主導的平面人物,是有出色許多的條件。可惜的是,講述者用了太多的篇幅在說明其人其事的動機和影響,削弱了不少故事性。或許因為這個說法的立場與流傳在平地社會的說法差異太大,在講述時需要調整的地方太多的緣故吧。

(五)高一生鄉長的故事

　　在高雄都會區還採錄到一則雖然以近代人物高一生鄉長為主角,但傳達的是傳統信念的鄒族傳說故事。這傳說在當時是震撼地方的大事,甚至講述者也聽過那百步蛇所發出的報仇之聲。故事情節的鋪陳其實很單純:

> 高一生鄉長不小心踩到百步蛇,隨員把蛇打個半死,鄉長按照習俗找巫婆做個了結。巫婆找到百步蛇,見她是蛇群中最美的女人,一時心軟,只叮嚀它不要多事。結果,百步蛇食言了,它從新美村來到達邦村。兩村之間有一整天的腳程,那蛇卻毫不遲疑,越靠越近。沿途許多人都見過它,接著,還聽見它發出的聲音。離鄉長公館六百公尺時,鄉長又去找巫婆。巫婆知道沒法挽回了,便和一位男性巫師一起,把百步蛇殺了。蛇骨還留在該處〔註66〕。

　　講述者在百步蛇逐漸接近的過程,不厭其煩的提到蛇走到哪裡了,有哪些動靜被人聽聞了,情節平平而且重複,但是那種逐步迫近的氣氛卻自然湧現。故事裡唯一聳動的新鮮事,就是百步蛇是蛇群中最美的女子。但那只是巫婆眼中的畫面,發揮的作用也不過造成巫婆因此心軟鬆手,讓百步蛇有機會食言報復。這個傳說只強調了百步蛇的報復心很強,結尾則落實在族人所奉行的一套敬而遠之的傳統待蛇之道:

> 所以我們看到蛇,都不碰它,還說:「好走啊,走到人家不會碰到你的地方。」從我懂事到現在,鄒族人看到蛇幾乎都是這麼說。

至於百步蛇是美麗女子的概念,較諸前述人嫁蛇傳說中把百步蛇歸為男性的

〔註66〕「鄉長與百步蛇」:鄭金鳳講述,張百蓉採錄,高雄縣大寮鄉,一九九九年三月十六日。

想法，顯然是因族群而異的結果。不過從蛇變化為人形，和以擁有法術的巫婆為中介，導引出蛇成為人形的神奇畫面，其中思維的變化可能不在族群差異，而和這傳說的產生背景已進入近代有關了。

三、動物傳說

以動物為標的的傳說，在高雄地區的採錄並不多見。不過提到的動物都和人類關係很深，有的影響生活品質，如跳蚤、南京蟲，有的反映社會價值觀，如百步蛇。屬於前者的傳說，來源是和其他族群互動時的閒聊，後者的來源則是幼年時在部落裡聽祖父母說起的。從生活品質的範疇不受族別限制，以及社會價值觀與族群文化息息相關這兩個客觀條件看來，高雄地區紀錄的這幾個傳說的流傳方式，是有幾分若合符節的味道。

（一）百步蛇的傳說

百步蛇本是台灣地區動物界的一員，活動於深山叢林之中，由於它的毒性很強，對倚靠山林維生的原住民是一大威脅，因此大多數的台灣地區原住民族群視百步蛇為忌諱，且敬而遠之。不過也有些族群如排灣族、魯凱族等，將百步蛇推為尊榮的象徵，於是在屋簷桁桓的雕刻、陶壺表面的紋路或浮雕、衣飾上的圖案等等方面，以百步蛇為表現其物質文化的重要題材。

在口傳文學方面，也會以百步蛇為素材，上述的人物傳說「巴嫩的故事」便是一例。而排灣族百步蛇的傳說，談的是其何以在排灣族的地位崇高。其內容大略是：

> 大頭目「嘎拉奇姆」家的公子，和平民女子交往，後來家人發現且極力反對，他們仍然偷偷幽會。後來，大頭目把公子關起來，兩人各自垂淚傷心。有個神仙被感動，也想試探女孩的決心，便把公子變成百步蛇，脫離牢籠，以蛇形去見女孩。女孩知道百步蛇就是情人，依舊投入其懷抱。神仙就把女孩變成青蛇。公子拋棄身分，選擇愛情和青蛇，雙雙以蛇形隱居山裡。大頭目終於接受兩人的戀情，宣布百步蛇為大頭目的象徵〔註67〕。

排灣族的這個傳說把大頭目的繼承人直接變成百步蛇，使百步蛇的尊貴身分更加明確。而且平民女子被變成青蛇，不是百步蛇的說法，似乎也把階級差

〔註67〕「圖騰的由來」：陳慕義講述，劉秋治、孫璡淳採錄，高雄市左營區，二○○一年二月十九日。

異的概念延伸到蛇類世界，可見這個傳統概念深植人心的程度。在人變蛇的情節中，藉神仙之力而變化的敘述，較之隨意轉換身形的直接變形，其間已有人蛇物種不同的考量，因此這個情節應該是在晚近知識的影響之下所產生的變異。

（二）跳蚤的傳說

跳蚤的傳說是卑南族講述者從南投的泰雅族朋友處聽來的，故事內容則稱這傳說發生在鄒族。其內容大略是：

> 有位美麗的女孩和頭目的僕人黑矮人感情很好，但頭目之子看上女孩，稟報父親，進行搶婚。矮黑人很生氣，趁夜對著房裡睡覺的公子吐痰。於是床上都是跳蚤，從此世間就有跳蚤了〔註68〕。

從講述者的身分和故事內容看來，這個傳說提到泰雅族、卑南族和鄒族，有接近排灣族制度的頭目以及搶婚的傳統風俗，還有普遍見於台灣本島各原住民族群傳說中的矮黑人。含括了一些跨族群、跨時空的殘留物。其中不涉及時空、族群的是：被奪所愛的弱勢者偷偷地向強勢者吐痰洩憤。至於本該是吐出的痰變成跳蚤的神奇情節，講述者不但不強調其「變化」，還有含糊帶過的跡象。這種避開驚奇詭異的描述，實在是有違講述故事的常態。唯一可以解釋的是，講述者對於自己所傳述的內容不太確定。因為講述者一再表示，時隔多年，而且當年只是在朋友家做客時聽過一遍，所以記憶相當模糊。

（三）臭蟲的傳說

這個卑南族講述的臭蟲的傳說，故事來源是其日本友人，情節和內容都很簡單：

> 吸血蟲是日本人從南京帶過來的，所以叫南京蟲〔註69〕。

日語有「南京虫」一詞，指的是臭蟲〔註70〕。上引的內容很可能是在解釋這個日語名詞的由來，目的既然明確，敘述的句詞也就直截了當，沒有其他鋪陳。不過，其思維和敘述已經建構出臭蟲是怎麼來的，性質和條件與其他講說物種來源的傳說相同，因此即使篇幅極短，還是一則講述南京虫由來的傳

〔註68〕「跳蚤的由來」：蔡武雄講述，張百蓉採錄，高雄市左營區，一九九六年四月三十日。

〔註69〕「南京蟲」：蔡武雄講述，張百蓉採錄，高雄市左營區，一九九六年四月三十日。

〔註70〕陳柏陶主編：《新時代日漢辭典》，（台北‧大新書局，民國八十六年十月），頁一五二三。

說故事。

四、地方傳說

（一）「孤巴察峨」岩雕的傳說

在高雄縣茂林鄉舊萬山部落的勢力範圍，位於出雲山西北對面一百多公尺高的峭壁上有塊岩雕巨石，人稱「孤巴察峨」：

> 岩雕巨石在向南山坡上，東西寬約八公尺，南北長約九公尺，高約六公尺，腰圍約三十四公尺。……有人頭、人像、同心圓、百步蛇、雲鉤紋以及其他無法辨識的圖紋〔註71〕。

關於這座目前被列為國家三級古蹟的「孤巴察峨」岩雕，有一個傳說相當流行，在高雄都會區採集到的有七個說法。其主要的內容是：

1、有個布農女孩嫁到萬山「那嘎路另那」家，她焢蕃薯時，把蛇放在蕃薯、芋頭的四周。自己吃了，再叫家人吃。那一家人越來越瘦，就懷疑她。有一次，媳婦去挑水，老人家派最小的孩子去看，才知道她煮蛇。就趕走她。她邊等丈夫邊畫畫。吐出蛇骨刺，就成蛇。最後她趴在那，赤裸的身形印在石頭上，人走了。一說她變成化石〔註72〕。

2、「孤巴察峨」本來是人，她從布農族來，跟萬山貴族結婚。她一吹口哨，蛇就來，再把蛇跟地瓜、芋頭一起烤。自己先吃飽，再叫家人來。家人一天一天瘦下去，酋長懷疑，去偷看，發現她煮蛇。第二天，丈夫帶她去打獵，要她等他一起回家。結果，丈夫繞路走了。她趴著等，還畫圖、繡花，有圖案、星星。後來，她知道丈夫不喜歡她了，也不好意思一個人回去。就咒念自己變成像個人趴著的石頭。那女孩一吐口水，就是蛇〔註73〕。

3、萬山的「拉答不楞阿」家娶了個布農女孩，她邊煮邊念，一小碗小米，就變成很多。可是大家都吃不胖。後來丈夫發現她把蛇包

〔註71〕洪國勝：〈孤巴察峨岩石雕刻勘察記〉，《山海文化雙月刊》，一四期，民國八十六年九月，原載於民國七十三年十二月《今日經濟》），頁二二～二三。

〔註72〕「吃蛇的女人」：陳歸名、吳嬌講述，張惠妹口譯，張百蓉採錄，高雄縣鳳山市，一九九七年十一月二十六日。

〔註73〕「吃蛇的女人」：吳水華、李麗珍講述，張百蓉採錄，高雄縣鳳山市，一九九七年十二月二日。

在一起，就罵她。妻子順著河流往孤巴察娥，想回娘家，卻不曉得怎麼走。於是，她把吐出的東西變成百步蛇，做為記號，希望丈夫跟來。所以那裡到現在都是百步蛇。後來，她坐在石頭上繡花等待，終於變成石頭，也就是我們萬山石，孤巴察娥〔註74〕。

4、高雄縣茂林鄉有個婦人，她把蛇切成段和地瓜一起煮，然後吃蛇，不吃地瓜。吃飽了，才叫家人來吃。有一天，她就睡在山上那塊大石頭，死了。女孩的人形現在還印在石頭上〔註75〕。

5、萬山社區的魯凱男子娶了北方布農族的女子，她為大家打掃，煮飯，自己卻不吃飯。過一陣子，家裡逐漸有人生病，甚至去世。他們發現她在傍晚烤百步蛇吃，認為女子觸犯蛇的神明，難怪族人生病，要抓她祭蛇神。女子逃走，途中還在吃蛇，吐出的蛇骨就變成一隻小蛇。所以，那地區有許多百步蛇〔註76〕。

6、有個布農族女孩嫁到排灣族。排灣族以百步蛇為神，忌諱殺蛇。而這新娘卻喜歡吃蛇肉，都等人家吃完才吃。新郎發現她吃蛇，趕她走。她在回家的路上嘔吐，吐的地方都是百步蛇〔註77〕。

7、有個排灣族女孩嫁給布農族，女孩吃蛇肉，被先生趕出來，她一路上吐出蛇來，所以那地方都是蛇〔註78〕。

上述 1、2、3 三則都是萬山的魯凱族人講述的，講述人正好都是兩兩一組，年歲最長的一組年近八十，講的是第 1 則；第 2 則是一對朋友檔說的；而一對嬸嬸、姪女親戚檔講述的是第 3 則。

第 1、2 則的情節發展依序是：(1) 煮食，(2) 吃蛇，(3) 識破，(4) 離去。兩說的不同在於：「識破」階段，兩位老婆婆提到老人家派最小的孩子去查看，吳、李兩人只說大家去查；「離去」的部分，老婆婆們對女孩的處理就是趕走，年輕一輩的吳、李兩人則說是先生假言哄騙妻子出去，然後棄置不

〔註74〕 「吃蛇的女孩」：江美玲、蔡阿娥講述，張百蓉採錄，高雄縣鳳山市，一九九七年八月六日。

〔註75〕 「吃蛇的女孩子」：廖金娟講述，張百蓉採錄，高雄市前鎮區，一九九八年三月十四日。

〔註76〕 「吃蛇的女人」：杜羽翔講述，林惠萍採錄，高雄縣鳳山市，二〇〇一年二月二十一日。

〔註77〕 「吃蛇的女孩（甲）」：蔡武雄講述，張百蓉採錄，高雄市左營區，一九九六年四月三十日。

〔註78〕 「吃蛇的女孩（乙）」：蔡武雄講述，張百蓉採錄，高雄市左營區，一九九六年四月三十日。

顧。這些差異都不會影響故事的結構和情節的發展，但是對照其詳略和講述者的年齡、輩分，可以看見老一輩對長幼尊卑的倫理說得比較清楚，而年輕一輩則在處理夫妻關係方面著墨較多。有一種年長者重理，年輕人重情的傾向。

　　第 3 則傳說故事，是以接力方式完成的。敘述的順序是：（1）煮食，（2）識破，（3）離去。主要的變異在煮食的部分，煮蛇換成煮小米。對於家人愈吃愈瘦的解釋，也配合煮小米的情節，說是吃了變出來的東西的緣故。但在識破階段又冒出吃蛇的事情，前文如何煮小米的情節頓時銷聲匿跡，相當不合理。更何況煮一點小米得一大鍋飯，是台灣原住民常見的糧食神話〔註 79〕。這可能是因為負責煮食的人都是媳婦，而把兩種情節混淆併合了。從此也可推知，在這一則傳說故事之外，講述人對於有關一點米便夠煮一頓的糧食神話也還有印象，只不過對兩者的內容都記得不完整。

　　這三個說法都安排孤巴察峨為女孩離家等待丈夫的地點，第 1 則說她在那裡畫畫，第 3 則說她坐在石頭上繡花，第 2 則結合畫畫與繡花，而且似乎想把圖案和繡花聯繫起來，但仍不夠明白確定。對照前引的雕岩圖案，這三組萬山人對於圖案的描述相當有限，倒是著力於印在雕岩上的女人身形。據筆者在茂林鄉多納村和萬山村的採訪經驗，村民提到孤巴察峨時，津津樂道的也多是這個女人的身形。可見人變石頭與印有人形的石頭，是她們印象最深而且比較感興趣的。「人變成石頭」，在民間文學裡本是一個出現很早而且相當普遍的情節，但是講述故事的人還要在敘述中附上這個人形的特徵，顯然是有意強固這個傳說和孤巴察峨的連結，成就其專屬孤巴察峨的傳說性質。

　　第 4 則的故事來源是講述者三十多歲時，在高雄市聽同為排灣族的同齡朋友說的，而那朋友是在小時候聽說的。內容只有三個段落：（1）煮食，（2）吃蛇，（3）離去。在「吃蛇」部分，其家人毫不知情，也不曾進入事件之中。女孩何以會躺在石頭上，和她吃蛇的行為有無因果關係，家人在此變故中處於什麼角色，都沒有交代。

　　這一則傳說點明的地名是高雄縣茂林鄉，並沒有提到萬山村，更沒有提到舊萬山的孤巴察峨岩雕，但是前列三個異說與孤巴察峨的連結特徵，也就是印在雕岩上的女人身形，仍被沿用，只不過在情節的發展上，少了「識破」

〔註 79〕有此糧食神話的台灣原住民族包括：排灣、泰雅、布農、魯凱、鄒族、卑南、阿美等族群。

的鋪陳作為末段「離去」的原因。這在故事的衍述上是一個明顯的疏漏，應是一則記憶不完整的孤巴察峨傳說。

這傳說是出生於民國二十八年（一九三九）的故事來源在小時候聽來的，假設這小時候是十歲，那麼在民國三十八年（一九四九）就有排灣族的孩子聽說了這個流傳在魯凱族的傳說。到了講述人三十幾歲時，今暫且定為三十五歲，則在民國六十三年（一九七四）左右，這個魯凱族的傳說故事曾傳述於住在高雄市的排灣族友人之間。

第 5 則的順序是：（1）煮食，（2）識破，（3）離去，似乎與第 3 則的說法相同，實則內容有異。其架構在敘述的脈絡和呼應上，都是沒有問題的，作為一則地方傳說，它也堪稱符合條件。只是那是萬山社區的傳說，而非舊萬山部落的孤巴察峨傳說。但是從相同的敘述順序和素材，諸如外族媳婦吃蛇禍延夫家、吃蛇女孩被迫離去、離去的女孩一路吐蛇，都可看到前述孤巴察峨傳說的大部分形貌。因此認其為孤巴察峨傳說的一個變異也未嘗不可，只不過它的變異部分具有轉移傳說重心的份量。之所以會有這樣的變異，應該和講述者是在霧台村聽祖母說這傳說有關，畢竟霧台村的魯凱族和高雄縣茂林鄉的魯凱族下三社群，在歷史發展和風俗習慣本就有所不同，更何況兩處在地理上的距離，在在都造成彼此的隔閡，在某些程度上對方都帶有一點他鄉異地的情調。比起當地人一些較具體的情節乃至細節，傳聞、傳述的異鄉人總會有所含糊或轉移的。「吃蛇的女人」便是一個明顯的例子。

第 6、7 則也是情節、細節被模糊化或轉移的例子。純就內容而言，第 6、7 則沒有提到萬山、孤巴察峨雕岩、甚至於沒有魯凱族，不但已和孤巴察峨傳說脫鉤，甚至喪失了構成傳說的條件，成為一個奇幻故事。當然，故事與傳奇彼此因為添加或抽換某些條件而互換類別的情形，在民間文學裡並不少見，也往往在討論分類和掌握故事流變時，多少有在分合之時顧此失彼的難處。在這裡，筆者謹就故事內容的相關處著眼，視第 6、7 則為孤巴察峨傳說的一種轉入幻想故事的異說來討論。

6、7 則是聽排灣族說的，而且不只聽一位排灣族人說起。從第 4 則可知，排灣族是有人流傳這個傳說，而且還知道這傳說發生在高雄縣茂林鄉的魯凱族。6、7 則從排灣族傳述而來的故事人物背景卻少了魯凱族，箇中變異的原因可能有二：一是有排灣族講述人因為本族也尊敬百步蛇，便把這傳說中的人物認做排灣族了。二是講述人的卑南族背景，使他把俱有尊重百步蛇文化

的排灣與魯凱混同了，加上為他講述的都是排灣族，更增強了對排灣族的傾斜。不同族群碰觸時，對故事內容產生從其同而起的變異有如此者。

6、7則還完全略去「煮食」一段，甚至怎麼吃蛇都沒有描述。其中省略描述烹煮過程，不提煮食地瓜這類細節的作風，與第5則的男性講述者倒是頗為一致，較諸其他女性講述者的具體敘述，這是故事內容從其講述者性別之異而起的變異。還保留著的內容，諸如：外族媳婦吃蛇禍延夫家、離去的女孩一路吐蛇等素材，都是孤巴察峨傳說，甚至第5則的萬山為何蛇多傳說的部分形貌。至於孤巴察峨雕岩或萬山蛇多的生態，通通被刪減。於是傳說的特質盡蛻，一個具有神奇新鮮情節的幻想故事於焉成形，但其與孤巴察峨傳說的淵源，也歷歷可見。

（二）「嘎機露」和「瑪耳隆」地名的由來

地名由來的傳說，是典型的地方傳說之一。其中「『嘎機露』和『瑪耳隆』地名的由來」的主要內容為：

> 一個老人家從花蓮出發，黃昏時做晚餐，每次煮飯都燒焦，有「鍋巴」，我們叫「瑪耳隆」。老人就把這地方叫做「瑪耳隆」。他往南走，看到泉水，一喝是鹹的，就把這地方叫做「嘎機露」，就是鹹的意思。走到河邊，有人在捕魚，就把這地方叫做「爸福咕賴」。就是捕魚，撒網的意思。很多地名都是這樣來的〔註80〕。

這故事的來源是學校校長，敘述的模式以重複出現的簡單節奏，搭配先人生活的情境或各處的風土特徵，在段落終止處出現一個地名，並且有母語發音，別有一份揉合趣味與教育的單純。正是師長或老人家對孩童講述的標準風格。

（三）加禮宛地名的由來

「加禮宛地名的由來」的主要內容是：

> 有個老人家在山上耕作，從河裡撿到漂來的冬瓜，一切開，裡面有個小女孩。小女孩長大了，名叫「伊芭撒咖媧」，她喜歡作家事，耕作也非常賣力。大家都喜歡她，提水時喜歡跟她要水，還教她織布。一天，織布機摔下山，她跳下去搶救，摔死了。為了紀念她，那地方就叫「加禮宛」〔註81〕。

〔註80〕「『嘎機露』和『瑪耳隆』地名的由來」：沈杰講述，謝佳憶、楊瓊文、陳品華採錄，高雄市前金區，二○○一年二月二十八日。

〔註81〕「加禮宛地名的由來」：阿仙—卡道講述，林美雯、王妍雅採錄，高雄市小港

這故事的來源是平埔族。河流飄來瓜果，嬰孩從剖開的瓜果中出來，再加上一位發現瓜果的老人家，這樣的組合幾乎和日本的桃太郎故事一模一樣，變異的是嬰孩從男孩變成女孩，瓜果由大桃子轉成冬瓜，河邊洗衣服的老婆婆換成在山耕作的老公公。日本的桃太郎故事因為在日據時代納入「公小學〔註82〕」的教材裡，因而在台澎地區包括原住民的社會都有流傳，還因為流傳甚久而有一些本土化的變異，這些例子將在幻想故事部分將另行討論。此處，「加禮宛地名的由來」則是以地方傳奇的形式，套用了桃太郎故事的情節模式，而且配合其變異採用原住民族的本土經驗，諸如老公公在山上耕作、河裡漂流的冬瓜等等為素材。

女孩也跟桃太郎一樣普受肯定、喜愛。當然，主人翁的美德和才華隨著性別和社會風俗的不同而有所變異：一是大家跟她要水，來說明其人緣之好，心地之好。二是人家喜歡教她織布，三是她做家事和耕作都很賣力。而這些都符合原住民社會對女孩子的要求和讚美。

織布在早期社會是重要的生產活動，不少原住民族群還將女孩子的織布區畫為禁地，不准任何男子接近。織布的能力代表了女孩子的身價，而與織布休戚與共的織布機，在人們心目中的份量便可想而知了。因此主人翁為搶救織布機而殉身，在原住民社會的價值觀裡當然是值得稱揚的，予以紀念也是很自然的事情。但是，女孩的名字和地名，都採用母語而不交代意思，讓不諳平埔語的聽眾無從明瞭其與內容的關係究竟如何。尤其是地名的意思，理應和整件事情呼應，否則雖然有地方傳說之名，敘述邏輯也算合理，但在關鍵處付諸闕如，仍然難以恰符其實。這樣的缺憾，或者與傳述者是異文化的平地人有關吧。

（四）姊妹潭的由來

姊妹潭的由來有兩種說法，內容大要如下：

> 1、有一天，姊姊去打水，遇到颱風天，媽媽就叫妹妹去水源找她。
> 這時，突然下大雨，妹妹看到姊姊的時候，水剛好沖下來，結果
> 姊姊沖到這邊，妹妹沖到那邊，這個是姊潭，那個是妹潭〔註83〕。

區，二○○一年三月三日。
〔註82〕日據時代有「小學」、「公小學」，前者供日本人子弟就讀，後者讓台灣本地的子弟就學，就學年限有六年，學制相當於今天的國民小學。
〔註83〕「阿里山的姊妹潭」：鄭金鳳講述，張百蓉採錄，高雄縣大寮鄉，一九九九年

－80－

2、有一個女孩，跟日本男孩往來，媽媽不准，但是他們偷偷約會。
　一天，女孩子在洗衣服、提水，洪水來了，她被沖走。男朋友去
　救她，也淹死了，變成兩個潭〔註84〕。

兩種說法談的都是阿里山一個著名景點，景點名稱由來傳說的傳播常常因為旅遊活動而較活躍。這類傳說多半是導遊為遊客講述的，至於當地人是怎麼說這些景點，是否受到旅遊業界的說法影響？或者，旅遊業界根本就是在轉述當地人的說法？

　　兩說的故事來源都是國小時，同學之間的流傳。那對情人是鄒族女孩配日本男孩，戀情不能公開，可說是安置了充分的異族戀情衝擊因子，但結果卻是被突如其來的洪水沖散淹死。雖然化為水潭也有點真情不渝的意思，但是純就故事的布局而言，「戀情不能公開」這環節，畢竟因為少了具體相應的後續情節而顯得多餘。因此這一說法，不是遺漏了一些情節，便是模仿姊妹化潭版本，是發展尚未齊全的晚期之作。至少也是日本人活躍於台灣的日據時代才開始的。

　　姊妹化潭的版本雖然簡短，但前後呼應綿密。故事開端的颱風天，便為天氣的迅速惡化埋下伏筆，沒有突兀的問題。而到山泉取水、颱風天、雨勢帶來的下沖大水，這都包含了原住民族的生活內容與台灣的天候特徵，尤其是雨水匯成大水下沖，更是山林裡典型的自然現象，所以傳述這種情節的人應該有豐富的台灣山林生活經驗。從此看來，姊妹化潭的說法應當是起於本地且較早期的說法。

　　在阿里山遊樂區的告示牌上是以姊妹潭為名，旅遊業者在向遊客介紹時，理應順勢講述姊潭妹潭之說，姊潭妹潭之說當流傳較廣，而這也正是流傳在當地社會較為周延且早期的說法。

（五）情人橋的故事

情人橋的故事大要如下：

　有一對情人，因為父母反對，又逃不出去。他們就把頭髮綁在一起，
　從山上跳到河裡殉情。因此大家建了座吊橋紀念這對情侶。吊橋的
　一半向下傾斜，連接河面〔註85〕。

　　三月十六日。

〔註84〕「阿里山雙潭」：鄭金鳳講述，張百蓉採錄，高雄縣大寮鄉，一九九九年三月
　　　十六日。

〔註85〕「情人橋的故事」：徐世蘭講述，夏明春採錄，高雄縣大寮鄉，二○○一年二

故事來源是屏東縣南和村那座情人橋邊的阿公、阿嬤。其中「把頭髮綁在一起，跳河殉情」可說是整個傳說中最令人驚詫的特殊光景，同時又和原住民族男女皆蓄長髮的早期風俗相吻合。應該是個發源頗早的傳說。

（六）情人洞的故事

情人洞的故事，內容大致如下：

> 在蘭嶼，有一對達悟族的男女，怕家人反對他們相愛，就躲在海邊的石頭之間相會。一次，風浪打來，把他們海浪捲走，沒多久，那裡就變成一個人字形山洞。現在，很多人在那裡談情說愛〔註86〕。

這一則傳說是以愛情為主題，配合「人死之處變成石洞」的概念敷衍成文。除了地點和人物點明發生的地點和族群，其他不論是戀人偷偷相會還是海邊的風浪拍石，都不是專屬蘭嶼地方或者達悟族群的特色，惟一比較特別的「人字形石洞」也因為沒有標出具體的位置，而流為岩岸地段常見地形的形象，箇中的地方色彩其實是相當表面的。這可能和故事的來源，是一位曾經在蘭嶼教書的平地老師有關。畢竟文化的隔閡使得縱然在當地生活過的他鄉異族，在傳述故事的時候，難以表現出貼近風俗的自然流露。既然如此，再轉述的又一個他鄉異族，就更無從為這傳說保留任何的風土人情了。

（七）半屏山的傳說

這一則關於半屏山的傳說，內容大致如下：

> 二十年前，半屏山有兩個很大的石頭，大家說是石公石母。有老榮民去放羊，經過那裡，羊就沒了。那石頭很大，蓋廟時炸掉了〔註87〕。

這是台灣原住民講述高雄都會區傳說的例子，講述人是來自台東縣南王村的卑南族人，在訪談時他曾多次提起本族的土地公、土地婆信仰：

> 排灣族以百步蛇為神。我們卑南族有天上的天神和左右神。……我們說左右神就是土地公、土地婆，都是「米阿錄」。大蛇代表土地公、土地婆，所以我們不殺蛇。念一念咒，蛇就走了〔註88〕。

而來自同村的族人，也提起家鄉的土地公信仰，就是樹個石頭為徵，對之禮

月二十日。

〔註86〕「情人洞的故事」：許惠珠講述，陳玉慧採錄，高雄縣鳳山市，二○○一年二月十二日。

〔註87〕「半屏山石公石母的傳說」：蔡武雄講述，張百蓉採錄，高雄市左營區，一九九六年四月三十日。

〔註88〕蔡武雄講述，張百蓉採錄，高雄市左營區，一九九六年四月三十日。

拜祈佑：

> 土地公是在田間樹一個石頭祭拜的。……一般是在自家田地的出
> 入口，或不礙事或比較靈的地方，樹好石塊，念一念咒，那裡就
> 變成神明的地方。幾乎每一家的田裡都有一個，家裡也有，就在
> 門口〔註89〕。

當然，由於卑南族移居平地較早，風俗、信仰頗受平地人的影響，而立石為
土地公原是漢族社會的普遍信仰。至於上、左、右三方有神的信仰，在台灣
原住民族之間也相當古老，還表現在飲酒之前，以指沾酒灑向上、左、右三
方的習俗。講述人所謂的左、右神是土地公、土地婆，以及與天上之神形成
「上左右」的概念，已經融合了漢族的土地公和原住民禮敬三方的信仰。其
同村族人的介紹更進一步印證立石為土地公在卑南鄉南王村之普及。因此接
納和講述這一則與家鄉信仰相近的漢族傳說，便顯得很自然了。

（八）卑南大溪的傳說

關於卑南族人主要的聚居地台東平原上的卑南大溪，有來自南王村的兩
種說法：

> 1、我們家族有個祖先叫「都咕密斯」，這日語的意思是「特別」。傳
>   說卑南大溪、鹿野一帶，過去是個湖。普悠瑪在平原上，上山挑
>   水，太遠。這祖先有超能力，能夠抓住射出的子彈，也很會唸咒。
>   他帶著葫蘆，和海祭時的道具，念完咒，踩破葫蘆，湖水洩出來。
>   水就跟著他流，經過南王村。但是，颱風時，洪水會經過村莊，
>   把農作物、房子沖走。於是又把河流改了。所以現在卑南大溪，
>   不經過南王，直接到海邊〔註90〕。

> 2、從前，卑南大溪一直往南王部落侵蝕，一個祭司作法，把水推到
>   靠山的另外一邊，那陷下去的地方就是過去的河床。現在都變成
>   田了〔註91〕。

對照族群遷移傳說卑南族第（二）則的第 2 段落，上述第 1 則顯然是該段落
以獨立形態出現的故事。由於沒有系列情節和人物相續的牽連，不但完全省

〔註89〕許介文講述，張百蓉採錄，高雄縣鳳山市，二〇〇二年七月十五日。
〔註90〕「卑南大溪是怎麼來的」：蔡武雄講述，張百蓉採錄，高雄市左營區，一九九
　　　　五年十一月六日。
〔註91〕「卑南大溪改道的故事」：許介文講述，張百蓉採錄，高雄縣鳳山市，二〇〇
　　　　二年七月十五日。

略了「發現大湖」的部分，其主人翁的身分也別出一系，以講述者家族的先人代之，認做其祖先中某一傳奇性人物的事蹟，因此第 1 則這地方傳說也兼有人物傳說的性質。由於這人物擁有日本名字，因此這部分情節的加入，最晚也在日據時代推行皇民化時，那時許多人被要求取個日本名字。

在特異能力的部分，將飛跑和作法的能力，轉換成能抓住子彈與念咒的能力。其中抓住發射中的子彈的能力除了說明一個人有特異能力之外，在引湖造溪的敘述之中，並沒有什麼作用，就故事的架構而言，這是一個並不周延的安排。

第 2 則的人物有身分沒有名字，因此不具人物傳奇的色彩，情節的重心放在大溪改道的部分，主人翁的身分是祭司，具有強大的法力是自然合理的。

值得注意的是，第 1 則所說與溪流改道無關的特異能力「抓住子彈」，在另一則幻想故事「抓住子彈的人〔註92〕」裡是這麼說的：日本人剛到台灣時，有個法力高強的人物，可以把子彈抓住。所以第 2 則是個純粹的地方傳說，而第 1 則有可能是把「抓住子彈的人」的情節用於其人物的形塑之中，只不過這樣的融合發展還不很成熟。

（九）石頭的傳說

石頭的傳說，在魯凱族的說法，其內容大致是這樣的：

> 石頭位在舊萬山，叫做「拉咪拉」。它是一個布農族人自己咒念變成的，常人碰觸或冒犯它是會生病的，除非石頭家主人給水、作法，才能恢復正常〔註93〕。

阿美族的說法如下：

> 一家人生了三個面色不一的孩子，分別是黑、白、紅。結果一把無名火燒了那一家，三個孩子變成三個石頭，而且日漸變大，如今還在花蓮舞鶴山〔註94〕。

魯凱族的傳說不但包含人與各類物種可以相通的信念，還有禁忌和作法除災的風俗。在三位三十歲上下的年輕一代爭相講說以及在場八十左右老人家的

〔註92〕「抓住子彈的人」：許介文講述，張百蓉採錄，高雄縣鳳山市，二〇〇二年七月十五日。

〔註93〕「人變的石頭」：吳水華、李麗珍、張惠妹講述，張百蓉採錄，高雄縣鳳山市，一九九七年八月六日。

〔註94〕「人變石頭」：張進福講述，張百蓉採錄，高雄市左營區，一九九八年五月十二日。

幼年見聞證實之下，可說是流傳久遠而且深入人心，至今未衰。

阿美族說法是根據某些自然景觀而來的故事。講述者不但在故事當中沒有任何主觀信念的流露，講完還聲明那是小時候聽到的童話故事，其對情節當中所包含的奇幻成分是有不認其為真的自覺的。

（十）三和村竹子的傳說

卑南族的三和村竹子的傳說，有下列兩種說法：

1、族人在卑南山登陸，有人到了知本，其中一對兄弟把竹子做的枴杖插在三和村的山上，竹子就生根了，這就是南王村的發祥地。後來村人把竹子搬到南王村的後山，竹子種好之以後，先人在上面念咒，竹子就像有附身一般，隨便砍它的人會全身麻痺〔註95〕。

2、一對姊弟乘竹筏從菲律賓漂來台灣，在今天的台東三和村上岸，他們拆下竹筏當枴杖上山，枴杖插在山上長出竹葉，這裡就是卑南族的發源地。久旱不雨時，人們就到這裡祈雨。有人嫌遠，偷砍一點竹子回來種，試圖把發祥地遷過來，以方便求雨、拜拜，結果去砍的人都死光了。甚至建造南迴鐵路時挖土機傷到發祥地的竹子，挖土機的臂桿也斷了〔註96〕。

兩異說的共同之處是：一、都認為三和村後山插竹子的地方是其發祥地，二、那竹子有不能被侵犯的禁忌，三、在三和村後山發祥地的竹子曾被遷動。而兩者的重要差異有二：一是關於在發祥地插上竹子的先人，第 2 則說的是一對姊弟；第 1 則說的是一對兄弟。對照族群遷徙傳說卑南族（二）、（三）兩則，也是以一對兄弟的事蹟為貫串，第 1 則說的顯然是南王說法的反映。而第 2 則所謂一對姊弟為初始登陸之人的說法，既與人類初始姊弟或兄妹相婚的情節相近，相較於族群遷徙傳說卑南族（四）、（五）兩則中提到的弟妹為登陸人，也是性質相近。看來血親相婚的說法在卑南族群的傳說當中也曾有一席之地。差異之二是：在第 2 則講述之中，遷動竹子的任何動作，都會遭到觸犯禁忌的災禍，即使是現代的機械都躲不過。第 1 則則將竹子不能侵犯的禁忌放在分植竹子到南王以後的事。可見分屬卑南族竹生、石生兩大系統的知本村和南王村的講述人，即使已經在高雄會區生活了二十多年，在有關

〔註95〕同註二十七，頁二六～二八。
〔註96〕同註二十七，頁二九～三〇。

發祥地的主張，仍然保有壁壘分明的部分。但在禁忌信仰方面，依舊不因此
而有所動搖。

（十一）「了訝」湖的傳說

「了訝」湖的傳說〔註97〕之情節順序與族群遷徙系列傳說故事之卑南族
第（二）則第 4 段落不同的是，偷竊者是一對姊妹，這個變異切斷了以兄弟
為發展的系列性，而偷竊和被偷雙方的族群正好對調，成了阿美族人去偷南
王村卑南族人種的甘蔗，兩姊妹雙雙被捉，阿美族人以風箏救出兩人。其間
還對當年南王村落的威權與能力作了一番說明：

> 這姊妹被關，他們阿美族也不敢到我們村莊來，因為古時候我們南
> 王村是原住民的王。阿美族、布農族看到我們的老人家扛著東西，
> 都會來幫他扛，甚至把老人家抬回去。因為我們南王村是卑南王，
> 很了不起的。巫術方面，別族也很怕我們，所以沒辦法接近來救這
> 姊妹。

取材的變異背後的信念還是相當傳統，雖然這段發生在清代的卑南王歷史比
起族群遷移傳說系列中的祖先兩兄弟，在時間點上要晚出許多。說到底，旅
居高雄的時日與經歷對這些變異仍然沒有任何影響力。

（十二）姊妹石的傳說

姊妹石的傳說，內容大概是：

> 一對姊妹因父母去種田拔草，兩人閒得發慌在河邊為對方捉頭蝨，
> 一邊捉頭蝨還一邊說說話，一整天下來，她們變成妹妹在前姊姊在
> 後互捉頭蝨狀的石頭。現在石頭還在，那地方叫做「利伊班」，那石
> 頭就叫姊妹石〔註98〕。

這裡的人變石頭是否出於自己的咒念法力並沒有明確的交代，不過從其對那
石頭的描述，其構想可能來自一塊外形相似的石頭。是人們想像力的發揮。

（十三）多納溫泉的傳說

多納溫泉的傳說，內容大約如下：

> 兩姊妹咒念促草長高，以不斷竄生的青草，讓老人疲於工作，繼而
> 以山豬肉為餌，把包在豬胃的穢物灑了老人一身。引出了老人憤怒

〔註97〕同註二十七，頁一二～一五。
〔註98〕「姊妹石」：巴春松講述，何鳳玲、薛曜如採錄，高雄市左營區，二○○一年
二月十一日。

　　的追逐，而一追一逃之際，她們又在河中小便，使河水變燙，阻撓

　　老人追趕，從此就有溫泉了〔註99〕。

講述這故事時，在場有三位魯凱族人一位排灣族人，三位魯凱族人中有兩位
來自萬山，一位魯凱族人是從茂林嫁到萬山。故事來源是主要講述人幼年聽
祖父說的。來自茂林村的口譯者還知道：「這是萬山的故事，茂林沒有。」

　　如果把講述者聽故事的年齡訂在十歲，那麼這個萬山的傳說故事在一九
六九年時，還在家庭之中、祖孫之間被傳述著。就輩分來看，在場補充的兩
位老人家分別是另兩位的婆婆，是上一代。而故事來源中的祖父，又是那兩
位老人家的上一代。這麼說來，至今這一則多納溫泉的傳說在萬山至少流傳
了三代。而且其流傳的管道不止於親子之間，因為已經成年，嫁到萬山的排
灣媳婦也有機會聽說這個傳說故事。

　　在傳說故事中的三個情節「咒念促草長高」、「誘人食用包藏穢物的豬
胃」、「在河中小便，使河水變燙」以及其構組情節的素材：拔草、念咒祈願、
視山豬肉為珍饈、以豬胃為容器，都不脫原鄉生活形態、文化和信念，而以
尿水的溫度轉移為溫泉的溫度的想法，也和初民慣常出現的擬似思維模式
〔註100〕相同。因此這一則在現代都會區採錄的傳說故事，仍然保有濃厚的
魯凱族傳統色彩。

五、風俗傳說

（一）賽豬的傳說

魯凱族賽豬的傳說的內容大要是：

　　萬山先民在第六代的時候，山上水道不通，村子積水成湖。頭目與
　　眾人商議時，有個人因為有尾巴而坐在屋頂上，頭目要他下來，還
　　把他的尾巴割掉。接著有兩人互約：退去積水的是頭目。結果，一
　　個人的豬先從豬籠出來，然後去推山，造成水溝引出積水。另一個
　　人便念咒，於是水流了，山洞通了，形成今日的幽幽谷。從此村裡
　　每年辦一次賽豬比賽，贏的人是頭目。如今比賽已經中斷，因為現

〔註99〕「老人與兩姊妹」：陳歸名、吳嬌講述，張惠妹口譯，張百蓉採錄，高雄縣鳳
　　　　山市，一九九七年十一月二十六日。

〔註100〕即以為『『同類相生』或果必同因」的思想原則，佛雷澤稱之為「相似律」。
　　　　佛雷澤著、汪培基譯：《金枝（上）——巫術與宗教之研究》，（台北・久大、
　　　　桂冠聯合出版，民國八十年初版），頁二一。

在沒有人會念那咒語,那是以前的人才有的本事〔註101〕。

這個傳說中「山上水道不通」形成水患的概念與布農族洪水神話中的大蛇阻道相近,只是前者沒有點出爲何不通。在一人使豬隻出籠撞出水溝,另一人念咒,將湖般的積水引流成河的情節,比起族群遷移傳說卑南族(二)之第2段落的引湖造溪情節,一樣是由兩人合作,其中一人作法念咒使積水流出,不同的是另一人使豬隻出籠撞出水溝的部分。因此這一則傳說極可能像族群遷移傳說卑南族(二)之第 2 段落一樣,殘留了一些洪水故事的痕跡。不但如此,兩者在思維和情節上也有多處雷同,不禁讓人懷疑分屬兩族,居處地理形態不盡相似的這兩個傳說之間,是否早有淵源?還是純屬巧合?不過不論如何,在這賽豬的傳說裡歸結提出那有比賽性質的儀式,確實是早期萬山獨有而且行之有年的習俗。在這個風俗的描述之中隱含著一個信念,那就是以前的人嘴裡念什麼,就可以有什麼。

(二)海祭的由來

屬於海祭的由來的傳說,卑南族有兩說:

1、有個老人家,因爲貪吃粘糕到處騙人惹事,被家人設計棄置在綠島,幾天後,一隻會說話的大魚背著他回去,臨走交代每年小米收成時要到海邊餵自己,否則會發生旱災。回到村子的老人,由於過去的紀錄,沒有人相信他說的話。結果三年沒下雨,也沒有收成。經過巫婆開會問神,才知道該到海邊祭拜、祈雨,這便是海祭的由來。也因此,負責海祭的是巫婆和村子裡的女人〔註102〕。

2、小米是從綠島引來台東、台灣島的,所以每年的豐年祭也就是海祭的時候,就面向綠島祭拜〔註103〕。

阿美族的說法如下:

有個年輕人被洪水沖走,漂到一個島。島上全是女人。他雖然很受歡迎,但日子一久,還是想家。有隻鯨魚願意載他,他就騎在鯨背,

〔註101〕「贏的人是頭目」:江美玲、蔡阿娥講述,張百蓉採錄,高雄縣鳳山市,一九九七年八月六日。

〔註102〕「海祭的由來」:蔡武雄講述,張百蓉採錄,高雄市左營區,一九九五年十一月六日。

〔註103〕「海祭爲什麼朝綠島祭拜」:許介文講述,張百蓉採錄,高雄縣鳳山市,二〇〇二年七月十五日。

　　游過海游過河，上岸回故鄉。但是幾乎所有的人他都不認識，也找
　　不到家。後來，他去找長老，長老帶他回家。他很高興，還回去謝
　　鯨魚。鯨魚便教他造船、捕魚的技術〔註104〕。

阿美族的講述者對於令人驚奇的情節，往往提出現象，而沒有進一步的細節
以爲銜接呼應，致使整體架構雖然沒有闕漏，但是突兀與不了了之的狀況時
有所見。而且這些細節處其實都是較奇幻的成分，例如女人島上的生活習俗、
騎魚跨海的過程、離開的時間不長卻人事全非的不可思議等等，這樣的現象
可說是相當特別。而在卑南族第 1 則那惹事的老人是講述者的祖先，他是以
追溯祖先事蹟的心情訴說這傳說的。其家族也因爲如此，在海祭的儀典中佔
有重要的地位：隊伍出發到海邊之前要先在其家廟舉行儀式。這傳說也是其
祖先的傳說。

　　不過同樣是對海祭的敘述，南王村人並不拘於一說，卑南族第 2 則便有
不同的看法。第1則的海祭是遵行大魚的吩咐，在小米收成時到海邊餵小米，
兼有祈雨的意思，至於方向沒有細說，第 2 則則強調朝綠島方向祭拜，因爲
小米是從綠島引到台灣島上的台東。二說中海祭的用意是不一樣的，不過小
米是從綠島引進之說，在另一位旅居高雄來自寶桑的卑南族人的糧食傳說，
也有相近的說法。寶桑屬於南王系統，這些異同交錯的說法應該是互相影響
的產物。而從這些說法中可以確定，海祭與小米是有關係的。

（三）萬山婚禮的由來

　　在萬山婚禮的由來中，談的是風俗何以中斷的傳說，內容大約是：

　　　以前萬山有人結婚盪鞦韆，那女孩子一直盪。人就不見了，找不到。

　　　從那時候我們就不敢盪鞦韆了，結婚也不盪〔註105〕。

具體的失蹤過程說的隱隱約約，似乎有個關於繩子太長，一盪就延伸太遠，
因此被遠方人接走，從此不見其人影的神奇情節。但是「結婚不盪鞦韆」這
個觀念似乎已成爲當地的禁忌、律則，「發生了什麼事」的重要性已經不敵「千
萬不要這麼做」了。像這樣，內容不如概念記憶深固的現象，可能是禁忌對
生活和信念的衝激較直接、深刻的緣故吧。

〔註104〕「阿美族造船、捕魚技術的由來」：薛明偉講述，林怡方採錄，高雄市鹽埕區，
　　　　二〇〇〇年十二月二十四日。

〔註105〕「萬山結婚不盪鞦韆」：蔡阿娥、江美玲、張惠妹講述，張百蓉採錄，高雄縣
　　　　鳳山市，一九九七年八月六日。

（四）祭祖的傳說

「爲什麼我們又燒香拜祖先了〔註106〕」祭祖的傳說是個卑南族爲何恢復傳統風俗的傳說，其內容大要如下：

> 南王村曾因爲物資匱乏，接受了有物資援助的教會信仰，揚棄了拿香拜祖先的風俗。一次，族人大量病故，問神的結果是，祖先生氣了，從此大家又恢復燒香拜祖先。

卑南族尤其是南王村與漢人社會接觸的層面很深，甚至還曾受封清廷，統轄附近的阿美、排灣諸族。因此在信仰和風俗上早將傳統對敬仰祖靈、崇信天地山川諸神靈的信念與漢族社會的祭拜祖先、禮敬神祇的信仰融合一起，形成一種燒香拜祖先的風俗。從這一則傳說的內容可以了解，在台灣原住民社會普遍接觸天主教、基督教的時期，南王村的傳統信仰仍然深固人心，遂有以觸犯禁忌受懲的形式來恢復傳統風俗的作法。而同是受到外來影響的改變，燒香拜祖先之所以成爲南王的選擇，可能還是因爲其中保有族人固有的信念，不似一神論宗教對此信念的排斥較深。可見禁忌與信念仍是各式風俗背後最強固的基礎。

六、糧食傳說

在高雄都會區採集到的糧食傳說只有一則，是卑南族的傳說，其中的人物正是族群遷移傳說系列中從綠島來台的那對長兄夫婦。其內容大要如下：

> 漂流到蘭嶼、綠島的普悠瑪在島上栽種小米，後來這對夫婦乘船北上在都巒山登陸台灣，卻發現台灣除了打獵的獵物之外，沒有其他東西可吃，於是回去取小米回來種。但是留在當地的人不准，還嚴加檢查，於是妻子將小米藏在私處，回到台灣再尿出來，從此才有小米〔註107〕。

這種偷渡種子的手法是糧食傳說中流傳甚早也頗常見的情節，而偷取種子的地方包括天庭、地底，擁有種子的不是天神就是另一世界的人種，人類猶可與之交往。取材頗富想像，並且停留在初始社會的階段，可說是初民對生活事物的發展成形所做的想法與整理。如今這個偷渡種子的說法被安排在具體

〔註106〕同註二十七，頁二四～二五。

〔註107〕「小米的來源」：劉吉勇講述，張百蓉採錄，高雄縣鳳山市，一九九六年五月十九日。

可徵的地理環境，同源相生的族人之間，那些種子本是自己在移居之前的作物，原來的神秘色彩已被理性的情境所取代。應該是後來發展的產物。

第三節　民間故事

　　口傳文學中採用散文體敘述，而內容有情節發展的作品，除了前兩節所介紹的神話、傳說，還有民間故事。民間故事通常是以人及擬人化的動物為主，敘述發生在一般日常生活中的事，其中也允許有幻想。由於數量龐大，研究者常常以有、無幻想成分為準，分出幻想故事和生活故事兩種；又把以動物為主人翁者，劃為動物故事；以植物為主人翁者，歸為植物故事；內容以趣聞、調侃為主題的，列入笑話之林。

　　在高雄都會區採集的台灣原住民民間故事相當豐富，上述各項幾乎都包括在內，本節將以 AT 故事類型分類的排序為準，依次介紹高雄都會區所見台灣民間故事之動物故事、幻想故事、生活故事、笑話。至於這些民間故事所屬之 AT 故事類型的探討則留待第四章詳談。

一、動物故事

（一）猴子和穿山甲

　　在高雄都會區採錄到台灣原住民動物故事有兩個，一個是猴子與穿山甲，另一個是白頭翁的故事。猴子與穿山甲的故事，魯凱族的說法有十則：

　　1、穿山甲跟猴子比爬樹時，猴子在樹上把不好的果子，擦得臭臭的丟下去，讓穿山甲吃。接著他們比挖地瓜，猴子不會挖土，而穿山甲挖的都是大的。然後，挖地烤地瓜，熟了，穿山甲在裡面吃。猴子則被火燒著臉、身體，只好跑出來。穿山甲取笑他，兩個就打架，看誰厲害。結果，穿山甲跑進土裡，猴子找不到它〔註108〕。

　　2、猴子和土撥鼠是好朋友，猴子爬樹摘香蕉，卻把很小很小的果實丟給土撥鼠。吃完了，休息一下去大解。猴子的聲音是：「都嚕都都」，排便很粗很大。土撥鼠的聲音是：「西哩哩哩」，排的都是小小細細的。土撥鼠就懷疑他朋友。過了幾天，他們走到田裡

―――――――――――――――――――――――――――――

〔註108〕「猴子和穿山甲」：廖友蘭講述，廖家么女口譯，張百蓉採錄，高雄市三民區，一九九九年四月九日。

找食物，土撥鼠在土裡找到吃的，猴子在洞外等。土撥鼠也把那一點點的地瓜丟出來給猴子。吃飽了，又去大解。結果，土撥鼠的聲音：「都嚕都都」，猴子的：「西哩哩哩」。於是，他們兩個開始對質，然後互相認錯。這故事告訴小孩：「做人不要小氣，你怎麼對人，人家也怎麼對你。」〔註109〕

3、穿山甲和猴子去挖山藥烤，猴子先把東西吃光，還把排出來的放進去冒充山藥。那時，穿山甲在找螞蟻，沒有看到。然後，猴子爬到樹上假說肚子痛，叫穿山甲去吃。結果，穿山甲發現自己被騙，又沒法爬樹，叫猴子下來，又不下來。從此猴子都在樹上，不敢下來，怕穿山甲找他麻煩。而穿山甲看到人，就把頭縮起來，他怕人〔註110〕。

4、穿山甲跟猴子是好朋友。他們比爬樹，猴子上樹摘橘子，把不要的丟給穿山甲。這次猴子贏。接下來他們去挖地瓜，到河邊烤，然後游泳。穿山甲趁機挖洞到地下，把大地瓜吃掉。等猴子打開時，大的不見啦！他們就吵架，還打架。後來，他們決定聽大便聲音：「布嚕咻咕咻咕」就是吃了大的，「布哩第給第給」就是吃了小的。第二次是穿山甲贏。第三次是輪流燒對方，看誰被燒死。穿山甲的殼硬，又會挖土，躲在地洞，沒燒死。接著猴子鑽進茅草，穿山甲一點火，猴子就死了。所以穿山甲看到人就縮成一團，因為他把朋友燒死了，不好意思〔註111〕。

5、很久以前，猴子跟穿山甲是很好的朋友，猴子是爬樹的高手，穿山甲是鑽地的高手。猴子上摘枇杷，把大的都吃完了，然後，摘一顆小的拿來擦擦屁股，丟給穿山甲。穿山甲還很高興，猴子就偷偷地笑。後來，穿山甲知道有詐，就去挖地瓜。挖地瓜是穿山甲的專長，挖的都很肥大。猴子的力量小，只挖到小小細細的。然後，他們兩個去烤蕃薯。就是挖個坑，把木炭燒紅，放上石頭，

〔註109〕「猴子跟土撥鼠」：杜櫻珠講述，張百蓉採錄，高雄市前鎮區，一九九八年二月二十三日。

〔註110〕「穿山甲和猴子」：陳歸名、吳嬌講述，吳水華、張惠妹口譯，張百蓉採錄，高雄縣鳳山市，一九九七年十一月二十六日。

〔註111〕「穿山甲與猴子的故事」：宋阿福講述，盧春暉、宋雅芳、呂美玲、曾惠美、蘇文君、郭秀雯採錄，高雄市小港區，二○○○年四月九日。

又在石頭上鋪葉子，放蕃薯，再蓋上乾土。弄完之後，就到河邊
捉魚，穿山甲沒法潛到水裡捉魚，但牠騙猴子：我捉的魚很大，
像手掌、像杓子。其實是鑽到地裡，撥蕃薯，把大蕃薯吃掉，剩
下小的。還騙猴子：地瓜烤了，會縮小。猴子也很聰明，吃飽後
邀穿山甲去大便。只要大便出來，就知道誰吃了大的。結果，穿
山甲便便的聲音是：「嘩呼嚕！」也就是痾出來的很大，猴子的
大便聲則是：「灰哩亦！」猴子很生氣，兩隻動物就打起來，全
身都是大便，從此，牠們就勢不兩立〔註112〕。

6、穿山甲和猴子是好朋友。猴子爬上樹，吃完了才剝個在屁股擦一
擦，丟下去。穿山甲就知道：這人會騙人。第二天挖「咖里」，
猴子只挖到細的。然後他們煮「咖里」。穿山甲趁玩水時，下水
挖地，吃掉結實的。從上廁所聲音的粗細，證明穿山甲偷吃。就
打起來了。隔天玩燒火，穿山甲會挖地，躲在地下，火燒過，就
回來。猴子一被燒就死了。穿山甲把骨頭撿起來念，猴子活了，
肚子餓，穿山甲給他一塊肉，讓他吃自己的身體。所以老人家說：
「對朋友要好，欺負朋友，自己會更慘！〔註113〕」

7、猴子爬樹，吃完了，不要的才撥給穿山甲。穿山甲生氣跑了，猴
子追不到。後來釣魚，他也不能下水〔註114〕。

8、有三種動物，猴子爬樹，兔子怕火，穿山甲吃螞蟻。猴子、穿山
甲、兔子比賽：爬樹，放火，釣魚〔註115〕。

9、兩隻猴子在河邊搶芭樂，一個把不好的給對方吃，對方知道了，
就打架，結果沾了一身大便。和好後，到河邊游泳，抓魚，抓
到大魚的人比較厲害，然後高高興興的吃魚。它們是朋友，好
玩〔註116〕。

〔註112〕「猴子跟穿山甲的故事」：柯淑夏講述，王佳雯、謝淑玲、邱梅瑄、吳美麟、
陳姵華、何佳芬採錄，高雄市苓雅區，二〇〇一年二月十八日。

〔註113〕「猴子與穿山甲」：王明德講述，張百蓉採錄，高雄市前鎮區，一九九九年二
月八日。

〔註114〕「猴子跟穿山甲（甲）」：廖應仁講述，廖家么女口譯，張百蓉採錄，高雄市
三民區，一九九九年四月九日。

〔註115〕「猴子跟穿山甲（乙）」：廖應仁講述，廖家么女口譯，張百蓉採錄，高雄市
三民區，一九九九年四月九日。

〔註116〕「兩隻猴子」：謝英妹、冬美花講述，張百蓉採錄，高雄市旗津區，一九九九

10.兩人去打獵，沒東西吃，就把朋友的腸、內臟，拿來煮。叫朋友
　　起來吃，吃完了，要他看自己的肚子，已經縫起來了〔註117〕。

排灣族的說法有一則：

穿山甲和兔子是好朋友，他們去挖地瓜，兔子挖的小，穿山甲欺負
他，教他用『虎甲』〔註118〕搓手，都流血了，挖的還是很小。然後
生火烤地瓜，等待的時候，先去游泳。穿山甲從水裡挖洞，吃掉大
地瓜。挖出地瓜時，大的沒了。穿山甲還騙說，地瓜熟了就變小。
上一號時，吃了大地瓜，聲音是：「受──」，吃小地瓜，聲音是：「啪
里、啪里」，所以兔子知道穿山甲吃了大地瓜。摔角時，穿山甲把兔
子摔到大便上，還帶他去洗澡。接著玩燒火。穿山甲先躲，他挖洞
躲在裡面。輪到兔子，找草多的地方躲。穿山甲一燒，他就死了。
穿山甲割下他小便的東西去煮，再把兔子變活，給他吃。兔子小便
時，看到自己，才知道吃了什麼〔註119〕。

　　上述十一種說法，作為主角的兩隻動物，有猴子、穿山甲、兔子和土撥
鼠四種，它們兩兩成組，形成數個不同組合，分別以己之長來戲耍對方，出
現的戲耍內容不外乎「上樹摘果」、「地下挖塊莖食物」、「入水捉魚」、「輪流
放火」等項，四者排列組合成三個一組者有之，兩個一組者有之，只有一個
的亦有之，但以三個一組的居多。而這些組合的內容和主人翁是什麼動物是
相配合的，連帶的也牽動了故事所發揮的方向。譬如魯凱族的1、4、6三則，
以猴子和穿山甲為朋友，戲耍項目依序是：（1）上樹摘果，（2）地下挖塊莖
食物，（3）輪流放火。魯凱族7的戲耍項目依序為：（1）上樹摘果，（2）入
水捉魚，（3）輪流放火的；而魯凱族5的戲耍項目依序為：（1）上樹摘果，
（2）地下挖塊莖食物，（3）入水捉魚。三種組合都保留「上樹摘果」來突
顯猴子擅於攀爬的特性，而分別以「地下挖塊莖食物」、「輪流放火」、「入水
捉魚」來表現穿山甲的擅於挖掘、游泳，可以掘地、潛水，潛藏於地洞、水
底之中好避開火勢、大挖地瓜、捉大魚，以其樣樣都強過猴子的表現，來反

年一月二十一日。

〔註117〕「吃自己內臟的人」：吳福祥講述，張百蓉採錄，高雄縣鳳山市，一九九七年
　　　　　十一月二十六日。
〔註118〕一種挖地瓜的鐵製工具，細細長長的，排灣語叫「虎甲」。
〔註119〕「兔子跟穿山甲」：廖金娟講述，張百蓉採錄，高雄市前鎮區，一九九八年三
　　　　　月十四日。

制猴子一開始時，仗著自己天賦的優勢欺負朋友的行為。

　　比較特別的是魯凱族3的，只有一項戲耍內容：「地下挖塊莖食物」，穿山甲挖掘的本領並沒有在挖莖塊食物的活動中發揮作用，它是因為缺乏警覺的性情而被戲耍。而猴子爬樹的本領則用在逃脫。

　　至於排灣族的說法，戲耍項目依序是：（1）地下挖塊莖食物，（2）入水捉魚，（3）輪流放火。兔子和穿山甲都不會爬樹，所以「上樹摘果」被抽換。而「地下挖塊莖食物」、「輪流放火」、「入水捉魚」都是穿山甲的長處佔優勢，連帶的這個故事的走向也改以愚弄兔子為主。

　　魯凱族2，戲耍的項目是：（1）「上樹摘果」，（2）「地下挖塊莖食物」。以兩主人翁的各擅專長，形成莫以一己之長欺負他人之短的結論。

　　魯凱族8最明顯的差異是，兩個主人翁都是猴子，戲耍的項目是：（1）「上樹摘果」，（2）「入水捉魚」。上樹固然是它們的專長，入水卻顯然不是猴子的能事，這裡的變異，在於假動物之名不變，但內容已略去動物習性的展現。

　　每項戲耍的活動中通常都附帶一些固定的情節，例如在「上樹摘果」項中，樹上的猴子總是丟下自己不要的果子，甚至還弄臭果子。在「地下挖塊莖食物」項中，大多接著一個互聽對方排便的聲音，根據聲音來分辨誰偷吃了大的塊莖食物的情節。在排灣族說法和魯凱族2、4、5、6等五則當中，除了魯凱族6以聲音的粗細區分，其餘都是以兩串狀聲的聲音來表現，而且對此津津樂道。尤其是魯凱族2，連「上樹摘果」項中，都運用了這兩串狀聲的聲音。魯凱族6是國小一、二年級時聽叔公說的，魯凱族4、5及排灣族說法都是小時候聽母親或姨媽說的，魯凱族2的來源最時新，是講述前幾天聽見婆婆給孫兒說的，住在都市裡的小孩童不懂母語，還是父親為這對祖孫翻譯內容。因此運用聲音產生的效果逗樂孩童應該是這個情節最主要的作用，顯然其效果也相當好，讓稚齡時期接觸這故事的講述人幾乎都不會忘記重複一遍。不過魯凱族3的高齡講述者不僅在戲耍的項目只有「地下挖塊莖食物」一項，其中情節也有所變異，戲弄者是把糞便埋在土裡充數。受騙者上當時，也正是講述者和聽講者大樂的時候。魯凱族3採用了相同的素材，不過前者取其排出時的聲音，後者借其形似與觸感製造效果。而這些趣味都一樣，能夠吸引心靈單純的孩童。也從此可見，魯凱族3的變化很多。

　　在「入水捉魚」項中，但凡與「地下挖塊莖食物」項結合的異說，其下水捉魚的情節都是在等待食物烤熟期間，戲弄者假藉潛水鑽進土裡，吃掉已

熟的食物，像魯凱族 5 和排灣族說法都是如此。前者是霧台鄉的魯凱族，後者則是三地門鄉的排灣族，兩說所用的戲耍項目並不一樣，主人翁的組合動物也不一樣，而在這個部分的安排卻如此齊一，雖說可能是故事情節發展之必然，但也不無兩者有交流的可能。其進一步的探討，則有待下章細論。另外兩則觸及「入水捉魚」項的異說，魯凱族 7、9 都將之列在「上樹摘果」之後的第二項，不過與前項並無因果關聯，雖然在魯凱族 9 中，兩個主人翁下水前，曾大打出手沾上自己的糞便，講述者依然沒有為兩項行動提出因果關係的連結。至於魯凱族 7、8，因講述者記憶模糊，只梗概地列出戲耍的項目。可見這些項目對講述者而言，是比較難忘的。另外，在談到故事的主人翁時也曾插入兔子，還對三種動物的特性一一作介紹。講述者的故事是童年時從父母那裡聽來的，可以想見故事中動物特質的差別性，不僅是情節的需要，也為孩童的認知建立了穩固的架構，以致於日後即使是記憶模糊都還有印象。

「輪流放火」一項，除了魯凱族 7，也見於魯凱族 1、6 以及排灣族等三說。在「輪流放火」中，魯凱族 6 和排灣族說法還有使燒死的朋友復活，讓對方吃自己的排尿器官等情節。變異最大的是魯凱族 1，雖然還在怕不怕火燒的方面發揮，但和前項挖莖塊食物接續，讓猴子鑽進烤烤莖塊的地底取食而被燒得一臉一身。著眼處與結果一致，過程則是別出心裁，另有一番趣味。

綜合上述，這個兩動物戲耍的故事的幾個異說，無論在架構、細節和趣味的穿插，都有不出規律範圍的變化，取材也都來自火耕刀墾的山林生活情境，應該是流傳原鄉頗久，也很受聽、講者歡迎的動物故事。故事中的規律有來自吸引小小聽眾的一致趣味，也有源於山林生活的狀態與見聞的相似之處。唯一不見於本土的土撥鼠，講述者五歲起就在高雄市生活成長，而故事來自婆婆為住在高雄市的孫兒所講。值得注意的是，原住民祖母在都市裡為原住民孫子講故事，得由原住民兒子居間翻譯，因為老人家沒辦法用國語說故事，而幼童又聽不懂母語，這是在講述故事時的變通。至於土撥鼠，離開山林生活的年輕原住民父母，與生長於都市的幼兒，其認識動物的管道大概不出於童書和電視影像，莫說穿山甲在台灣地區已瀕臨絕種，知其外貌、習性者甚鮮，就是市面上流通的童書和影像，也多是舶來作品充斥。在這樣的背景之下，一個不見於本土卻為眾所週知擅於挖土的土撥鼠被借用在這故事裡，也應該是個可以理解的變化。

除了魯凱族8、10，上述九個說法在故事結尾的處理共有三種：

一、魯凱族1、5、7、9和排灣族說法是以趣味為重心，兒童在與其心理以及生活情境結合的故事人物、情節發展中，得到充分的呼應。即使日後長大成人來到都市，這一則當年深獲童心的動物故事還是浮上心頭的優先選擇。

二、歸結到動物習性由來的，有魯凱族3、4兩種。這樣的結束，一方面照顧到故事情節的發展，滿足幼童的想像，另一方面又在趣味之中傳遞一些山地動物習性的常識，對應講述者宋阿福先生年近五十，陳歸名和吳嬌都年在八十的背景，這種處理應該是傳統老人家教導幼兒的示例之一。

三、總結故事含意者，有魯凱族2、6兩說，那「你怎麼對人，人家也怎麼對你」，「如果欺負人、騙人，你的損失會更嚴重」的告誡，都是針對朋友相處之道而發的。對應於魯凱文化中以有朋友、人緣好為美德之一的傳統，以及兩位講述人都來自霧台鄉並且是教會傳道人的身分，結語中的教育意義就更加理所當然了。

魯凱族10的主要情節與排灣族、魯凱族6的部分情節雷同，只不過魯凱族10的主人翁是一起上山打獵的兩個人，但故事人物彼此的稱呼、談話和情節發展是一樣的。

（二）白頭翁的故事

白頭翁的故事把台灣特有鳥類白頭翁在幼鳥時烏頭，成鳥時白頭的外觀特色巧妙地融合在情節之中，其內容大要是：

> 一群鳥圍著火堆討論挑水工作的分配，體型大的如貓頭鷹、禿鷹等
> 是頭目，不能做這事，於是在體型小的如啄木鳥、白頭翁、小麻雀
> 之中編派。點到年幼的白頭翁時，它偷偷轉身把炭灰抹在頭上，轉
> 過來說：「我很老了，你看，我頭髮都白了。」把工作推掉了。所以
> 白頭翁很懶惰〔註120〕。

這一則看似以鳥類為角色的逗趣故事，雖然點到了諸多鳥類的體型，流露出講述者對於山林間鳥群的熟悉與觀察之外，其實還假借鳥類世界寓託了魯凱族的社會結構與思維。魯凱社會中因為階級制度而形成頭目不必從事庶務，以及長幼有序，年幼者為父兄、年長者服其勞等等的觀念，都是故事情節發展的推力。以炭灰抹白頭頂的趣味，如果沒有這些背景為其基礎，效果是比

〔註120〕「懶惰的白頭翁」：江秋山講述，張百蓉採錄，高雄縣鳳山市，一九九七年十一月二十六日。

較薄弱的。至於講述者不以機智或聰明稱譽白頭翁的舉動,也反映了深植其心的文化教養,認為推託工作的人是懶惰的,縱然他覺得那推託的方式很逗趣,但是在這個價值觀的確定上還是毫不含糊的。

二、幻想故事

(一) 神奇的女婿

神奇的女婿其內容大要是:

> 麻阿威見一對母女非常貧困,就跟那女兒結婚。連著三年,人家在砍草、砍樹、整地,而他只做陀螺,百來個陀螺。村人都譏笑他。一天晚上,就在別人整地完畢,準備下種時,他開始動手,十步一個陀螺地圍了幾甲地。然後一聲令下,陀螺開始轉,樹呀草呀一下子就清得乾乾淨淨。整地之後,別人種穀子、玉米,唯獨他種南瓜跟胡瓜。收割時,別人把米搬到倉庫。他叫人扛胡瓜回去,到了倉庫,胡瓜一放下,就變成在來米。南瓜一放下,就變成糯米,把倉庫堆得滿滿的。幫助了這個家庭之後,他便轉往他地。妻子也跟著去。爬天梯時,妻子忘了麻阿威的交代而嘆了一聲。從此,天梯與世隔絕,麻阿威消失無蹤,那女的也掉下來啦〔註121〕!

這故事的講述人是以母系社會著稱的阿美族,而其入贅女家幫助其改善家計的思維,和父系社會的漢族所盛傳的賣身葬父故事中,七仙女以委身下嫁幫助董永脫離貧困的思維,可以說是如出一轍。無論性別,發心助人者總是自願加入成為家庭成員,似乎反映了不論實行的是父系制度還是母系制度,社會上都傾向於將嫁入或贅入的一方視為增加的勞動力,有改善家計的工具性作用與期待。家庭中不論是隨著父系結構而來的男尊女卑或母系結構而生的女尊男卑,結果都要求卑者當為尊者維護利益甚至創造利益的傳統美德,而諸如此類的異中之同,或許正是一些本來毫無淵源卻極為相似的故事情節的來處。

(二) 兩姊妹的故事

兩姊妹的故事,排灣族有四個說法:

> 1、有一個頭目家庭,父母上山工作被殺,而村人也開始欺負那家的

〔註121〕「神奇的女婿」:林光輝講述,張百蓉採錄,高雄市左營區,一九九八年五月十七日。

兩個小孩，把垃圾放到門口。挑水時，丟掉她們的水桶，口渴
要水喝，也不給。孩子沒辦法，牽著手走到田裡，聽到爸媽的
聲音，給他們一隻貓。把貓放在門邊，貓一叫，垃圾就飛回原
來的地方。貓一叫，門前就有水池。需要什麼，那貓：「喵——」
一聲就有了。兩姐妹還把棍子插在挑水的地方，水都乾了，老百
姓就沒有水喝〔註122〕。

2、村子裡頭目家的父母死了，剩下兩姊弟。村人把垃圾丟在他們的
房子。後來，他們發揮頭目的能力。讓垃圾飛回去，在房外面變
棵榕樹，旁邊有個水池，池裡什麼魚都有，榕樹上還結琉璃珠、
長肉。而欺負他們的人，則受到報應，其中一個就被自己的垃圾
弄瞎。大家都很後悔。後來姊弟家的柱子有個洞，突然掉下一顆
一顆的琉璃珠，顏色都不一樣，堆滿一屋子。吃飯時，把洞堵起
來，休息一下，再拿開就沒有琉璃珠了〔註123〕。

3、有個女孩，父母早逝，只有自己上山開墾。鄰居欺負她，把垃
圾丟到她門口。但是，上帝近念窮人。她在砍柴時，聽到鳥聲：
「嗯嗯！」柴就砍完了，垃圾燒得乾乾淨淨，地也挖好了。而
鄰居做了十幾天，還沒做好一半。她種的地瓜，沒放肥料，就
長得很漂亮。挖地瓜時，也是嗯嗯幾聲，工作就做好了。後來
她嫁給村裡最英俊、出名的男孩，成為頭目家族的人〔註124〕。

4、有個女孩叫吉古，父母送她到大頭目家當下女。她很認命，知
足。一天，她上山砍材，天色暗了，就在廢棄的茅屋過夜。突
然，有聲音在喊她，她鼓起勇氣開門。看見一個老人，那是神
仙，他送吉古個大布袋，裡面有華麗的衣服，琉璃珠。從此，
吉古的家族由貧轉富。到現在這一家族還是滿有錢的。他們不
是貴族，但是跟頭目一樣有錢〔註125〕。

〔註122〕「兩姊妹的故事」：廖金娟講述，張百蓉採錄，高雄市前鎮區，一九九八年三
月十四日。

〔註123〕「兩姊弟的故事」：吳呂月嬌講述，張百蓉採錄，高雄市前鎮區，一九九八年
十二月十三日。

〔註124〕「孤女的故事」：陳學進講述，幼一丙第六組成員採錄，高雄縣林園鄉，二〇
〇一年十二月十三日。

〔註125〕「一個女孩的故事」：陳慕義講述，劉秋治、孫瑱淳採錄，高雄市左營區，二
〇〇一年二月十九日。

上述四則故事，情節的發展順序很相近：（1）家有變故，（2）遭人欺虐，（3）神奇的幫助，（4）出人頭地。3、4 兩則的主人翁都是平民女孩，1、2 的主人翁是頭目家的遺孤，前者都只有孤身一人，後者還有伴。除了第 4 則的父母尚在，但是窮得無力撫養孩子之外，其餘三則的家庭變故都是父母亡故。這樣的處境，對於以父母為天的幼年聽眾是極具有同其情的感染力的。

在「神奇的幫助」部分，助力的來源，四則故事就有四種神奇的形式。第 3 則的內容放在工作上，只是速度驚人，其過程與上述「神奇的女婿」故事中的「執行助人任務」部份有許多雷同之處，當然這也是因為兩者談的都是農務。不過和第 1、2 則的頭目遺孤比較起來，第 3 則不採用報復性質的丟回垃圾，是因為故事中的邏輯需求，一因主人翁是個小孤女，在世上沒有親人可以倚靠，二因她沒有頭目的血統，因此也沒有天賦優越的認可作為精神支持。於是其在故事發展中尋求認可的支持，必須建立在個人的美德之上。別人欺負她，「但她都不講話，是很乖的女孩子。」以及隻身開墾、勤於農事，這些正是女孩的美德。這種思維與安排，在第 4 則的平民女孩身上也一樣。

至於第 1、2 則，前者明指其頭目身分擁有心想事成的變化能力，後者經由亡故的頭目父母所送的貓咪，也發揮心想事成的變化能力，於是他們不但擁有一切，還扔回那些垃圾。在進一步的「出人頭地」，擁有一切的姊妹與姊弟，前者使出插棍於水源使流水乾涸的能耐，讓一干老百姓為之懊悔、哀告。後者比較溫和，沒有主動的作為，但是老百姓已經後悔當初的不是，丟垃圾最多的甚至被自己的垃圾弄瞎。箇中蘊含的那頭目不可侵犯的信念與氣勢，是不言而喻的。兩個平民女孩的最大報償也跟頭目這位階有關，第 4 則的主人翁從此由貧轉富，穿用甚至比貴族還好，也就是擁有等同於頭目地位的財富。第 3 則的主人翁因此得以生活無虞，長大後也通過聯姻而提昇地位成為頭目家族中人。這四個全由排灣族講述的故事，所反映的排灣社會結構、價值、信仰可以說是相當完整的。

不過第 2 則在結尾附了個流出琉璃珠的小插曲，對照前文已從榕樹上長出琉璃珠的情節，似乎重複，雖然那柱子是頭目家的，還是最好的柱子，顯然有意強調它的尊貴，進而提昇那琉璃珠層級，但是榕樹也是頭目尊榮的象徵，只有頭目家的門前才能有榕樹，從這裡長出來的琉璃珠也應該不差才是。因此就故事而言，這樣的結尾似乎對前文既無什麼補強作用，也沒有呼應什麼情節。

（三）人變動物的故事

在兩則人變動物的故事裡，阿美族的說法是：

> 父母到遠方工作，沒回來。兩兄妹不斷的打探，父母還是沒回來。
> 夜深了，兄妹便開始哭。他們一直哭，哭得很傷心，終於變成青蛙。
> 那種經常背在一起的青蛙，就是兩兄妹變的。牠們的叫聲就是兄妹
> 的哭聲：「啦——苦拉苦拉苦——」。上帝可憐他們，把他們變成青
> 蛙，因爲青蛙沒有父母親也可以到處去〔註126〕。

鄒族的說法，則是人變成石頭：

> 爸媽出去工作，姊姊帶著弟弟在家等，但是媽媽始終沒有回來，他
> 們倆個就哭，一直哭，最後變成石頭。那石頭的形狀就是姊姊背著
> 弟弟〔註127〕。

兩者都是把兄姊揹著弟妹的模樣，和形狀相似的東西聯想附會在一起，仍然保留著物類之間可以直接移轉的樸素想法。不過在阿美族說法裡，講述者又給這樣的移轉補充說明：「上帝可憐他們，把他們變成青蛙。」由此可見，從物類之間可以直接移轉的思維所產生的情節雖然被接受而且傳述，但也有受到質疑而企圖合理化的變異了。

在高雄都會另有一則記憶不全的紀錄，是魯凱族的關惠蘭小時候聽其排灣族母親所說的〔註128〕，一開始是父母到田裡去，孩子在家一直等一直哭，然後變成什麼就不記得了，講述者的敘述也就此打住。從這些有限的資料可以確定的是，這是來自排灣族的故事，而且情節也包括：（1）家有變故，（2）神奇的變化，只因記憶模糊以致於敘述簡略又不完整罷了。

（四）兄妹鳥

兄妹鳥是以被家中長輩虐待的孩子爲主人翁的故事，在高雄都會區所見到的，有八則之多。排灣族的說法有三個：

> 1、爸爸去打獵，媽媽帶小孩到田裡，弟弟的肚子餓，媽媽不理。
> 還煮了地瓜，到樹上吃，只丟地瓜皮下來。哥哥吃薄皮，那一
> 點肉給弟弟吃。後來，一個地瓜掉下來，這孩子就把肉給弟弟

〔註126〕「人變青蛙」：洪學良講述，張百蓉採錄，高雄市前鎮區，一九九七年四月二十二日。

〔註127〕「化成石頭的姊弟」：鄭金鳳講述，張百蓉採錄，高雄縣大寮鄉，一九九九年三月十六日。

〔註128〕關惠蘭講述，張百蓉採錄，高雄縣大寮鄉，一九九七年十月一日。

吃，自己吃皮。媽媽下來了，帶著地瓜走啦。哥哥還摘蘆葦，剝嫩心給弟弟吃。後來，他們的衣服慢慢變成鳥毛，成了貓頭鷹，大的叫「得格雷伊」，小的叫「啊唉」。他們告訴爸爸，沒有辦法變回來，吃完爸爸煮的肉就飛走了。哥哥往寒冷、多林的地方飛，那裡蚊子比較多。讓弟弟往河邊、比較乾燥的地方飛，那裡比較沒有蚊子。還約了在八、九月時相會。爸爸綁了支掃把回家，把燒開的水，倒在太太身上，還用掃把打她。太太變成小老鼠，邊跑邊叫：以後我要撕破你的衣服！所以，山上的老鼠會咬衣服〔註129〕。

2、兩個孩子跟著媽媽到田裡，妹妹餓了，一直哭，媽媽不理。食物熟了，還到樹上吃，把地瓜皮丟下來。姊姊就把背帶、背巾撕開，一人一半。背巾做衣服，背帶做尾巴跟翅膀，變成鳥。鳥叫聲是：「嗯亨嗯——」。爸爸去找孩子，知道了一切，就拿樹枝做掃把，回家打太太，一打就變成老鼠了〔註130〕。

3、有個貴族家庭，爸爸去打獵，後母帶孩子上山工作。後母叫哥哥煮地瓜，背弟弟去取水。自己帶地瓜上樹吃，讓孩子撿地瓜皮，餵弟弟吃。哥哥便咒念，使地瓜掉下，剝給弟弟吃。傍晚，下起毛毛雨，媽媽先回去，要哥哥整理雜草，再背弟弟回家。雨越下越大，河水暴漲，喊媽媽，都沒有回應。哥哥又咒念，結果弟弟變成烏鴉，飛過去。哥哥拿荷葉、花草編帽子遮雨。烏鴉只會ㄛㄛㄚㄚ叫。他再祈念，自己就變成頭上有花彩的藍鵲。所以烏鴉和藍鵲會一起飛。爸爸回來了，聽後母說孩子被流走，就跑到屋外大哭。這時，藍鵲和烏鴉對著他叫，爸爸聽出是兒子的聲音，回家後燒了一鍋開水，把後母燙死。爸爸也變成白面鷲。那是頭目的象徵，又叫虎頭鷹〔註131〕。

魯凱族的說法有三個：

〔註129〕「人變鳥」：廖金娟講述，張百蓉採錄，高雄市前鎮區，一九九八年三月十四日。

〔註130〕「人變鳥」：吳呂月嬌講述，張百蓉採錄，高雄市前鎮區，一九九八年十二月十三日。

〔註131〕「烏鴉和藍鵲的由來」：柯經國講述，陳雅齡、蘇雅琪採錄，屏東縣三地門鄉，二○○一年二月二十五日。

1、丈夫出外打獵，媽媽帶女兒上山。她吩咐姊姊照顧妹妹，自己則去挖些吃的。結果天暗了，媽媽還沒回來。姊姊說：「既然媽媽不要我們了，我們變鳥。」她把圍巾、揹帶，各分一半，一個做尾巴，一個做翅膀，許願變鳥。姊姊變成「獨咕瑞格」，是比較大的老鷹。妹妹變成「恩啊埃啊」，是比較小型的鳥。姊姊要妹妹往山區找食物。兩人互呼：『獨咕瑞格』、『恩啊埃啊』以保持聯繫。爸爸回來，孩子不在，鄰居說孩子變鳥了。爸爸來到田裡，姊妹把事情告訴他。爸爸回家後，叫媽媽煮熱水，然後沖在她身上。「吱！」一聲，媽媽就變成老鼠了〔註132〕。

2、爸爸去打獵，媽媽帶兒子上山挖地瓜。兒子肚子餓了，媽媽說等一下。挖完地瓜，又要回家。經過河流，媽媽先過去，在水裡小便，說：「變成大河不讓孩子過去！」兩兄弟沒法過河，就說：「我們變成小鳥過去。」他們把浴巾跟背帶各分一半當翅膀，變成小鳥。大哥在山上比較冷的地方，叫聲是：「獨孤瑞」。弟弟在溫暖的地方，叫聲是：「納納」。他們用叫聲聯繫。爸爸找不到小孩，就去找，哥哥和弟弟對爸爸叫：「納納、獨孤瑞」。爸爸知道孩子變成小鳥，很生氣，回家就燒開水沖媽媽，叫她變成老鼠，媽媽就變成老鼠了〔註133〕。

3、有對兄妹，父母爬上樹吃東西，把皮丟下來，讓小孩撿皮吃。又把他們丟在山裡，自顧自的回去了。哥哥把背帶剁成片，插在背後。先給妹妹飛，接著哥哥也飛。烏鴉就是那兄妹的化身，專報壞消息，所以我們很怕烏鴉，烏鴉不吉祥〔註134〕。

卑南族的說法有兩個：

1、爸爸出去打獵、釣魚，常不在家。媽媽另外交男朋友，讓孩子在家挨餓。她回家煮地瓜，也不給孩子吃，連皮都不給。兩兄妹把背帶、被子分一半，當翅膀，變成鳥。還在半路上，搶爸爸的東西吃，說自己的名字，可是爸爸不相信。問媽媽，媽媽還騙他。

〔註132〕「人變鳥」：王明德講述，張百蓉採錄，高雄市前鎮區，一九九九年二月八日。

〔註133〕「人變鳥的故事」：林雪櫻講述，宋阿福口譯，盧春暉、宋雅芳、呂美玲、曾惠美、蘇文君、郭秀雯採錄，高雄市小港區，二〇〇〇年四月九日。

〔註134〕「兄妹鳥」：張惠妹講述，陳歸名、吳嬌補充，張惠妹口譯，張百蓉採錄，高雄縣鳳山市，一九九七年十一月二十六日。

後來，爸爸知道了，很生氣，挖了個洞，燒一鍋開水。把媽媽騙
到洞裡，用開水沖，她就死洞裡〔註135〕。

2、爸爸很少回來，媽媽另外交男朋友。不給孩子吃，要地瓜皮，就
只給皮。媽媽吃飽走了。孩子就用背巾做尾巴，包巾做翅膀蓋在
背上，於是全身長滿毛，開始飛。鳥兒在樹上叫著自己的名字：
「咕咕！葛！」爸爸沒理會，回家看不見孩子，出去找才知道是
自己的孩子。便煮熱水，挖洞，騙太太下洞，拿開水潑她，她就
變成老鼠。所以老鼠會亂竄、偷吃〔註136〕。

這些故事的情節發展依序是：（1）虐兒，（2）變形，（3）投告，（4）懲罰。
只有魯凱族 3 缺少投告、懲罰兩段落。故事的主人翁一律是兩個孩子，這一
大一小的孩子是同胞關係，小的還在襁褓，大的會照顧幼小。至於性別，則
姊妹、兄弟、兄妹、姊弟各種組合都有。排灣族和魯凱族的講述者有人表示
當年聽故事時老人家並沒有指明性別，有些則說是根據故事人物的名字分辨
性別的，卑南族 1、2 的講述人，也有兄妹和只說其弟卻含糊兄、姊的兩種組
合。這種情形的產生是因為在這幾個族群的語言裡，沒有兄姊與弟妹之分，
也就是兄姊的名稱一樣，而弟妹的用詞相同，如果講述者沒有為故事人物取
名字，聽講者就只能分辨長幼，而無性別概念。事實上，這三個族群本來就
有不分男女，謹守長幼尊卑，一律講究長扶幼，幼從長的文化特質，因此不
論在用詞上或此一故事中的角色，會出現只需分出長幼而不講究性別的現
象，正是一種傳統文化的反映。所以一旦講述者以不同文化系統的漢語表達
時，這些文化上的差異，便產生了看似紛歧的變化。這也是故事在傳述時，
因為文化因素而產生的變異現象之一。

七則故事中父母的分工也相當一致，例外的是，卑南族說法的母親沒有
帶孩子外出工作，可能是為了配合其結交男友，自顧自出去遊蕩的行徑。

在「虐兒」中，不好好照顧孩子的都是母親，而且絕大多數都是親生母
親，唯一例外的後母，那個家庭也比較特別，是貴族。那些親生母親為什麼
對孩子不好，除了卑南族有交代，其餘的都沒有說明。虐兒的具體作為都有
不給挨餓的孩子吃東西一項，尤其是排灣族的三則，連事情的過程都有一些

〔註135〕「兄妹鳥」：劉吉勇講述，張百蓉採錄，高雄縣鳳山市，一九九五年十二月二
十四日。

〔註136〕「兄妹鳥」：劉吉勇講述，張百蓉採錄，高雄縣鳳山市，一九九六年五月十九
日。

共同的架構。在這些基礎之上，三則故事還是有些分別增減或變化的情節，以營造這兩個幼童際遇的悲苦。魯凱族兩則上山工作，但不提煮食之事，倒是母親不顧挨餓的孩子，自己一走了之的作爲是一樣的。

　　在族群的分布上，八個故事在「變形」部分的變異，並沒有截然劃開的現象，像提到將揹帶、揹巾分成兩半的就有魯凱族1、2，排灣族2，卑南族1、2；而變成的鳥，不論是魯凱族2的鳥鳴聲：「獨孤瑞」、「納納」，魯凱族1的鳥名：「獨咕瑞格」、「恩啊哀啊」，還是排灣族1的鳥名：「得格雷伊」、「啊唉」，排灣族2的鳥鳴聲：「嗯亨嗯」，除了排灣族2少了一項，各則的兩組發音都非常相近，直可認做是相同的指涉；此外排灣族1、魯凱族2都把兩鳥飛翔的區域分做兩處，哥哥在較險峻的環境，弟弟在較平順的地區。這種在基本架構之下，各自發揮的變異之中，仍然不見族群區隔，可以想見排灣、魯凱、卑南三族之間的交互流通和影響有多麼的密切。

　　在「投告」部分，小鳥與父親相逢，認出孩子的互動場面，有兩種相近的模式：一是不斷重複的鳴叫，一是小鳥說人話。前者的三則，排灣族3的是重複發出爸爸、爸爸的發音，也就是以母語發音的：「甘那」；魯凱族2的是兩兄弟互通訊息的鳴聲，也就是「獨咕瑞」和「納納」；而卑南族2，小鳥叫的是自己變形之前的人名：「咕咕」和「葛」。可以說，這種考量小鳥發音的侷限，趨近寫實的處理，三族都有採用者，但細節又各自發展，全然不同。屬於後者有排灣族1、2、魯凱族1、卑南族1等四則，在這個模式裡，人、鳥在外形雖有殊異，但其內在仍然相同，那種常見於初民之間，認爲人與各類物種可以相通的思維是相當明顯的，可以說這種不分物我的古老思維至今猶存。而且本段落以這種思維爲基礎的各種說法，其鋪展開來的情節還是不論族群，一人一種說法，可謂雜然紛陳，相當的自由、豐富。

（五）人變鳥的故事（甲）

孩子變成禽鳥以表示對父母不滿的故事，有兩則，一是鄒族：

> 母親要求孩子做事，事後卻未履行承諾給孩子吃鍋粑，孩子生氣變
> 成老鷹，他的翅膀是草蓆變成的。後悔的母親拿出鍋粑，呼喚兒子
> 的名字時，已經無法挽回一切了〔註137〕。

另一則是魯凱族：

〔註137〕「小孩變老鷹」：余明仁講述，許維婕、顏蘭茜、陳怡君、王怡斐採錄，高雄
　　　　市苓雅區，二〇〇〇年四月六日。

> 女孩不喜歡將跟她結婚的男孩，父母知道她要談戀愛，不答應。她
> 請朋友轉告父母，變烏鴉。父母看到她在飛〔註138〕。

兩則故事只是兒女的年齡層不同，受制的事項不一樣，但是抗爭的方式並沒
有改變，都變成鳥類遠走高飛。

（六）人變鳥的故事（乙）

人變鳥的故事（乙）是利用變形的概念建立的告誡形式：

> 一個好吃又懶惰的人被人用掃帚打出門去，變成了烏鴉〔註139〕。

故事中否定好吃又懶惰的觀念是無庸置疑的。

（七）偏心的母親（離家出走的孩子　頁三六一）

偏心的母親故事，在高雄都會區的三個說法，排灣族有一則：

> 母親偏心，不喜歡英俊的弟弟，兩兄弟去打獵，她給哥哥的飯糰有
> 魚有肉，弟弟的只有頭髮、木片。於是，弟弟不願意回去。他遇見
> 一條白色百步蛇，那蛇變成美麗的女孩，和他住在樹林。後來，他
> 們的兒子長大了，回到部落繼承頭目的位子〔註140〕。

魯凱族有兩則：

> 1、媽媽比較疼小兒子。她做兩個便當，一個包豬肉，比較香，給老
> 二吃，給老大的，只包一包花生。她怕老二拿錯，還做記號。兩
> 兄弟不知道媽媽偏心，老二邀哥哥一起吃午飯。發現便當內容不
> 同，老大很難過。他把一串藤掛在胸前，叫弟弟把山豬背回去，
> 說：「我不要回去。以後，看到那胸口白白的熊，就是我。不要
> 開槍！」後來，弟弟再回去找，果然看到哥哥變成熊了〔註141〕。
>
> 2、弟弟去看哥哥，哥哥已經變成豹，但哥哥不服，他忌妒弟弟，因
> 為父母疼弟弟！他用木炭抹弟弟，從頭擦到腳都塗黑。說：「他
> 會變熊。」弟弟就變成熊了。哥哥變的是豹，豹比較有顏色。豹

〔註138〕「變鳥鴉的女孩」：江美玲、蔡阿娥講述，張百蓉採錄，高雄縣鳳山市，一九
　　　　九七年八月六日。

〔註139〕「人變烏鴉」：張惠妹、戴百年講述，張百蓉採錄，高雄縣鳳山市，一九九七
　　　　年十一月二十六日。

〔註140〕「獵人的故事」：陳學進講述，幼一丙第六組成員採錄，高雄縣林園鄉，二○
　　　　○一年十二月十三日。

〔註141〕「人變熊的故事」：吳水華、李麗珍講述，張百蓉採錄，高雄縣鳳山市，一九
　　　　九七年十二月二日。

跟熊原來是兄弟〔註142〕。

　　魯凱族 1 之中，不願回去的哥哥還是克盡子女孝敬父母的傳統，讓弟弟把自己打來的山豬背回去。而在魯凱族的社會，獵到山豬是男孩子最被肯定的能力，因此在其文化氛圍之中，這個被刻意虧待的哥哥是既孝敬又出色的，至於弟弟也是個友愛兄長的標準魯凱年輕人。而在魯凱族 1、2，人的變形是由自己掌握，物種可自由相通，改換外形的初民思維，依然存在。

　　排灣族說法給留在山林的弟弟安排了一個遇見美女，結成良緣的奇遇，這美女還是白色百步蛇變成的。這樣的發展提出了一個男子與蛇結婚的情節，那蛇雖然還保有魯凱文化中尊貴的象徵是條百步蛇，但是百步蛇的顏色卻挑中白色，不僅與以固定紋路呈現百步蛇的傳統作風殊異，又和台灣地區漢人社會所盛行的白蛇精報恩嫁許仙的白蛇色彩一致，其蛇為妻、人為夫的搭配，以及兒子出人頭地的結果也相同。因此這樣的變化，是否滲入了漢族文化的影響，是值得再觀察的。

（八）桃太郎的故事

　　由於日據時期小學教材的傳布，桃太郎故事普為台澎地區所熟悉。筆者在傳說一節中，提及其情節寄託在平埔族的地名傳說的情形。至於桃太郎故事的流傳有了些什麼變化呢？在高雄都會區的採錄有三則異說，阿美族的說法有兩則：

> 1、老婆婆在河邊洗衣服，撿到一個漂來的大桃子，帶回去和老公公分享。剖開桃子，出現一個娃娃。老公公叫達魯桑，就叫娃娃「摸摸達魯桑」。摸摸就是桃子。小孩長大後，老夫婦告訴他：「你從桃子出來，是上天給我們的。但如果老婆婆自己吃桃子，也沒有你，就因為兩個人分享一起剖開，才會有你。」小孩聽了，更孝順：「沒有你們，我沒法出世。」這個故事告訴我們要向善，懂得報恩。我們是父母生的，要孝順父母，而老天爺也會看到〔註143〕。

> 2、婦人在河邊洗衣服，就看到一個包起來的東西，打開來，有一個

〔註142〕「熊與豹的故事」：吳水莘、李麗珍講述，張百蓉採錄，高雄縣鳳山市，一九九七年十二月二日。

〔註143〕「桃太郎」：洪學良講述，張百蓉採錄，高雄市前鎮區，一九九七年四月二十二日。

嬰兒，就是桃太郎。那小孩很聰明，沒教他就知道很多事情。還
會幫養父母砍材〔註144〕。

魯凱族的說法有一則：

一個男子去打獵，山上工寮有兩個女孩，叫他停下馬車。男子帶她
們去河邊，在路上看到桑椹。一個女孩下去摘，唱著歌表示失戀、
失望，然後變成桑椹。另外一個女孩去河邊洗衣服，撿到個桃子，
帶回工寮。男子一直保護桃子，沒有多久，桃子變成人。就是日本
時代唱的：「摸摸他囉桑」。他叫很多動物，帶著要用的東西，和他
去把大熊打死了。兩個女孩一個變桑椹，一個去洗衣服，和那男的
在一起〔註145〕。

三個講述人的年紀都在四、五十歲上下，故事來源都是自己的父母，而非祖
父母。其中魯凱族講述者在聽講時，其母還配合了日本歌曲，並附帶教導其
學日文，書寫日文字母，當時的講述者是個失學在家，年已十七、八歲的青
少年了。

故事的情節依序是：（1）拾桃，（2）得子。三種說法裡，以阿美族第 1
則最詳盡，並且灌輸了一大段因為老太太懂得分享，上天才送個孩子來的教
諭，而桃太郎的反應則是非常感恩，更加孝順。其言語間教導孩童要懂得分
享、孝順、感恩等德行的用意非常明確，把一個外來且充滿異國情調的幻想
故事，完全導向既不失神奇意味，又傳遞傳統價值觀，充滿本族文化情調的
教育素材。在阿美族第 2 則，教育孩童的用意還在，只是改以間接的示意。

魯凱族的說法當年聽講時，就是一個母親在家教育子女的情境，不過其
內容故事性較強，而沒有明白的教諭。只是這位母親所講的故事，和一般常
見的說法大不相同。雖然講述者頻頻為其不完全的講述抱憾，但是那熱鬧的
情節以及當年配合日文歌曲的生動講述，仍然可以想見一二。同樣是用在教
育子弟，魯凱族的說法加入男女感情的素材，也沒有指導性的教養內容，可
能是因為聽眾的年齡較大，不像阿美族的孩童那般年幼。而剖開桃子得孩子
的情節，換成桃子變孩子這種魯凱族故事中較常見的變形情節，也算是融入
本土特色的變異之一。而殘留在故事裡不見於本土的馬車和「摸摸達魯桑」

〔註144〕「桃太郎」：林春花講述，張百蓉採錄，高雄市左營區，一九九八年五月二十
八日。

〔註145〕「兩個女孩」：謝英妹講述，張百蓉採錄，高雄市旗津區，一九九九年一月二
十一日。

之名，也明白的標示著這故事擁有外地的淵源。

（九）吃橘子的孕婦

吃橘子的孕婦是來自萬山的魯凱族所說的，內容大略如下：

> 一個懷孕的婦人愛吃山上的野橘，一直央求丈夫摘回來給他吃，不
> 耐煩的丈夫竟然把身懷六甲的妻子誆帶到山上，綁在樹幹上，棄她
> 而去。孕婦餓死了，腹中的孩子竟然活著生出來。靠著吃露水長大
> 的孩子，發現樹下的那堆骨頭，為了辨識那是那個親人，便一次又
> 一次的把骨頭拼合，呼喚爸爸、阿公、阿嬤等親人，但骨頭一次又
> 一次的散開，一直到喊出媽媽時，骨頭才粘合住。於是小孩帶著骨
> 頭下山尋找父親，可是羞愧的父親不好意思相認。而村人見小孩如
> 此特殊，便敬他如神〔註146〕。

（十）檳榔的故事

檳榔的故事是阿美族講述的，內容大要如下

> 檳榔和石灰兩兄弟，同時愛上女孩荖葉，為了禮讓對方，兩兄弟先
> 後自殺，女孩見此也活不下去。三人死後，村人把女孩荖葉，放在
> 檳榔和石灰兩兄弟之間〔註147〕。

（十一）蛇郎君（甲）

蛇郎君是一則國際類型故事，在高雄都會區採得的魯凱族說法，內容大
要如下：

> 四個女兒的爸爸在山上打了蛇，從此與之結仇。蛇要求爸爸將女兒下
> 嫁，以為解除仇恨的條件。蛇變成人形上門要求婚姻，父親逐一詢問
> 女兒的意願，直問到老三，才應允婚事，於是兩人結婚〔註148〕。

情節發展依序是：（1）結仇，（2）提出補償，（3）變形，（4）許嫁。「將人
嫁蛇」的情節，並無非嫁不可的迫切情境，也沒有女兒拒絕嫁蛇的描述，尤
其在依序詢問女兒時，問到第三個便有人願意嫁，致使排行第四的小女兒不
具作用，顯得多餘。講述者明白指出這是一個不同於巴嫩嫁蛇的人蛇聯姻故

〔註146〕「吃橘子的孕婦」：吳水華、李麗珍講述，張百蓉採錄，高雄縣鳳山市，一九
　　　　九七年十二月二日。

〔註147〕「檳榔的故事」：張美惠講述，張百蓉採錄，高雄市苓雅區，一九九七年七月
　　　　二十二日。

〔註148〕「蛇郎君」：江美玲講述，張百蓉採錄，高雄縣鳳山市，一九九七年八月六日。

事，其講述過程也沒有混入任何巴嫩嫁蛇的情節或傳統風俗。其將兩者截然區劃的自覺是相當明顯的。

（十二）蛇郎君（乙）

前述蛇郎君類型銜接其他類型之蛇郎君複合型故事，排灣族的說法有兩則，內容大要為：

1、一位老爸爸在山上採了一種既美又香適合編結頭飾的草，要帶回去給家裡的女兒們裝扮，怎知此物竟為百步蛇所有。老爸爸許個女兒給蛇作為補償。五個女兒不答應嫁蛇。可是蛇上門來，女孩們看見的是人，就答應出嫁。男方來了許多人，或者是帶來大量迎娶的嫁妝，或者是舉行歌舞祝福、抬走新娘。最後女孩和蛇的全家一起進入湖裡〔註149〕。

2、有個老人家在山上摘一種草，那是百步蛇的東西，百步蛇很生氣，要吃人。老人家哀求：「我有五個女孩，一個嫁給妳。」於是，蛇放他一馬。但是，家人不同意。後來，百步蛇親自來拜訪，女孩一看是個英俊的男孩，就答應嫁了。不過，村人看是蛇。結婚那天，百步蛇帶嫁妝來，跟女方講完，就把女孩帶回到一個很深的湖。女孩和蛇家的人都進湖裡，不見了。後來，百步蛇帶著新娘回來，有個老太太在洗鍋，把廢水往窗外潑，潑到蛇。蛇很生氣，把女孩帶回去。自己埋伏在村口，咬傷經過的村民。有個平民家族嘎不如湳，和蛇談判，說好殺「烏里烏俺」豬賠罪。因此，嘎不如湳在平民家族裡地位蠻高的〔註150〕。

魯凱族的兩則，主要內容為：

1、「黛訥兒」在山上工作，採了百合花。百步蛇咬她，要她嫁牠，否則痛死。她不願意，痛得直哭。父母去談判，一看是個人就答應了。女孩生的小孩，都長長的。那家族都是白天變人，跟她上山工作，晚上是蛇。女孩受不了，愈來愈瘦。父母晚上去偷看，看見一家都是蛇。連小米都會變成蛇。「黛訥兒」會唸咒，使丈

〔註149〕「女孩子嫁給百步蛇」：陳進光講述，幼一丙第四組全員採錄，高雄市新興區，二○○一年二月十七日。

〔註150〕「蛇郎君」：吳呂月嬌講述，張百蓉採錄，高雄市前鎮區，一九九八年十二月十三日。

夫白天跟正常人一樣，晚上沒有效果，還是變蛇〔註151〕。

2、以前，百合花是不隨便長在路邊的，它長在山崖上。女孩在採百
合花時，百步蛇咬她手，還要脅她嫁給自己，才能止痛。女孩不
答應，痛得哇哇叫。那百步蛇白天變人，晚上變蛇。牠跟蹤女孩
來到家裡，是個很帥男孩。爸媽覺得不錯，就答應婚事。嫁給百
步蛇後，女孩愈來愈瘦。媽媽跟去偷看他們睡，看見一堆蛇。那
蛇沒法工作，只靠她養孩子，太辛苦，就離婚了。她開墾種東西，
還不夠生活。就剪小孩的被單，貼在背上，變成小鳥，去採人家
的小米，帶回去。從樹上，放東西下來餵小孩、父母。她的小孩
是人〔註152〕。

　排灣族1、2則故事，都有下列的五個段落，其依序為：（1）誤採花草。
（2）提出補償。（3）許嫁。（4）出嫁。（5）沒入湖中。第1則說法在五個段
落之後，還接著兩個段落：（6）蛇的報復。（7）人與蛇的和解。這兩段的敘
述，都是對排灣族的風俗或信仰的解釋。和前五段的敘事方向有點不同。不
過這無礙於其與第2則是同一個故事的事實。

　將兩則故事的前五個段落，比對上節人物傳說中巴嫩的故事：（1）相戀，
（2）求婚，（3）出嫁，（4）沒入湖中。上述兩則的第（3）段和巴嫩的故事
的（1）（2）兩段，都採用「女孩眼中是人，旁人眼中是蛇」這不尋常的現
象，作為女孩接受蛇類的原由。至於促成這一人一蛇的接觸，前兩組都是以
老爸爸誤採蛇的所有物為引子，而有與蛇郎君（甲）之（1）（2）相近的「誤
採花草」、「提出補償」兩段。至於所嫁的地方，蛇郎君（乙）的排灣族1、2
則泛稱的深水和湖，又趨近巴嫩的故事的鬼湖，三者在「出嫁」和「沒入湖
中」兩部分的情節相同。因此，排灣族1的前兩段採用蛇郎君（甲）的（1）
（2）段，還融入巴嫩的故事中常見的「女孩眼中是人，旁人眼中是蛇」情
節，而後三段則套用巴嫩的故事之情節。到了排灣族2，再續接屬於排灣族
的風俗、信仰的講述。這兩則排灣說法，都是複合型的蛇郎君故事。

　魯凱族第2則的情節依序有：（1）誤採花草，（2）提出條件，（3）許嫁，
（4）現形，（5）變形。魯凱族第1則少了最後的「變形」段落。在「誤採花

〔註151〕「蛇郎君」：吳水華、李麗珍、張惠妹講述，張百蓉採錄，高雄縣鳳山市，一
　　　　九九七年八月六日。

〔註152〕「蛇郎君」：吳水華講述，張百蓉採錄，高雄縣鳳山市，一九九七年十一月二
　　　　十六日。

草」部分，強調以前的百合花有不隨便長在路邊的特殊性，這種特別推尊的強調，和魯凱族視百合花爲美德象徵的文化隱然有所呼應。到「現形」階段，魯凱族第 2 則和第 1 則開始有所不同。後者強調女孩會咒念，進而一邊推測一邊講述那一家之所以白天變人形，一定是女孩念咒的結果，至於晚上變成蛇形，那是因爲咒念失效的緣故。如此一來，女孩從受害者的被動形象轉爲強勢的主控全局者，不論就故事發展的邏輯，或人物的塑造都是相當背離規則，自相矛盾的做法。這種情況極可能是講述者把其他故事的情節穿插進來，並且邊說邊調整所形成的變異。

前者則在父母知情，與男方離婚撫養孩子，而後進入「變形」。故事的邏輯還算合理，但是末段如果獨立成篇也不妨礙前面情節的完整，因此極有可能也是結合了另一個故事的結果。總之，這兩種說法都與其他故事情節結合，只不過所組合的情節不同罷了。

（十三）少女與鹿的故事

動物與人聯姻的故事中，高雄地區採錄到的少女與鹿的故事，是卑南族講述的，內容大要如是：

> 以前，族人都到深山獵鹿，鹿角卡在樹枝，很容易被抓到。頭目的女兒喜歡鹿，看到捉鹿，就阻止。可是，族人不殺鹿就沒東西吃。後來，她和鹿的頭目很要好，還想嫁給牠。把她關起來，就跑出去，找那鹿，但找不著。便再次苦勸父親不要獵鹿，父親被感動，答應她跟鹿結婚。此後，頭目家都有鹿頭，算是紀念，也是保佑，可帶來好運〔註153〕。

身分高貴的頭目女兒對鹿的感情本來只是基於不忍其被族人獵殺，但爲了生存，也相當無奈，此間所透露的以鹿群爲狩獵主要對象的背景，與台灣地區早期鹿隻成群的生態環境是相應的，因此這故事的起源應當很早。然而在以狩獵維生，推尊獵捕能力的文化氛圍之中，這種戒殺不忍的思維，似乎是背離時代情境的，且在卑南文化的風俗裡，也不曾發現其他例子可與之呼應，因此這部分的來源或許不是傳統的。與鹿相戀到故事結束，其間忽而爲鹿群請命，忽而在爲個人爭取婚事，而且既不曾交代鹿群頭目的下落，何以在答應婚事之後留下以鹿頭爲紀念的結果？從這些斷斷續續的部分看來，講述者

〔註153〕「人與鹿結婚的故事」：詹子琳講述，陳貴淑、吳瑛秋、林惠萍、張金菊、梁秋珍採錄，高雄市三民區，二〇〇一年一月二十日。

的記憶並不完整。

　　來自南王村的講述者曾經提到建和部落有個女孩與鹿的故事〔註154〕，但詳情並不清楚，而另一位南王村人又有「梅花鹿變人〔註155〕」之說，談起梅花鹿以前是個男孩子，會說話，在白天變人，晚上恢復原形。也因為梅花鹿是個男孩子，所以家族的家廟不准女孩子進去。兩者雖然片段，以致難窺全豹，但可以確定的是，一、卑南族各村各有其盛傳的故事，若不是該村落的人，即使同是卑南族也未必清楚。二、女孩與鹿的故事流傳於建和部落，來自知本村的年輕人之講述有所疏漏且發生變異。三、在南王村有梅花鹿是個男孩子之說，也因此在其家族祭儀中有一個禁忌，但是這種信念是否遍及整個卑南族，則有待更多資料的累積才能討論了。

（十四）少女與猴子的故事

　　少女與猴子的故事並不完整，主要內容是：

> 受父母虐待的女孩因失望而離家出走，認識了一隻猴子，就嫁給他，住在不醒目的地方〔註156〕。

敘述只見梗概，沒有具體過程的描述。在講述之前，講述者曾經提到這猴子在女孩眼中是人，別人眼中是猴子，隨後卻不見任何與此一特殊現象有關的情節。這一個殘篇是講述者說完「蛇郎君」之後提起的，可能是受到前一故事中「女孩眼中是人，別人眼中是蛇」說法的影響。

（十五）少女與蛇的故事

　　與動物談戀愛的故事還有一則排灣族講述的少女與蛇的故事，大要如下：

> 一個漂亮的女孩很寶貝她的箱子，不准任何人接近。有人忍不住偷偷打開箱子，發現裡面藏了一條百步蛇，而且已經悶死了。不久，女孩便自殺了。好久以後，人們才想到原來女孩在跟百步蛇談戀愛〔註157〕。

　　其實，排灣族還有女孩與百步蛇聯姻的傳說和幻想故事，情節都曲折而豐富，而這一則少女與蛇的故事，除了女孩和百步蛇相戀之外，沒有任何其

〔註154〕許介文講述，張百蓉採錄，高雄縣鳳山市，二○○二年七月十五日。

〔註155〕蔡武雄講述，張百蓉採錄，高雄市左營區，一九九六年一月三十一日。

〔註156〕「嫁給猴子」：吳呂月嬌講述，張百蓉採錄，高雄市前鎮區，一九九八年十二月十三日。

〔註157〕「女孩愛上百步蛇」：蘇海玲講述，柯金梅採錄，高雄縣大寮鄉，二○○一年二月二十八日。

他與前兩者相似的情節。看來排灣族以人蛇相戀爲題材的故事不只一、兩種。

（十六）少女與狗的故事

和動物生下孩子的故事，還有魯凱族講述的少女與狗的故事：「和狗結婚的女孩」，其情節很單純：

> 一個十七、八歲的漂亮女孩，太陽一出來就坐在門口繡花，也總有一隻擅獵山豬的大狗守在身邊。後來女孩懷孕了，父母急得直問她是否有男朋友，女孩卻無辜的表示自己一直在繡花，什麼也沒有做，不過旁人都說那狗是她先生，女孩的後人也自稱是狗的後代〔註158〕。

話雖如此，講述者在敘述時對於女孩的丈夫是誰，並沒有固定的說法，她們說也有人以爲是太陽：

> 也有人說，她可能是太陽的老婆。因爲，太陽一出來，她就到門口繡花……。每一天都這樣！

（十七）芋頭變人的故事

在高雄採到的人與植物聯姻的故事，是一則芋頭變人的故事，由排灣族講述，內容大略爲：

> 一個年輕人把挖到的芋頭視若珍寶擺在房裡，芋頭變成女孩，還表明身分與年輕人聯姻。後來，婆婆把媳婦原是芋頭的事編在歌詞裡，爲孫兒催眠。女孩覺得難堪，便離家而去。她再度變化爲一隻小鳥。這鳥不願意爲了挖土取水而傷了指爪，只得偷喝別人的水，或木塊上的積水。天久不雨時，也只能直喊：「渴，渴，渴。〔註159〕」

其情節發展依序爲：（1）結緣，（2）婚配，（3）出走，（4）自立。故事末段「自立」，關於小鳥的部分，顯然取自山林生態的觀察，而因爲這些編進故事的情節，又使人們對山林產生親密的感情，還有因此而來的同情：

> 這鳥現在還有，住在山上的時候，我們常常聽到牠叫：「渴，渴……」，姨媽聽了都會說：「哎！這鳥好可憐喔！」

這種故事情境來自生活環境又回到生活當中的體驗，恐怕要比純粹的記憶故

〔註158〕「和狗結婚的女孩」：江美玲、蔡阿娥講述，張百蓉採錄，高雄縣鳳山市，一九九七年八月六日。

〔註159〕「芋頭變人的故事」：廖金娟講述，張百蓉採錄，高雄市前鎮區，一九九八年三月十四日。

事情節還要深刻。

（十八）神奇的咒語

和咒語相關的故事都和如何處理蛇有關，卑南族的說法如下：

> 小時候跟父親上山打獵，遇見蟒蛇擋路，父親念念咒語，那蛇就走了〔註160〕。

阿美族的說法內容如下：

> 我們鄉下草多，會有蛇。蛇一看見外婆，就走掉了，外婆捉它，它也不敢咬她。外婆說，因爲她學過一點巫術！我外婆是巫師〔註161〕。

（十九）蛇的故事

相對於上述的驅離態度，也有視蛇爲護衛的說法，阿美族的說法如下：

> 1、南蛇睡在門上面，只要那一家人不在家，有小偷，還是旁人擅自拿東西都會被粘住！主人回來，就看到有人粘在那裡〔註162〕。
>
> 2、以前的房子都是木造的，門扇打開，那南蛇就睡在窗子上面。牠在頭目家，沒有人在家時，這蛇會勾住東西，讓外人搬不了。主人要拿東西，就下來幫忙〔註163〕。

魯凱族的說法如下：

> 有個小孩子，被遺忘在山上。大家回去找，發現有百步蛇在那裡，小孩子非常安全。所以我們叫百步蛇是「拔拉嘎」，意思是：「他是我們的夥伴」〔註164〕。

從上述有關蛇的故事看來，魯凱族重視的是百步蛇，阿美族則有重視南蛇之說。

（二十）有關巫師的故事

在高雄都會區採錄的關於巫師的故事，阿美族的有：

〔註160〕「神奇的咒語」：蔡武雄講述，張百蓉採錄，高雄市左營區，一九九五年十一月六日。

〔註161〕「蛇與巫師的故事」：賴鵬光講述，謝佳憓、楊瓊文採錄，高雄縣鳥松鄉，二〇〇一年二月二十五日。

〔註162〕「神奇的南蛇」：張茂雄講述，張百蓉採錄，高雄市左營區，一九九八年五月十七日。

〔註163〕「守護神——南蛇的故事」：張茂雄講述，謝淑卿、羅慧君、吳佩珊、吳麗芬、陳慧敏採錄，高雄市左營區，二〇〇〇年十二月十日。

〔註164〕「百步蛇保護孩子」：王明德講述，張百蓉採錄，高雄市前鎮區，一九九九年二月八日。

巫師爲爸爸治病，問他愛吃什麼。他想吃肉。巫師就念念有詞，喝口酒，打開香蕉葉，裡面是一隻帶著血手，還剛切斷。巫師說：「鬼靈，不要開玩笑，他要吃肉。」然後再念，再打開，是牛糞。巫師又念，終於，打開來有一碗牛肉〔註165〕。

鄒族的有：

有個女孩很野、不乖，會說謊、還會偷東西。家裡實在沒有辦法，就去找巫婆。結果，巫師就讓她在空中飛。受不了了，才掉回地面〔註166〕。

在阿美族的故事裡，巫師的法力成了娛樂效果的來源，權威、崇敬的色彩因此幾乎蛻盡。鄒族說法裡的巫師還有些權威，被視爲調教頑劣子弟的最後一關。這樣的故事既有新奇的情節，又有敬服巫師法力的傳統信仰，還具有威嚇孩童的作用，似乎是大人爲教示規矩編來告誡孩童的。

（二一）鬼怪的故事

告誡孩童的鬼怪故事，在高雄都會區採錄到的共有七則，魯凱族的說法有三則：

1、「朱浩」會跟著人，人看不到它，它會嚇人、罵人，什麼話都會講。它的毛很短，掉的毛也會講話、嚇人。小時候，如果有人講話很刻薄，傷人，老人家就會說：「你又不是朱浩，講話那麼囉唆、那麼刻薄、講話好像吃人一樣。〔註167〕」

2、小孩子一直在採桑葚，就被「戴喔尼阿」帶走，捉去吃人腦〔註168〕。

3、有一種長得像野獸，又是人，跟幽靈一樣的東西。小孩說謊話，偷東西，它就把他放在籃子裡，揹到深山，丟下懸崖，餵蟲吃。如果頭髮長滿頭蝨，頭蝨的頭目就會帶你走。如果草沒有拔乾

〔註165〕「神奇的巫師」：張美惠講述，張百蓉採錄，高雄市苓雅區，一九九七年七月二十二日。

〔註166〕「巫師使人飛到天空」：鄭金鳳講述，張百蓉採錄，高雄縣大寮鄉，一九九九年三月十六日。

〔註167〕「朱浩」：吳水華、陳歸名、吳嬌講述，張惠妹口譯，張百蓉採錄，高雄縣鳳山市，一九九七年十一月二十六日。

〔註168〕「捉小孩的人」：江美玲講述，張百蓉採錄，高雄縣鳳山市，一九九七年八月六日。

淨，都拔斷掉，你的手也會斷掉〔註169〕。

阿美族有三則：

1、有個怪物，長長的，跟檳榔樹一樣，叫：「沙烙」。會把不聽話的小孩捉走，把肚子切開，吃掉紅色的東西〔註170〕。

2、晚上「嗚嗚」的鳥叫，那是惡鬼，說：「我很餓了，弄個東西給我。」它們餓得越叫越兇，就要殺小孩，如果小孩不聽話，不早點睡覺，就會被吃掉。貓頭鷹也是魔鬼，專門抓小孩的眼睛，所以，一定要把眼睛閉起來啊，不然，等一下魔鬼「咕咕」會來抓眼睛〔註171〕。

3、小孩愛哭，就把他送到檳榔樹上，不然小矮人，就是魔鬼會抓他們。有時候小孩放在搖籃裡，不見了，那是被小矮人拖走，不是在床底下，就是在樹上。還會剖開小孩的肚子，吃腸子〔註172〕。

噶瑪蘭族有一則：

媽媽去河邊洗衣服，洗完，發現孩子不見了，找也找不到。就去問巫師，巫師作法，要她往南去找，結果孩子在海邊，腳底都燙傷了。有人說，媽媽不在時，哞形會變成媽媽的樣子，去家裡騙小孩出去。有的拉到深山裡，把小孩擠在竹子的中間，餵牛糞。要用鐮刀砍竹子，才救得出來。然後，巫師念一念，就清醒了〔註173〕。

那些鬼怪對付的對象，除了魯凱族第 1 則沒有指明，其他一律是小孩。魯凱族第 1 則的講述者有人年紀在四十左右，有人年在八十左右，但都在孩童時期聽說這故事，循此推測，利用長毛怪物追嚇並且藉此奏效的對象也是小孩。

從上述所列的負面行為，魯凱族對孩子的要求項目有：要注意安全、不

〔註169〕「壞孩子的懲罰」：江美玲講述，張百蓉採錄，高雄縣鳳山市，一九九七年八月六日。

〔註170〕「沙烙的故事」：李威能講述，張百蓉採錄，高雄市楠梓區，二○○○年一月十八日。

〔註171〕「會吃小孩的魔鬼」：洪學良講述，張百蓉採錄，高雄市前鎮區，一九九七年四月二十二日。

〔註172〕「告誡孩子的故事」：胡民義的太太講述，張百蓉採錄，高雄市鼓山區，一九九八年十一月一日。

〔註173〕「哞形」：林美華講述，幼一甲第三組蔡宛臻等人採錄，高雄市楠梓區，二○○一年一月十八日。

許說謊、不可以偷東西、要講求個人衛生、工作要認真；阿美族對孩子的要求是：要聽話不要哭鬧；噶瑪蘭族則是提醒孩子保護自己、注意安全。大體看來，魯凱族的規範最為具體，也較詳細，阿美族的講述者印象最深的是要順從聽話，噶瑪蘭族則是著眼於安全問題。

　　噶瑪蘭族活動的地區在平地，與漢族的接觸較多也較早，而閩南語指稱幽靈的名稱，發音與「哖形」一模一樣，這種發音與涵義完全相同的現象，應該是兩個族群長期接觸的結果。而且怪獸變成媽媽的樣子騙走孩子的本事，也和那在台灣地區頗為流行，變成媽媽騙小孩開門的「虎姑婆」相當接近，因此「哖形」的這一環節有可能受其影響。

　　當然，這些承載訓示告誡的故事一定有引起孩童注意，而且充滿奇幻驚詫的情節。而這些情節的具體作為，仍然取材於古樸、天然的事物，反映的是早期依賴大自然供應衣食用度的生活形態。而這些講述者，甚至是一九七〇年出生的年輕人，他們的故事都是小時候在原鄉聽老人家，或者是父母或者是祖父母所說的，但他們對這些事物並不陌生也沒有轉換為都會的情境事物，可見這些也曾是其生活經驗的一部份，而且影像深固一無變異。

（二二）幽冥世界

　　有些告誡是從故事而來的，例如幽冥世界，在高雄都會區採得的有魯凱族兩例：

> 1、瀑布會有彩虹，穿過彩虹，是另外一個世界！往那邊游，會被拉
>   進去。到了那邊就沒有辦法出來了〔註174〕。
>
> 2、有兩兄弟一直挖土，挖著挖著就不見了。再上來的時候，已經有
>   小孩了。原來下面也有人，他們在下面結婚，有了小孩，才出來。
>   大家都不認得他們，連父母都問他們：是那一家的〔註175〕？

第 2 則故事與漢族流傳的「仙境一日，人間千年」故事相似，但原住民這樣敘述所產生的告誡意味十分明顯，因為這種與父母斷離關係的景況恐怕是孩童最大的恐懼。其中一位講述人表示，這是從她祖母的祖母傳下來的，可見已經流傳很久。

〔註174〕「瀑布的彩虹後面是幽冥世界」：江美玲講述，張百蓉採錄，高雄縣鳳山市，
　　　　一九九七年八月六日。

〔註175〕「地下世界」：江美玲、蔡阿娥講述，張百蓉採錄，高雄縣鳳山市，一九九七
　　　　年八月六日。

（二三）被老鷹抓去的孩子

被老鷹抓去的孩子在高雄都會區也有三個，排灣族有一則：

> 一對年輕夫妻在田裡工作，把小孩擺在工寮。老鷹抓走小孩，正停
> 下來要吃，有獵人拿著槍過來，老鷹連忙飛走。獵人就把小孩抱回
> 家，非常疼愛他。後來養母生了孩子，就開始虐待他。隔壁老婆婆
> 不忍心，把實情告訴他。小孩決定離家出走。臨行，他在夢裡唱歌，
> 唱的是對老鷹講的話。醒來以後，他帶著從小戴的項鍊和老婆婆送
> 的笛子走了。肚子餓，就吹笛子、唱歌，人家看他可憐，拿飯給他
> 吃。幾個月之後，他在山上昏倒了。親生父親正好經過，認出項鍊，
> 很高興，就帶他回家。小孩長大是頭目。養母養父被兒子趕出來，
> 離家當乞丐，來到養子的地方。那天他結婚，依照習俗告訴大家：
> 自己的身世來歷。養母知道是養子，不敢去見他。孩子看到她，親
> 自來請，養母非常感動〔註176〕。

阿美族有兩則：

> 1、有個老人家背著孩子到山上種小米，他把小孩放在樹底下睡覺。
> 　　結果，忘了帶小孩回來。回去找，沒有看見。她一直找都沒找到。
> 　　那孩子被大鷹帶到樹上，變成鳥，有翅膀〔註177〕。
> 2、傳說，孩子被大老鷹叼到最高的山岩上，人們沒有辦法過去。聽
> 　　說孩子也長大了，可能是老鷹抓東西給他吃〔註178〕。

排灣族說法中雖然有離開親生父母的孩子很可憐之意，但更有不記仇、不記
恨的胸量與情懷的引導，親長透過故事情節教育孩子的用心明白可鑑。不過
故事的取材上雖有項鍊、頭目、在婚禮上自述家史來歷等等和排灣族文化禮
俗相關的素材，但是沿途幾近賣藝行乞的過程，卻不似原住民傳統生活的模
式。這種遠走他方，流離顛沛的情節，所反映的比較是市鎮聚集地區的狀態。
因此這故事應該是收納了一些外來的情節。

　　阿美族第1、2則的發展都很有限，只就老鷹高飛的習性，談及小孩被放

〔註176〕「被老鷹抓去的孩子」：廖金娟講述，張百蓉採錄，高雄市前鎮區，一九九八
　　　　年三月十四日。
〔註177〕「被老鷹抓走的孩子（一）」：郭信雄講述，張百蓉採錄，高雄市鼓山區，一
　　　　九九八年十一月一日。
〔註178〕「被老鷹抓走的孩子（二）」：郭信雄講述，張百蓉採錄，高雄市鼓山區，一
　　　　九九八年十一月一日。

置在高處。這可能是講述者的記憶有限所致，不過其藉此提醒孩子危機意識的作用倒是還在。

（二四）虎姑婆

虎姑婆在排灣族的說法是：

> 天暗了，媽媽工作，還沒回來。姊姊背妹妹去找。遇到一個阿嬤給他們吃東西，吃飽就一起睡。阿嬤睡中間。半夜有聲音，姊姊問阿嬤在吃什麼。她說：「在吃豆子，小孩不能吃。」又聽到小孩哭，知道在吃妹妹，便假說要阿嬤推妹妹，自己把背巾綁在身上，讓阿嬤拉，到外面大便。她跟大便說：「奶奶叫我，就答：『嗯』。」然後跑了〔註179〕。

阿美族的說法：

> 有個婦人到村裡，嘴巴像在嚼硬東西，原來那是鬼。有個小孩問她：「你吃什麼？」「吃生薑。」那不是生薑，是人的手指頭〔註180〕。

卑南族的說法：

> 山上住個孤老太婆，要吃肉，就抓蜥蜴、老鼠吃。後來收養個走失的小孩，又生病死了。覺得可惜，就煮來吃，從此開始抓小孩吃。有個年輕人的孩子被吃，便去問卜，找出老太婆的住處，一箭把她射死〔註181〕。

排灣族說法的情節依序是：（1）家有變故，（2）識破，（3）脫逃。「家有變故」階段，和前述兩則人變動物的故事開端相似，都是家中親長外出，孩子久候不歸，於是背著弟妹出門尋找。在「識破」部分，小姊姊發現妹妹被吃，其間過程的描述便是以台灣漢族虎姑婆故事中慣用的對話進行的。只不過虎姑婆所偽稱的「吃花生」或「吃生薑」在這裡變異為「吃豆子」，而且虎姑婆丟一截指頭給姊姊的情節代換為姊姊聽見孩子在哭。在「脫逃」的部分，小姊姊用的計策還是台灣漢族虎姑婆故事裡的假意出恭，而兩人針對有無必要出門去的對話也一樣，後來還是以綁住姊姊讓老婆婆可以掌握其動

〔註179〕「虎姑婆」：曹阿賢講述，張百蓉採錄，高雄市三民區，一九九八年十二月二十日。

〔註180〕「吃小孩的婦人」：林春花講述，張百蓉採錄，高雄市左營區，一九九八年五月二十八日。

〔註181〕「老太婆吃孩子」：蔡武雄講述，張百蓉採錄，高雄市左營區，一九九六年一月三十一日。

靜的辦法達成協議。不過漢族故事所用的繩索在此換成背孩子的長布帶，還加了一個幫忙推妹妹的說辭，既有裝做不知情，鬆懈婆婆戒心的作用，又和前文背著妹妹出門的情節相呼應，將屬於原住民風俗的背景自然的嵌合進來。至於讓大便代為應答以為拖延的情節，則顯然是來自原住民的變異，因為拉扯布條以確定人在的憑藉應該是彼端有物的觸覺，而非彼端有聲音的聽覺，更何況講述者並沒有小姊姊把布條繫在哪裡的說明，足見其一心要以聽覺效果來拖延時間的，而對以觸覺哄騙對方的概念是非常薄弱的。因此即使講述者記得那繩索綁人的情節，還做了個與我族習俗結合的轉換，但畢竟這是外來的模式，抵不上固著於記憶深處，那取用聽覺效果的慣性。

　　這一則故事的名字就是台灣地區漢人社會所流行的「虎姑婆」，同時也襲用了一些漢族說法的情節甚至細節，但還是保有講述者自身族群的特色。而這也正是族群之間文化融合的面向之一吧。

　　阿美族說法並不完整，講述者說這個故事還有下文，只是當年的她膽子小，不敢聽下去，而只留下這一些印象。

　　卑南族說法中的老婦人和「虎姑婆」類型故事的老婦都吃小孩，不過類型故事裡怪物變成老婦哄騙孩子、小孩機智脫身的情節消失了，而今是報導異聞般的敘述一個飢餓的老婦因緣際會成為吃小孩的禍害，終於被消滅的經過。沒有變形的神奇情節，沒有以小搏大的補償性趣味，取而代之的是人世生存的艱難與罪惡難赦的義憤，可以說是成人版的虎姑婆。

（二五）聰明的小孩

聰明的小孩有阿美族的講述，內容大要如下：

> 有個小孩，被一群大人追捕。他爬到樹上，跟底下的人談條件，要
> 大家坐在石頭上聽他說故事，結果他邊說故事邊施魔法夾帶咒語，
> 為了測知法力生效與否，還幾次假說要大家伸展筋骨，站起身來。
> 直到法力生效，大家都粘在石頭站不起來的時候，他才放心的溜下
> 樹來，從容逃逸〔註182〕。

故事裡最吸引聽眾的便是講述者模仿咒語的發音。而小孩為大人說故事的情節，與眼下講述者的說故事活動也有著事中說事，情在情中的趣味，可說是相當的特殊。

〔註182〕「聰明的小孩」：洪學良講述，張百蓉採錄，高雄市前鎮區，一九九七年四月二十二日。

（二六）平地人做乩害人

同是作法，也有出自於惡念者，而這惡人是個平地人，以下是鄒族的說法：

> 我們家鄉有一個老太婆很會織布，有個平地人要學織布，但沒有學成，或者是沒教他，那平地人就報復。作乩，把她變瞎。是在她最漂亮的時候弄瞎的，兩隻眼睛都看不見，不過，她照樣煮飯、洗衣服〔註183〕。

講述者對盲者雙眼失明，卻照樣煮飯、洗衣的部分頗有說明，但對施法的惡人卻不置一詞，是有違民間故事常情的。而從故事中所提到的加害動機，可見其對平地人的惡感，不同族群接觸時的衝突與積怨不言而喻。

（二七）巫婆的故事

提到忌妒者惡行的，還有魯凱族的說法：

> 一個女孩，因為美貌而贏得許多人的喜愛與侍候。巫婆很忌妒，想取代女孩，於是欺騙女孩出門，把她背到遠處的一棵樹上，自己跑回去冒充女孩，結果被其父母識破、燙死。身為狩獵高手的男友，得到消息邊打獵邊找人，正好來到那棵樹下，發現檳榔，大叫女孩名字。女孩聽見聲音，也大叫男友名字，終於獲救脫險〔註184〕。

（二八）鬼親家

鬼親家的故事也和傳統生活及信仰相關，魯凱族的說法是：

> 有一家人老是養不活孩子，最後讓僅存的小兒子認鬼作親，當它的乾兒子，才不再夭亡。這鬼親家也會來幫忙田裡的事，人們只見那一家三人在工作，卻作出二十幾人的工作量。收成時滿載小米的袋子，會像被人背著似的騰空移動。這些都是看不見蹤影的鬼親家的傑作〔註185〕。

幫工時不見蹤影，卻效率奇佳的情節，也在巴嫩的故事當中的魯凱族1、4、5三則裡出現，應是個流行於魯凱族的情節。

〔註183〕「平地人作乩害人」：鄭金鳳講述，張百蓉採錄，高雄縣大寮鄉，一九九九年三月十六日。

〔註184〕「巫婆跟漂亮的女孩」：曾月玉講述，張百蓉採錄，高雄縣鳳山市，一九九七年八月二十五日。

〔註185〕「鬼認的孩子」：江美玲講述，張百蓉採錄，高雄縣鳳山市，一九九七年八月六日。

（二九）鸚鵡扮神

鸚鵡扮神是個類型故事，在高雄都會區台灣原住民的講述中，只採得一則平埔族〔註186〕的說法，其內容大要如下：

> 一隻鳥偷米，主人設網圍捕，送官告訴，縣老爺判了拔毛的懲處。
> 鳥兒失去一身羽毛在雨中遭孩群戲弄，窮人阿福將它贖回治療。
> 鳥兒康復後，偷金環報恩。員外設計捕捉，送官。因為師爺求情，
> 逃過拔毛處罰。鳥兒來到破廟，鑽進觀音像頭部破洞，為拜神乞
> 丐指點迷津，引來大批信眾。縣老爺前來乞子，鳥兒讓他拔去半
> 邊鬍鬚，以報拔毛怨氣。縣老爺喜獲一子，命人整修該廟，從此
> 香火鼎盛〔註187〕。

這故事的情節順序是：（1）失風被捕，（2）報官受罰，（3）獲救報恩，（4）裝神報復。講述人一開始就指出故事發生在清朝，而故事裡失風被捕的情節雖然在卑南族的兩兄弟傳說裡也曾出現，但是將捕獲的偷盜者送到官府，卻是不和任何原住民故事雷同的。隨後各段裡不論是「一分錢」、「員外」、「金環」、「師爺」、「破廟」、「觀音像」、「乞丐」、「祈神求子」，在在都是反映漢人社會文化的元素，這位平埔族人所說的應是個漢族社會的故事。

（三十）追求愛情的故事

追求愛情的故事，在魯凱族有一則，其內容大略如下：

> 在「滋高囉苟」山的水潭，有兩隻鵝，牠們原是一對戀人，因婚事
> 受阻便移居到水底的家，有時變成人，有時變成動物。即使是現代
> 的獵槍也打不到那兩隻鵝〔註188〕。

這一對「從前的人」對自己戀情的掌握，顯然因為擁有能變換物種外形的能力而自由多了。而能變換物種外形的說法，正是初民視人與各類物種可以相通的思維，如今這種信念已被歸入「從前的人」才有的能力了。

〔註186〕由於平埔族與平地人涵化得早，在談及台灣原住民時，多不被歸在其中，實
　　　　則其族別甚多，且猶有些許習俗、外貌特徵可資分辨。目前被正式列名的有
　　　　噶瑪蘭族，其餘泛稱平埔族。
〔註187〕「小鳥報恩的故事」：吳天鎰講述，吳秀惠採錄，高雄市鼓山區，二○○○年
　　　　四月。
〔註188〕「兩隻鵝」：江美玲、蔡阿娥講述，張百蓉採錄，高雄縣鳳山市，一九九七年
　　　　八月六日。

（三一）炸彈轉向

炸彈轉向的故事，流傳於卑南族，內容大致如下：

> 二次世界大戰期間，盟軍的飛機來轟炸，可是子彈在空中被轉了向，
> 原來是被村子裡一面鏡子照射的關係〔註189〕。

類似的說法還流行於澎湖的漢人社會，背景也是二次世界大戰期間，不同的是讓炸彈轉向的鏡子換成媽祖娘娘、三太子等神明〔註190〕。卑南族的講述人說明，那鏡子為村裡巫師所有，平時村人求助巫師作法、尋物、蒐敵，都可透過鏡子上的顯像而奏效。可見這面鏡子和媽祖娘娘、三太子等神明的性質一樣，都是當地的信仰。應是同一故事的不同說法。

（三二）關於貴族的故事

關於貴族的故事見於排灣族，其內容大概是：

> 很久以前，「蒙阿哩」部落的「加布滴令」家遭忌，有人買通巫師，
> 說服大頭目把他們降為平民，收回他們的福利。結果，天空就昏暗
> 了三天三夜。巫師作法，才知道降級的事，觸犯了天神。必須恢復
> 「加布滴令」家的階級跟福利，才能重見光明。於是，大頭目帶領
> 族人舉著火把，把山豬的膝蓋，掛在加布滴令家族屋前的檳榔樹。
> 天空便亮了一點。巫師又作法，發現他們應有的福利是肋骨，於是，
> 換上肋骨，並且宣佈恢復其貴族階級和福利。這才恢復黑夜、白天
> 〔註191〕。

敘述中使用象徵地位高低的山豬膝蓋骨、肋骨，以及巫師作法問神等具有排灣特色的典型素材之外，最神奇的是那「三天三夜沒有太陽」的情節發展。不但是以不公一旦平反，天地大放光明帶來戲劇化且大快人心的轉折效果，也隱然地傳遞了貴族的地位源自天授、神明認可的文化思維。

這一則早在八歲到十二歲之間就在屏東縣老家聽祖父、母說起的傳說故事，在現職警察的講述者說完故事後的分析看來：身分地位的高低，決定得到獵物部位的敘述是事實；老人家經由歷代傳下：「以前的天空曾經暗下來

〔註189〕「炸彈轉向」：劉吉勇講述，張百蓉採錄，高雄縣鳳山市，一九九五年十二月二十四日。

〔註190〕「媽祖接炸彈（三則）」、「神明與炸彈（八則）」：金榮華：《澎湖縣民間故事》，（台北‧中國口傳文學會，民國七十八年），頁一○一～一一一。

〔註191〕「三天三夜沒有太陽」：陳慕義講述，劉秋治、孫瑱淳採錄，高雄市左營區，二○○一年二月十九日。

過」的說法與今天日蝕的知識相吻合，也屬真實；加上該貴族家族自稱過去曾經被剝奪權利，因此這個故事說的是個歷史事實。唯一不可能是事實的是「三天三夜沒有太陽」。講述者還很鄭重的研判，三天三夜應該是口耳相傳之下的誇大，而在剝除權利到恢復權利之間的天地無光，只是遇上日蝕的巧合罷了。因此陳先生雖然認同這一則傳說中排灣文化裡貴族享有的尊榮，但在其強調史實與合理性的思維過程裡，似乎也略過了傳統文化中支撐貴族享有尊榮的那一份信念。

可以想見，傳說本身蘊含著貴族的尊榮源自上天、不容動搖的信仰。但是從講述者的推測內容看來，這份信仰在講述者心目中似乎已有逐漸褪色的跡象。

（三三）兩族聯姻的故事

有關兩族聯姻的故事，來自於卑南族，其內容頗為簡要：

> 火燒山時，大家不知該怎麼滅火，一個頭上長癬身上有瘡的排灣族可以使火熄滅，但條件是某位美麗的普悠瑪女孩必須嫁給他。眾人沒有其他的辦法，只好答應，就這樣成就了這樁排灣族與普悠瑪的聯姻，而火也滅了〔註192〕。

這傳說除了兩個主人翁的族別、外貌有明白的交代之外，其他不論是火燒山的地點、背景時代都沒有說明。講述之初雖然提到一個位在清水巖，人走到那裡就會消失的幽靈湖，但是隨後的情節卻毫無與之接續之處。因此這個在高雄都會區採得的傳說應該還有所闕漏，並不完整。不過從其火燒山、長癬長瘡、人走到那裡就會消失的幽靈湖等素材看來，取材仍然傳統，是早期的產物。當然，排灣族與普悠瑪兩族群接觸的經歷也被吸納進來了。

三、生活故事

（一）蛇木的故事

蛇木的故事，在魯凱族的說法大致如下：

> 爺爺上山打獵，看到一根蛇木橫在地上，就坐下來休息抽煙，還敲煙灰，火星就掉在蛇木上。忽然蛇木動了，原來是一條蛇〔註193〕。

〔註192〕「排灣族、普悠瑪婚姻的來源」：劉吉勇講述，張百蓉採錄，高雄縣鳳山市，一九九六年五月十九日。

〔註193〕「蛇木的故事」：麥文章講述，黃思萍、蔣靜芳採錄，高雄市三民區，二〇

卑南族的說法是：

> 我跟爺爺去野外放牛，爺爺坐在草堆上抽煙。忽然，爺爺坐的草堆在
> 動，原來那是一條盤著的蛇。那蛇沒走，爺爺念咒，就走了〔註194〕。

上述兩個說法，在蛇形和誤認爲什麼東西這種細節有些變異，前者橫臥在地，後者盤曲在地；前者是皮表與蛇紋相似的蛇木，後者是一團草堆。兩者都取材於山林中的生態景觀，顯然都是來自生活經歷的故事，只不過前者止於誤坐誤認的趣味，是個純粹的生活故事，後者還加入咒語的描述，保有對傳統宗教信仰的信念。

此外，不論在傳述的地緣條件、採用的素材、事件中主要人物的身分以及情節發展的順序，兩說幾乎都是一模一樣，因此縱然兩位傳述人分屬不同族群，其故事來源也都是自己的族群，但是兩者同源或交流的可能性應該不小。

（二）喝醉的人

喝醉的人是鄒族講述的故事，內容主要是：

> 一個人醉了，走在路上，覺得脖子涼涼的。又看見一個「人」，要跟
> 他摔角，還說輸的是一片葉子。他開始摔，也慢慢清醒，知道眼前
> 是片葉子，嘴裡還念：「你輸了，是一片葉子〔註195〕。

講述者再三解說眼前出現的是一個人，似乎不願意說成遇見鬼。而原本具有奇幻情節條件的「人變葉子」，也在邊敘述邊解說之下，成了醉中誤認樹葉爲人，清醒時當然只見一片葉子的情節。像這種講述中夾帶解說故事中角色屬性的現象，頗爲少見。而故事內容也在解說的移轉之下，成爲一個酒醉者的幻覺經驗，人與樹葉之間的變換也因此合理化了。於是幻想故事的條件消失成爲生活故事。

（三）害人反害己

害人反害己是個提到忌妒者惡行的故事，在排灣族的說法，其內容大要如下：

> 一年二月十八日。
>
> 〔註194〕「念咒驅蛇」：蔡武雄講述，張百蓉採錄，高雄市左營區，一九九六年一月三十一日。
>
> 〔註195〕「喝醉的人」：鄭金鳳講述，張百蓉採錄，高雄縣大寮鄉，一九九九年三月十六日。

一善和朋友一起爲人幫傭，老闆比較喜歡一善，朋友嫉妒他。便假說老闆嫌一善口臭，要他戴口罩工作，又對老闆說，一善嫌老闆口臭。老闆要報復，寫信給磚廠，交代對方把今晚第一個來人的頭砍了，交給第二個來人帶回。然後派一善到磚廠。一善在半路上聽見聖歌，就先到教會去。一個多小時以後，老闆命挑撥者出發，結果挑撥者被砍頭。教會禮拜完畢，一善才去帶回東西。老闆問他戴口罩的事，這才知道那挑撥者的壞心眼〔註196〕。

這個故事的來源是講述者的表兄，是爲村子裡的弟妹們所說的，講述者當年已經十五、六歲，知道這故事是表兄從書上看來的，不是排灣族的傳統故事。而故事中提到的幫傭、戴口罩、磚廠、寫信乃至教會，也都保有外來文化情境的痕跡。不過從那位表兄的閱讀行爲可以推知，那已經是一個原住民聚落接受教育且與外界頗有接觸的年代，況且教會在聚落裡又早是人們生活的一部份，傳述這樣一個與現下生活情境有些類似，又帶有教育意義的外來故事應該是很自然的。按照講述者一九三九年出生的時間推算，當初在三地門村傳述這故事的時間應是一九五四年左右。

（四）友愛的兄弟

友愛的兄弟是排灣族講述的故事，其內容大要是：

兩兄弟分了財產，哥哥的多，弟弟的少，所以，哥哥的收成都多一、兩包。有一年飢荒，哥哥收割十包，弟弟只八包。哥哥就在晚上拿一包去弟弟的倉庫。弟弟也想，哥哥的小孩多，就拿一包去哥哥的倉庫。早上，哥哥一看，還是十包：奇怪？是上帝幫助我嗎？弟弟這裡，還是八包。晚上，他們都想：「還是再送一包過去好了。」黑暗中，兩個人提的油燈，越靠越近，終於發現對方，兩兄弟就抱在一起了〔註197〕。

除了結尾處兩人在黑暗中逐漸靠近，並且認出對方，進而擁抱在一起的那幅不言而喻的畫面，既感人又富有教育作用之外，兩兄弟各在自己米倉裡數著米袋數目時那些加加減減的重複敘述，也爲故事增添了趣味。

〔註196〕「害人反害己」：廖金娟講述，張百蓉採錄，高雄市前鎮區，一九九八年三月十四日。

〔註197〕「友愛的兄弟」：廖金娟講述，張百蓉採錄，高雄市前鎮區，一九九八年三月十四日。

（五）田裡有金子

田裡有金子的故事也是排灣族講的，內容是：

> 三個兒子懶惰又愛金子，爸爸跟他們說田裡有很多金子可挖。兒子
> 連挖了三天，土都鬆了，還是沒有金子。爸爸便播下種子，結果收
> 成很好，賣了錢，不就變成黃金了〔註198〕。

故事中的金子、水田、鬆土播種等素材都已經不是原住民的傳統了，可知這
故事不是進入稻作文化生活模式時期的產物，便是來自稻作文化地區。

（六）懶人的故事

懶人的故事是魯凱族說的，內容大致如是：

> 母親離家時為懶惰的兒子把餅乾串成一串，像項鍊般掛在脖子上，
> 回家見兒子已餓死，原來他懶得轉頭。

講述人是在教會傳道時講的，教育的意味相當明顯。其以項鍊為喻固然和魯
凱族所珍視的琉璃項鍊接近，但餅乾絕對不是其傳統食物，而跨進了現代社
會的影響範疇了。

（七）小孩與魔鬼

小孩與魔鬼是阿美族講述的，內容大致是：

> 父母挑了五個孩子上山棄養，小男孩事先偷藏米糠，沿路灑地為記，
> 帶著大家跟著米糠往回走。然而半路上米糠被小鳥吃了，他們誤闖
> 吃人魔家裡。機警的小男孩在黑暗中與吃人魔的孩子掉換位置。吃
> 人魔直到五兄弟逃逸，才知道誤殺了骨肉。他悲憤的窮追不捨，又
> 被小男孩推落的巨石壓死。父母見孩子獨力返家，也不再棄養，眾
> 兒遵從父母的分配，各盡其職分擔家計，終於長大成人〔註199〕。

故事中即使聰明過人的小男孩也只以爭取活路，得到父母的接納為宗旨，而
沒有另闢蹊徑、自力更生的積極反應。再怎麼困難或出眾，故事人物都沒有
脫離眾人的念頭，因此小男孩和其他兄弟一起克服難關回到家裡，孩子們和
父母一起分擔家計，「幫忙父母親養自己長大。」看來這個以小孩為講述對象
的故事，所要強調的教養並不在於臨事該有什麼機智，而是念茲在茲的「隨

〔註198〕「田裡有金子」：廖金娟講述，張百蓉採錄，高雄市前鎮區，一九九八年三月
十四日。

〔註199〕「小孩與魔鬼」：洪學良講述，張百蓉採錄，高雄市前鎮區，一九九七年四月
二十二日。

順外境」、「團體行動」。

（八）苦戀的故事

苦戀的故事有魯凱族說法一則，內容大約是：

> 頭目之子和平地女孩相戀，族長老奶奶要求女孩跳進鬼湖，待湖邊
> 的族人一一離開後，再浮出水面，便答應婚事。但女孩一直沒有浮
> 上來，男孩和所有族人跳進湖裡救她，發現她把頭髮綁在水底的樹
> 根上，早就決心一死了。那湖是大鬼湖〔註200〕。

對鬼湖的禁忌在魯凱族是個流傳已久的古老概念，而戀人之一為平地人的素
材，則肯定是與平地人往來以後的構想，因此這個故事可能是來自魯凱族人
的近代產物。

四、笑　話

（一）諧音的笑話

傳述於高雄都會區台灣原住民之間，以諧音形成語意錯置的趣味的笑
話，排灣族有下列七則：

> 1、有個原住民對老闆娘說：「老闆娘（國語）！蛋（國語）一個（台
> 語），麵（國語）〔註201〕！」老闆娘聽了，用台語自言自語：「等
> 一下，免？」好一陣子，麵都沒端來，就問：「老闆娘（國語）！
> 我的（台語）麵（國語）呢？」老闆娘用台語說：「你不是說：
> 免，還要等一下？」「不是啦（台語），我要一個滷蛋和一碗麵
> 啦。（國語）」「喔！這樣啊！」就馬上煮了〔註202〕。
>
> 2、三個人到麵攤，各點一碗乾麵。其中有個原住民，還想吃滷味，
> 就說：「老闆，我要蛋（國語發音）一個（台語發音）。」結果，
> 兩個朋友都吃完了，他的麵還沒端來。一問，老闆說：「你不是
> 說要等一下，我還沒煮哪！〔註203〕」

〔註200〕「大鬼湖的傳說由來」：杜羽翔講述，張金菊採錄，高雄縣鳳山市，二〇〇一
年二月二十一日。

〔註201〕「麵」的國語發音和台語「免」字的發音極為接近。台語「免」的意思是不
必。

〔註202〕「吃麵」：劉基財講述，張百蓉採錄，高雄市三民區，一九九八年十二月十日。

〔註203〕「吃麵的笑話」：韋安龍講述，林雅鳳、李妍瑾、許綺芬、郭津而、何琇玉採
錄，高雄市旗津區，二〇〇一年二月二十四日。

3、有兩個原住民去吃麵，說：「老闆！兩碗麵，蛋（國語發音）一ㄟ（台語發音）〔註204〕。」麵一直沒送來，他們很生氣：「老闆！蛋（國語發音）一ㄟ（台語發音）啦！」老闆跑過來，用台語說：「你們不是說等一下嗎？〔註205〕」

4、有個原住民喝醉了坐計程車，他要在前方牆邊左轉直行。便對司機說：「一直開，撞到牆翻過來。」司機一聽：「車要怎麼翻哪？〔註206〕」

5、有個原住民年輕人說：「買三層肉，ㄅㄚ－ㄔㄥ－看看〔註207〕。」老闆娘很生氣：「那有買豬肉，屁股還給你看？」他也很生氣：「我講台語你聽不懂？」豬肉買完，買橘子：「老闆，我要『菊』（閩南音）子（發種『子』的閩南音）〔註208〕。」「這裡沒有玉井啊！」接著他開車去找朋友，到檳榔攤問路，老闆用台語說：「看到雜貨店〔註209〕右彎，再走五百公尺就到了。」他開了很久都沒找到，就回去質問：「老闆，你騙我，那有橘子店。」〔註210〕

6、以前，村子裡的電話先打到代辦處，再以廣播通知接聽。一次，村人聽見台語廣播：「什麼人，你的電話。」一看那名字，是「許美蘭〔註211〕。」

7、有個人身分證被洗，模模糊糊的。臨檢時，警察用台語問：「你林什麼？」那人有點醉，用台語回答：「沒啦，我喝兩罐啤酒而

〔註204〕「蛋（國語發音）一（台語發音）ㄟ（台語發音）」，三個字音連起來，跟台語「等一下」的發音一樣。

〔註205〕「買麵的笑話」：蘇海玲講述，柯金梅採錄，高雄縣大寮鄉，二○○一年二月二十八日。

〔註206〕「怎麼翻」：劉基財講述，張百蓉採錄，高雄市三民區，一九九八年十二月十日。

〔註207〕此處是將台語：「給我秤」三字中間我字的發音簡化為前後兩字之間的滑音，形成台語：「屁股」的發音。

〔註208〕如此發音，就成了「玉井」的台語發音。

〔註209〕「雜貨店」三字的台語發音，和「橘子店」的台語發音相近。

〔註210〕「賣豬肉」：劉基財講述，張百蓉採錄，高雄市三民區，一九九八年十二月十日。

〔註211〕「什麼人，你的電話」：涂憲平講述，張百蓉採錄，高雄市前鎮區，一九九八年十二月十三日。

　　　　　　已啦〔註212〕！

阿美族的有一則：

　　　　　　公車改道，有個原住民用山地腔問司機：「有沒有走舊路？」司機

　　　　　　一聽：「什麼『糾落』〔註213〕，怎會經過『糾落』？」就說：「天

　　　　　　主教啦！〔註214〕」

卑南族的有一則：

　　　　　　女子獨自在田裡工作，有九個外村人來獵殺人頭，她在工寮角落，

　　　　　　躲在地瓜堆後，一緊張，尿灑草牆，發出「西哇」聲，對方以為在

　　　　　　說「九」，以為對方連來人多少都知道，就嚇跑了〔註215〕。

上述九則笑話，提到的語言包括母語、國語、閩南語和日語，以閩南語出現
次數最多，國語則只在搭配閩南語時使用，母語、日語的出現極少。至於笑
話中的場景，也有原鄉使用母語、日語，在平地使用國語和閩南語的規律，
唯一例外的是排灣族第6則，在村落使用閩南語。

　　排灣族1、2、3是一個笑話的三種說法，都是以麵和蛋的國語、閩南語
混合的組合音：蛋（國語「tan^2」）、一個（閩南語「$cit^8\ e^5$」）、麵（國語「$mien^2$」）
和閩南語「等一下，免！」的發音「$tan^2\ cit^8\ e^3,\ bien^2$」近似，來製造趣味。
排灣族2的講述者還特別交代故事的時代背景在二十幾年前，當時原住民逐
漸從山地部落來到平地，剛來的時候，只會講母語和一點國語，閩南語則聽
不懂。從講述人的背景看來，三人都是排灣族，分別來自台東、屏東、恆春，
而故事來源的地區包括台東、高雄。出生於一九八○年最年輕的講述者還是
小時候在台東家鄉聽說的，因此這一則笑話的流傳，少說也有十幾年，而且
在部落和平地都有流傳。

　　排灣族4、5、7的場景也都是離鄉移居的平地社會，第4則藉由不靈光
的閩南語，把「轉」說成「翻」，聽得司機一頭霧水，形成笑點。第5則有

───────────────

〔註212〕「你叫什麼」：涂憲平講述，張百蓉採錄，高雄市前鎮區，一九九八年十二月
　　　　　十三日。

〔註213〕根據講述者說明：原住民大都信基督教跟天主教，基督教的日語發音是：「糾
　　　　　落」，而「糾落」的發音又跟原住民腔調的國語：「舊路」很相像。

〔註214〕「有沒有經過舊路」：張美惠講述，張百蓉採錄，高雄市苓雅區，一九九七年
　　　　　七月二十二日。

〔註215〕金榮華：《高雄屏東地區卑南族與魯凱族口傳故事之採錄與整理》，（行政院國
　　　　　家科學委員會專題計劃 NSC 84-2421-11-034-001-A7，民國八十六年），頁六
　　　　　二～六三。

三個情景，都是因爲對閩南語發音的掌握有誤，而產生的繆誤滑稽。第一個場景是豬肉攤，原住民顧客因爲發音不夠清楚，把「給我秤秤看」的發音「ka³ gua² chin³ kuann³ mai⁷」說成近乎「屁股我看看」的發音「ka⁷ cherng¹ gua² kuann³ mai⁷」，引起老闆娘的誤會。第二個場景在水果攤，這一次他不知道閩南語有語音、讀音之分，把橘子拆開來念，也就是把橘的閩南音「kiok⁴」和種子的子字的閩南音「ci²」連結在一起，便成了「kiok⁴ ci²」，正與台南縣的地名「玉井」的閩南語發音「giok⁸ cinn²」接近。當然，又引起一番誤解。第三個場景是在檳榔攤問路，由於雜貨店的閩南音語音「kam¹-a¹ tiam³」的「kam¹-a¹」發音與橘子的語音「kam⁷-a²」相近，這位原住民一心一意地找橘子店，當然找不著了。第 7 則裡那位原住民的閩南語顯然是比較好的，其趣味點放在「林」的閩南音「lim⁵」與「飲」的閩南發音「lim¹」字音相近的誤解，當然，還要加上那微醉的迷糊因素。

排灣族 6 的場景在村落，造成趣味是：把「許美蘭」的國語發音「su³ mei³ lan⁵」，諧轉成與其發音接近的「什麼人」的閩南音「si¹ mi¹ lang⁵」了。

卑南族的笑話是運用台灣原住民各族群「九」的共同發音「西哇」，製造眾人誤解、受騙的趣味。而從女人下田工作、獵人頭、芒草鋪蓋的工寮、地瓜和「西哇」一語可見，這一則故事來自傳統生活。其流傳的時間應該較早。

阿美族說的是唯一提到日語背景的笑話，由於原住民腔調的國語使得「舊路」的發音變成「揪漏」，而其基督教的日語「キリストきゅう」又發成原住民腔調的「ちょろう」，「揪漏」與「ちょろう」之音相近，司機便順著這些變調諧音的意思，回以：「天主教！」司機的態度是詼諧還是一本正經，在敘述之中並沒有表示，但是講述者和聽講者肯定是以詼諧的角度看待這段對答而產生笑意的。這笑話的內容只有雙方的一問一答，但涉及的素材卻不少，有原住民的國語發音、日語發音、基督教、天主教，而這些正是不同時期的外來文化在原住民社會裡累積的結果，至於公車、司機、乘客，更是外來物質文明的產物。這一則笑話在玩笑之餘，也爲我們掃瞄了當代台灣原住民的原鄉生活情境。

（二）語言不通的笑話

由於語言不通形成的笑話，阿美族的說法大略如下：

族裡有個老人家去環島旅遊，在火車上，他用阿美族語問身邊的台

灣人，這一大片土地是誰的？那人說：「莫宰漾〔註216〕！」他想：
「喲！莫宰漾的土地那麼廣！」到了花蓮，轉公路局的車子，繞到
蘇澳，經過宜蘭頭城時，沿路很多鴨子，他又問：「這些是誰的？」
旁邊又說：「莫宰漾。」他就想：「欸！莫宰漾的雞鴨那麼多！」到
了台北，又是高樓大廈、車子，還有飛機，就問旁邊的人：「這些都
是誰的？」「莫宰漾。」他的心裡：「喔！莫宰漾有很多高樓、大廈，
汽車，飛機！」經過台中，在彰化看到田裡種了花，忍不住又問：「這
一大片的花是誰的？」「莫宰漾。」「哇！這莫宰漾還有一大片花，
真羨慕他！」到高雄，在碼頭遊玩又看到很多大船、漁船，他又問
了：「這是誰的？」隔壁的又說：「莫宰漾！」「喔，這莫宰漾是不是
很有財富？」接著坐公路局的車到台東。有一整排的車子在辦喪事，
就問：「死的人是誰呀？」旁邊說：「莫宰漾！」他很難過：「莫宰漾
死了，他的財產誰幫他收拾呢！」回到光復鄉，他就跟家人講。大
家都很感嘆：「莫宰漾那麼多地，死了，那東西誰保管呢？」有個年
輕人會講閩南話，就問那人：「這是你親眼看到的嗎？」「我旁邊坐
的剛好是台灣人，我每次問他，他都講莫宰漾。」年青人會意過來，
就說：「莫宰漾就是不知道，因為你的話他聽不懂。而他講的你也聽
不懂，才有這誤會〔註217〕。」

排灣族的說法大略如下：

有個新加坡阿兵哥在抽取屋前堆放的木柴，老人家罵他，不准他拿。
可是，老人家只會一句國語：「沒有關係！」他怎麼罵，都夾了一句
「沒有關係」。結果他越講，那些阿兵哥拿越多。兒子回來一看：「木
柴怎麼沒了？」「那新加坡人拿我們的木柴，我越罵他們沒有關係，
他們就拿越多。」兒子跟他解釋了，他才明白過來〔註218〕。

阿美族的說法藉著環島旅遊歷程，描述原住民面對各處風光的直覺反應，並
以語言不通的陰錯陽差來加強這些解讀所形成的趣味。其情節鋪展的模式和
地方傳說中的「『嘎機露』和『瑪耳隆』地名的由來」相似，也是一再重複簡

〔註216〕即台語「不知道」的發音。
〔註217〕「語言不同」：武建崇講述，林美雯採錄，高雄市小港區，二○○一年二月二
　　　　十四日。
〔註218〕「沒有關係」：劉基財講述，張百蓉採錄，高雄市三民區，一九九八年十二月
　　　　十日。

單的節奏，沿著環島的路線，依序點出該地的景觀特徵，而後在段落終止處，出現一組相同的問答：「『這是誰的？』旁邊的說：『莫宰漾』。」這阿美語和閩南語的對答，讓原住民老人家順著自己的問話與生活經驗誤以為對方答的是人名。就這樣老人一路累積其觀景的解讀，再證以雞同鴨講的誤解，終於得出有個叫做「莫宰漾」的人，財富遍及全台，卻命歸九泉，令人感嘆的結果。

當然，知情者早已經聽得興味十足，樂在心裡了，這故事如果到此結束，其趣味也已經充分發揮作用了。不過講述者還是中規中矩的為故事中人解惑，這樣的處理所反映的是，這不是個編出來逗趣的故事，而是件真實的事情，且還流行過一陣子。結尾處那釋疑的年輕人的出現，在故事的講述傳統裡面是前所未有的，因為原住民社會向來是以老為尊的，年輕人根本沒有發言的餘地。而今時勢移轉，因為語言和活動範圍的擴大，反而是年輕人來提供知識了。

排灣族說法與阿美族的一樣，都反映了原住民傳統社會與外界的接觸並不能充分通暢，並且需要年輕一輩作為橋樑的現狀。

（三）購物的笑話

購物時所鬧的笑話有五則，魯凱族有一則，內容為：

> 有一個老人家從山上下來，她要買電風扇，又不會說：「電風扇」，就一邊說：「老闆！我要買那個！」一邊比手勢，兩隻手一直轉〔註219〕。

排灣族有四則，內容是：

1、達來辦活動，平地人送來很多運動飲料，大家喝了好喜歡，於是下山到三地門找那飲料。他們不會講飲料的名字，就一邊在原地跑步，一邊跟老闆說：「老闆，我要買這個。〔註220〕」

2、有一個歐巴桑要買背巾，不會講閩南語，講國語嘛，又沒有讀過。她就邊比邊說：「有個小孩子！放在我背上，尹喔尹喔，他就睡覺，那東西你知道嗎？」「背巾！」「對！對！對！背巾！

〔註219〕「電風扇」：杜櫻珠講述，張百蓉採錄，高雄市前鎮區，一九九八年二月二十三日。

〔註220〕「買飲料」：許惠萍、許惠珠講述，宋宜蓉採錄，高雄縣鳳山市，二〇〇一年二月十二日。

〔註221〕」

3、有一個人國小沒畢業就出來打工了，每一次看人家吃蛋糕，唱：
「祝你生日快樂！」這天他生日，就跟女朋友到麵包店，對老
闆說：「老闆，買這塊生日快樂。」「什麼生日快樂，那是蛋糕。
〔註222〕」

4、有個女人記性不好，丈夫要她去買兩罐運動飲料。她邊跑邊念，
結果，跑到商店，喘口氣，忘了！她又不認識字，就擺一個跑步
的姿勢，說：「我買這樣的飲料！」後來，丈夫又叫她去買湯匙。
對她說：「這有一千塊，買兩隻湯匙，一隻湯匙十塊錢，兩隻湯
匙二十塊錢。」她說：「好！二十塊。」便拿著一千塊錢，一直
念：「二十塊，二十塊，湯匙，二十塊，二十塊，剩下的二十塊。」
到了店裡，就說：「老闆，買湯匙，找二十塊。」結果，她提著
一袋子的湯匙回去〔註223〕。

魯凱族說法和排灣族1、2則，是以語言障礙為起因，購物的原住民不知道自
己所屬意的東西平地話怎麼說，於是大玩肢體示意遊戲，而笑點便在那些模
仿的動作上。譬如魯凱族說法裡以兩手直轉表示電風扇，排灣族1則裡以跑
步模仿飲料的跑姿商標，排灣族2是表演一套背著孩子安撫其睡眠的動作來
表示自己所要的背巾。

排灣族3則是不知道蛋糕這名詞，而以蛋糕之作用「生日快樂」稱之。

笑話中的人物有魯凱族說法的老人家，有排灣族3裡在平地打工的年輕
人，也有排灣族1中不名其年齡的眾人。可以說是什麼年齡層都有，而他們
的共同點是初與外界接觸。

排灣族4雖說也以購物為內容，甚至其中也有排灣族1之中跑步模仿跑
姿商標的情節，可是鬧出笑話的起因不是說不出物品的名稱，而是記性太差，
忘了名稱只得模仿商標。這一節與排灣族1笑話，是同一笑話的兩種說法。
而排灣族4續接的「買湯匙」一節，與漢族社會的故事，譬如盛傳於澎湖的

〔註221〕「買什麼」：劉基財講述，張百蓉採錄，高雄市三民區，一九九八年十二月十日。

〔註222〕「生日快樂」：劉基財講述，張百蓉採錄，高雄市三民區，一九九八年十二月十日。

〔註223〕「健忘的老婆」：劉基財講述，張百蓉採錄，高雄市三民區，一九九八年十二月十日。

張百萬故事〔註224〕中，僕人因記憶有誤而買錯東西，性質完全相同。且故事人物已經習慣於購物，熟知用品名稱，在排灣族 1、2、3 和魯凱族說法中一再描述的那種有口難言的拙樸生澀，已經不存在了。因此，排灣族第 4 則應當是個融入平地文化較深的成果。

（四）出糗笑話

其他以原住民同胞遇到新事物時的拙樸生澀爲玩笑焦點的笑話共有五則，其中排灣族的三則，內容大要如下：

1、阿媽家裡剛裝電燈，睡覺時，太亮了，睡不覺。孫子問：「阿媽，怎麼關？」阿媽一想，還不簡單，拿塊石頭，乒一聲，就關掉了。當然，燈壞了〔註225〕。

2、祖母要提款，走到提款機前，孫子說：「來不及了，我要去上學。妳照剛才教的方法提。」那老人家按一按密碼，站在那裡等。錢一直沒有出來，她就用山地話對提款機說：「如果你的錢不夠，我只要五千塊就好。〔註226〕」

3、朋友新居落成，幾個原住民去慶賀。有個人沒坐過電梯，那時很多人上樓，都進了電梯，他跟著大家進去，一直問：「我們在躲誰？〔註227〕」

魯凱族的有二則：

1、有個原住民去平地，看人家開水龍頭。也去買一個。往石板屋的石縫插進去，一轉，怎麼沒有水？她還去跟賣水龍頭的說：「她一開就有水。怎麼我買的放進去沒有水〔註228〕。」

2、我丈夫第一次下山的時候，跟朋友去吃八寶冰，那冰有煙，他一直吹，說：「好燙！好燙！」人家就說：「你摸摸看！」才知道那

〔註224〕「張百萬的傳說（二）（2）香爐木主」：金榮華：《澎湖縣民間故事》，（台北．中國口傳文學會，民國七十八年），頁五二～五三。

〔註225〕「燈怎麼關」：許惠萍講述，呂佳玫採錄，高雄縣鳳山市，二○○一年二月十二日。

〔註226〕「我只要五千塊就好」：涂憲平講述，張百蓉採錄，高雄市前鎮區，一九九八年十二月十三日。

〔註227〕「我們在躲誰」：涂憲平講述，張百蓉採錄，高雄市前鎮區，一九九八年十二月十三日。

〔註228〕「怎麼沒有水」：關惠蘭講述，張百蓉採錄，高雄市前鎮區，一九九七年十月一日。

是冰的〔註229〕。

排灣族1可笑的是老祖母砸燈切光源的理所當然，排灣族2的趣味在那對機器說話的畫面，排灣族3和魯凱族1、2，則是各種第一次的平地社會經驗。

（五）情境笑話

其他以部落生活為背景的笑話有五則，排灣族的兩則，內容大要如下：

1、有個人從山上背木材下來，卡車司機讓他搭便車，結果他背著東西站在後車廂！司機叫他放下來，那人說：「我怕你會載得很重呀！〔註230〕」

2、一對夫婦，老公要倒車，叫老婆下來看。老婆忙著包檳榔，一面包一面喊：「來！來！」車子都掉到水溝了！還喊：「來！來！來」老公下了車，她還在喊，就打了她一巴掌：「來！來！來！什麼來！車子都掉到水溝了！還來！來！來！〔註231〕」

鄒族的三則，內容大要如下：

1、有一年乾旱，什麼作物都長不好，筍子也只有幾根。有一天，一些人在一起喝酒，講笑話：「都說今年收成不好，你們不曉得，我竹園裡的筍，好多喔，一條蛇經過，都擠扁了。」有人接著說：「什麼了不起，青蛙經過我的竹林，不但扁了，還喘不過氣來。〔註232〕」

2、有個平地老師個子很矮，寫黑板，拿椅子墊高時，有一支椅腳懸空。小朋友就用山地話說：「老師，那個要──。」話沒說完，椅子倒了，小朋友接著說：「唉，倒了。〔註233〕」

3、一個女孩學作文，因為媽媽沒馬上回家做飯，又喜歡喝點酒。她

〔註229〕「吃冰」：杜櫻珠講述，張百蓉採錄，高雄市前鎮區，一九九八年二月二十三日。

〔註230〕「背著比較多」：吳呂月嬌講述，張百蓉採錄，高雄市前鎮區，一九九八年十二月十三日。

〔註231〕「倒車」：涂憲平講述，張百蓉採錄，高雄市前鎮區，一九九八年十二月十三日。

〔註232〕「竹林子」：鄭金鳳講述，張百蓉採錄，高雄縣大寮鄉，一九九九年三月十六日。

〔註233〕「唉，倒了」：鄭金鳳講述，張百蓉採錄，高雄縣大寮鄉，一九九九年三月十六日。

就寫：「我媽媽是不良少女，天天喝酒，不回家做飯〔註234〕。

排灣族第 1 則讓人覺得好笑的正是背木材的人只見其一未見其二的傻氣。其第 2 則引人發笑的是那妻子心不在焉的闖禍光景。

鄒族第 1 則的故事來源，是說母語比賽，講述者還強調用母語說比較好笑，但是除非這笑話運用語言的諧音，製造一語雙關的效果，否則即使有些句子以母語的節奏和音韻表達會更生動，或別有滋味，但是那玩笑的趣味仍然應該表現在情節之中。而講述者並沒有就是否有雙關語意提出說明，只以「用母語講述較好笑」來確定這的確是一則笑話。因此筆者推測，講述者應有所漏失，如果點出那蛇與青蛙的衰餒狀和稀疏的竹筍一樣，都是大旱的結果，而被苦中作樂的以醉漢的口吻拿來誇口，作為玩笑的趣味。這麼一來，既能融入敘述的脈絡，也合乎台灣原住民喜歡開玩笑的特性。

鄒族第 2 則的趣味點在於事先警告不及反變成了時況報導。鄒族第 3 則的趣味是用詞不當引發的繆誤。

（六）調侃式的笑話

在高雄都會區還採錄到以某一原住民族群為調侃對象的笑話，有意思的是，有些講述人正是故事中被取笑的族群中人，甚至於其故事來源也是該族之人，換句話說，這些人傳述別人編派取笑自己族群的笑話。這類笑話阿美族有兩則，內容大要如下：

1、一個阿美族的牧師搭飛機，一起飛就跟空姐要一杯酒。一千呎高了：「再給我一杯。」就這樣每一千呎喝一杯。到了一萬呎，空姐來問：「牧師！你還喝不喝？」「我怕上帝聞到酒味，不喝了！」〔註235〕」

2、行政院原住民事務委員會舉辦智力測驗，各族群的小朋友都來參加。那是個電腦感應器，把頭伸進框框，就知道智商多少。泰雅族的小朋友，先把頭伸進去，「一百三十」。再來是排灣族，頭伸進去，「一百二十」。接著是阿美族，沒有顯示。裁判說，再做一次。只見電腦螢幕上一陣混亂，接著出現一行字：「請不要把石

〔註234〕「不良少女」：鄭金鳳講述，張百蓉採錄，高雄縣大寮鄉，一九九九年三月十六日。

〔註235〕「上帝原諒我吧」：陳金結講述，陳慧敏採錄，高雄市左營區，二〇〇〇年十二月十日。

頭伸進來」〔註236〕。

卑南族的有一則，內容大略如下：

有個原住民摩托車騎得很快：「咦？這公路怎麼那麼寬。」交通警察
過來：「你怎麼騎到高速公路？」「我們蘭嶼沒有高速公路，我不曉
得。〔註237〕」

比起上述所有的笑話，阿美族2裡的「行政院原住民事務委員會」、「智
力測驗」、「電腦螢幕」反映的是純粹的當代社會環境，其素材已經脫離傳統，
但情節發展仍然與原住民緊密聯繫。

第四節　講述人

前述所介紹高雄都會區的台灣原住民口傳故事共計二百零六篇，講述人
共有六十七人。這些講述人包括了阿美、排灣、魯凱、卑南、鄒族、平埔、
噶瑪蘭以及漢族，然而其講述的故事來源卻包括了阿美、布農、鄒族、排灣、
魯凱、卑南、平埔、噶瑪蘭、漢族、邵族、賽德克族和日本，在故事中所涉
及的族群，則有阿美、布農、鄒族、排灣、魯凱、卑南、平埔、噶瑪蘭、漢
族、邵族、日本人和達悟族。可見在現代社會之中，台灣原住民與其他族群
的來往，同時，人的因素也影響了口傳故事的發展與流傳。因此特闢講述人
一節，以族群總人數為順序，按族別依次介紹，希望能透過他們的個人背景、
講述故事的情境、聽講故事的經驗以及傳述故事的態度，從另一側面了解高
雄都會區台灣原住民的口傳故事。

一、阿美族

在高雄都會區接受訪問並講述口傳故事的阿美族人，男性有十三位，他
們是郭信雄、張茂雄、胡民義、張進福、林光輝、李威能、林春治、洪學良、
武建崇、陳金結、沈杰、賴鵬光以及薛明偉，女性的三位則是：張美惠、林
春花和胡民義的太太。

（一）郭信雄受訪時是台東市代表，出生於一九三八年，高中畢業。其
來到高雄市是為了參與在此地舉辦的原住民聯合豐年祭活動，只逗留幾天。

〔註236〕「智力測驗」：陳金結講述，羅慧君、吳佩珊、謝淑卿、吳麗芬、陳慧敏採錄，
　　　　高雄市左營區，二〇〇〇年十二月十日。
〔註237〕張百蓉採錄，高雄市左營區，一九九七年六月二十八日。

他講的故事主要是在幼稚園到國小一、二年級期間聽父母親說的。

（二）張茂雄出生於一九三九年，來自花蓮光復鄉玉里鎮，在高雄市的社團原住民教育文化協會的成員和參與原住民壘球比賽聯誼活動的原住民高雄住民的眼中，是一位見多識廣的長老，也因此兩度被推薦給採訪工作人員。張老先生受訪時國語、閩南語、母語、日語混合使用，其國語發音有口音，閩南語則標準而流利。民國五十四年便來到高雄，從事機械裝置的工作，有多次出海跑船，應徵到東南亞、日本打工的經歷，談起東南亞土著的語言與自己母語相近之處，便興致高昂。由於長年在外，對於年少時在家鄉聽聞的故事多半記不得了，但是在兩次的受訪中，一說起阿美族的傳統，就會談到幼年聽祖父說過的關於蛇的故事，強調南蛇是阿美族的信仰，並且將台灣原住民各族敬重之蛇，一一區別。其說法與近人的認知並不一致，不過可以確定的是如今定居高雄的張老先生對這個南蛇的說法是堅信不移，且記憶深刻的。

（三）胡民義年約五十，來自馬蘭，為了在高雄舉辦的原住民文化博覽會南下助興，預計停留一、兩天。他雖然一直住在家鄉，但是很少和母親聊天，聽父母親講故事也是偶一為之的事。而且在三十幾歲時，母親也過世了。想起的故事是殘缺的。足見，沒有離鄉背井也一樣記不齊故事。故事流通時聽、講的雙方，只要有一方動力較弱，其流動就會有所減損。

他說的故事是十幾歲時聽父母講的。

（四）張進福是張茂雄老先生的弟弟，一九四一年左右出生，現在也定居高雄。民國五十八年來高雄，也從事機械裝置，因為家鄉有人先來水泥廠從事安裝機器，他們也到工廠現學現做這些技術性的工作。他們在家鄉從事的都是耕種，而那時的收成是很難生活的，所以二十歲左右來高雄，當時工資是依照技術的熟練度按日計算的，從三十元一日到一百元一日都有，資深者甚至有一百二十元。來到都市的族人，不但改善了自己的生活，還把農閒時的同鄉引介來高，從事開車、電銲、安裝機器等工作，多少增加一些收入。甚至還有人自任包商，專門招募這類雇工。可見其在高雄的生活裡，與族人甚至仍然住在家鄉的同鄉還有很多的接觸機會，而在高雄工作的阿美族人，也有定期來往花蓮與高雄的。

不過，講述的故事依然是童年時聽來的記憶，而且殘缺不全。至於傳說，則是十多歲時在家鄉與父執輩閒聊時，問起阿美族母系社會的由來，所引發

出來的。其對風俗傳統的今昔變化，抱持的是一種隨順趨勢的態度。

（五）林春治生於一九五一年，來自台東，擁有大學歷史系的學歷，是長老教會的牧師，曾任高雄市原住民委員會主任委員。他在做禮拜講道的時候，講述了一則神話故事，大多以國語發音，間或有一、兩段阿美族語。那是個以阿美族教友爲主的教會，不過當天有來自其他地區的教友來聯誼、獻唱詩歌，所以也有些排灣、魯凱族的年輕人在場。林牧師的講述內容，有不少教育意義方面的明示與暗示，而在故事結束後，還再三強調代代相傳、努力不懈的精神〔註238〕。其藉著這則神話故事教化聽眾的用心是相當明顯的。

（六）林光輝在一九五七年出生，是一九八一年到高雄的，當時才從士校畢業退伍下來。經過多年的奮鬥，受訪時已是一位工廠的老闆，回想自己自小離家，其間曾有幾次發展的機會，都因爲沒有長輩從旁提點而錯過，因此相當認同長輩對子侄負有教化重責的傳統，以爲自己在生涯發展已到極限的現階段，應該把心力放在鼓舞、教導年輕人。他表示：

> 我有時候在想，由於過去很少受到長輩的鼓舞，因此很多機會都流
> 失在自己手裡。……像以前那樣當舅舅、叔叔的人經常講一些教化
> 小孩子的話，是很重要的。所以我對小孩毫不吝嗇，只要認定了是
> 親戚，或者跟我有關係的人，我都會鼓舞他們。我喜歡教化人。

甚至自己的新進員工，也一樣鼓勵他們到新單位時要多看、多問、多學、多做。徵聘年輕人時，特別考量的也在這孩子可不可以教導，會不會長進。

林光輝用國語講述故事，口齒清晰，措詞用字流暢明快，而且頗有自己的觀點。其實這故事他只聽過一遍，就記住了。受訪時還很有把握的表示，用母語再說一遍也沒問題。原來他前幾天剛好在一個私人的聚會中，對一起在高雄開創事業的小學同窗好友以母語說過。其用意就在藉此激勵彼此，要在這個成人社會中，不畏阻難，貫徹自己的理念。他表示，自己當年聽老人家講述時，老人家並沒有說出故事中的教化意義，但是用意很明顯，自己便有所領會。如今和自己同輩的朋友說起，也沒有點明，因爲聽者已經成年，應該能夠自己體會。可見他是以教化的角度聽、說這故事的，對朋友談起時，這故事的作用是一個譬喻。

他覺得該故事蘊含的意義，對小孩子尤其具有教育作用。目前雖然還沒跟自己的孩子講過，不過將來一定會說。只是可能得用國語講述，因爲孩子

不會說母語。當然，他也正嘗試著教導。

（七）李威能是一位教官，一九五八年出生。所說的故事是七到十歲之間，在家鄉東海岸花蓮縣豐濱鄉靜埔村聽祖父母講述的。

（八）洪學良則在一九六二年出生，高中畢業後，便因服役、就業及婚姻等因素，從花蓮來到高雄居住。妻子是閩南人，育有一對子女，受訪時是高雄市原住民服務中心的服務人員。高中之前都住在家鄉的洪學良能說的故事不少，其故事來源，除了一則是聽一位曹族也就是今日通稱鄒族的友人所說之外，其餘皆是國小二、三年級時在家鄉聽父親說的，大多在睡前才講，祖父母雖在但不曾說過故事。至於白天，他特別強調孩子們多半在野外、山坡上玩耍，大人們則為農事忙碌，連老人家都不例外，根本沒有在樹下說故事的場面。

對照其描述村子裡的農耕景況：小時候看到的是以牛犁田，國中時候便採用機器耕田，村人生活光景的變化是一致的。而家鄉的生活也從種多少吃多少，發展到尚有餘裕。這是一九七一年左右稻穀品種改良，縮短稻作成熟時間，在經濟方面所產生的重大影響。從此生活中才有多餘的活動時間，甚至從國中起便有平房住，加上所居住的地方雖然靠山又靠海，但不是隔絕在山區裡，自小就跟漢人有所接觸，也使用抽水馬桶，因此他認為家鄉的生活品質與都市住民生活是差不多的。而且家裡幾個兄弟從小就學會了都市生活的作法，知道漢人怎麼做，也明白直接把鄉下的知識帶到都市是會造成格格不入的。

在其國小階段，一般家庭還是需要投入大量人力於農務，家裡有八個兄弟姊妹的洪學良在國小三年級時便加入烹煮全家早、晚飯的輪值工作，農忙的時候，還得留在家裡幫忙。對此他相當自豪：「原住民可以承受苦日子，因為是苦過來的。」

洪學良講述故事的時候，在場聽眾只有筆者這麼一個平地的成年人，照理說應該不會帶有任何教導的意圖。不過其陳述的內容以重現當年的講述者口氣居多。於是當年的講述者所欲強調的理念，也隨之重現。例如在射日神話裡強調小男孩在出發前的設想周到，準備周詳，終於克竟其功，全身而退；「桃太郎」裡的老婆婆正因為懂得與老公公分享，才能夠得到孩子，幫助家庭，那小孩也因此而知恩感恩，孝敬兩位老人家；「聰明的小孩」裡的小男孩，因為能夠從容地運用咒語能力，而使一干捉拿自己的成年人粘坐在石頭

上；而「小孩與魔鬼」裡眾多的孩子，因為小男孩的聰明機智，終於逃離魔掌，回到父母身邊，然後一起分工擔負家計，「幫助父母，養大自己」；「會吃小孩的魔鬼（一）」、「會吃小孩的魔鬼（二）」都著重在不睡的孩子不乖，會引來種種怪物的懲罰；「人變青蛙」則有一對失去父母的小兄妹，變成了青蛙仍然哭個不停。其中以年齡、背景相仿甚至性別一致的故事人物，引發孩童的認同，教導孩子做事有計劃、臨事不慌亂、還要聽從父母、分工合作、懂得分享。不但教育子弟的用意明顯，連其所重視的教養內容也都很明白。

至於聽講故事的情境，也都記憶清晰，不但自己聽故事，輪到妹妹聽故事的時候，他也在旁邊聽，還發現父親說的故事都一樣。講故事的順序則是剛上床的時候說的故事比較長，該睡覺的時候，就講起讓小孩蓋上被子的恐怖故事。

洪學良的孩子才五、六歲，因此還不曾為他說過那些較長的故事，只講了個有念咒語的故事。由於小孩不懂母語，所以用國語講述，念咒的部分則以母語發音，而小孩似乎對咒語最感興趣，不斷的發笑，回家鄉探望祖父母的時候，也會對著老人家念念有詞。

（九）武建崇比洪學良小一歲，也是高中畢業，來自花蓮光復鄉太巴塱村，從事工業方面的工作。他講的故事有的是十二、三歲時在家鄉聽父親說起的家族往事，有的是幾年前回鄉聽鄰居說起的村中趣事。其內容、人物都號稱來自家鄉的真人實事，但是沒有具名，因此不能列在傳說。

（十）陳金結出生於一九六五年，來自台東縣鹿野鄉，因為家境不好又想讀書，便選擇當兵，認為當兵既能兼顧讀書增加知識，還可以存錢給家人。據他說，有許多原住民為了謀生而當兵，所選的單位也都很辛苦，「因為我們比較能夠吃苦、聽話」，缺點則是喜歡喝酒。

陳金結受訪時已經退伍三年了，正在大學讀書，一心想培養自己研究原住民文化歷史的實力，並且成立原住民文化教育協會，希望透過協會推動儲蓄的觀念，讓原住民的生活不再落入快意享樂、缺乏規劃的積習之中。而除了傳統文化的保存之外，也免費開辦電腦、英文等的課程，為下一代提供更多的發展空間。

身為基督徒的他，認為這樣的服務也是一種傳播福音。他所講述的笑話，有以牧師為主角，而且以喝酒為玩笑的焦點。也有將電腦作為取笑的媒介，取材可謂充分融入了其在都市中的生活元素。

　　尤其特別的是，這些笑話是在採訪前才從電話中聽同族友人再次提示的，且笑話中所取笑的族群正是他們所屬的阿美族。他還知道這是個泰雅族人傳述的，之所以拿阿美族爲話柄，是「因爲我們阿美族人多呀，其他族群人比較少。」

　　（十一）沈杰來自台東縣成功鎮，出生於一九七七年，大學畢業，受訪時是一名軍人。其居處至今仍在成功鎮，在高雄只是暫時的停留。他說的故事有的是小時候在台東聽祖父說的，也曾在國小五年級的一次校外活動中，聽校長說起故事。故事來源都是家鄉族裡的尊親、師長。

　　（十二）賴鵬光來自台東縣成功鎮，出生於一九八一年，高中畢業，受訪時也是一名軍人。現住在高雄縣鳳山市，受訪當天和一群同族朋友在高雄縣鳥松鄉澄清湖烤肉區聯誼，採訪小組是趁其空檔時進行採集的。他說的故事是小時候在台東的親身見聞，故事裡的巫師正是他的外婆。

　　（十三）薛明偉來自台東縣成功鎮，出生於一九八一年，高職畢業，從事快遞工作，住在高雄市鹽埕區。他的故事來源是伯母，而且是小時候在高雄聽的。是一個童年在高雄都會區聽講傳統故事的少見例子。

　　（十四）三位女性講述者中，胡民義的妻子約四十幾歲，也是只在高雄停留幾天。和丈夫及郭信雄都是在中山大學的豐年祭會場接受訪問的，一行人圍坐一桌，搭棚外廣場上時時有新的表演節目，胡太太殷勤招呼筆者嘗試從家鄉帶來的貝類，那是他們才從海邊撿拾略作醃製的生鮮海產，是道地的阿美族飲食，和會場準備的傳統食物比起來，這些原汁鮮味別有濃濃的鄉情。她講的故事是小時候聽父親說的，而父親也是聽祖母說的。

　　（十五）林春花爲一九五二年出生，來自花蓮縣光復鄉太巴塱，受訪時正在待業中。她與丈夫、孩子一起遷居高雄，已奮鬥多年，如今孩子到外地唸書，丈夫被水泥公司派在印尼工作，一個人守著買來的房子，獨自面對空巢期。不過林女士定居的左營區，住所不遠處就有同鄉，與平地鄰居也相當熟稔。

　　林女士對於兒時聽故事的情境記憶深刻：「通常是晚上吃飽飯，在屋外庭院舖一張草席，躺著看星星，然後爸爸就用母語講故事。從幼稚園開始，就一直講那桃太郎的故事。」儘管如此，林女士現在已經不能把當年所聽到的故事完整地說出來了。她在高雄不曾爲自己的孩子說故事。

　　（十六）張美惠出生於一九四五年左右，大學畢業後教過一陣子書，還

出國留學過，如今在高雄擔任高中教職，並為電台主持原住民的節目，也曾在高雄創辦社團。對於自己的活躍，張女士自認與當年曾獲選阿美公主頭銜的經歷有關。

此外，張女士的家境也較特殊，父親受過日本教育，光復後唸師專，當了校長。因為外祖父是警察，母親也受過日本教育，是名醫生，一天到晚忙看診。從小都是父親為孩子講故事，提供故事書，內容不是華盛頓砍櫻桃或者林肯、羅斯福當總統之類，就是聖經的故事。話雖如此，這位父親仍然為子女說過一個號稱是自己親身經歷，與傳統信仰有關的「巫師的故事」。在生活常規方面也嚴格要求，屋內外的灑掃都有分配負責，九點一定睡覺，九點半還沒睡就開罵，深受日式教育的影響。不過其父並不喜歡日本人，因為他在那個社會被欺壓。他對子女的教育極為重視，甚至賣掉土地，供孩子深造。

張女士小時候從不跟原住民接觸，一方面是父親不鼓勵，二方面是家庭教育相差太大，令張女士不習慣某些滿口粗話和父母不管、孩子不唸書的生活形態。一直到大學才和原住民同學有往來，不過其母語仍是非常流利。對於自己的小孩，張女士並不灌輸她們當英雄、開拓者，只要平平凡凡，能夠溫飽就好。

張女士與原住民的大量接觸是因為在高雄主持原住民節目，舉凡政治、社會、經濟、傳統文化、禮俗等等，只要跟原住民有關都是她關切的議題，使用的語言以國語為主，間或出現阿美族母語，其他各族的語言則只及於問候語。

由於成長背景的關係，張女士雖然與原住民的接觸遍及各族，也幾乎跑遍全島，但是她對於含藏傳統信念的各族起源神話，是以邏輯推論的角度感到質疑的，對於以借喻手法表現的故事則認為那些構思讓人無法想像，而最有興趣的則是種種的笑話。她認為原住民利用多種語言諧音而成的笑話最好笑。

二、排灣族

在高雄都會區受訪的排灣族男性講述者有七位，即陳學進、柯經國、陳慕義、劉基財、陳進光、涂憲平和韋安龍，女性講述者則有九位：陳歸名、曹阿賢、廖金娟、吳呂月嬌、許惠萍、許惠珠、蘇海玲、徐世蘭以及陸曉臻。

（一）陳學進是一位牧師，來自瑪家鄉三和村，畢業於神學院。二〇

一年二月受訪時年六十一歲，講述的故事是小時候在老瑪家聽祖父母說的，當時還是日據時代。陳牧師講述故事時，偶而會流露出其信仰背景，譬如對「孤女的故事」中，那隻幫助主人翁的鳥兒的來歷，便解釋為：「它是上帝派到她身邊去的，會幫她做好一切。」

（二）柯經國在二〇〇一年二月受訪時四十五歲，住在高雄市楠梓區，是一名公務員，高中畢業，來自屏東三地門。他是在三地門講述故事的。因為母親仍住在家鄉，因此經常高雄、屏東兩地往來。故事是在小學二、三年級，在家裡聽老人家說的。柯經國雖然仍記得母語，且為母親充任翻譯，但是自己講述故事的時候則採用國語發音。

（三）陳慕義出生於一九六五年，來自屏東來義鄉望嘉村，專科畢業，是名警察，也是頭目家族的一員。所說的故事都是八歲到十二歲之間，在家鄉聽祖父母說的。不過他的母親顯然也會說故事，因為他曾為確定部分故事內容，打電話回家問母親。

（四）劉基財出生於一九六九年，來自恆春縣牡丹鄉，高工是在高雄縣讀的，現在高雄市任職建築工地監工。與妻女一起，在高雄賃屋而居。談起出外謀生，他表示原住民出門在外多少會被欺負，自己在頭一、兩年還會喝酒逃避壓力，尤其離家在外，沒有尊長從旁監督，更是便於一醉解千愁。後來職場上一位平地籍經理以過來人的經驗開導他，介紹他閱讀老子、卡內基和禪修之類的書籍，而排灣族長扶幼的責任感也是使他振作的動力，他說：「因為我是老大，總是要承擔。父母不在的話，如何照顧弟弟妹妹。」

劉基財的父親早年便與平地人來往頻繁，閩南語非常流利，曾經是位大老闆，家境富裕，但起落很大，根據他的敘述：「我看到我家從零到一百，又從一百到零。」而家道中落是其國小五、六年級時的事。不過劉父仍然鼓勵子女向外發展，到平地人的社會去闖一闖。

劉基財認為原住民在都市裡最需要的是法律方面的資訊，好保護自己。而一些平地人以聲勢威嚇來處理糾紛的情境，常讓外來的原住民心生退縮，甚至造成心情鬱結。因為這和在原鄉所熟悉的以商量、協調來處理糾紛的經驗是相去甚遠的。

劉基財講述的大多是笑話，即使是故事，內容也是誤會造成的玩笑。除了原住民與平地人互動時發生的趣事，還利用國語和閩南語的諧音來製造笑料。當然，其在講述時也是國台語雙聲帶發音。這些故事的來源有的是在都

市聽到的，有的則是從原鄉流傳出來的。劉基財在高雄常爲家人說笑話，藉以緩解自己嚴肅的表情，並帶動家庭氣氛。他還養成平地人泡老人茶、養壺的習慣，自稱是家鄉村子裡唯一懂泡茶的。

（五）陳進光出生於一九七四年，來自屏東縣三地門鄉大社村，高中畢業，受訪時是名軍人，出身於頭目家族。他講的故事都是小時候在大社聽父親說的。

（六）涂憲平也出生於一九七四年，母親是屏東縣佳義村的排灣族，父親則是山東曲阜人，涂先生隨母姓，國中之前都在佳義村生活，因此其排灣語流利。國中到高雄就讀，現爲貨運司機。住在高雄市苓雅區，是基督徒。

他自稱喜歡當原住民，但從未聽過故事，不過聽到的笑話不少。涂憲平的閩南語也非常流利，他講國語與閩南語諧音趣味的笑話，便是國台語雙聲發音。笑話中的角色全是原住民，取材則涵蓋當代原住民在原鄉和都市的日常生活。而這些笑話都是平日與一些原住民年輕人相處時閒聊打趣之所得。

（七）韋安龍受訪時還是專科學生，出生於一九七九年，來自屏東三地門鄉，現住高雄市，他說的笑話，是在受訪前一個星期，在高雄自家庭院聽朋友說的。

（八）陳歸名出生於一九二二年，受過四年日本教育，會說日語。出生地是屏東縣三地門鄉德文村，十八歲左右便嫁到萬山，是個嫁到魯凱族的排灣族媳婦。剛到萬山時，完全不會當地的語言，只能以日語和別人交談，如今滿口流利的魯凱語。她和吳嬌老太太合說了不少魯凱族故事。

根據其子，也就是另一講述人戴百年的說法，陳老太太曾經跟著丈夫賣酒，常有村子裡的老人家來喝酒、說故事，可見得其在成年之後，仍然有繼續聽故事的機會。同時也曾爲年幼的子女在睡前說故事，到現在成年的兒子還記得其中的一個故事。

陳老太太的語言能力不弱，在訪談將近尾聲時，還用國語回答，想來她是略通國語的。她是另一講述人吳水華的婆婆，下山來跟子女聚聚。當大家談起自己小時候聽故事的景況時，陳老太太也表示自己雖然在國小時期就失去父母，但是當年德文村裡有許多男男女女的老人家會說故事，而且白天、晚上都有人說，不過由於聽講的時間不固定，往往只知片段，而不完整。如今時日已久，記得的就更少了。不過她仍然獨自用萬山話說了兩個故事。講這兩故事時，在座的魯凱族吳嬌老太太沒有發言，或許這是陳老太太記憶中

的排灣族故事吧。

（九）曹阿賢來自恆春縣牡丹鄉大梅村，是一位巫婆，出生於一九三二年，受過三年的日本教育，不識漢字，但台語流利，講說故事以台語為主，也會說一點國語。故事是小時候母親為她說的。

曹婆婆定居在大梅，來到高雄是為了到同村的劉基財的高雄住所施法祈福，儀式的全程都以母語發音，而且不僅在房間內外各處巡行，也為其機車、汽車施以福佑。

（十）廖金娟出生於一九三九年，來自屏東三地門鄉，曾就讀神學院。於一九五八年嫁到高雄，時年十八、九歲，而後便一直住在高雄市。丈夫是一名外省籍軍人，但不幸早逝，她是憑著四處做工撫育三個兒子成人的。

廖女士在高雄市住的是眷村，而村子裡也有幾名同是嫁到平地但來自不同村莊的排灣女子，她們在異鄉結識，經常聚在一起聊天，用母語講起彼此所知道的故事。廖女士說，那些故事「有的一樣，有的不一樣。也有同一個故事，變成不一樣意思的。」這樣的相處一直維持到受訪前的四、五年，如今這些同輩的朋友們已經很少見面了，有人是為了工作，有人則早已亡故。至於在家鄉時期的故事來源，有十一歲左右聽舅舅、舅媽或其他老人家說的，也有十五、六歲時聽當時是立法委員的表哥說的，那表哥受的是日本教育，但認得中文，他是看了書然後用母語說給大家聽的。

因此廖女士在十八、九歲之前在家鄉聽故事，之後是在高雄的眷村聽、講故事。在家鄉時期聽故事的情景，和在高雄市的光景自是不同。山上在一九五九年左右才有電，故事都是晚上睡覺前聽的。因為山上有個說法，白天不能說故事，要不然天上的神會丟下一塊大石頭來壓人房子。由於自幼雙親亡故，姊姊又有很多孩子需要幫忙，縱然山上有學校，當時卻沒有唸書。她在十五歲時信教，那位當立委的表哥也在同一個教會，廖女士現在能讀能寫，應該跟教會、神學院有關。

定居高雄之後，雖然也時常回家鄉，但是已經不再有機會聽故事了。在高雄時，並沒有為幼年的長子、次子說故事，倒是曾為受訪時已三十歲的么兒說過故事，這實在是因為早幾年忙於生活抽不出空來。如果連家裡的小孩都沒有閒暇可說，朋友之間的傳述也不可能頻繁，而對照其自述是在三十多歲聽朋友說「吃蛇的女孩」，假定那三十多歲為三十五歲，其在高雄說講故事的活動應在一九七四年左右開始較為活躍，當時么兒約在六歲左右。

　　而今，長子已結婚生子，定居台北，過年、清明時節都會回到高雄，有時是廖女士北上探視兒子，而六歲和三歲大的小孫子都聽過奶奶講故事。那是晚上祖孫睡在一起時說的，六歲的孫女還會主動要求聽故事。至於講述時所使用的語言，當年跟么兒說的有國語、有母語，因為孩子懂母語，如今對孫兒說則是國語為主，其間也會夾雜一些母語，小孩兒也聽得津津有味不需要翻譯，尤其是狀聲的部分，連三歲娃兒都一起笑哈哈。

　　其實廖女士在兒子長大後有為他們說過故事，只不過她意在教育孩子，因此還懷疑那不算故事，而那一則勉勵孩子要勤勞的故事也是廖女士小時候聽到的。

　　綜合上述可知，廖女士聽、講故事的時期相當漫長，而隨著聽、講時期人生角色的轉換以及生活環境的不同，而有如下的變化：

　　1、聽故事的歷史，有不識字與識字兩個時期，涵蓋了其童年、成年和壯年三個人生階段。

　　2、所聽故事來源有熟悉傳統的原鄉老人家，引介外界知見的兄長以及來自不同村落的同族女友。

　　3、聽故事的場所包括原鄉的家庭、教會和都市中的鄰里之間。

　　4、講述故事的對象有三代，包括朋友、兒子和孫子。

　　5、傳述故事時經歷的語言有早年的純母語，三十多歲時的國語、母語雙聲帶，到如今則以國語為主，間或穿插母語。

　　（十一）吳呂月嬌出生於一九四二年，是屏東縣筏灣村頭目家族的一員，國小時遷到位在平地的三和村，畢業後在南投埔里讀神學院。神學院畢業後幾個月，便在二十二歲時嫁給外省軍人。這樁婚事是父母同意的，因為他們希望么女可以不必像傳統的排灣族婦女般辛勤操持農務。不過軍人薪餉有限，吳呂女士乃兼營縫紉、美髮、理髮辛勤持家，夫妻齊心掙得目前的自購住宅，並且栽培三名子女受到高等教育。與配偶的相處，似乎種族文化的衝突不大，倒是在結婚之初，對方訝於其教會活動的頻繁而有些不適應。在子女的栽培上，她認為兒女都一樣的觀點和丈夫偏重兒子的想法，頗能反映兩人文化背景的差異，不過還是經過溝通，各有妥協而皆大歡喜。

　　吳呂女士的故事來源多半是住在筏灣時期聽母親說的，都是在晚上睡覺前說的，不過當時並不注意聽，所以現在還記得的不多。子女都不會說母語，因此吳呂女士和他們用國語交談，就連說原住民故事時也不例外。

（十二）（十三）許惠萍與許惠珠是姊妹，受訪時許惠萍已從專科畢業在當會計，許惠珠還是專科在校生，她們分別出生於一九七七年、一九八二年，來自屏東縣泰武鄉武潭村。說的故事都是小時候在部落聽到的，不過講故事的人卻不一樣。妹妹的故事來源有在蘭嶼教過書的平地籍老師，姊姊的故事來源是朋友的長輩，她們也聽過同輩的親戚說故事。

（十四）蘇海玲出生於一九七○年，來自台東大武鄉大鳥村，受訪時是專校在學學生。故事來源都是台東家鄉，且講述人不只一人，有國小老師，也有同輩友人。

（十五）徐世蘭出生於一九八五年，來自屏東縣春日鄉力里村，受訪時是五專的學生。她的故事是結伴旅遊時，在屏東縣南和村聽當地排灣族老人家說的，聽故事的地點就是故事的背景。

（十六）陸曉臻受訪時年僅十五，是國中生，來自屏東瑪家鄉佳義村，所說的故事是國小時在屏東聽老師說的。

三、魯凱族

魯凱族的受訪者，男性講述人有十位，他們是廖應仁、巴春松、戴百年、宋阿福、王明德、江秋山、麥文章、杜勇明、杜羽翔和吳福祥，女性講述人有十五位：吳嬌、廖友蘭、謝英妹、林雪櫻、冬美花、蔡阿娥、吳水華、王娜良、曾月玉、柯淑夏、張惠妹、李麗珍、杜櫻珠、關惠蘭和江美玲。

（一）廖應仁出生於一九四四年，屏東縣舊好茶部落頭目家族成員，日據時期年紀還小，沒有念書，光復後在舊好茶讀完國小。當兵後，二十幾歲時，隨著舊好茶的遷村移居到現在的新好茶。從一九八一年開始，在高雄市當清潔隊員，與妻子兒女一起在高雄市賃屋而居。目前子女都在高雄工作，長子已經結婚，但都沒有買屋的打算。近二十年來，廖先生仍然一個月返鄉一次，同時也打算退休後回去定居，都市只是他工作養家的地方，無法取代原鄉。

廖應仁的母親高齡八十多，不願離開老家，仍然住在好茶村。廖老太太是嫁到魯凱族的排灣族，在其老部落也是頭目家族，因此她的婚姻是門當戶對，廖先生的妻子是魯凱族阿禮村的頭目家族，也是一門頭目對頭目的聯姻。廖應仁表示，廖老太太本來兼通排灣、魯凱兩種語言，不過後來魯凱語愈說愈流利，排灣語和排灣事都忘得差不多了。老太太現在還能記得許多故

事，但都是魯凱之事，而且用魯凱語說的。

在廖應仁的記憶裡，舊好茶時期有許多老人家會說故事，白天、晚上都有人說，那些人沒有工作，就是聚在一起喝喝、聊聊，排解村裡的事情，也說說故事，因此孩子們聽故事的機會很多，甚至結伴到別人家裡聽老人家說故事。在自己家裡也在睡前聽母親說故事。講述的方式，還是音調起伏的吟哦。

通常講故事時所用的語言較古奧，一般家常對話用不到，生活在都市的年輕人聽不懂，因此雖然廖家子女都能說母語，但是廖應仁幾乎不曾講故事給孩子聽。而且，儘管在生活上還堅持一些魯凱原味，如小孫子的搖籃一定用山上編的，但是其他關於魯凱傳承歷史之事，都抱持著子女不問他不主動講說的態度。然而對於子女沒有提問又是心中鬱鬱然的，畢竟在魯凱族的頭目家族對子女的教養中，傳述家族歷史、乃至頭目威權是必要的課題。或許他也在為難以在一個與原鄉有隔的環境之中，繼續那傳統而感傷吧。此外，或許是頭目家庭與基督徒的背景，廖應仁一直強調那些人變鳥、穿山甲和猴子戲耍的故事，難登大雅之堂，且不宜作為採訪原住民文化的內容。不過一旦開啟這部份的記憶，廖先生的神情仍然是非常愉快的。

（二）巴春松出生於一九五一年，來自屏東縣霧台鄉霧台村，國小畢業，是名工人。他的故事全是以前在霧台村聽長輩說的，巴春松的國語不太流利，講述時是國語和母語混著說，由其妻從旁翻譯、解說。

（三）戴百年出生於一九五三年，來自高雄縣茂林鄉萬山村，在舊萬山出生，三歲才遷到萬山現址，但對舊萬山還有印象。服務的公司在仁武，因為看中鳳山市在高雄、屏東之間，便於往來通勤，加上有表姊妹為鄰，因此在鳳山的眷村租屋而居。等孩子長大便搬回山上，畢竟山上近年交通也便利許多了，只要經濟問題不大，還是住在自己的家鄉比較習慣。

戴百年對於小時候村子裡很多小孩愛聽故事的情形還有印象，不過自己從來就對此興趣不大，沒有去湊那熱鬧。在家裡，母親也會在睡前說故事，可是他倒頭就睡，聽不到幾句。其母是三地門鄉德文村的排灣族。

（四）宋阿福出生於一九五三年，來自霧台鄉霧台村，國中畢業。在高雄市擔任清潔隊員的工作。宋阿福是和另一位講述人林雪櫻一起受訪的，除了用國語講了個故事，還為林雪櫻的故事口譯。

（五）王明德出生於一九五六年，在霧台鄉好茶村出生，同鄉霧台村長

大，家在三地門鄉三地門村。從血緣看來，王明德兼具了父親的魯凱族和母親的排灣族，但從傳統的入贅婚姻而言，王明德是排灣族人。不過，由於父親在霧台村是位資深且頗孚眾望的牧師，王明德主要的生活圈都在霧台村，因此對魯凱族的風俗人情比較熟悉，情感上也傾向魯凱族。

　　牧師家庭的背景使王明德對自己的言行有較多的要求與堅持，最明顯的例子是從國中便決心不沾酒之後，期間歷經朋友、親長、軍中袍澤、長官、職場的上司、同事甚至自己的岳丈等種種的情境考驗，直到現在還是沒有打破當初的決定。據他所言，他的端正己身，固然有信仰因素，更重要的是覺得喝酒給原住民帶來的傷害太多也太大了，讓他有深沉的痛心與悲哀。

　　王明德高中畢業從軍中退伍後，便在高雄市一所高職擔任技工，因緣際會地與同是教友的平地女子結識、成婚，並育有一雙兒女。在工作與家庭之外，還熱心投入教會與高雄市的原住民活動。他認為魯凱族對自己文化傳統的維護相當用心，期許自己能在高雄市讓更多的人知道這些成果，進而了解魯凱族文化。在教會方面，除了信仰與靈性的培養之外，他也把母語紀錄的傳統文化開放給魯凱族的神職人員，希望透過教會的網絡讓魯凱傳統在現代環境裡能夠持續傳遞。

　　關於口傳故事，王明德承認高中以前因為生活環境就在原鄉，而且一心在學校課業上，反而不太在意那些傳統活動，加上父親工作極為忙碌，母親也被家務羈絆，家裡沒有睡前聽說故事的習慣。不過家族中的老人家還是會說一些，有時候在大人閒聊時，也會聽到一些。高中以後，教會舉辦母語說故事比賽，那時開始有心想了解傳統文化，也曾用心聽故事。不過傳統故事所用的詞彙或表達方式與今日生活環境已有距離，年輕人的浸淫不夠，即使會說母語，有時還是不甚了了。

　　王明德所知道的故事，有來源為母語說故事比賽的場合者，有國小一、二年級時聽叔公所說的以及小時候在大人聚會時聽來的。他現在仍然在教會舉辦說故事比賽時聽故事，基於過去老人家說故事不見得會直接說出故事的涵義，而讓聽者自己體會，但現代年輕人卻不見得明白的落差，因此現為主辦單位一員的王明德特別要求參賽者點明故事的訓示與意義，好留下老人家的訓言。這種說故事的定規，反映出當前原住民中生代對於保存傳統文化的用心，而其對於往後故事的流傳也將有所影響。

　　至於在家庭裡的說故事活動，因為定居在高雄市的一家四口只有自己懂

得母語，既無法用母語說故事給孩子聽，說國語又覺得少了神韻，因此王明
德並沒有為自己的孩子說故事。

　　據王明德所說，其實不只在都市裡的孩子，即使在其原鄉霧台村，小朋
友也都說國語，因為他們普遍接觸的電視、幼稚園都是國語發音。甚至有些
老人家為了跟小孫子溝通，也勤於說國語。如果有心讓孩子跟著老人家學母
語，還得刻意避開電視、幼稚園才成。

　　（六）江秋山出生於一九五七年，來自高雄縣茂林鄉萬山村，警察學校
畢業，現在高雄市當警察。據江先生敘述，其童年時聽故事的經驗非常豐富、
愉快，不但村子裡有位老奶奶很會說故事，還有一群愛聽故事的同伴，經常
一塊央求或苦等老奶奶講故事。江秋山還生動的描述當年聽故事的光景：

> 以前老人家講恐怖的故事，山上的同學都不敢睡覺。大家最不敢坐
> 在老奶奶旁邊，因為最可怕啊！有時候通宵講，一直到天亮呢！

不僅如此，連說故事時的一些習俗，也還記得清清楚楚：

> 那老奶奶講完了還會說：「拉碼拉碼八哩」，意思是小孩子不要怕，
> 不要忌諱，講完了就算了，不要記在心裡。還要「鋪！鋪！鋪！」
> 地連三聲，然後吐一口口水，表示剛才講的根本沒有這麼一回事。
> （其妻張惠妹在一旁補充說明：怕會嚇到小孩子啊！）

不過在故事內容的記憶上，便不太有把握，直說要回去問老人家。可見得到
現在山上還有會說故事的老人家。江秋山說故事有引徵事實的習慣，譬如說
「射太陽」前，會先提到幾年前的一首流行歌曲「九個太陽」，然後說道從前
天上有九個太陽，讓人留下這九個太陽的細節是否已經受到平地生活環境影
響的推測空間。提到登山射日，也拿登陸月球做比較，表示如果現在去射日
就可以「搭太空船去」。講述「懶惰的白頭翁」時，還把白頭翁跟故事中出現
的其他鳥類的習性，包括築巢之大小、公鳥母鳥棲息的習慣，全部加以敘述、
比較，充分顯示其對山中鳥類生態的熟悉程度，當然也證明了白頭翁的確很
懶惰。

　　江秋山說完「射太陽」時還強調「這是個真實的故事」，但是在講述的內
容裡，並沒有點出具體可徵的人物或地點，使足以呼應「真實的故事」之說。
不過其對故事中的英雄人物——兩兄弟，曾提到：「不知道是哪一家的」。或
許當年老奶奶是以某家族子弟的射日事蹟為內容，而江秋山的記憶有所遺
漏，使這故事從分類角度的人物傳說變成神話了。

　　江秋山一家都住在高雄市，不過從其還要回家問老人家的反應看來，他在家說故事給孩子的機率不大。而且在受訪的前一晚，才因為提起採訪故事一事而以母語講述射日神話給妻子張惠妹聽，儼然一幅勾起歷歷往事的光景。想來，成年之後的他在都市裡講述故事的機會是不多的。

　　（七）麥文章出生於一九六四年，來自台東縣卑南鄉大南村，高中畢業，現為高雄市消防隊員。他表示自己很早就離開家鄉，知道的故事不多。不過還是說了個二、三十年前，在部落裡聽族人說起的故事。

　　（八）吳福祥出生於一九六四年，來自高雄縣茂林鄉萬山村，他是另一講述人吳水華的弟弟，而吳水華和江秋山在國小時期是一起聽村裡老奶奶說故事的同學。不過在晚他們五、六歲的吳福祥口中，聽講故事的情景已經不同於當年。仍然是一批小朋友聚在同學家聽故事，這回說故事的是吳福祥的祖父。聽講故事的場景有時候是晚上睡覺前的臥榻，有時候是田裡。他講的故事就是國小五年級時聽祖父說的。

　　（九）杜勇明出生於一九六九年，來自屏東縣霧台鄉霧台村，大學畢業，現為神職人員。服務的教堂就在高雄市，他是在教堂的辦公室接受採訪的。講的故事是小時候在家鄉聽父母說的。

　　（十）杜羽翔出生於一九八二年，來自屏東縣霧台鄉霧台村，受訪時是高職在學學生。父親是魯凱族，母親是布農族。從國中便在高雄市就學，講述的故事來源有二：一是小時候在霧台村聽奶奶說的，二是在國中時聽一位邵族朋友說起。

　　（十一）吳嬌約生於一九一九年，來自高雄縣茂林鄉萬山村，是另一講述人張惠妹的婆婆，受訪時已經八十多歲。她被晚輩接來鳳山租屋處聚一聚，像這樣萬山、鳳山兩地走動已經不只一次了。

　　吳老太太只會說母語，講述時由晚輩在一旁翻譯。原先對講述故事的態度相當保守，只願在晚輩講述時加以補充。不過，後來還是和年齡相仿的陳歸名，合說了不少故事。

　　聽到在場年輕一輩說起以前聽故事的情景，吳老太太也講說自己在相當於國小的年紀時，聽老人家說故事的情形：

> 以前沒有草蓆，就把打獵來的獸皮鋪在地上，讓孩子們圍著聽老人家講故事。

顯然，萬山村這種講述故事的活動形態，是由來已久的。

　　（十二）廖友蘭出生於一九四七年，國小畢業，娘家是屏東霧台鄉阿禮村的頭目家族，二十三歲嫁到好茶，是廖應仁的妻子，夫妻倆在一九八〇年帶著孩子一起到高雄工作、居住。廖女士平時照顧家庭，星期天就到前鎮區一個原住民教會做禮拜，與外界的接觸不多，廖應仁便以此判斷其國語不好。其實，廖女士的國語說的簡單明白，一般生活用語都能運用自如。廖家在家都用魯凱語，因此即使四歲就來高雄的么女也能說母語，不過說到故事中的名詞時，還是需要父母解說一下。

　　廖女士的故事都是小時候聽母親說的睡前故事。但對於巴嫩的傳說，卻認做是發生在自己家族的真實事情，這故事來源的母親也是聽祖父說的，可見其被傳述的歷史不短。從其頭目家庭傳述家族歷史的傳統看來，巴嫩的傳說在某個家族裡，可能被視為歷史的一部份。

　　（十三）謝英妹出生於一九四九年，來自台東縣卑南鄉大南村，國小四年級肄業，天主教徒，十七歲結婚。夫妻離開大南，先後在中壢、桃園待過。約在一九八九年時到高雄，丈夫曾在林班、工廠等處工作，謝女士也做過建築板模，女兒結婚後才留在家裡幫忙，為山地成衣繡花。

　　謝女士的故事都是聽母親說的。小時候是在睡覺時說。十來歲時，因為生病中斷課業，失學在家時，母親還在故事中穿插日本歌曲，用母語講解日文的意思，教其讀寫日文。謝女士的母親是大南村的人，信仰天主教，有一半的頭目血統，讀過日本書，在日據時代是名護士。想必是不希望自己的女兒失學，便在家裡自力教學，而教的正是自己當年所學的日文。不過，謝女士講述時說的是國語。

　　（十四）蔡阿娥出生於一九五三年，來自茂林鄉萬山村，國小五年級肄業。由於祖母已老，母親改嫁，因此終止學業，十三歲起便跟著姑姑種地瓜，得空也下山打零工，直到二十歲結婚以後，還斷斷續續的往來於山地與平地，工作與家庭。已育有五名子女，受訪時正身懷六甲。丈夫是屏東縣三地門鄉大社村的排灣族。

　　蔡女士聽到故事的形態不少，除了小時候在睡覺時聽祖母說起，玩耍時掘土之類的舉動引起祖母告誡時，也會聽到一小段故事；長大一點，在山上朋友之間的戲耍，也會根據各人所知道的傳說編排些消遣的話；在外地則聽說一些其他族群的奇談異聞，不過多為片段。

　　所講故事多半是和在場的其他人一起說，即使是大半由她講述的故事，

也是開頭的人臨時離開她才接續的，直到結尾又由歸座的起頭者結束，而蔡女士單獨講述的部分，便有穿插其他故事情節的情形。蔡女士表示，自己只跟孩子講過壞孩子被背走的恐怖故事。想來平時並不常講述完整的故事。

（十五）王娜良出生於一九五三年，來自霧台鄉霧台村，國小畢業，現爲清潔隊員。她曾接受兩組採訪人員的訪談，第一次是擔任其夫之口譯，第二次是講述人。她講述的故事有充當口譯時聽到的，也有小時候聽父母說的。

（十六）林雪櫻出生於一九五四年，來自霧台鄉霧台村，國小畢業，目前是清潔隊員。她用母語說故事。

（十七）吳水華出生於一九五九年，來自茂林鄉萬山村，國小畢業，在中船公司洗刷船身。自稱在國小階段有一群出生於一九五五到一九五九年的玩伴，山上學童不多，學校把他們併爲一班，經常一塊行動，尤其喜歡聽村裡某位老奶奶聽故事，只要一得空便往老奶奶家鑽，多半在放學後吃過飯快睡覺時聽故事，而且大家都搶著在老奶奶身邊，「常常爲了搶位子吵架」。如果故事太恐怖，大家害怕，不敢回去，老奶奶還會準備草蓆讓大家排排睡。至於自家小孫子就更不用說了，天天都跟著奶奶睡，跟著聽。吳女士小時候也聽過自家奶奶說故事，只不過老人家早逝，於是跟著其他孩子在村子裡聽故事。

談起這些往事，吳水華和在場的同伴都很興奮，還有人模仿老奶奶含著長長的煙管說話的口氣。由於太愛聽故事，有時候老人家說得睡著了，孩子們還把她搖醒，老人家有點氣喘，他們也等在那裡，等到老人家的氣平順下來就繼續聽。有時候連中午回家吃飯的空檔，也趕著去聽。逢到假日更是不放過，都趕到老奶奶家去央求，老人家跟大家商量讓她睡一會再說，孩子們居然就在門口玩耍等候，只要有動靜立刻中斷遊戲。老奶奶也有對策，有時候講著講著，就說：「回去，明天再講哪。」第二天如果沒有去聽，還眞會錯過一些情節內容。

吳女士當年可說是聽得最勤的幾個之一，她發現老奶奶不但很會說故事，也很會編故事或者重組一些說法。而編的故事往往就地取材，小朋友聽著聽著才發現自己被編進故事裡了，至於重組故事，吳女士也自有解說，認爲老奶奶要說那麼多的故事，原來的故事怎麼夠？當然要重組一下，才有得說啊。

在場的另一講述人張惠妹，她是吳水華當年聽故事的死黨之一江秋山的

妻子，她聽了江秋山的描述跟筆者說明，那個時候山上沒有電，更別說電視這些娛樂，所以孩子們很迷聽故事，而且當時幾乎所有的老人家都會說故事，因為他們小時候也都聽過故事，印象還很深刻啊。張惠妹也有點感嘆自己其生也晚，沒趕上那盛況。

　　吳女士表示當年圍著聽故事的孩子，如今已步入中年而且幾乎全都離開家鄉出外謀生了，他們的下一代也紛紛跟著父母到平地求學。留在山上的少數孩子也因為學校、電視的緣故，而不太懂母語，即使有老人家會說故事，也沒有聽眾了。

　　比較母語的今昔，吳女士也頗有感嘆。因為茂林鄉情況特殊，鄰近三個村也就是多納村、萬山村和茂林村的語言並不一樣，但因為對外的往來封閉，即使學校裡要求說國語，還是大量使用母語。而鄰近兩村的語言，也因為彼此聯姻的親戚往來，而有機會學習，能夠溝通。吳女士甚至表示，自己直到國小畢業都還是母語強過國語。如今，年輕人不但在自己的村子說國語，沒機會說母語，到了鄰村也因為不會說人家的話，還是以國語溝通，結果國語的使用率大增，講母語和隔壁兩村語言的機會更少，於是國語都快要成為新生代唯一會說的語言了。

　　至於吳女士自己家裡，就因為孩子不太懂母語，而自己把母語轉換為國語時又常會詞不達意，於是就國語、母語參半地為孩子講故事。有時候工作太累，精神不濟，兩種語言轉換不過來，就乾脆喊停。

　　或許是受到當年老奶奶講述風格的浸染，在部分翻譯的協助下，吳女士講述故事時有因為合講的人、時不同而有為故事銜接不同結尾的情形。事實上，即使與人合講，吳女士都是主要的講述人，因此那些變異也都由她主導。

　　（十八）曾月玉出生於一九五九年，來自茂林鄉萬山村，國中畢業，經營小吃店。說起故事，她表示聽過不少，可惜都忘了，印象最深刻並且講述的故事是當年母親半嚇半哄遏止其哭泣時所說的。

　　曾女士的父親是茂林村人，母親有一點排灣血統，是萬山人。印象中父親都上山打獵、採愛玉、金線蓮，約莫兩個月才回家一次，故事都是媽媽講的。母親用母語講的故事她都聽得懂，偶而提到一些古物，比較深，就不太清楚，不過「大部分老人家講的都比較簡單」。至於她自己，卻不曾為孩子說過故事，因為「太忙了，沒有想到這個。」

　　曾女士的語言經驗很特殊，茂林鄉三個村相鄰，語言卻不同，父親來自

茂林村，可是她除了幾個單字，其他的就是不會說也聽不懂，至於多納村的語言，她也不像許多人那樣會說，不過都聽得懂。反而是排灣和布農的話，她學得快又說得好，後者還是國中時期跟布農族同學學的。前者是小時候跟著嫁到萬山的排灣族大嫂學的，當年這位外族的新嫁娘不會說國語，更不懂萬山村的話，於是比手畫腳的教起年幼的曾女士和妹妹排灣語，兩個小孩就這樣學會了。而曾女士也教大嫂說國語，後來這位大嫂連萬山話也會說了。

族群接觸時的文化交融過程恐怕也像這樣，有許多可能，且沒有什麼一定不變的定律。

（十九）冬美花出生於一九六一年，來自卑南鄉大南村，國中畢業。父親是霧台鄉霧台村人，母親是霧台鄉去露村人，冬女士表示，其母不是頭目，但當年是「去露村最好的女孩，認真又不會犯錯，所以手背上有刺青」。冬女士是家中么女，大她二十來歲的姊姊在霧台出生，她則是遷居台東後，在大南出生的。小時候父母很少說故事，倒是家人閒聊時知道一些。與謝英妹一起受訪，也會說幾句，大多是只有印象記不清楚。

冬女士在二十歲嫁入閩南家庭，所以會說閩南語。她的孩子以說閩南語居多，但也跟著母親說一點魯凱母語。

因為丈夫工作的關係，冬女士在高雄住了十多年，附近有不少來自霧台的魯凱族人，長期相處之下，對於霧台與大南兩地的魯凱族語都能掌握。她說兩地因為口音的差異，有時還會產生誤會，同時大家也會利用這些諧音來開玩笑。

（二十）柯淑夏出生於一九六一年，來自霧台鄉霧台村，高中畢業，在醫院擔任看護，住在高雄市。她的故事都是小時候在家鄉聽母親說的，講述的時候態度認真，務求每一環節清楚明白，只要不確定就鄭重聲明自己不清楚。

（二一）張惠妹出生於一九六二年，國中畢業，曾經在電子廠、木業廠工作，目前是家管。丈夫在高雄市任職警界，一家人住在自購的公寓。購屋時的考量一是接近丈夫的工作地點，第二便是離鳳山不遠。因為她的生活裡如果沒有同鄉作伴，便會心理不適應，而鄰近高雄市的鳳山市有幾戶昔日萬山的親戚朋友住在一起，於是每天只要一得空便過去聊天，而且一待就是半天。因為在山上就是這樣生活，大家聚在一起閒聊好過窩在屋裡看電視。

張女士的母親是茂林村的魯凱族，父親則是外省人，在茂林村開商店，所以她是在茂林出生長大的，說得一口流利的茂林話。嫁到隔壁的萬山村以

後，也學會了萬山的語言，一般生活用語都能掌握，不過聽母語說故事時，有些深奧的詞彙沒聽過就不明白，例如其夫在受訪前一晚對她講起當年聽到的故事，便因為有些萬山話太深而不能完全理解。比較起來，張惠妹在這些受訪者當中國語說得最標準。她談起下一代的母語能力低落，感嘆自己當年沒有刻意學也能說，為什麼現在會差這麼多。不過，她承認自己和丈夫在家說話常用國語，小孩子接觸母語的機會太少。

張惠妹雖然羨慕長她幾歲的萬山朋友們在童年有一段熱烈的聽故事風潮，但是她知道的故事也不少，而且還知道哪些故事是哪個村的。可見得，在萬山聽到故事的機會不少。

張惠妹的小女兒說得一口標準的國語，她雖然不曾聽父母親說故事，但是因為經常跟著母親回茂林外婆家，在茂林村曾聽阿姨說故事，而這位阿姨本身便經常為村裡老人家擔任故事的口譯。此外，小妹妹也在山上圖書館讀過不少原住民故事書，只不過都是以國語為媒介了。

（二二）李麗珍出生於一九六三年，來自茂林鄉萬山村，高中畢業，家管。她在鳳山眷村租屋與吳水華等人為鄰，是張惠妹在高雄可以聊天、慰鄉情的同伴。採訪時，和大家一起講述追憶所知的故事，不過因為平時不常說起，都只記得片段或殘留印象而已。

（二三）杜櫻珠出生於一九六六年，高商、神學院畢業，教會傳道人。杜女士五歲左右便從霧台鄉霧台村隨母親和外省籍的繼父住在高雄。剛讀國小時，還聽不清國語，在學校鬧過不少笑話，不過因為個性大而化之，並不太在意。後來因為在歌唱、運動以及善於捕捉大自然帶來內心感觸的寫作等方面的優異表現，屢次受到讚美與肯定，於是對自己頗有信心，也以原住民的血統為榮：「因為這些都是從祖先而來的特殊資質，我很感恩。」另一方面，由於母親嚴謹的傳統教養方式，讓她不但謹遵母訓，也非常認同魯凱文化的傳統。

不過，杜女士不能接受慶祝豐收的祭拜，認為世上的一切都是上帝所創造的，祭拜太陽、雨水等等行為，根本是「對象錯誤」。至於蛇是祖先的說法，也無法同意：

> 母親從來沒有講過關於蛇是我們祖先、太陽孵化人的故事。她信耶穌基督，根本不會講這個。既然上帝創造人，祖先就是人，講這些就矛盾了嘛，她不會再講這個。蛇是祖先？不可能啦。對那些圖騰

我不排斥，當它是一個藝術品，但是它的意義我不會接受。

可見得杜女士對母親的教誨非常信服，即使是基於宗教信仰而來的主張，也以母親的作法爲依據。

在母親苦心的教導之下，杜女士的文化認同完全傾向魯凱族，外省籍的繼父雖好，在這一方面卻沒有什麼影響力。即使如此，杜女士現在還是主動去上母語課，因爲她自認母語不夠好，還會因爲發音偏差而詞不達意。看來，與原鄉生活隔離的都市環境，還是有些影響。在都市裡，杜女士的母親國語、閩南語都能說，她對自己的女兒說話是國語和母語各半，對孫兒說話、講故事則是國語、閩南語混用，不過如「猴子跟穿山甲」故事中的狀聲之處，則還是原音重現。至於住在阿禮村的公公、婆婆，就只會說母語，來到都市跟自己的孫子說故事，還得兒子居間翻譯。現代原住民小孩聽故事的語言類別，已經不像從前那麼單一了。

杜女士除了應採訪要求而講述的故事之外，也在其對原住民傳道時，以故事爲喻。她的故事來源有在阿禮村婆家聽丈夫和同伴說起，和孩子一起聽婆婆說、丈夫口譯故事，以及流行於鄉人之間的傳聞趣事。

（二四）關惠蘭出生於一九六九年，國中畢業，受訪時在經營檳榔攤，現今在丈夫駕駛的遊覽車當隨車服務員。她來自茂林鄉萬山村，父親是魯凱族，母親是排灣族，嫁到平地後便住在高雄縣大寮鄉婆家，婆婆是卑南族，公公則是原爲職業軍人的外省人。

她在幼稚園以及國小一、二年級的時候聽過母親和姑媽說故事。那時家裡還沒有電視，姑媽是爸爸的堂妹，就住在隔壁，大家常在夏夜戶外一起乘涼，孩子們就躺在姑媽編的草蓆上，望著月亮，聽故事。姑媽的故事很多，只要孩子開口要求她都會講。許多故事甚至只說過一次，因此記憶模糊，只有一個兄弟變成鳥的哀傷故事，曾經重複聽講而還有印象，但是仍然說不齊全。因爲老人家講說時有描述、有過程，非常好聽、也很感人，但是自己說起來，只剩下概要，一下子就說完了。

關女士的排灣族母親，也說過很多故事，她還特別強調媽媽說的是排灣族的故事，可惜都忘了。隱約記得的只有一個談到猴子欺騙同伴的故事，可能是猴子跟穿山甲的故事。

雖然嫁到平地，有些生活習慣反而更原住民化，譬如吃檳榔就是婚後在丈夫的鼓勵之下才開始吃的。其夫表示自己雖然只有一半的原住民血統，也

從父姓，卻比較喜歡當原住民，過原住民的生活。而吃檳榔，就是原住民的生活習慣之一。不過，從關女士對故事的印象模糊看來，她應該還不曾為孩子說故事。

受訪時，她惟一講述完整的笑話，來源正是其排灣族的母親。

（二五）江美玲出生於一九七〇年，來自茂林鄉萬山村，高中畢業，在工廠工作，現在鳳山眷村租屋，與同村族人比鄰而居。江美玲是蔡阿娥的姪女，輩分雖小，但因為出身貴族家庭，又在村子裡長大，從小聽祖母講述，因此知道不少傳統的故事和傳聞習俗。

四、卑南族

卑南族在高雄都會區接受訪談並且講述故事的有男性三位，他們是蔡武雄、劉吉勇和許介文，至於女性講述者則有林玉梅和詹子琳兩位。

（一）蔡武雄出生於一九三九年，來自台東市南王里，也就是傳統的南王村。他自稱是四海一家的人，小時候唸過的學校便有四個小學兩個初中，十六、七歲時，在母親過世後投入軍中當兵，那時是一九五六年。從念軍校、下部隊到退伍，一共當了十二年的職業軍人，退伍後在高雄當貨車司機，如今退休轉任大樓管理員。當兵期間也曾派駐各地，不過大部分都在左營，自認為國語說的還不錯。其實，他早年在軍中曾經刻意模仿外省腔說國語，加上隆鼻長眼的外貌，許多人都誤以為他是外省人。而這也是他的目的，他以此隱藏自己的原住民身份。

蔡武雄接受訪談之初，態度認真地以傳述其家族祖先有關海祭的事蹟為要務。並且屢屢以有無根據作為自己講述與否的標準，不過經過幾次訪談溝通之後，也逐漸願意說起年輕時聽別族老人家所說的故事，甚至更溯及幼年時期住在阿美族村落聽到的故事。原來，他在小時候還能說得一口流利的阿美族語，聽得懂老人家用阿美族語說故事。

不過在文化上，蔡武雄受過完整的卑南族男子各級會所的訓練，講起會所的事情便顯得激動莫名。而卑南族的海祭便是從其家族的家祭開始的，如今雖然定居在高雄，但祭祀時一定回去參與，也希望兒子能夠繼承此傳統。不過，有些傳統也是在他們這一代消逝的，譬如在青年會所裡少年組三年級生須鞭打一年級生，自己當年就被打得很慘，可是輪到他打人時，卻因為對方哭得淒慘，於是大家商議輕輕放過，傳統從此改變。而婚嫁時男子帶著陪

嫁入贅女家的風俗，在其幼年還很盛行，年長時大家也有志一同的改採女方嫁男方娶的方式。因此，蔡武雄說：

> 我這個年齡啊，過去的跟現在的剛好分開，不過我隨著時代改變，
> 以前的有些就慢慢的不要了，不讓子女傳下去。如果他們問，我就
> 說〔註239〕。

他的故事有小時候聽阿美族、卑南族老人家說的，有成年後聽賽德克族、排灣族親戚、日本友人說的以及在高雄職場聽聞的。

（二）劉吉勇出生於一九四一年，來自台東市寶桑里，寶桑里源出南王村，傳統習俗南王村一樣。不過，寶桑里也有一些阿美族的居民。

劉吉勇是家裡兩男三女中的第四個孩子，八歲時喪父，十歲才上學。到了國小四年級，母親也過世，家境艱困，雖然考上初中，有公費，仍然無法支應雜費，而放棄升學，跟著長輩到高雄。約莫是一九六一年左右，開始在潮州做工，那時工作經常拿不到工資，只送幾斤米充數，生活相當凄苦。接著轉到高雄謀職，辛苦多年之後，才回鄉迎娶南王村的妻子，如今在高雄有兒有女也有房子。受訪時還是名貨車司機。

從十九歲到現在，劉吉勇一直住在高雄，不過期間經常回去，每年一定參加家鄉的豐年祭，其目的是希望下一代能夠了解自己的傳統。其實，就血統上來說，劉先生是半個漢人，因為他的父親是河南人，還曾說起家鄉在哪裡，可惜都不記得了。不過，因為出嫁的姑姑多年後遣子來認親，他們也曾經召開過劉氏家族在台的親戚會。姑姑若還在世，也有百餘歲高齡了。而當年年幼的父親和叔叔是跟著祖父來台的，因此他們的移居台灣距今也應該將近百年了。劉太太也提到，劉吉勇有一位大哥，生長在閩南人的聚落，而今不論是外貌、生活習慣或使用的語言，都和閩南人一模一樣。

說起故事，劉吉勇從小就喜歡，只要大人說故事，他就停止哭鬧。加上入學得晚，幫忙家事之餘，在村子裡閒晃聽講，陸陸續續的也聽得不少，不過那時不甚用心，所以模模糊湖的記不得。直到入學之後，大約十二歲起才開始認真聽，而且是積極主動的問老人家。

當年問故事，常常是跟老人家們坐在一起，先閒聊些笑話，當話鋒接近故事時，趕緊提問，就會繼續講下去而聽到故事了。而故事又很長，一次講不完，往往是今天聽了一些，下次遇到時再問起，然後繼續聽。為他講述故

〔註239〕張百蓉採錄，高雄市左營區，一九九七年六月二十八日。

事的老人家以男性居多，劉吉勇對此的解釋是過去女人在家做事，男人出外打獵，經過許多危險，累積許多對應的經驗，形成傳說，就這樣從老前輩一直傳講到現在，是不是事實也不知道〔註240〕。

　　要讓老人家坐下來說講，得有一番工夫。原來，那時候老人家說故事、講傳統，還有個規矩，就是要買酒來。那酒是獻給前人的，以指沾酒向上中下三方各灑一下，表示禮敬：「我要把這些傳給子孫」，如此一來，講述的內容才不會有所疏漏。劉吉勇還記得當時為了聽故事，拿著葫蘆跑到雜貨店提酒，那酒還是整桶裝的，舀一杯要五角，提回來後倒在竹子削成的杯子裡，然後行禮如儀，才開始講故事。

　　不過，劉吉勇講述故事時倒不喝酒，其防止遺漏的方法是把所要說的一系列故事，依序擬題書寫在一本小冊子上。講說時以國語為主、閩南語為輔，間或有些名詞會以卑南語發音，請旁人解說一下。比較起來，其閩南語流利而無腔調，比國語要熟練許多。劉吉勇搬到高雄以來，在外面都不說母語，而從其住處看來，附近也沒有同鄉之人。其閩南語的程度，顯然和其在南部的生活環境有關。不僅如此，幼年時的他還會日語，但是父母並不講日語，那是從生活中聽來、問來、學來的。而這也應該是當時普遍的語言現象，因為他剛上小學時，老師講課便是以半日語半國語跟大家溝通的。不過他也特別說明，自己的日語止於簡單對話，深入一點的動詞變化便不清楚了。

　　對於筆者的採錄訪問，劉吉勇的心態是很高興有機會把普悠瑪的傳統和歷史的故事留存下來，因為他很憂心這一切會在自己這一代消失。他還強調自己的母親是普悠瑪民族，而自己的心也是普悠瑪的心。因此，劉吉勇在文化上的認同是國民政府來台後改稱作卑南族的普悠瑪。

　　對於子女的教養，也傾向認識普悠瑪的傳統，希望孩子們能多參與同鄉在高雄和家鄉的活動，他認為唯有親身參與才能夠了解傳統文化。不過由於工作忙碌，他並沒有時間為子女說故事，當然一方面也覺得孩子們對普悠瑪的興趣不大。

　　（三）許介文出生於一九四四年，來自台東市南王里。父母都是南王村人，自己也在南王村出生成長，高中以前都沒有離開過南王。他畢業後便到台北工作，後來被公司調到高雄，與閩南籍同事相戀結婚，如今在高雄有兒有女又有房子。許介文在他鄉的工作，與平地人甚至日本人都有往來，不過

〔註240〕張百蓉採錄，高雄市左營區，一九九六年五月十九日。

在親友方面除了妻家之外全和自己的族人交往,在文化認同與接觸上,閩南籍的妻子比他還要積極,不但定期回家鄉還主動學習卑南族特有花環的編織、繡花和飲食等等。許介文在平地人的社會之中,常有不知身在何處的失落感,回到家鄉又因爲離開太久,也沒有什麼發言的空間,因爲這樣,他有過早知如此,不如留在家鄉發展的感嘆。不過,說起退休後的打算,夫妻倆雖然都想回鄉安居,但還是希望留下高雄住處讓孩子在都市發展,自己則還是跟現在一樣,往來兩地,探視兒女、朋友。

對於傳統文化的流失他非常憂心,不過擔心的反而是原鄉,因爲家鄉現在的居民其實是漢人居半,卑南族語言和習俗都受到大量的衝擊。尤其是祭典,卑南族的活動往往因爲地方上外族人比較多而顯得冷清,反而是道教的祭拜儀典,因爲許多卑南族人也是信徒而場面越來越盛大。因此,許先生對於回鄉所見原味盡失,有著深沉的悵然。

關於說故事,從小就常聽見、看見村子裡的婦人聚在一起一邊繡花、做活,一邊聊個人所知道的故事,有時候還會因爲聽到的或記憶的不一樣而相互討論或糾正。那種場景是既熱鬧又尋常的。最特別的是,孩子們並沒有坐下來乖乖的聽,反而是在附近玩耍,大人們也沒有要爲孩子講述這些故事的意思。

即使如此,他還是聽過一些故事,只是因爲當時並不經意,如今想起來都不完整,能說出來的都很簡短。他的故事來源有祖母和村裡的男女老人家。

(四)林玉梅受訪時年約四十餘歲,來自台東知本村,小學畢業,丈夫是浙江籍,林女士擅長編舞,曾爲參加高雄市原住民聯合豐年祭的旅高卑南族人排舞、練舞,並且活躍於社團活動,曾經繼前述三位卑南族長老之後擔任卑南族旅高同鄉會的會長,也是高雄縣原住民婦女會的一員。她的出生地知本村與三位男性長老所來自的南王村,分別代表了卑南族石生和竹生兩系統。因此之故,在講述故事時,偶而會有不同意見。

(五)詹子琳也來自知本村,出生於一九八一年,受訪時是技術專校夜間部的學生,白天則在服務業打工。她說的三個故事分屬魯凱、卑南和布農三個族群,有國中時期在台東大南聽朋友叔叔說起的、在台東知本聽朋友說起的以及高中時期在高雄聽同族朋友說起的。

五、鄒　族

在高雄都會區接受採訪並且講述故事的鄒族有一男一女，男性是年輕的學生余明仁，女性則是從國小退休的老師鄭金鳳。

（一）余明仁出生於一九八一年，受訪時在高雄就讀專科學校，來自高雄縣桃源鄉。他聽過的故事都很簡短，是家鄉的老人家說的。

（二）鄭金鳳出生於一九三九年，來自阿里山達邦村，師專畢業，任職國小多年，住在高雄縣大寮鄉，已經退休，但是仍然為鄒族音樂和母語教育而往來高雄和阿里山之間。

鄭女士的丈夫是外省人，早年在阿里山當警察，對於當地的部落和風土人情也很熟悉。後來又在學校擔任行政工作，與鄭女士的生活和工作環境都很親近。

鄭女士說，早年村子裡是有老人家特別會講故事，但自己並沒有聽講的經驗，因為母親不愛說話，又不常回外婆家，接觸老人家的機會不多。而一般家庭在睡前燃火，到了日據時代點食油燈的生活，她也沒有趕上，因為父親一直在機關裡服務，光復後又當警員，生活形態與一般人不一樣，其對子女的管教也比較嚴格，不許孩子去串門子。同時，也由於家庭情況較特殊，鄭女士在一九五二年就到山下念書了，畢業後回鄉任教一年半，便來到高雄。

不過，鄭女士強調自己很愛家鄉，常常回去而且會提問，因此還懂得一些本族的事。對照鄭女士既帶合唱團又教母語，還擔任在家鄉舉辦的母語說故事比賽評審的種種作為，她對家鄉和族人的事務相當投入。

鄭女士的故事來源有二，年少時期聽聞的是來自同學間的口耳相傳和社會傳言，年長時期的聽聞則來自工作環境、社團活動的互動。

六、其　他

在高雄都會區採訪當中，有三位講述者的族群比較少見，他們是自稱噶瑪蘭族的林美華、平埔族的吳天鎰和化名為阿仙——卡道的漢族。

（一）林美華出生於一九五五年，花蓮鄉豐濱鄉人，高中畢業，現在定居高雄市楠梓區，她講的故事是五歲時在故鄉的廣場聽父母說的。

（二）吳天鎰出生於一九四六年，國小畢業，是名工人，現住高雄市鼓山區，他用閩南語說的故事不但以清朝為背景，故事中的人物身分、事件等等，全數是漢人社會的產物。

（三）阿仙──卡道是高雄人，出生於一九七三年，大學畢業，是一名計程車司機。自稱非常喜歡原住民文化，他的故事來源有布農族友人、平埔族同學。

第四章　高雄都會區原住民口傳故事之類型分析

　　前一章係以民間文學的類別為準，分別介紹高雄都會區原住民口傳故事的內容與特質。本章則開始為故事的比較作準備。首先要說明，在民間文學裡，有一種便於民間故事比較研究的阿爾奈・湯普森（Aarne-Thompson）類型分析，簡稱 AT 分類法，這是一種「把故事的內容和結構作分析，把基本內容和主要結構相同而細節卻或異的故事歸集在一起，取同捨異，就成為一個故事類型」〔註1〕的歸類方式。這些足以形成同一類型的故事，都得具有長期傳述的過程，分布的區域也往往分布在不同的文化區，因此，本章在針對民間故事分析之餘，還根據故事的分布情況，分作三節討論。

　　在為台灣原住民民間故事作故事類型的分析時，係以文化為基礎，同類型的故事見於不同文化地區國家的屬於國際性類型，類型故事也見於漢族的，名為與漢族共有的類型，而只見於原住民者就稱之為「台灣原住民特有類型」。

第一節　國際性類型

　　高雄都會區原住民所講述的故事中，隸屬國際類型的九種，其編號及類型名稱分別是：鸚鵡扮城隍（243）、桃太郎（301G）、孩子和吃人的妖怪（327）、虎姑婆（333C）、植物或物品變成的妻子（400D.1）、蛇郎君（433D）、

〔註1〕金榮華：《中國民間故事與故事分類》，（台北・中國口傳文學學會，民國九十二年三月），頁九。

-167-

父親的指示——田裡埋了銀子（910E）、謹守誡言，躲過送死陷阱（910K）、扛著包袱騎馬（1242A）。

一、243　鸚鵡扮城隍

　　AT 分類編號 243，名稱為「鸚鵡扮城隍」之故事類型，故事主要的內容是：

> 鸚鵡劫富濟貧，或向主人報告竊案，因而受到嚴厲處罰或被誣害。它逃脫後躲在廟裡，當嚴罰或誣害它的人來祀神時，它假裝神明說話，令其作出種種自罰行為，然後現身，當眾予以嘲笑〔註2〕。

　　這一型的故事也見於印度〔註3〕和大陸上的福建、廣西壯族、廣東、雲南、浙江〔註4〕。

　　這類型的故事最早可見於《幽明錄》，原文如下：

> 晉司空桓豁在荊，有參軍剪五月五日鸚鵡舌，教令學語，遂無所不名。顧參軍善彈琵琶，鸚鵡每立聽移時，又善能效人語聲。司空大會吏佐，令悉效四坐語，無不絕似。有生齆鼻，語難學，學之不似，因內頭於甕中以效焉，遂與齆者語不異。主典人於鸚鵡前盜物，參軍如廁，鸚鵡伺無人，密白：主典人盜。銜之而未發。後盜牛肉，鸚鵡復白，參軍曰：汝云盜肉，應有驗。鸚鵡曰：以新荷裹，著屏風後。檢之，果獲。痛加治而盜者患之，以熱湯灌殺。參軍為之悲傷累日，遂請殺此人以報其怨。司空言曰：原殺鸚鵡之痛誠合治殺，不可以禽鳥故，極之於法令，止五歲刑也。〔註5〕

故事止於禽鳥因報告竊案而被害致死，因此還沒有發展出後來的報恩、諧仇的情節。

〔註2〕金榮華：《中國民間故事集成類型索引（二）》，（台北·中國口傳文學學會，民國九十一年三月），頁九。

〔註3〕Antti Aarne and Stith Thompson, The Types of the Folktale（Helsinki, Academia Scientiarum Fennica, 1973），p.77.

〔註4〕Nai-Tung Ting,, A Types Index of Chinese Folktales.（Helsinki Academia Scientiarum Fennica, 1978），p42. 鄭建成、商孟可、李京、白丁譯李廣成校：《中國民間故事類型索引》，（北京·中國民間文藝出版社，一九八六年七月），頁四七～四八。艾伯華著，王燕生、周祖生譯：《中國民間故事類型》，（北京·商務印書館，一九九九年二月第一版），頁一七。

〔註5〕《太平御覽　卷九百二十五·羽族部十·鸚鵡》，（台北·台灣商務印書館，民國二十四年十二月初版，民國六十四年四月台三版），頁四二二八。

在高雄都會區平埔族之情節發展仍然維持了與一隻禽鳥對立的人物，兩者的對立也和竊案有關。但禽鳥的偷竊行爲有兩次，嚴懲肇因於第一次的犯行，第二次才是爲報恩而劫富濟貧，原當被懲，因爲師爺求情而豁免。顯然是同一說法的不同樣貌。最後一段的「裝神報復」內容便和故事類型的敘述一樣，不同的是，那對頭人物仍然得償所願，而故事也圓滿結束。這樣的結尾對故事的架構和發展沒有影響。

二、301G　桃太郎

「301G 桃太郎」類型的主要內容是：

（一）主人翁。沒有孩子的老夫婦在河邊拾獲一顆漂來的桃子（T543.3），桃子裡有個男嬰（D981.2），老夫婦收他爲子，命名爲桃太郎。他快速的成長（T615），一下子就長成強壯的青年。（F610；F611.3.2；T550.2）請父母做些飯糰，這些飯糰能產生神奇力量（D1335.1）。帶著飯糰遠征食人妖島（F743.5；H1221）。

（二）特別的動物夥伴。（F601.7）桃太郎遇到狗，它要飯糰（B322），得了一個飯糰便成爲夥伴（B292；B391；B421）。然後是猴子和雉雞，他們吃了飯糰都加入隊伍（B291.1；B441.1；B469.10）。

（三）食人妖島。桃太郎和動物夥伴打敗食人妖，帶回許多財寶（G500；G570；N538.2）〔註6〕。

在高雄都會區原住民講述的故事裡，有三則桃太郎的異說，兩則是阿美族人所說的同名故事，另一則爲魯凱族人講說的「兩個小姐」。三者的基本情節都只有：1、拾桃，2、得子。也就是這些說法都保有此類型的第一節內容，而且是該節的前兩個情節單元。只不過 T543.3「沒有孩子的老夫婦在河邊拾獲一顆漂來的桃子」，D981.2「桃子裡有個男嬰」，在阿美族林春花的講述中已經抹去神奇色彩，只說是有個包起來的東西，打開後裡面有個嬰兒。至於「他被命名爲桃太郎」，則是三個異說的唯一共同之處。在進一步的細節描述中，三者也有一致之處，如：發現漂流物的都是女性；都是發生在河

〔註6〕Hiroko Ikeda, A Types and Motif Index of Japanese Folktale-Literature.（Helsinki, Academia Scientiarum Fennica, 1971），p.71~72.

邊洗衣時；小男孩都很出色。原來表現小男孩如何出色的二、三兩節，在阿美族的兩種說法裡，一說彰顯的是乖巧，另一說敘述的是許多事情不教就會，還知道幫父母的忙。而魯凱族的說法則是概說他和許多動物合力打死大熊。看來，魯凱族的說法所保存的內容比較多，但具體的細節卻已經含糊其辭了。不僅如此，其說法還穿插了兩名女子與一名駕著馬車的年輕獵人邂逅，而後一女失戀變成桑葚，另一女則到河邊洗衣，然後才進入拾桃的標準情節。關於得子，此說的變異是「桃子變成人」。凡此種種，都可見原住民流傳此類型的故事時，最固定的敘述是：一婦女在河邊洗衣拾獲藏在物件之中的男嬰，這孩子被命名為桃太郎。

此外，根據池田弘子的說明，在日本的異說裡，有一段食人妖吃了飯糰入睡時，主人翁駕神奇馬車從食人妖之島拯救公主的描述〔註7〕。那麼，在魯凱族說法中看似雜亂的駕車獵人、兩女一男，或許是有來源的。

因此，阿美族的兩則「桃太郎」以及魯凱族講的「兩個小姐」這三則幻想故事，可確定為故事類型「301G桃太郎」。而此類型流傳的地區有台灣、廣西壯族〔註8〕，以及日本〔註9〕。

三、327 孩子和吃人的妖怪

AT分類編號327，名稱為「孩子和吃人的妖怪」的故事類型，這類型的基本結構可分三段：

(一) 誤入食人魔之家：孩子們被貧窮的雙親遺棄，他們循著事前設下的線索回去。後來鳥兒吃了作為線索的麵包屑或穀物，於是他們誤入食人魔的家。

(二) 換睡處誤殺自己的孩子：吃人魔餵飽他們以後，夜裡磨刀準備殺了他們。他們與吃人魔的孩子交換睡處，或交換帽子，使食人魔誤殺自己的孩子並趁隙逃脫。

(三) 在追殺時反而被孩子用計殺死：孩子們向後推下石頭，壓死在後追趕的吃人魔。

這一型的故事流傳的地區除了台灣，還有大陸的廣東〔註10〕、四川彝族

〔註7〕 同註六，頁七二。
〔註8〕 同註四，頁五一，頁六七。
〔註9〕 同註六，頁七一～七二。
〔註10〕 同註四，頁五八。頁八五～八六。

〔註11〕，國外則有日本〔註12〕、愛爾蘭〔註13〕、印度〔註14〕、芬蘭、瑞典、挪威、Solheim、西班牙、法、法蘭德斯、瓦隆、奧地利、斯洛維尼亞、塞爾維亞·克羅埃西亞、波蘭、法屬安第列斯群島、美國、西印度群島、非洲、印尼等地〔註15〕。

四、333C　虎姑婆

333C「虎姑婆」（The Tiger Grandma）故事類型，日本池田弘子將之訂在333A，內容都分為五節。丁先生的分析如下：

（一）母親和孩子們（a）母親離家時囑咐小孩們（通常是兩個或三個孩子）看家，在她回家以前不要隨便開門（b）母親在路上遇到妖怪，並且被它吃了。

（二）女妖進門（a）女妖通常是狼或老虎，自稱是他們的母親、外祖母或其他親戚，叫孩子們開門（c）有時，小孩問問題，女妖用計欺騙他們。通常都是孩子們並不多疑，就打開了門。或其他的發展：（b）孩子們在去看外婆，路上遇見女妖，假說是外婆，他們就跟著它到它家去（c）孩子們在家感到孤單，尋找或大聲叫喚外婆，女妖扮成外婆來了。

（三）女妖在屋裡。一旦進到屋裡，（a）女妖奇怪的容貌、形狀等被一或兩個大孩子注意到（b）女妖怕亮光（c）坐在有敞口的簍子、罐子或大桶上，它的尾巴常常弄出格拉拉的聲音。它催著孩子們趕快上床睡覺，在床上它吃了（d）一個或更多的孩子，（d1）或是它上了孩子的當吃了自己的小仔兒（或是一條狗）或是（e）她沒有吃小孩。

（四）倖存者懼極而逃。沒有死的孩子（a）聽見格枝格枝咬嚼的聲

〔註11〕金榮華：《中國民間故事集成類型索引（一）》，（台北·中國口傳文學學會，民國八十九年元月），頁二三。

〔註12〕同註六，頁八八。

〔註13〕Seán ó Súilleabháin and Reidar TH. Christiansen, The Types of the Irish Folktale.（Helsinki, Academia Scientiarum Fennica, 1968），p.77.

〔註14〕Stith Thompson and Warren E.Roberts, The Types of Indic Oral Tales.（Helsinki, Academia Scientiarum Fennica, 1991），p.54. Heda Jason, The Types of Indic Oral Tales Supplement.（Helsinki, Academia Scientiarum Fennica, 1988），p.26.。

〔註15〕同註三，頁一一七。

音（b）向假外婆要一點她吃的，卻得到自己同胞被吃剩的部分肢體，通常是手指（c）發現了另一些可怕的事（d）她得到許可離了屋子，但是（e）往往是用繩子一類的東西綁著身體，後來她又解開繩子繞在另外的東西上（f）然後逃到一個高的地方去，例如一棵大樹或院子裡，或鄰居的家裡。

（五）逞罰女妖。當女妖發現受騙，就去尋找，找到了逃跑的孩子。但是這些小孩（a）說服她用繩子綁著自己的身體，然後讓孩子往樹上拉，孩子拉到一半的時候，把它一再地摔到地上（b）扔尖利的或很重的東西打她（c）澆石灰水、鹽水或滾熱的油或水在她身上或嘴裡（d）告訴妖怪說要打雷了，說服它藏到櫃子或箱子裡去。然後鑽了洞往裡澆開水（e）用別的方法傷害它，或殺死它。其他結尾：（f）孩子呼喚別人幫助，他們救了她（g）妖怪找不到或抓不到小孩就算了，或者自己死了〔註16〕。

金師榮華從《中國民間故事集成》所見之四川、浙江、北京、吉林、遼寧的十二則異文中，發現本類型的第五節，還有一種不同的處理：「有時也出現上天幫助孩子的情節」。

對於日本所見的「虎姑婆」類型故事，池田弘子的分析如下：

（一）貪吃的女妖（Q11.3）。女妖遇到一個女人，吃掉她所有的食物，最後還把女人吃了。接著，女妖假扮母親，到女人家去吃小孩。

（二）起疑。小孩要女妖的手從洞口伸進來，然後說母親的手沒那麼粗。女妖用竽葉把手磨軟（K1839.1）。女妖的聲音太沙啞不像媽媽。它便喝油（糖、蜂蜜）改變聲音（F556.1.1；K1832）。孩子相信了它，讓它進屋。

（三）識破。上床後，女妖吃了嬰兒（K2011）。一個小孩聽到咬嚼聲，向它要食物，卻得到嬰兒的手指（G86）。

（四）逃脫。小孩堅持要到屋外，在身上綁了繩子出去。他們解開繩子，爬上高高的樹上（R251）。妖怪問他們怎麼爬上樹，並且按照錯誤指示做（K619.2），而摔死，或看到孩子在水面

〔註16〕同註四，頁六一～六二，頁九十一～九十三。

的倒影（R351）而打算把水喝乾（G522；J1791）。

（五）後續。**瑷**孩子向天神求了一條粗繩爬下樹（F51），女妖做了
　　同樣請求，但得到一條爛掉的繩子（X111.7）。孩子變成星星
　　（A761；R321）。妖怪摔到地上（K963），它的血染紅小米的
　　根（A2793.8.1）**莧**孩子從樹上下來，剖開女妖，救出肚裡的
　　母親〔註17〕。

池田弘子的分段與丁先生略有出入，但是其情節發展的順序是一致的，在結
尾處出現的上天幫助小孩情節，也和《中國民間故事集成》裡的紀錄相同。
而其獨具的變異，如孩子變成星星；妖怪摔到地上；血染小米的根部；孩子
剖開女妖，救出肚裡的母親等情節，仍然以增附於故事尾聲，這種無損於原
來架構的形式來處理。

　　高雄都會區原住民故事中，排灣族講述的「虎姑婆」，其情節發展的順
序是：1、家有變故，2、識破，3、脫逃。故事開頭的「家有變故」與典型
的「虎姑婆」類型不盡相同，雖然也是大人外出，孩子落單的情境，但此處
是大人的外出不歸，導致兩個孩子出門尋親。孩子們遇到女妖，接受其飽餐
招待。因此，女妖偽裝的種種情節自然是無從出現。在「識破」和「脫逃」
兩段，則包括了此類型第三節末的：「女妖催著孩子們上床睡覺，並在床上
吃了一個小孩。」以及第四節的「沒有死的孩子聽見格枝格枝咬嚼的聲音」、
「她得到許可離了屋子」，「用繩子一類的東西綁著她的身體」這一些常見而
固定的情節發展模式。不過，故事在孩子逃脫後便結束了，沒有第五節的「懲
罰女妖」。變化的地方在於：1、女妖沒有丟出手指，2、綁住身體的不是繩
子而是也具有長條性質的揹巾。後者和開始時揹著弟妹出門的情節還頗有呼
應。此異說獨具的情節單元，是「讓大便代為應答以為拖延」。

　　至於阿美族所說的「吃小孩的婦人」，只有簡單的情節：婦人發出咬嚼硬
物的聲響，一個小孩問她在吃什麼，婦人答以生薑，實則在咬人的手指頭。
與「虎姑婆」類型中第四節裡的一小部分相近。

　　可見，排灣族講述的「虎姑婆」以及阿美族講述的殘篇「吃小孩的婦人」，
都是「333C虎姑婆」類型。除了台灣〔註18〕，本類型流傳的地區還有大陸的

〔註17〕同註六，頁九一～九二。
〔註18〕同註四，頁六二～六四，頁四七～四八。艾伯華著，王燕生、周祖生譯：《中
　　　　國民間故事類型》，（北京·商務印書館，一九九九年二月第一版），頁九三～
　　　　九九。

甘肅、廣西壯族、廣東、雲南〔註 19〕、北京、吉林、遼寧、福建〔註 20〕、四川、浙江〔註 21〕，國外的則有日本、韓國〔註 22〕。

五、400D.1　植物或物品變成的妻子

　　金師榮華爲之編號 400D.1，訂名「植物或物品變成的妻子」之故事類型，其內容大要爲：

> 女主角爲植物或某一物品變成的。她是因爲青年勤樸善良而來幫助
> 他（包括暗中爲他作家務事），進而結爲夫婦〔註 23〕。

　　相較於排灣族在高雄市講述的「芋頭變人的故事」，女主角正是由植物或某一物品變成的。其故事的情節發展順序是：1、結緣，2、婚配，3、出走，4、自立。

　　「結緣」、「婚配」兩段敘述的便是植物變成人嫁給青年。不過只說青年很珍愛這植物，而不涉及青年的品行。所以，其變人下嫁的原因，只有回報珍愛之情而沒有助人的意思，因此也沒有暗中爲他作家務事的部分。至於「出走」一段，則和 400D 中因被人說破其是異物變形而受刺激離去的情況類似。可見，「芋頭變人的故事」呈現的模式與 400D 相類，只是其主人翁不是動物變人，而是從植物或物品變化成人，而與 400D.1 更接近。在「自立」段中，主人翁再度變形爲禽鳥，在山林中生活，其曾爲女子的一些心性，造就了這種鳥的鳴叫聲。

　　「芋頭變人的故事」獨具的變異，其性質都不離 400D.1 類型的範圍，如：1、女主角是芋頭變成的。2、說破其爲異物變形的是婆婆，而此話被編成歌詞來爲小孩催眠。3、在故事結尾增附「自立」一段，但其對前面的結構、發展並無影響，也無呼應。

　　準此，「芋頭變人的故事」應屬「400D.1 植物或物品變成的妻子」故事類型。其流傳的地區除了台灣的排灣族，還有大陸的陝西〔註 24〕。

〔註 19〕同註一八。
〔註 20〕同註二，頁一六～一七。
〔註 21〕同註一一，頁二五～二七。
〔註 22〕同註六，頁九二。
〔註 23〕同註二，頁二八。
〔註 24〕同註一一，頁二八。

六、433D　蛇郎君

「433D 蛇郎君」類型故事的結構相當豐富，丁先生將其內容分析為七節：

> 通常丈夫以人形出現，雖然有時他開始出現時是條蛇（有時他也會是花神、狼、或只是個人）。這一類型在多數說法裡實際上是以 425C 及 408（三）開頭部分的綜合、（四）、（五）、（六）、（七）結合而成的。
>
> （一）女孩許配給蛇（a）她是三（很少是兩個）　姊妹中唯一願意和蛇結婚的，因為（a1）她父親在蛇的花園裡偷摘玫瑰（其它花兒）被捉住了，或（a2）蛇抓住她父親叫他答應送個女兒給他。或老人允許把女兒許配給能（b）幫他把所有樹砍倒，或（b1）把掉進深洞的斧頭撿起來，蛇做到了。（c）蛇恢復了原形。其他的開頭：（d）蛇扮成人，給了她家許多錢（e）姊姊結婚並告訴她的丈夫，她美麗的妹妹不想拜訪他們，丈夫施詭計使妹妹到他家去，妻子上了吊（f）丈夫（真人）由於做了件好事，收到一棵白菜，從白菜裡出現了許多姊妹，他和她們中的一個結婚了（g）一個姊妹收容了一個丈夫的窮姊妹。
>
> （二）謀殺女主角。她的姊妹們發現她結婚後生活很美滿，一個忌妒的姊妹引誘她到深井邊。讓她看她們在水中的倒影，就把她推下井去。通常這行動是在（a）忌妒的姊妹已經同她換穿了衣服（b）女主角已經有一個嬰兒之後。冒充她的人回到蛇郎那裡和他同居（c）但先要解釋她為什麼面貌變了等等，或（d）女主角是在其他情形下死的。
>
> （三）女主角變鳥。女主角的靈魂變為一隻鳥，它不斷（a）譏嘲她的姊妹是騙子（b）表示對丈夫親愛（有時飛進他袖子）騙子憤怒了，殺死這隻鳥。以後（c）把鳥煮熟了吃掉（d）但她吃的肉又老又臭，可是丈夫吃起來又嫩又鮮美（e）她把剩餘的鳥屍扔進花園裡。
>
> （四）女主角變植物。由鳥的屍體長出（a）一棵竹子（b）一叢竹子（c）其他的（通常是棗）　樹。那新長的樹又是對丈夫友

好，對騙子不好，因此騙子便砍倒這棵樹製成一（d）小床、床架、小船，等等（e）嬰兒推車（f）其它他東西（有時是門檻），但是（g）不論何時她坐或躺在小床或床上時，不是有刺刺她，就是翻倒了（h）騙子的孩子，一坐到嬰兒車裡，總是很快就死了（i）用這個植物製成的洗衣棒，洗她的衣服，就把衣服洗壞，洗她丈夫的衣服，卻洗得白潔）（i1）其它後果（如絆倒騙子，不爲她工作等等）她生了氣把小床或床扔進火裡，但是（j）一顆火星蹦起來弄瞎了她的眼睛（k）一條紅蛇從火裡出現把她殺死（l）在灰爐中有一個奇怪的錢幣把騙子嚇死（m）在灰爐中有一無法熄滅的炭火，或（n）折斷的竹管或樹枝給了一個乞丐（往往是老婦人），或是由乞丐自己找到了它。

（五）其他化身。隨後女主角變成（a）一個金像（b）枇杷樹（c）蛇（d）牡蠣（烏龜）（e）線球（e1）紡錘（f）剪刀（g）雞（h）饅頭或餃子（i）白菜（j）牡丹（j1）花簇（j2）木梳（j3）魚鉤（k）石頭（m）戒指。

（六）驅除魔惑。女主角靈魂所附的物體被人帶到（a）一個老婦人家，每天她變成人形清理房子，煮飯等等。老婦人隱藏起來，在她沒有能回到附魂的物體之前抓住了她。她要求老婦人請丈夫來（b）丈夫嚐到她煮的食物或看到她的刺繡等等。一下就認出她來。或（a1）在丈夫的家裡，她變成原形（c）她姊妹嘔吐出的鳥肉，變成女主角，指責騙子（d）丈夫在煤炭上倒了一百桶水替她驅魔。或（e）一隻鳥把丈夫帶到井那兒，發現了被害死的屍體。

（七）夫妻團圓。有時重聚前先要經過考驗，看誰的頭髮同丈夫的頭髮結成一團解不開，或看誰能在尖銳的竹釘上，或跳過一大堆雞蛋等等〔註25〕。

池田弘子在其日本民間故事類型索引中編號408A，定名爲「水邊的謀殺」，其故事分析如下：

（一）怪物丈夫。父親把一個女兒許配給陌生人（怪物、蛇），以回

〔註25〕同註四，頁七三～七四，頁一二二～一二四。

報其救難之恩，最小的女兒答應結婚。出嫁時，她沿路灑芥菜籽。

（二）假冒新娘。這婚姻很圓滿。新娘的姊姊循著盛開的芥菜花來訪（R135.0.7），見狀心生忌妒，便在泉水邊殺死妹妹並取代她。

（三）連續變形。被害死的女主角變成鳥（樹）（E613）。當鳥（樹）被燒後，在餘燼有件珠寶（金球），或煙灰跑進姊姊的眼睛並弄瞎她。珠寶變成一個紡織的人（N831.1）。1、姊妹兩人都自稱是妻子，並且烹煮食物 2、把變來的鰻魚，煮給丈夫吃。丈夫抱怨食物太鹹或沒熟，眞妻取笑他：「你分得出食物熟不熟（鹹不鹹），怎麼分不出妻子的眞假？」

（四）結局。妻子恢復身分（E610.1）。姊姊羞得在缽底爬，變成一隻蟲〔註26〕。

除了一些情節的穿插，如：第一節的「沿路灑芥菜籽」；第二節的「姊姊循著盛開的芥菜花來訪」；第三節的「珠寶變成一個紡織的人」，「妻子取笑他分得出食物熟不熟（鹹不鹹），分不出妻子的眞假。」408A 故事類型不論在第一節的嫁給非人類的特殊婚配，第二節的女主角被姊姊推入水中以及第三節的被害人連續變形，其結構與情節都不出丁先生的「433D 蛇郎君」範圍。因此，池田的 408A 類型應該就是丁先生的 433D 類型。換言之，433D 的故事類型在日本也有流傳。

在高雄都會區原住民講述的故事裡，魯凱族的「蛇郎君」故事，其情節的發展是：1、結仇，2、提出補償，3、變形，4、許嫁。「結仇」說的是父親打了蛇，與蛇結怨。「提出補償」是蛇要求一女爲妻，否則不能善了。「變形」是蛇變成人形來提親。「許嫁」則在父親的一一詢問下，三女兒答應出嫁。其內容都在丁先生爲「433D 蛇郎君」類型故事分析的第一節之中。

此外，排灣族的兩則講述（「女孩子嫁給百步蛇」、「蛇郎君」）相同的段落有五個，依序爲：1、誤採花草。2、提出補償。3、許嫁。4、出嫁。5、沒入湖中。「誤採花草」段中都是父親誤採了一種蛇的香草，「提出補償」之中，是蛇要求一女下嫁以爲和解的條件，「許嫁」段則是蛇來提親，一女答應婚事。其中雖有一些變異，如「女孩子嫁給百步蛇」中：1、下嫁的女孩

〔註26〕同註六，頁九九～一〇〇。

是父親選定的，2、人人見到是蛇，女孩看到的卻是人，3、女孩不顧眾人的反對答應下嫁。而「蛇郎君」出現變異的是：4、父親見是蛇，女兒們見是人，5、三個女孩之中是大女兒願意嫁。這兩則故事還共有一個特別的情節單元：旁人眼中是蛇，女孩眼中是人。但其情節發展的順序與內容和「433D蛇郎君」類型故事的第一節大體還是相近的。而後的「出嫁」、「沒入湖中」，都是蛇群來迎娶，新人沒入水裡。不過，「蛇郎君」還有一個新奇的情節：「從斗笠沒入水裡，可知新娘已進男方家門」。至於「女孩子嫁給百步蛇」，在五段之後還有兩個段落：6、蛇的報復。7、人與蛇的和解。這增附的兩段與前五段雖然有相續的關係，但其存在對前五段的結構和內容並沒有什麼影響。

因此，這三則故事同屬「蛇郎君」（433D）故事類型之列。本故事類型流傳的地區除了台灣〔註27〕，還有大陸上的廣西壯族、廣東、山東〔註28〕、四川、浙江、陝西〔註29〕、吉林、遼寧、福建〔註30〕，國外則有日本〔註31〕。

七、910E　父親的指示——田裡埋了銀子

AT 分類編號 910E，名稱為「父親的指示——田裡埋了銀子」（Father`s Counsel: Where Treasure Is.）的故事類型，內容為：

> 在離地面一尺內找到財寶（兒子們到處挖掘，因而鬆掘了土壤造成豐收）〔註32〕。

排灣族的「田裡有金子」，是父親告訴兒子田裡埋著金子，在他們一再地挖掘把土地挖鬆之後，父親便播下種子，得到豐碩的收穫。其以地下有寶，達到誘使人掘鬆田土的目的，並因此而豐收的特徵完全一致。

這一則生活故事也流傳於大陸的四川、山東〔註33〕、浙江、陝西〔註34〕、福建〔註35〕，國外則見於印度、立陶宛、斯洛維尼亞、西班牙〔註36〕、愛爾

〔註27〕同註二六。
〔註28〕同註四，頁七四～七六，頁一二四～一二九。
〔註29〕同註一一，頁二九。
〔註30〕同註二，頁一九。
〔註31〕同註二六。
〔註32〕同註三，頁三一四。
〔註33〕同註四，頁一四○～一四一，頁二八一～二八二。
〔註34〕同註一一，頁七二。
〔註35〕同註二，頁六三。
〔註36〕同註三二。

蘭〔註37〕等地。

八、910K　謹守誡言，躲過送死陷阱

　　AT 分類編號 910K 之故事類型，名稱爲「謹守誡言，躲過送死陷阱」。其內容爲：

> 一個流亡的國王（或類似的身分），在另一個國家爲官，不巧撞破王后與僕人私通（或其他不忠的行爲）。主人翁謹記不要誹謗人的勸言，因此沒有向國王舉發，但王后卻誣指主人翁侵犯她。國王要將他斬首（或丟入沸油），指示行刑者殺了第一個到他那裡的人。主人翁謹守另一則忠告，在神殿逗留，（停下來吃飯或類似的事情）。王后的情人去探看主人翁是否被處決了，遂在主人翁之前到達而被殺〔註38〕。

相較於 910K 之故事類型中的情節發展過程，排灣族談到的：「主人翁被誣，引來殺機，卻因半途的延擱而逃過一死，倒是誣人者誤入設計，一命嗚呼。」可說是完全一致，只是，使主人翁免於災禍的直接因素：「遵行告誡之言」，在「害人反害己」故事裡完全消失了。本類型故事流傳的地區還包括大陸的新疆少數民族、河南〔註39〕、浙江〔註40〕、遼寧〔註41〕、印度、塞爾維亞——克羅埃西亞〔註42〕。

九、1242A　扛著包袱騎馬

　　AT 分類編號 1242A 之故事類型，名稱爲「扛著包袱騎馬」。其內容爲：

> 一個人扛著包袱騎馬，旁人問他爲什麼不把包袱放在馬背上，他說這樣可以減輕馬的負擔〔註43〕。

故事趣味的焦點和故事的特徵都是：以爲扛物在身可以減輕跨下坐騎負擔，因此，這個故事類型只有這麼一個情節單元。

〔註37〕同註一三，頁一七六。
〔註38〕同註二，頁三一五。
〔註39〕同註四，頁一四一，頁二八二。
〔註40〕同註一一，頁七三。
〔註41〕同註二，頁六三。
〔註42〕同註三，頁三一五。
〔註43〕同註二，頁八九。

　　高雄都會區排灣族講述的山裡搭乘便車的人把木柴扛在肩上，以減輕卡車司機的負擔。變化的是主人翁的身分，所扛的物件以及承載的負擔者，但是這些變異並不影響其特徵和趣味的焦點，所以「背著比較不重」所屬的故事類型是 1242A「扛著包袱騎馬」。其他流傳的地區還有大陸的北京〔註44〕、山東〔註45〕，國外則有愛爾蘭〔註46〕、英國、法國、荷蘭、義大利、羅馬尼亞、匈牙利、斯洛維尼亞、美國〔註47〕。

第二節　與漢族共有的類型

　　高雄都會區原住民口傳故事當中，也見於漢族而且只見於漢族的只有一則，那是丁先生編號爲 1387A*的故事類型，名稱叫「懶得不肯動手的妻子」（Wife Too Lazy to Lift Her Hand），內容大要如下：

> 丈夫要離家幾天，知道妻子太懶，不做飯，於是做了一個環形的大餅套在她的脖子上，丈夫回家時，發現她餓死了。因爲她懶得動手，僅吃完了靠近胸前的一部分餅。（有許多異文中，懶的是丈夫或兒子〔註48〕。）

故事的特徵在那寧可餓死都懶得動的離奇情節。至於角色的身分、性別，則並不拘泥。在高雄都會區所採，有魯凱族的「懶人的故事」，內容是母親離家幾天，把餅乾串成一串，掛在懶兒子的脖子上。那兒子懶得轉頭，僅吃完靠近胸前部分的餅，還是餓死了。其構成故事的過程和連貫的因素：留在家的人太懶，因事離家者爲把食物掛在他的脖子上，幾天後，人還是因懶而餓死。那彰顯只須張嘴便有得吃的性質，一點都沒變。這類的故事最早見於清程世爵《笑林廣記‧懶婦條》，原文是：

> 一婦人極懶，日用飲食，皆丈夫操作，她只知衣來伸手，飯來張口而已。一日，夫將遠行，五日方回，恐其懶作挨餓，乃烙一大餅，

〔註44〕同註二，頁八九。
〔註45〕同註四，頁一六四，頁三三五～三三六。
〔註46〕同註一三，頁二二七。
〔註47〕同註三，頁三七九。
〔註48〕Nai-Tung Ting,, A Types Index of Chinese Folktales.（Helsinki Academia Scientiarum Fennica, 1978），p177. 鄭建成、商孟可、李京、白丁譯李廣成校：《中國民間故事類型索引》，（北京‧中國民間文藝出版社，一九八六年七月），頁三六六。

　　套在婦人項上，爲五日之需，乃放心出門而去。及夫歸，已餓死三

　　日矣。夫大駭，進房一看，項上餅只將面前近口之處吃了一缺，餅

　　依然未動也〔註49〕。

其流傳的地區還有四川、山東〔註50〕。

第三節　台灣原住民特有類型

　　在台灣原住民所講述的故事中，不乏流傳於兩個以上的台灣原住民族群，而未見於 AT 分類收錄之中的例子。依照 AT 分類的標準，一個故事類型必須符合在不同地區出現兩次以上的要求，這類故事事實上已經具備成爲故事類型的條件，因此筆者將之訂爲台灣原住民特有之類型。

一、猴子與穿山甲

　　「猴子與穿山甲」類型通常以兩隻動物朋友的交遊活動爲內容，藉由相互較勁的種種，呈現這些動物的不同習性。其較勁的項目不外從：「上樹摘果」、「地下挖塊莖食物」、「入水捉魚（或釣魚、捉蟹）」、「輪流放火」四項中擇取，最少一項，至多四項，但以三項爲最多。此外，出現「撿柴」、「摘菜」者有三例，另有二例則只用了「上樹摘果」，其後接著 210（小動物和小物件同心把仇報）故事類型。這一組合型態，也出現在烏來鄉一位漢族老太太的講述中。而烏來鄉的原住民則是以泰雅族爲主。

　　不過，在原住民講述之「猴子與穿山甲」類型故事的五十六則異說，再加上只殘餘印象者，共計五十七例中，其流傳的族群包括了：排灣族、魯凱族、布農族、鄒族，惟不見泰雅族的講述。因此，烏來鄉漢族講述的一例，顯得相當特殊。

　　其較勁項目中的固定情節如下：

　　「上樹摘果」項：擅爬樹的一方把不要的果子（或弄臭果子）丟給樹下的朋友，還嘲笑對方上當。

　　「地下挖塊莖」項：輪到善挖的另一方，挖得塊莖較多，嘲笑對方，而且在等候燒烤時，潛水挖地道，把大的塊莖吃掉，並且辯說食物縮小。後來，

<hr>

〔註49〕楊家駱主編：《中國笑話書》，（台北・世界書局，一九九六年三月二版一刷），頁五五〇。

〔註50〕同註四八。

他們從排便的聲音（或排便量），知道是誰偷吃。有時惡作劇者還得意的取笑對方，從此勢不兩立。

「輪流放火」項：善掘者藏身所挖洞穴，安然躲過火勢，而後指示不知情的對方用繩子捆住自己，或躲在乾草堆之中最安全。結果對方被燒死（或燒成烏黑）。有時惡作劇者還割下對方身上的一塊肉或生殖器，然後唸咒把對方變活，讓對方吃下自己的肉或生殖器，並且以此取笑對方。

綜合上述，捨異取同，則本類型的基本結構大要如下：

> 兩隻動物（通常是猴子和穿山甲）交遊，他們相互戲弄。上樹取物時，擅爬者自顧自，不理會樹下的朋友，甚至把不好的東西給對方，還嘲笑其不察。挖掘塊莖時，善挖者也以自己的專長戲耍對方，且在煮食待熟時，潛水挖地道，吃掉大塊莖，再以食物縮小為理由欺騙對方。後來，他們從排便的聲音（或排便量），知道誰是偷吃者。有時，雙方從此勢不兩立。有時，雙方還放火嬉戲，藏身洞穴的善掘者，躲過火勢後，要對方以繩索綑綁，或埋在乾草堆中避火。不知情者因此燒死（或燒成烏黑）。有時惡作劇者還割塊死者的身體，把對方變活後，讓對方吃下自己身上的肉，以此取樂。

猴子跟穿山甲類型各說的差別列表如後：

	故事名稱	動　物	情節項目	講述人族　別	採錄或印行時間
1	猴子與穿山甲	猴子、穿山甲	燒火	排灣族	1910〔註51〕
2	穿山甲與獅子	穿山甲、獅子	燒火 上樹摘蜂蜜	鄒族	1915〔註52〕

〔註51〕森丑之助著：《人類學雜誌》二九（一二）：四九七，（明治四十四年），轉引自尹建中編，黃文新譯：《臺灣山胞各族傳統神話故事與傳說文獻編纂研究》，（台北·國立台灣大學人類學系，民國八十三年四月），頁二〇五。
〔註52〕佐山融吉：《蕃族調查報告書》，（一九一五年），頁一〇一～一〇三，轉引自聶甫斯基著，白嗣宏、李福清、浦忠成譯：《台灣鄒族語典》，（台北·臺原出版社，民國八十二年七月），頁二〇〇～二〇二。佐山融吉、大西吉壽：《生蕃傳說集》，（台北·南天書局，一九二三年台北初版，一九九六年二刷），頁四四五～四四七。

3	烏鴉的羽毛	烏鴉、穿山甲	燒火	布農族	1915〔註53〕
4	猴子和穿山甲	猴子、穿山甲	挖山藥 爬樹摘果子 放火	排灣族	1921～1938 〔註54〕
5	猴子與穿山甲	猴子、穿山甲(原是人)	爬樹摘果子	排灣族	1923〔註55〕
6	猴子與穿山甲	猴子、穿山甲	爬樹摘果子 捉蟹 挖地瓜 燒火	排灣族	1923〔註56〕
7	猴子與穿山甲	猴子、穿山甲	撿柴、摘菜 烤地瓜 燒火	排灣族	1923〔註57〕
8	猴子與穿山甲	猴子、穿山甲	捉魚 爬樹摘果實 燒火	排灣族	1923〔註58〕
9	猴子與穿山甲	猴子、穿山甲	捉魚 爬樹摘果實 燒火	排灣族	1923〔註59〕
10	猴子與穿山甲	猴子、穿山甲	捉魚 燒火 爬樹摘果實	鄒族	1923〔註60〕

〔註53〕佐山融吉：《蕃族調查報告書》武崙族前篇（大正四年），轉引自尹建中編，余萬居譯：《臺灣山胞各族傳統神話故事與傳說文獻編纂研究》，（台北・國立台灣大學人類學系，民國八十三年四月），頁一四六。佐山融吉、大西吉壽：《生蕃傳說集》，（台北・南天書局，一九二三年台北初版，一九九六年二刷），頁四二〇～四二一。

〔註54〕小林保祥著，松澤員子編，謝荔譯：《排灣傳說集》，（台北・南天書局，一九九八年三月），頁六六～六九。

〔註55〕佐山融吉・大西吉壽：《生蕃傳說集》，（台北・南天書局，一九二三年台北初版，一九九六年二刷），頁四三七～四三八。尹建中編，余萬居譯：《臺灣山胞各族傳統神話故事與傳說文獻編纂研究》，（台北・國立台灣大學人類學系，民國八十三年四月），頁一九九。

〔註56〕同註五五，頁四三八～四四〇。頁二〇四。

〔註57〕同註五五，頁四四〇～四四一。頁二〇三。

〔註58〕同註五五，頁四四一～四四二。頁二〇二。

〔註59〕同註五五，頁四四二。頁二〇二。

〔註60〕同註五五，頁四四二～四四五。頁三一八。

11	山貓與穿山甲	山貓、穿山甲	燒火	布農族	1923〔註61〕
12	兔子與穿山甲	兔子、穿山甲	燒火	排灣族	1923〔註62〕
13	蜥蝪與螃蟹	蜥蝪、螃蟹	爬樹摘果實	排灣族	1923〔註63〕
14	蜥蝪與蝦子	蜥蝪、蝦子	燒火	排灣族	1923〔註64〕
15	穿山甲和野貓	穿山甲、野貓	燒火	鄒族	1927〔註65〕
16	烏鴉與穿山甲	烏鴉、穿山甲	燒火（所以烏鴉黑）	布農族	1929〔註66〕
17	烏鴉、山貓和穿山甲	烏鴉、山貓、穿山甲	燒火（所以烏鴉黑）	布農族	1929〔註67〕
18	猴子與穿山甲	猴子、穿山甲	釣魚 燒火	鄒族	1930〔註68〕
19	猴子與螃蟹	猴子、螃蟹	爬樹摘果子 放火	排灣族	1931〔註69〕
20	穿山甲和猴子	猴子、穿山甲	撿柴 捉蟹 烤芋 燒火	排灣族	1931〔註70〕
21	猴子與螃蟹	猴子、螃蟹	爬樹摘柿子 燒火	排灣族	1931〔註71〕

〔註61〕同註五五，頁四四七～四四八。頁一四五～一四六。

〔註62〕佐山融吉・大西吉壽：《生蕃傳說集》，（台北・南天書局，一九二三年台北初版，一九九六年二刷），頁四四八～四四九。

〔註63〕同註五五，頁四八六～四八七。頁二〇七～二〇八。

〔註64〕同註五五，頁四八七～四八八。頁二〇七。

〔註65〕聶甫斯基著，白嗣宏、李福清、浦忠成譯：《台灣鄒族語典》，（台北・臺原出版社，民國八十二年七月），頁一九八～一九九。

〔註66〕小川尚義：《原語による台灣高砂族傳說故事集》，（台北・南天書局，一九三五年台北初版，一九九六年二刷），頁六〇五～六〇六。陳千武譯：《台灣原住民的母語傳說》，（台北・臺原出版社，民國八十年），頁八三。尹建中編，余萬居譯：《臺灣山胞各族傳統神話故事與傳說文獻編纂研究》，（台北・國立台灣大學人類學系，民國八十三年四月），頁一四六。

〔註67〕同註六六，頁六四五～六四六。頁八三。頁一四六。

〔註68〕小川尚義：《原語による台灣高砂族傳說故事集》，（台北・南天書局，一九三五年台北初版，一九九六年二刷），頁七一二～七一五。陳千武譯：《台灣原住民的母語傳說》，（台北・臺原出版社，民國八十年），頁八一～八三。

〔註69〕同註六六，頁一六六～一六九。頁八一。頁二〇六～二〇七。

〔註70〕同註六六，頁二五一～二五四。頁八一～八三。頁二〇四～二〇五。

〔註71〕同註六六，頁二二四～二二七。頁八一。頁二〇五～二〇六。

22	蝦子與蝘蜓	蝦子、蝘蜓	燒火	排灣族	1931〔註72〕
23	蝦子與蝘蜓	蝦子、蝘蜓	燒火	魯凱族	1931〔註73〕
24	穿山甲和猴子	猴子、穿山甲	（烤地瓜）燒火	魯凱族	1931〔註74〕
25	螃蟹和猴子	螃蟹、猴子	爬樹摘果子	排灣族	1931〔註75〕
26	猴子與穿山甲	猴子、穿山甲	爬樹摘枇杷 烤地瓜（捉魚） 放火	魯凱族	1970〔註76〕
27	猴子與穿山甲	猴子、穿山甲	爬樹放火 烤番薯	魯凱族	1972〔註77〕
28	穿山甲與狐狸	穿山甲、狐狸	燒火	鄒族	1991〔註78〕
29	穿山甲與黃葉貓	穿山甲、黃葉貓	燒火 上樹摘蜂蜜	鄒族	1991〔註79〕
30	猴子和穿山甲	猴子、穿山甲	挖莖塊 爬樹摘果子 放火	魯凱族	1996〔註80〕
31	猴子和穿山甲	猴子、穿山甲	比摔跤 挖莖塊 放火	魯凱族	1996〔註81〕
32	猴子和螃蟹	猴子、螃蟹、狗	51***（狐狸分乾酪） ＋爬樹摘橘子＋210 （小動物和小物件 同心把仇報）	排灣族	1996〔註82〕

〔註72〕同註六六，頁二六八～二六九。頁八三。頁二〇八。

〔註73〕同註六六，頁三五九～三六〇。頁八三。頁二七六～二七七。

〔註74〕同註六六，頁三七九～三八〇。頁八一～八三。頁二七六。

〔註75〕佐藤文一：《台灣土著種族的原始藝術研究》，引自《排灣族信仰體系》，轉引自尹建中編，黃耀榮譯：《臺灣山胞各族傳統神話故事與傳說文獻編纂研究》，（台北·國立台灣大學人類學系，民國八十三年四月），頁二〇六。

〔註76〕李壬癸：《魯凱語料》，（台北·中央研究院歷史語言研究所專刊之六十四之二，民國六十四年十月），頁一三三～一五二。

〔註77〕李壬癸：《高雄縣南島語言》，（鳳山·高雄縣政府，民國八十六年），頁一〇八。

〔註78〕巴蘇亞·博伊哲努（浦忠成）：《台灣鄒族的風土神話》，（台北·臺原出版社，民國八十二年），頁一九七。

〔註79〕同註七八，頁一九七～一九八。

〔註80〕金榮華：《台灣高屏地區魯凱族民間故事》，（台北·中國口傳文學學會，民國八十八年十二月），頁一〇三～一〇六。

〔註81〕同註八〇，頁一〇六～一〇七。

〔註82〕應裕康：《屏東地區排灣族口傳文學之採錄與整理成果報告》，（行政院國家科學委員會專題計劃 NSC 84-2421-11-017-004-A7，民國八十六年六月），頁四三～四四。

33	山貓和穿山甲	山貓、穿山甲	燒火	布農族	1997〔註83〕
34	壞心的穿山甲	兔子、穿山甲	烤地瓜	排灣族	1997〔註84〕
35	兔子與穿山甲	兔子、穿山甲	摘番石榴 挖地瓜	排灣族	1997〔註85〕
36	猴子與螃蟹	猴子、螃蟹	爬樹摘橘子 放火 烤地瓜	排灣族	1997〔註86〕
37	猴子和螃蟹	猴子、螃蟹	爬樹摘葉子作頭飾 挖洞埋披肩	排灣族	1996〔註87〕
38	兔子和穿山甲	兔子、穿山甲	挖山藥 燒火	排灣族	1996〔註88〕
39	穿山甲和猴子的故事	穿山甲、猴子	爬樹摘果子 燒火	魯凱族	1997〔註89〕
41	猴子跟穿山甲（殘）	穿山甲、猴子	提水	魯凱族	1997〔註90〕
41	猴子和穿山甲	穿山甲、猴子	爬樹摘果子 燒火	魯凱族	1997〔註91〕
42	穿山甲跟兔子（印象）	兔子、穿山甲	拉肚子情節	排灣族	1997〔註92〕
43	穿山甲和猴子	猴子、穿山甲	（下樹） 挖塊莖	排灣族 魯凱族	1997〔註93〕

〔註83〕霍斯陸曼‧伐伐（王新民）：《中央山脈的守護者：布農族》，（台北‧稻鄉出版社，民國八十六年十月初版），頁一七七～一七八。

〔註84〕陳枝烈：《排灣族神話故事》，（屏東縣立文化中心，民國年八十六年六月），頁六一～六四。

〔註85〕同註八四，頁二五～三〇。

〔註86〕同註八四，頁一七～二四。

〔註87〕林陳金花講述，張百蓉採錄，屏東縣瑪家鄉，一九九六年二月三、四日。

〔註88〕同註八七。

〔註89〕王仕那講述，梁景龍口譯，張百蓉採錄，高雄縣茂林鄉萬山村，一九九七年八月十四日。

〔註90〕梁貴春講述，張百蓉採錄，高雄縣茂林鄉茂林村，一九九七年十一月二十一日。

〔註91〕梁梅英講述，張小燕、梁貴春口譯，張百蓉採錄，高雄縣茂林鄉茂林村，一九九七年十二月二日。

〔註92〕巫瑪斯講述，張百蓉採錄，屏東市，一九九七年十一月二十六日。

〔註93〕陳歸名、吳嬌講述，吳水華、張惠妹口譯，張百蓉採錄，高雄縣鳳山市，一九九七年十一月二十六日。

44	兔子跟穿山甲	兔子、穿山甲	挖地瓜 捉魚 放火	排灣族	1998 〔註 94〕
45	猴子跟土撥鼠	猴子、土撥鼠	爬樹摘香蕉 挖地瓜	魯凱族	1998 〔註 95〕
46	猴子跟穿山甲 （殘）	猴子、穿山甲	爬樹 釣魚	魯凱族	1998 〔註 96〕
47	兔子、猴子跟 穿山甲（殘）	兔子、猴子跟穿 山甲	爬樹 放火 釣魚	魯凱族	1998 〔註 97〕
48	猴子和穿山甲 （一）	猴子、穿山甲	（撿木柴、摘菜） 捉魚 爬樹摘果實 放火	魯凱族	1998 〔註 98〕
49	猴子與穿山甲 （二）	猴子、穿山甲	爬樹摘果子 挖地瓜 放火	魯凱族	1998 〔註 99〕
50	猴子和螃蟹	猴子、螃蟹	爬樹摘柿子+210(小 動物和小物件同心 把仇報）	漢族	1998 〔註 100〕
51	兩隻猴子	兩隻猴子	爬樹摘芭樂 捉魚	魯凱族	1999 〔註 101〕
52	猴子與穿山甲	猴子、穿山甲	爬樹摘橘子 挖塊莖 放火	魯凱族	1999 〔註 102〕

〔註 94〕廖金娟講述，張百蓉採錄，高雄市前鎮區，一九九八年三月十四日。
〔註 95〕杜櫻珠講述，張百蓉採錄，高雄市前鎮區，一九九八年二月二十三日。
〔註 96〕廖應仁講述，廖家么女口譯，張百蓉採錄，高雄市三民區，一九九九年四月
　　　　九日。
〔註 97〕同註九六。
〔註 98〕伍麗華：《說媽媽的故事》，（屏東‧國立屏東師範學院教育金會，民國八十七
　　　　年），頁八○～八四。
〔註 99〕同註九八，頁八七～九七。
〔註 100〕金榮華：《台北縣烏來鄉泰雅族民間故事》，（台北‧中國民間文學學會，民國
　　　　八十七年十二月），頁九一～九二。
〔註 101〕謝英妹、冬美花講述，張百蓉採錄，高雄市旗津區，一九九九年一月二十一日。
〔註 102〕王明德講述，張百蓉採錄，高雄市前鎮區，一九九九年二月八日。

53	猴子和穿山甲	猴子、穿山甲	爬樹摘東西 挖地瓜 放火	魯凱族	1999〔註103〕
54	穿山甲與猴子的故事	猴子、穿山甲	爬樹摘橘子 挖地瓜 放火	魯凱族	2000〔註104〕
55	猴子與螃蟹	猴子、螃蟹、蜜蜂	爬樹摘芒果+210(小動物和小物件同心把仇報)	排灣族	2000〔註105〕
56	猴子跟穿山甲的故事	猴子、穿山甲	爬樹摘枇杷 捉魚 挖地瓜	魯凱族	2001〔註106〕

二、吃橘子的孕婦

　　「吃橘子的孕婦」類型流傳的族群有魯凱族、卑南族、鄒族。鄒族的說法且早在一九一五年便有紀錄。大致說來，本類型的內容大部分是由「孕婦被棄」、「神奇的誕生」、「認親」三段所組合。其中「孕婦被棄」絕不可缺，「神奇的誕生」和「認親」兩處，也是常見的敘述，只有在轉移講述重心時，才被省略，譬如卑南族「貪吃橘子的孕婦」，著重在懷孕期間夫妻互動的小齟齬，而且傾向於表現親暱，因此不涉及「神奇的誕生」和「認親」。而魯凱族的「喜歡酸檸檬」，則在後半將重心移到嬰孩的不平凡，以彩虹高掛指示村人尋來帶回撫養。「認親」一段，遂被剔除。此外，為呼應「孕婦被棄」的悲慘境遇，而加入快意「報復」的敘述，則只出現在魯凱族講述之中。

　　每段落的固定情節為：

　　「孕婦被棄」段：懷孕的妻子一再要求丈夫摘酸果子給她吃，丈夫不耐，把妻子帶到山上，綁在結酸果子的樹幹上，掉頭而去。

　　「神奇的誕生」段：死去的孕婦生下活生生的嬰兒，孩子靠露水維繫生命。

〔註103〕廖友蘭講述，廖家么女口譯，張百蓉採錄，高雄市三民區，一九九九年四月九日。
〔註104〕宋阿福講述，盧春暉、宋雅芳、呂美玲、曾惠美、蘇文君、郭秀雯採錄，高雄市小港區，二〇〇〇年四月九日。
〔註105〕賴朝財講述，夜幼一丙採錄，屏東縣泰武鄉平和村，二〇〇一年二月十八日。
〔註106〕柯淑夏講述，王佳雯、謝淑玲、邱梅瑄、吳美麟、陳姵華、何佳芬採錄，高雄市苓雅區，二〇〇一年二月十八日。

「認親」段：孩子組合樹下的骨頭，稱唸親屬的名稱，辨認出是媽媽。或媽媽復活，母女下山，父親慚愧。

「報復」段：母親用沸水把丈夫燙死。

綜合上述，捨異取同，則本類型的基本結構大要如下：

> 懷孕的婦人不斷的要求丈夫摘野生橘子回來，丈夫很生氣，把懷孕的妻子帶上山，綁在野生橘子樹幹上，自己單獨下山。孕婦餓死，胎兒卻活著生出來，並且吸食葉上的露水長大。長大的孩子將樹下的骨頭組合來，認出媽媽。或媽媽復活，一起下山。

吃橘子的孕婦類型各說的差別列表如後：

	故事名稱	動　物	情節項目	講述人族　別	採錄或印行時間
1	Saremesim 的復活	孕婦、丈夫小女孩	孕婦被棄 神奇的誕生 認親	卑南族	1915〔註107〕
2	簡仔霧蕃的口碑	孕婦、丈夫小男孩	孕婦被棄 神奇的誕生 認親	鄒族	1923〔註108〕
3	貪吃橘子的孕婦	孕婦、丈夫	孕婦被棄	卑南族	1963〔註109〕
4	喜歡酸檸檬	孕婦、丈夫、小孩	孕婦被棄 神奇的誕生	魯凱族	1971〔註110〕
5	愛吃酸橘的孕婦（一）	孕婦、丈夫、小孩	孕婦被棄 神奇的誕生 認親	魯凱族	1996〔註111〕
6	愛吃酸橘的孕婦（二）	孕婦、丈夫、小女孩	孕婦被棄 神奇的誕生 報復	魯凱族	1996〔註112〕

〔註107〕小島由道、河野喜六主編，中央研究院民族學研究所編譯：《番族慣習調查報告書（第二卷）》，（台北・中央研究院民族學研究所，民國八十七年十一月），頁二六八～二六九。日文版出版於一九一五年。
〔註108〕同註六二，頁一一三～一一八。
〔註109〕同註一○九，頁六六。
〔註110〕同註七六，頁二○七～二一一。
〔註111〕同註八○，頁一一五～一一六。
〔註112〕同註八○，頁一一六～一一七。

| 7 | 吃橘子的孕婦 | 孕婦、丈夫小女孩 | 孕婦被棄
神奇的誕生
認親 | 魯凱族 | 1997〔註113〕 |
| 8 | 孤兒尋母 | 孕婦、丈夫、小孩 | 孕婦被棄
神奇的誕生
認親 | 魯凱族 | 1998〔註114〕 |

三、232A** 熊與豹

敘述兩動物互在對方身體塗畫文彩顏色的「熊與豹」類型故事，金師榮華將其編在232A**〔註115〕，流傳的族群包括魯凱、卑南、排灣、布農、阿美、泰雅、賽德克、鄒族。

擔任主角的動物通常是熊與豹，有時是熊與老虎，或雲豹搭配，藉著兩者一漆黑、一多紋的毛色，進行固定的情節：一方為對方描畫變化多姿的彩紋，另一方卻將它塗成一團漆黑。唯一的特例是「百步蛇與龜殼花」，仍然維持「互畫身體」的性質，卻捨棄著眼於美感的單一與多彩的對比，而改以具有價值感的貴賤紋彩的對比，進而得出兩者地位互換的結果。可說是經由與「熊與豹」故事共用的模式，發展出不同的故事精神。「熊與豹」類型故事運用過的段落有：「互畫身體」、「補償」、「交惡」、「偏心的母親」、「奇怪的追求者」、「太陽之子」、「地位互換」。而以「互畫身體」為核心，在其之前之後，接上各種其他段落，「補償」、「交惡」和「地位互換」處理的是互畫後的發展，「偏心的母親」、「奇怪的追求者」、「太陽之子」呈現的是角色身分、際遇的引介。「補償」、「交惡」的出現率較高，「偏心的母親」有兩例，「地位互換」、「奇怪的追求者」、「太陽之子」都各只有一例，可見「熊與豹」類型故事之重心是在「互畫身體」。出現兩次以上的段落，其固定情節如下：

「互畫身體」：兩動物原是朋友，或是兄弟，或身體原是白色。互為對方身體畫彩，而為對方描繪紋彩，使之變成豹或老虎或雲豹，自己卻被以墨或木炭塗黑變成熊。運用的情節單元有「互為對方畫彩」、「熊身黑色的由來」、

〔註113〕吳水華、李麗珍講述，張百蓉採錄，高雄縣鳳山市，一九九七年十二月二日。

〔註114〕同註九八，頁三六～四○。

〔註115〕金榮華：《台東卑南族口傳文學選》，（台北·中國文化大學中國文學研究所，民國七十八年），頁一七一。

「豹身紋彩的由來」或「雲豹紋彩的由來」或「老虎紋彩的由來」。

「補償」：熊很生氣，豹或老虎或雲豹自知理虧，約定從此留部分獵物給對方。

「交惡」：兩隻動物從此誓不兩立，或從此豹總是躲著熊。

不過，魯凱族的說法有將變成熊與豹的兄弟說成：哥哥留在山中變成豹，忌妒受寵的弟弟，便以木炭塗黑對方，咒唸使之變成黑熊。因此，此說應是在這故事類型中「互畫身體」段的架構上略作變化，而後減去「補償」段的變異。運用的情節單元有「人變豹」、「熊身黑色的由來」、「咒唸使人變成黑熊」。

綜合上述，本類型之基本結構如下：

熊與豹（或老虎）身上的色彩花紋是互相為對方畫的，而熊對自己被塗得一身黑非常生氣，豹自知理虧，從此便留些獵物給對方。一說是兩隻動物從此不合。

232A＊＊ 熊與豹類型各說的差別列表如後：

	故事名稱	主 人 翁	情節項目	講述人族 別	採錄或印行時間
1	豹和熊	豹、熊	互製毛皮交惡	阿美族	1909〔註116〕
2	人化為獸	熊、老虎	奇怪的追求者互畫身體	卑南族	1913〔註117〕
3	豹和熊	豹、熊	互畫身體補償	排灣族	1914〔註118〕

〔註116〕伊能生著：〈台灣土蕃の口碑〉《東京人類學會雜誌》二四（二七七）：二五八～二六〇，明治四十二年，轉引自尹建中編，劉佳麗譯：《臺灣山胞各族傳統神話故事與傳說文獻編纂研究》，（台北·國立台灣大學人類學系，民國八十三年四月），頁三四～三五。

〔註117〕佐山融吉：《番族調查報告書》大正二年，引自尹建中編：《台灣山胞各族傳統神話故事語傳說文獻編纂研究》，（台北國立台灣大學人類學系，民國八十三年四月），頁二五五。佐山融吉、大西吉壽：《生蕃傳說集》，（台北·南天書局，一九二三年台北初版，一九九六年二刷），頁四六一。

〔註118〕森丑之助著：《人類學雜誌》二九（一二）：四二，（大正三年），轉引自尹建中編，黃文新譯：《臺灣山胞各族傳統神話故事與傳說文獻編纂研究》，（台北·國立台灣大學人類學系，民國八十三年四月），頁二〇九～二一〇。

4	豹和熊	豹、熊	互畫身體 補償	布農族	1915〔註119〕
5	豹和熊	豹、熊	較量 互畫身體 補償	布農族	1915〔註120〕
6	豹和熊	豹、熊	互畫身體、交惡	賽德克族	1917〔註121〕
7	豹子和熊	豹是哥哥、熊是弟弟	畫對方身體 補償	排灣族	1921～1938 〔註122〕
8	豹和鳥	兄、弟、父母、豹、鳥	虐子 互畫 變形	排灣族	1923〔註123〕
9	蕃社口碑	豹、熊	互畫身體 補償	魯凱族	1923〔註124〕
10	豹和熊	豹、熊	互畫身體 補償	阿美族	1923〔註125〕
11	豹和熊	豹、熊	互畫身體 補償	泰雅族	1923〔註126〕

〔註119〕佐山融吉：《蕃族調查報告書》武崙族前篇（大正四年），轉引自尹建中編，余萬居譯：《臺灣山胞各族傳統神話故事與傳說文獻編纂研究》，（台北・國立台灣大學人類學系，民國八十三年四月），頁一四九。

〔註120〕佐山融吉：《蕃族調查報告書》武崙族前篇（大正四年），轉引自尹建中編，余萬居譯：《臺灣山胞各族傳統神話故事與傳說文獻編纂研究》，（台北・國立台灣大學人類學系，民國八十三年四月），頁一四八～一四九。佐山融吉、大西吉壽：《生蕃傳說集》，（台北・南天書局，一九二三年台北初版，一九九六年二刷），頁四六四～四六五。

〔註121〕佐山融吉：《蕃族調查報告書》紗績族後篇（大正六年），轉引自尹建中編，余萬居譯：《臺灣山胞各族傳統神話故事與傳說文獻編纂研究》，（台北・國立台灣大學人類學系，民國八十三年四月），頁九二。佐山融吉、大西吉壽：《生蕃傳說集》，（台北・南天書局，一九二三年台北初版，一九九六年二刷），頁四六三。

〔註122〕同註五四，頁七〇。

〔註123〕同註六二，頁四一五。

〔註124〕同註六二，頁一四六～一四七。

〔註125〕同註五五，頁一四六～一四七。頁三三。

〔註126〕同註五五，頁四六二～四六三。頁九一～九二。

12	豹和熊	夫、妻	互畫身體補償	布農族	1923〔註127〕
13	豹和熊	豹、熊	互畫身體交惡	泰雅族	1923〔註128〕
14	豹和熊	豹、熊	互畫身體補償	賽德克族	1923〔註129〕
15	豹和熊	豹、熊	互畫身體補償	布農族	1923〔註130〕
16	豹和熊	豹、熊	互畫身體補償	鄒族	1923〔註131〕
17	豹和熊	豹、熊	互畫身體補償	排灣族	1923〔註132〕
18	豹和熊	豹、熊	互畫身體補償	卑南族〔註133〕	1923〔註134〕
19	豹和熊	豹、熊	互畫身體補償	布農族	1929〔註135〕
20	熊與豹	豹、熊	互畫身體補償	布農族	1929〔註136〕
21	豹和熊	豹、熊	互畫身體補償	魯凱族	1931〔註137〕
22	熊與豹	豹、熊	太陽之子互畫身體補償	魯凱族	1931〔註138〕
23	熊與豹	兄、弟、母	母親偏心、孩子互畫紋彩	魯凱族	1931〔註139〕

〔註127〕同註五五，頁四六二。頁一四八。
〔註128〕同註五五，頁四六三。頁九一。
〔註129〕同註六二，頁四六四。
〔註130〕同註五五，頁四六四。頁一四八。
〔註131〕同註五五，頁四六四。頁三一八。
〔註132〕同註六二，頁四六四。
〔註133〕原作排灣族呂家社，故應爲卑南族。
〔註134〕同註五五，頁四六四。頁二一○。
〔註135〕同註六六，頁六六○～六六一。頁八三。頁一四八。
〔註136〕同註六八，頁六三六～六三七。頁八三。
〔註137〕同註六六，頁三六一～三六二。頁八三。頁二七六。
〔註138〕同註六六，頁三八七～三八九。頁八三。頁二七二～二七三。
〔註139〕同註六八，頁三七五。頁八三。

24	虎與熊的故事	虎、熊	互畫身體 交惡	卑南族	1963〔註140〕
25	豹和熊	豹、熊	互畫身體 補償	卑南族	1966〔註141〕
26	熊與豹	豹、熊	互畫身體 補償	魯凱族	1970〔註142〕
27	熊與豹	豹、熊	互畫身體 補償	魯凱族	1972〔註143〕
28	熊與豹子	豹、熊	偏心的母親 互畫身體	魯凱族	1972〔註144〕
29	豹和熊	豹、熊	互畫身體 補償	卑南族	1987〔註145〕
30	豹和熊	豹、熊	互畫身體 補償	卑南族	1988〔註146〕
31	老虎和熊的故事	老虎、熊	互畫身體 補償	卑南族	1988〔註147〕
32	變成豹和熊的兄弟	哥哥、弟弟	偏心的母親 互畫身體 分享	魯凱族	1996〔註148〕
33	雲豹和熊	雲豹、熊	互畫身體 交惡	排灣族	1996〔註149〕
34	百步蛇與龜殼花	百步蛇、龜殼花	互畫身體 地位互換	排灣族	1996〔註150〕
35	熊與豹	熊、豹	比賽 互畫身體 補償	布農族	1997〔註151〕

〔註140〕同註一〇九，頁五五。
〔註141〕同註一一五，頁一五八。
〔註142〕同註七六，頁九六～一〇一。
〔註143〕同註七七，頁一四六。
〔註144〕同註七七，頁一〇五。
〔註145〕同註一一五，頁一五八。
〔註146〕同註一一五，頁一五八。
〔註147〕同註一一五，頁一五七～一五八。
〔註148〕同註八〇，頁二七～二九。
〔註149〕同註八七。
〔註150〕同註八二，頁五四。
〔註151〕同註八三，頁一七八～一七九。

36	豹和熊的故事	哥哥、弟弟	偏心的母親 互畫身體	排灣族	1997〔註152〕
37	熊與豹的故事	哥哥、弟弟	畫對方身體	魯凱族	1997〔註153〕
38	雲豹和熊（殘）	雲豹、熊	互畫身體 交惡	排灣族	1998〔註154〕
39	豹和熊的故事	豹、熊	互畫身體 補償	魯凱族	1998〔註155〕
40	雲豹和熊	雲豹、熊	互畫身體 交惡	魯凱族	1999〔註156〕

四、720*　兄妹鳥

　　被家中長輩虐待的兩個孩子變成鳥的故事類型，不但在排灣、魯凱、卑南、鄒族、平埔等族有流傳，而且故事的角色和情節都很穩定。金師榮華將之編在720*〔註157〕，訂名爲「兄妹鳥」。這個早在一九一五年便有紀錄的故事類型，其人物以父、母和兩個孩子的組合爲最大宗，若有減省必是少了父親一角，若有變化一定是母親變後母。至於兩個孩子的特質，則重在長幼之別，性別則不固定。情節的安排都不出：「虐兒」、「變形」、「投告」、「懲罰」。有些異說的「投告」換成「知情」，其異動的不過是「變形後的孩子主動去找父親投訴」和「父親探知孩子變形」之分而已，其他或者沒有「懲罰」，或者沒有「投告」、「懲罰」的例子都是少數。所運用的情節單元，除了金師榮華分析的：「惡母不給孩子食物」、「布帶爲翼飛空中」、「人變烏鴉」、「狠心的丈夫」、「人變鼠」〔註158〕。還多出「在河中便溺祈祝河水暴漲」。

　　本類型故事的基本結構如下：

　　　　爸爸去打獵，母親（或後母）帶著兩個孩子到田裡工作。中午，母親霸著食物在高處獨食，由小兄姊照護飢餓哭號的弟妹。後來，兩幼童以背帶爲尾巴，包巾爲翅膀，變成鳥類。變形後的孩子，年長的在險峻的環境活動，年幼的在平順的地區飛行，還以約定的叫聲

〔註152〕同註八四，頁一七九～一八○。
〔註153〕同註一一三。
〔註154〕盧秋妹講述，張百蓉採錄，屏東縣山地門鄉大社村，一九九八年八月十六日。
〔註155〕同註九八，頁九九～一○一。
〔註156〕賴春秀講述，張百蓉採錄，高雄縣茂林鄉茂林村，一九九九年四月十八日。
〔註157〕同註一一五，頁一七一。
〔註158〕同註一一五，頁一二一。同註三○，頁五五、六○、六五。

互相呼應。父親知道後，嚴懲母親，母親變成老鼠。

720* 兄妹鳥類型各說的差別列表如後：

	故事名稱	主 人 翁	情節項目	講述人族 別	採錄或印行時間
1	變成鳥的人	姊、弟、父、母	虐兒、變形、知情	卑南族	1915〔註159〕
2	變成了鳥的兄弟	兄、弟、父、母	虐兒、變形、知情、懲罰	排灣族	1921～1938〔註160〕
3	豆魯克和卡凱	姊、妹、父、母	虐兒、變形、投告、懲罰	排灣族	1923〔註161〕
4	豆魯克和卡凱	兄、弟、父、母	虐兒、變形、知情、懲罰	排灣族	1923〔註162〕
5	卡凱和吉優可可伊	兄、弟、父、母	虐兒、變形、知情、懲罰	排灣族	1923〔註163〕
6	吉優古盧伊和卡凱	兄、弟、父、母	虐兒、變形、懲罰	排灣族	1923〔註164〕
7	獨孤瑞和卡凱	兄、弟、母	虐兒、變形	排灣族	1923〔註165〕
8	卡凱鳥和臼克鳥	兄、弟、父、母	虐兒、變形、知情、懲罰	排灣族	1931〔註166〕
9	臼克鳥和卡凱鳥	姊、弟（在後半又稱兄、弟）、母	虐兒、變形	排灣族	1931〔註167〕
10	人變烏鴉	兄、弟、父、母	虐兒、變形、知情、懲罰	魯凱族	1931〔註168〕
11	婦人情迷與子變鳥	兄、弟、父、母	虐兒、變形、知情	卑南族	1963〔註169〕

〔註159〕同註一〇七，頁二六五～二六八。
〔註160〕同註五四，頁二七～二九。
〔註161〕同註六二，頁四一三～四一四。
〔註162〕同註六二，頁四一四四一五。
〔註163〕同註六二，頁四一五。
〔註164〕同註六二，頁四一五。
〔註165〕同註六二，頁四一五。
〔註166〕同註六八，頁二六五～二六八。頁七〇～七三。
〔註167〕小川尚義：《原語による台灣高砂族傳說故事集》，（台北・南天書局，一九三五年台北初版，一九九六年二刷），頁一六〇～一六二。
〔註168〕同註一六七，頁三七七～三七九。
〔註169〕同註一〇九，頁六六～六八。

12	姊妹鳥	姊、妹、父、母	虐兒、變形、知情、懲罰	卑南族	1966〔註170〕
13	兄妹變鳥	兄、妹、父、母	虐兒、變形、知情、懲罰	魯凱族	1970〔註171〕
14	變烏鴉	兄、妹、父、母	虐兒、變形、知情	魯凱族	1971〔註172〕
15	烏鴉	兄、妹、父、母	虐兒、變形、報復	魯凱族	1972〔註173〕
16	姊妹鳥	姊、妹、父、母	虐兒、變形、知情、懲罰	卑南族	1988〔註174〕
17	姊妹鳥	姊、妹、父、母	虐兒、變形、知情、懲罰	卑南族	1988〔註175〕
18	兄妹鳥	兄、弟、父、母	虐兒、變形、知情	卑南族	1988〔註176〕
19	姊妹鳥	姊、妹、父、母	虐兒、變形、知情、懲罰	卑南族	1988〔註177〕
20	兄妹鳥	兄、弟、父、母	虐兒、變形、知情、殺夫	卑南族	1988〔註178〕
21	第五則故事	兄、弟、父、母	虐兒、變形、知情、懲罰	排灣族	1990〔註179〕
22	哭泣而丟失的孩子	兄、弟、母	虐兒、變形	鄒族	1993〔註180〕
23	兄妹鳥	兄、妹、父、母	虐兒、變形、投告、懲罰	卑南族	1995〔註181〕
24	兩兄妹	兄、妹、父、母	虐兒、變形、知情、懲罰	排灣族	1996〔註182〕
25	人變烏鴉的故事	兄、弟、父、後母	虐兒、變形、知情	魯凱族	1996〔註183〕

〔註170〕同註一一五，頁一一七～一二〇。
〔註171〕同註七六，頁三三～四六。
〔註172〕同註七七，頁九一～九三。
〔註173〕同註七七，頁一四九～一五二。
〔註174〕同註一一五，頁一二〇。
〔註175〕同註一一五，頁一二〇。
〔註176〕同註一一五，頁一二〇。
〔註177〕同註一一五，頁一二〇。
〔註178〕同註一一五，頁一二〇～一二一。
〔註179〕湯賢慧：《排灣語傳統神話故事集》，（台北中央研究院歷史語言研究所，民國八十四年十二月），頁七四～九一。
〔註180〕同註七八，頁二二一。
〔註181〕劉吉勇講述，張百蓉採錄，高雄縣鳳山市，一九九五年十二月二十四日。
〔註182〕同註八二，頁一一～一二。
〔註183〕同註八〇，頁五七～六〇。

26	惡母棄兒	姐、弟、母	虐兒、變形、投告	魯凱族	1996〔註184〕
27	惡母棄兒	兩個孩子、母	棄兒、變形	魯凱族	1996〔註185〕
28	兄妹鳥	兄、弟、父、母	虐兒、變形、投告、懲罰	卑南族	1996〔註186〕
29	為什麼我們不打烏鴉	兄、妹、父、母	虐兒、變形、知情、懲罰	魯凱族	1996〔註187〕
30	兩兄弟與一隻老鼠	兄、弟、父、母	虐兒、變形、知情、懲罰	排灣族	1997〔註188〕
31	自食惡果的後母	兄、弟、後母、父	虐兒、變形、知情、懲罰	排灣族	1997〔註189〕
32	兄妹鳥	兄、妹、父、母	虐兒、變形	排灣族魯凱族	1997〔註190〕
33	兩隻鳥	兄、弟、父、母	虐兒、投告、懲罰、變形	排灣族	1997〔註191〕
34	人變鳥	兄、弟、父、母	虐兒、變形、投告、懲罰	排灣族	1998〔註192〕
35	人變鳥	姊、妹、父、母	虐兒、變形、投告、懲罰	排灣族	1998〔註193〕
36	人變鳥	姊、妹、父、母	虐兒、變形、知情、懲罰	魯凱族	1999〔註194〕
37	人變鳥的故事	兄、弟、父、母	虐兒、變形、投告、懲罰	魯凱族	1999〔註195〕
38	鷹王	兄、妹、母	棄兒、變形	漢族	1999〔註196〕

〔註184〕同註八〇，頁五三～五五。
〔註185〕同註八〇，頁五五。
〔註186〕劉吉勇講述，張百蓉採錄，高雄縣鳳山市，一九九六年五月十九日。
〔註187〕同註八〇，頁六一～六五。
〔註188〕同註八四，頁一七五～一七八。
〔註189〕同註八四，頁六五～七〇。
〔註190〕同註九三。
〔註191〕同註八二，頁一七～一八。
〔註192〕同註九四。
〔註193〕吳呂月嬌講述，張百蓉採錄，高雄市前鎮區，一九九八年十二月十三日。
〔註194〕同註一〇二。
〔註195〕林雪櫻講述，宋阿福口譯，盧春暉、宋雅芳、呂美玲、曾惠美、蘇文君、郭秀雯採錄，高雄市小港區，二〇〇〇年四月九日。
〔註196〕陳勁榛：《台灣民間故事選十六》，（馬路客 http://vm.rdb.nthu.edu.tw/mallok/Folk/content.asp?post_serial=672，二〇〇一年三月二十七日投稿），二〇〇三年二月二十二日下載。

	故事名稱	主人翁	情節項目	講述人族別	採錄或印行時間
39	受虐兒	兩小孩、父、母	虐兒、變形、知情、懲罰	排灣族	2000〔註197〕
40	變成烏鴉的孩子	兄、弟、父、母	虐兒、變形、知情、懲罰	魯凱族	2000〔註198〕
41	烏鴉和藍鵲的由來	兄、弟、父、後母	虐兒、變形、投告、懲罰	排灣族	2001〔註199〕

五、尿聲退敵

　　「尿聲退敵」類型流傳的族群是卑南族與阿美族，只有一個情節：「誤判」，說的是攻擊的一方把一婦人的尿聲聽成有人在說：「九」，於是誤判情勢，白白放棄自己的優勢。而在這個固定的情節之中，所運用的情節單元很固定，那就是：「撒尿之聲，被誤以為是人在說話」〔註200〕，甚至於在情節單元中所用的素材也很固定：尿聲和「九」的發音一樣。故事中的人物雖各說互有變異，但敵對者與婦人這兩者的關係與性別都不曾移易。

　　其基本結構可訂定如下：

　　　九個別族人要來獵人頭，躲在工寮的女人急得尿出來，尿聲與「九」
　　　的發音一樣，對方以為事跡敗露，便取消行動。

尿聲退敵類型各說的差別列表如後：

	故事名稱	主 人 翁	情節項目	講述人族　別	採錄或印行時間
1	尿聲退敵	女人、九個別族人	誤判	卑南族	1995〔註201〕
2	鳥占	一對夫妻、兩個敵人	誤判	卑南族	1988〔註202〕
3	巴吉浪和蒙那利之戰	蒙那利族的婦人、九個巴吉浪族人	誤判	阿美族	1996〔註203〕

〔註197〕黃秀美講述，李英慈、鄭英汝、李幸美、古君婷採錄，屏東縣來義鄉文樂村，二〇〇〇年四月二十二日。
〔註198〕同註九八，頁一〇三～一〇七。
〔註199〕柯經國講述，陳雅齡、蘇雅琪採錄，屏東縣三地門村，二〇〇一年二月二十五日。
〔註200〕金榮華：《高雄屏東地區卑南族與魯凱族口傳故事之採錄與整理》，(行政院國家科學委員會專題計劃 NSC 84-2421-11-034-001-A7，民國八十六年)，頁六四。
〔註201〕同註二〇〇，頁六二～六四。
〔註202〕同註一一五，頁九九～一〇〇。
〔註203〕金榮華：《台灣阿美族民間故事》，(台北中國口傳文學學會，民國九十年十月)，頁三五～三七。

六、神奇的女婿

「神奇的女婿」類型是以「聯姻」、「執行助人任務」、「離去」的架構，敘述一個贅入新家庭的男子在眾人寄予厚望之下，以出人意表的方式生產豐碩的物資，而後又神秘地離去的事蹟。這一個類型故事所流布的族群包括了：阿美族、泰雅族、賽夏族和卑南族。做為故事核心人物的女婿，在一九八七年以前的紀錄幾乎都是來自天上，甚至根本就是神。而這樣的情形還平均的出現在上述各族之中。女婿身分褪去神仙色彩者，目前可見的則在一九九二年以後。而隨著身分的轉移，各異說的結構順序和角色的作用也較多變。儘管如此，其架構中的各部分都已經具有一貫而固定的情節，諸如「聯姻」段中，男子只埋頭做些工藝，而不事農務。「執行助人任務」段中，將其工藝成品運用在農事的操作，效果神奇而迅速。與眾不同的種植策略，換得大豐收。「離去」段中，因為家人的失誤，造成意外，男子不知所終。

根據上述，「神奇的女婿」類型故事的基本結構可訂定如下：

> 男子入贅貧窮家庭，婚後卻不務農事，成天只做陀螺或捻線。若干時間之後，他利用陀螺或捻線，迅速完成整地。播種時，他不種米稻種瓜果，待收割入倉後，瓜果變成米，收穫豐碩。而後男子離奇消失，不知所終。

神奇的女婿類型各說的差別列表如後：

	故事名稱	主人翁	情節項目	講述人族別	採錄或印行時間
1	米、小米、豬出生的傳說	入贅的女婿（下凡之貴人）	聯姻、執行助人任務、離去	阿美族	1912～1913〔註204〕
2	食物起源	女婿（雷神）、岳母	聯姻、執行助人任務、離去	泰雅族	1920〔註205〕
3	ボトンリナマイ神	女婿（ボトンリナマイ神）、妻子	聯姻、執行助人任務、離去、祭ボトンリナマイ神的由來	阿美族	1923〔註206〕

〔註204〕同註一〇七，頁一五～一六。
〔註205〕佐山融吉：《蕃族調查報告書》太么族後篇（大正九年），轉引自尹建中編：《臺灣山胞各族傳統神話故事與傳說文獻編纂研究》，（台北國立台灣大學人類學系，民國八十三年四月），頁七七。佐山融吉、大西吉壽：《生蕃傳說集》，（台北·南天書局，一九二三年台北初版，一九九六年二刷），頁五五二～五五三。
〔註206〕同註六二，頁五五四～五五七。

4	イドック神	女婿（イドック神）、岳母	聯姻、執行助人任務、離去、	阿美族	1923〔註207〕
5	イロク神	女婿（イロク神）	聯姻、執行助人任務、離去	阿美族	1923〔註208〕
9	チヤウダイ	女婿、妻子	聯姻、執行助人任務、離去	阿美族	1923〔註209〕
10	雷神	女婿、岳父、妻子	聯姻、執行助人任務、離去	賽夏族	1923〔註210〕
11	彩霞	女婿、岳母、妻子	聯姻、執行助人任務	卑南族	1987〔註211〕
12	做陀螺的人——福通	男子、妻子	展現異能、聯姻、離去	阿美族	1992 ～ 1993〔註212〕
13	福東傳奇	女婿、岳父、岳母、妻子	聯姻、展現異能、離去	阿美族	1996〔註213〕
14	神奇的女婿	女婿、岳母、妻子	聯姻、執行助人任務、離去	阿美族	1998〔註214〕

七、兩姊妹

　　「兩姊妹」類型的主人翁都是兒童，手足兩人的有十八例，其餘的都只有一人，除了「彩虹女」和「毛阿卡凱的傳說」兩例是被母親虐待，以及「一個女孩的故事」一例是出身貧寒的平民家庭之外，其他異說裡的孩子都是失去父母的孤兒。

　　這一類型故事流傳的族群包括了：阿美族、排灣族、魯凱族以及卑南族。綜合各異說所見，出現過的故事情節總共有：「家有變故」、「相依」、「遭人欺虐」、「虐兒」、「神奇的幫助」、「神奇的能力」、「出人頭地」、「報復」、「懲罰」、「離去」。其中屬於平行性質的段落，計有四組：

〔註207〕同註六二，頁五五七～五六一。
〔註208〕同註六二，頁五六一～五六四。
〔註209〕同註六二，頁五六四～五六八。
〔註210〕同註六二，頁五六八～五七〇。
〔註211〕同註一一五，頁九五～九八。
〔註212〕李來旺：《阿美族神話故事》，（台東市交通部觀光局東部海岸風景特定區管理處，民國八十三年一月），頁二一七～二二二。
〔註213〕同註一九六，二〇〇一年三月五日投稿，二〇〇三年二月二十二日下載。
〔註214〕林光輝講述，張百蓉採錄，高雄市左營區，一九九八年五月十七日。

（一）「家有變故」和「相依」。「家有變故」的敘述以父母亡故，家中一無所有為主。至於陳慕義的「一個女孩的故事」是以平民的家庭為造成一無所有的背景。「彩虹女」和「毛阿卡凱的傳說」兩例則是發生父親外出、母親心性突轉的變故。而「相依」的敘述直指只有祖孫兩人的家境貧困，實已暗含了主人翁無父無母的遭遇。

（二）「遭人欺虐」和「虐兒」。「遭人欺虐」的情節包括了村民、鄰人或親戚的欺凌幼小，其手段包括不給水、不給食物、把垃圾丟到孩子的家。至於那平民女孩則是在幫傭的頭目家吃得差、穿得爛、做得多。「虐兒」的變異在於施虐者是母親。

（三）「神奇的幫助」和「神奇的能力」。「神奇的幫助」其助力的來源大多是亡故的親人，包括父母、祖父母，也有神明。還一些是具有神奇能力的親人、朋友或動物。這些外來的協助者，或者教主人翁施法唸咒，或者贈送可以隨心所欲變出東西的神奇物件。「神奇的能力」中的主人翁常常是具有貴族血統，也擁有隨之而具有的施法唸咒能力，能夠變出想要的一切。

（四）「出人頭地」、「懲罰」及「離去」。「出人頭地」多半是恢復頭目的地位，或者經由聯姻、財富的獲得而擁有等同頭目的地位。而這些出人頭地的人還讓那些曾經虐待他的人自食惡果，包括垃圾飛回丟垃圾者的家中、被自己丟的垃圾弄瞎眼睛、眾人無滴水可用。「懲罰」所述的是回家後知情的父親將母親燙死。「離去」則是神奇助人者的離開。

上述前三組中各段都是不可並存的，第四組則有容或並見的現象。在各個異說之中，這四組的組合又有減省一、二個組別，甚至三個組別的變化，但是「神奇的幫助」和「神奇的能力」這一組卻絕不可少。可見，「兩姊妹」類型故事的核心是在「神奇的幫助」或「神奇的能力」，其他各段落則從此核心向前、向後伸展，目前看來前面兩段的發展比較穩定，後面一段則猶有蹁附增益的現象。而且除了上述的「出人頭地」、「懲罰」及「離去」之外，排灣族吳呂月嬌講述的「兩姊弟的故事」，甚至還增附了一個「流珠洞」的情節。

綜觀上述，本類型的基本結構可訂定如下：

> 家中遭逢變故的孤兒受人欺凌，衣食匱乏。後來孤兒獲得神奇的幫助，終於心想事成，出人頭地。而曾經欺凌他們的人則一無所有，懇請施捨。

兩姊妹類型各說的差別列表如後：

	故事名稱	主 人 翁	情節項目	講述人族別	採錄或印行時間
1	有關孤兒的傳說（一）	姊弟、婦人	家有變故、遭人欺虐、神奇的能力、出人頭地	阿美族	1912 ～ 1913〔註215〕
2	有關孤兒的傳說（二）	姊妹、鴿子、婦人	家有變故、神奇的幫助	阿美族	1912 ～ 1913〔註216〕
3	成了孤兒的兩兄弟	兄弟	家有變故、神奇的能力	排灣族	1921 ～ 1938〔註217〕
4	鯨魚爺爺	姊妹、鯨魚	家有變故、遭人欺虐、神奇的能力、出人頭地	排灣族	1921 ～ 1938〔註218〕
5	天助	孤兒、兩個朋友	家有變故、神奇的幫助、出人頭地	排灣族	1923〔註219〕
6	天助	兄弟、老婦人、鳩	家有變故、遭人欺虐、神奇的幫助、出人頭地	阿美族	1923〔註220〕
7	彩虹女	毛阿卡凱（姊）、毛得可度（妹）、爸爸、媽媽、熊	虐兒、神奇的幫助、懲罰、出人頭地	魯凱族	1929〔註221〕
8	饑荒	兩個孩子、媽媽	家有變故、神奇的幫助	卑南族	1930〔註222〕
9	盲目的寡婦	盲眼寡婦、孫女、青年們	遭人欺虐、神奇的能力、懲罰	阿美族	1930〔註223〕
10	孤兒和烏鴉	兄弟、老人	家有變故、神奇的幫助、離去	排灣族	1931〔註224〕

〔註215〕同註一一七，頁一八。

〔註216〕同註二一五。

〔註217〕同註五四，頁一二～一三。

〔註218〕同註五四，頁九～一一。

〔註219〕同註六二，頁六六一。

〔註220〕同註六二，頁六六一～六六二。

〔註221〕同註六八，頁三三九～三五一。頁一五二～一五八。

〔註222〕同註一六九，頁三二四～三二七。林道生譯文：《原住民神話故事全集（一）》，（台北漢藝色研文化事業有限公司，民國九○年），頁一二五～一二六。

〔註223〕同註六八，頁五二七～五三一。頁一八七～一八九。

〔註224〕同註六八，頁二八一～二八五。頁一四三～一四五。

11	種鹿	兄弟、男人	神奇的幫助	排灣族	1931〔註225〕
12	因果報應	孤女、兩青年、祖父	家有變故、遭人欺虐、神奇的幫助、出人頭地	排灣族	1931〔註226〕
13	知本社的傳說	姊妹	家有變故、遭人欺虐、神奇的幫助、出人頭地	卑南族〔註227〕	1932〔註228〕
14	亡母幫助孩子的故事（一）	兩個孩子、亡母	家有變故、遭人欺虐、神奇的幫助	阿美族	1965〔註229〕
15	亡母幫助孩子的故事（二）	兄妹、亡母	家有變故、遭人欺虐、神奇的幫助	阿美族	1965〔註230〕
16	一個女孩的故事（一）	孤女、僕人、叔叔、嬸嬸、奶奶	家有變故、遭人欺虐、神奇的幫助、出人頭地	卑南族	1966〔註231〕
17	毛阿卡凱的傳說	父母、女孩、女友、男友	虐兒、神奇的能力、出人頭地	魯凱族	1970〔註232〕
18	一個女孩的故事（二）	孤女、僕人、村民、奶奶	家有變故、遭人欺虐、神奇的幫助	卑南族	1987〔註233〕
19	第一則故事	姊妹、亡故的父母、頭目夫妻、頭目之子、村民	家有變故、遭人欺虐、神奇的幫助、出人頭地	排灣族	1990〔註234〕
20	毛阿卡凱傳說	兄妹、老人、亡故的父母	家有變故、遭人欺虐、神奇的幫助、出人頭地	魯凱族	1992〔註235〕

〔註225〕同註六八，頁一九九～二〇一。頁一三二。

〔註226〕同註六八，頁二一八～二二二。頁一三四～一三五。

〔註227〕原作排灣族知本社，由於日本學者曾將卑南族、魯凱族、排灣族統為一族，從此判斷，排灣族知本社應當指卑南族。

〔註228〕鈴木作太郎：《臺灣の番族研究》，（台北·臺灣史籍刊行會，一九三二年九月初版，台北·南天書局，一九八八年六月再版），頁一四三。陳萬春譯：《臺灣蕃人的口述傳說》，（台北·《民間文學資料匯刊》自印本，民國八十七年十月），頁五三～五四。

〔註229〕同註一一九，頁四三。

〔註230〕同註一一九，頁四三～四五。

〔註231〕同註一一五，頁四七～五〇。

〔註232〕同註七六，頁五〇～七二。

〔註233〕同註一一五，頁五〇～五三。

〔註234〕同註一七九，頁六～四一。

〔註235〕同註七六，頁二〇六～二一四。

21	神奇的葫蘆	孤兒、祖母	相依、神奇的能力	魯凱族	1996〔註236〕
22	兩兄弟	兄弟、村人	家有變故、遭人欺虐、神奇的幫助、出人頭地	排灣族	1996〔註237〕
23	寶箱	孤女、祖母	家有變故、遭人欺虐、神奇的幫助、出人頭地	排灣族	1996〔註238〕
24	穆娃卡依卡依的故事	姊妹、天上的青年	家有變故、遭人欺虐、神奇的能力、出人頭地	排灣族	1996〔註239〕
25	獅子認女兒	孤女、獅子、父親	家有變故、神奇的幫助	排灣族	1997〔註240〕
26	兩姊弟的故事	姊弟	家有變故、遭人欺虐、神奇的幫助、出人頭地+流珠洞	排灣族	1998〔註241〕
27	兩姊妹的故事	姊妹	家有變故、遭人欺虐、神奇的幫助、出人頭地	排灣族	1998〔註242〕
28	頭目的孩子復仇的故事	兄妹、亡故的父母	家有變故、遭人欺虐、神奇的幫助	魯凱族	2000〔註243〕
29	一個女孩的故事	女孩、老人	家有變故、遭人欺虐、神奇的幫助、出人頭地	排灣族	2001〔註244〕
30	孤女的故事	女孩	家有變故、遭人欺虐、神奇的幫助、出人頭地	排灣族	2001〔註245〕

〔註236〕同註八〇，頁四三～五〇。
〔註237〕同註八二，頁八〇～八一。
〔註238〕同註八二，頁七六。
〔註239〕同註八二，頁六五～六六。
〔註240〕同註八四，頁一〇九～一一四。
〔註241〕同註一九三。
〔註242〕同註八四。
〔註243〕同註八八，頁二〇四～二〇八。
〔註244〕陳慕義講述，劉秋治、孫瑱淳採錄，高雄市左營區，二〇〇一年二月十九日。
〔註245〕陳學進講述，幼一丙第六組成員採錄，高雄縣林園鄉，二〇〇一年二月二十一日。

八、人鹿通婚

「人鹿通婚」類型的角色很固定，就是女孩、鹿和父親，只有一例是姨父，然而該說法中的女孩是個孤兒，由姨父母撫養，因此這位姨父是等同父親的。這個流傳於泰雅、賽夏、阿美、排灣、卑南等族的類型故事，以少女與鹿的相戀為核心，鹿跡為線索，引來不知情的父親的射殺，導致少女殉情自盡。而少女與鹿相見的地點都在田邊，父親的射殺都是以為或發現作物被蹂躪，少女殉情時也多以鹿角貫胸。惟有泰雅族和賽夏族聯繫螃蟹來源之說的兩個例子是落水，且未必都殉情，另一則賽夏族說法「女孩與鹿」，結局則是在水邊產下許多物種。可見這個故事類型在上述五族中流傳時，有分為兩組的局部變異，也就是泰雅族和賽夏族一組，阿美族、排灣族和卑南族一組。

然而，在高雄地區所採錄的卑南族說法除了角色和少女與鹿的戀情，這兩個與上述各說一致且固定的部分之外，故事情節的發展、背景以及父親與其戀情的對應關係都有迥然不同的變動。因此，卑南族說法在主題上雖然與「人鹿通婚」類型相同，但就故事情的架構看來，並不能算是「人鹿通婚」的類型故事，而只是個與「人鹿通婚」類型同類的故事。不過，除了一致的角色和戀情之外，其結尾處又帶出頭目家有鹿頭為地位象徵的風俗，則可見其與這個流傳甚久的故事類型還是有些許牽連的。

本故事類型的基本結構如下：

> 少女與鹿在田邊相會，父親見田裡有鹿跡，遂埋伏射殺該鹿。少女
> 見狀，以鹿角貫胸殉情自盡。

人鹿通婚類型各說的差別列表如後：

	故事名稱	角　色	情節項目	講述人族　別	採錄或印行時間
1	水鹿通少女之傳說〔註246〕	女孩、水鹿、父親	留蹤、射殺、殉情	卑南族	1913〔註247〕

〔註246〕同註五五，頁七四。
〔註247〕佐山融吉著，黃文新譯：《蕃族調查報告書》卑南族卑南社（大正二年），轉引自尹建中編：《臺灣山胞各族傳統神話故事與傳說文獻編纂研究》，（台北·國立台灣大學人類學系，民國八十三年四月），頁二五七。

2	與鹿結爲夫婦的女子	女孩、鹿、父親	留蹤、射殺、殉情	卑南族	1915〔註248〕
3	與鹿結爲夫婦的美人	女孩、花鹿、父親	留蹤、射殺、殉情	阿美族	1915〔註249〕
4	蟹	女孩、花鹿、父親	留蹤、射殺、變形	泰雅族	1923〔註250〕
5	蟹	女孩、花鹿、父親	留蹤、射殺、變形	賽夏族	1923〔註251〕
6	鹿的情人	女孩、大鹿、父親	留蹤、射殺、殉情	排灣族	1923〔註252〕
7	鹿的情人	女孩、大鹿、姨父	射殺、殉情	排灣族	1923〔註253〕
8	鹿的情人	女孩、大鹿、父親	留蹤、射殺、殉情	阿美族	1923〔註254〕
9	鹿的情人	女孩、大鹿、父親	留蹤、射殺、殉情	阿美族	1923〔註255〕
10	鹿的情人	女孩、大鹿、父親	留蹤、射殺、殉情	排灣族〔註256〕	1923〔註257〕
11	鹿	女孩、大鹿、父親	留蹤、射殺、殉情	卑南族	1929〔註258〕
12	以花鹿爲夫	女孩、花鹿、父親	幫工、射殺、殉情	阿美族	1930〔註259〕
13	女孩和鹿	女孩、鹿、父親	看田、射殺、產子	賽夏族	1930〔註260〕
14	少女與野獸戀愛的故事	女孩、鹿、山豬、父親	留蹤、射殺、產子	布農族	1944〔註261〕
15	人跟鹿結婚	女孩、花鹿、父親	幫工、射殺、殉情、伐木開墾祭的由來	阿美族	1958～1959〔註262〕

〔註248〕同註一一七，頁二七四。

〔註249〕同註一一七，頁一四～一五。

〔註250〕同註五五，頁四八八～四八九。頁八九。

〔註251〕同註五五，頁四八九～四九〇。頁二八八。

〔註252〕同註五五，頁七二二。頁二二一。

〔註253〕同註五五，頁七二二～七二三。頁二二一。

〔註254〕同註六二，頁七二三。

〔註255〕同註二〇四。

〔註256〕原作排灣族卑南社，蓋日據時期曾將卑南族歸在排灣族，故此處當是卑南族。

〔註257〕同註六二，頁七二三。

〔註258〕同註六八，頁三一六～三一八。頁四七～四八。

〔註259〕同註六八，頁四八七～四九一。頁四五～四七。

〔註260〕同註六八，頁一二一～一二三。頁四八～四九。

〔註261〕田銀旺著，李璧年、黃秀敏、許俊德譯：〈祖先的故事〉，(《民族學研究所資料彙編》，民國八十八年六月，十四期)，頁一〇一。

〔註262〕王崧興：〈馬太安阿美族之宗教及神話〉，(《民族學研究所集刊》，民國五〇年秋季，十二期)，頁一四二～一四四。

16	少女與鹿的故事	少女、鹿、父親	留蹤、射殺、殉情	卑南族	1963 〔註263〕
17	少女和公鹿	女孩、鹿、父親	留蹤、射殺、殉情	卑南族	1966 〔註264〕
18	鹿與蟹	女孩、鹿、祖父	留蹤、射殺	泰雅族	1984 〔註265〕
19	少女和公鹿	女孩、鹿、父親	留蹤、射殺、殉情	卑南族	1987 〔註266〕
20	少女和公鹿	女孩、鹿、父親	留蹤、射殺、殉情	卑南族	1987 〔註267〕
21	人與鹿結婚的故事	女孩、鹿、父親	相見、反對、結局	卑南族	2001 〔註268〕

九、不祥的女人

「不祥的女人」類型在卑南族的流傳，有包含在兩兄弟的傳說之中和自成首尾的個別故事兩種形式。至於在其他族群如：布農、泰雅、阿美、排灣、魯凱族，則都是一個單獨出現的故事。

本類型故事的內容都是敘述一個身體有異狀會傷害丈夫的女孩的遭遇。「禍夫」和「除害」兩項的出現率最高，有兩者並見的，也有只見其一的，似乎並沒有一個固定不移的情節項目。實則，這兩個項目都建立在一個固定不移的奇異現象，也就是情節單元「下體有齒」。唯一例外的是魯凱族的「漂流的箱子」，內容簡要且對此情節單元隻字不提。但根據其流放一節的敘述，此說應是「不祥的女人」類型的殘篇異說，仍然屬於「不祥的女人」類型。

在高雄都會區所採之本類型故事，講述人有排灣、卑南和魯凱族，而在卑南族人的講述中，仍然有含藏在長篇傳說和單獨成篇兩種形態。

從上述各說之所同，可見本故事類型的基本結構為：

> 有個美女一結婚丈夫便沒命，原來她的下體有牙齒。於是人們把美女放在箱子裡，丟到水裡流走。

〔註263〕同註一○九，頁七三～七四。
〔註264〕同註一一五，頁一○七～一○八。
〔註265〕吳文政：《泰雅爾族神話故事》，(台北・台灣世界展望會家庭生活教育組，民國七十三年十二月)，頁五四。
〔註266〕同註二六六。
〔註267〕同註一一五，頁一○八。
〔註268〕詹子琳講述，陳貴淑、吳瑛秋、林惠萍、張金菊、梁秋珍採錄，高雄市三民區，二○○一年一月二十日。

不祥的女人類型各說的差別列表如後：

	故事名稱	主人翁	情節項目	講述人族別	採錄或印行時間
1	可怕的女人	美女、母親	禍夫、除害	布農族	1915〔註269〕
2	卑南社的祖先	美女、知本人、兩兄弟與姊姊、阿美族	創社、禍夫、流放、殺蛇報仇、風箏救弟、弒親之懲、作災報復	卑南族	1916〔註270〕
3	可怕的女人	美女、母親	禍夫、除害	泰雅族	1923〔註271〕
4	可怕的女人	老女	除害	泰雅族	1923〔註272〕
5	可怕的女人	美女、母親	禍夫、流放、除害	魯凱族〔註273〕	1923〔註274〕
6	可怕的女人	美女、母親	禍夫、流放、除害	排灣族	1923〔註275〕
7	可怕的女人	美女、母親	禍夫、流放、除害	排灣族	1923〔註276〕
8	可怕的女人	美女、母親	除害	排灣族	1923〔註277〕
9	進化	人類	除害	賽夏族	1923〔註278〕
10	進化	人類	除害	排灣族	1923〔註279〕
11	女陰有齒的女人	美女、母親	禍夫、流放、除害	阿美族	1929〔註280〕

〔註269〕佐山融吉：《蕃族調查報告書》武崙族前篇（大正四年），轉引自尹建中編，余萬居譯：《臺灣山胞各族傳統神話故事與傳說文獻編纂研究》，（台北·國立台灣大學人類學系，民國八十三年四月），頁一五二。佐山融吉、大西吉壽：《生蕃傳說集》，（台北·南天書局，一九二三年台北初版，一九九六年二刷），頁七〇八。

〔註270〕森丑之助著：〈卑南社の祖先〉《人類學雜誌》三一（一）：二一～三二（大正五年），轉引自尹建中編，劉佳麗譯：《臺灣山胞各族傳統神話故事與傳說文獻編纂研究》，（台北國立台灣大學人類學系，民國八十三年四月），頁一九。

〔註271〕同註五五，頁七〇七～七〇八。頁九五。

〔註272〕同註六二，頁七〇八。

〔註273〕原作排灣族大南社，因日據時學者將魯凱、卑南併爲排灣族，故此處當爲魯凱族。

〔註274〕同註六二，頁七〇八～七〇九。

〔註275〕同註五五，頁七〇九。頁二一二。

〔註276〕同註二七五。

〔註277〕同註六二，頁七〇九。

〔註278〕同註二七七。

〔註279〕同註五五，頁七〇九。頁二八九。

〔註280〕同註六六，頁五五四～五五五。頁三八～三九。頁三五。

12	女陰之齒	長女、母親	禍夫、除害	排灣族	1931〔註281〕
13	模阿卡凱	美女、母親	禍夫、流放、除害	排灣族	1931〔註282〕
14	模阿古嚕嚕	男人、女人	除害	魯凱族	1931〔註283〕
15	陰陽綺譚	男人、女人	除害	魯凱族	1931〔註284〕
16	女陰	女陰	禍夫、除害	魯凱族	1931〔註285〕
17	女陰有齒的傳說	美女、母親、知本人	禍夫、流放、除害	排灣族	1932〔註286〕
18	「月牙」傳說	男人、女人	禍夫、除害	排灣族	1940〔註287〕
19	女陰長齒的故事	女子、男子、兄妹三人、外婆	禍夫、流放、除害、報仇	阿美族	1960〔註288〕
20	漂流的箱子	女子、男子	流放	魯凱族	1971〔註289〕
21	禍夫之女	美女、老人家	禍夫、流放	卑南族	1996〔註290〕
22	關於生殖器	美女、母親	禍夫、除害	布農族	1997〔註291〕
23	不祥的女人	女孩	禍夫、流放	排灣、魯凱族	1997〔註292〕
24	被放逐的女人	美女、母親	禍夫、流放	魯凱族	1998〔註293〕
25	琉璃珠怎麼來的	美女、母親、巫婆	禍夫、除害	排灣族	2000〔註294〕

〔註281〕同註六六，頁一九三～一九四。頁三八。頁二一四。

〔註282〕同註六六，頁二六九～二七一。頁三七～三八。頁二一四。

〔註283〕同註六六，頁三八九。頁四四。頁二七七。

〔註284〕小川尚義：《原語による台灣高砂族傳說故事集》，（台北・南天書局，一九三五年台北初版，一九九六年二刷），頁三七七。尹建中編，余萬居譯：《臺灣山胞各族傳統神話故事與傳說文獻編纂研究》，（台北・國立台灣大學人類學系，民國八十三年四月），頁二七七。

〔註285〕同註六六，頁三六〇～三六一。頁三八～三九。頁二七七。

〔註286〕同註二二八，頁一四八～一四九。頁六三～六四。

〔註287〕金關丈夫，一九四〇：一九一六～一九三九，轉引自許美智：《排灣族的琉璃珠》，（台北・稻香出版社，民國八十一年十一月初版），頁八六～八七。

〔註288〕王崧興：〈馬太安阿美族的故事〉，（《民族學研究所集刊》，民國五十一年秋季，十四期），頁一一二～一一四。

〔註289〕同註七六，頁一〇〇。

〔註290〕蔡武雄講述，張百蓉採錄，高雄市左營區，一九九六年四月三十日。

〔註291〕同註八三，頁一八〇。

〔註292〕同註九三。

〔註293〕同註九八，頁一九二～一九三。

〔註294〕江海：《漂流兩千年——邏發尼耀族家史》，（屏東縣立文化中心，民國八十九年），頁一一。

十、聰明的小孩

　　「聰明的小孩」類型流傳的族群有平埔族和阿美族。故事裡人物的身分並不固定，但都是相互對立的。故事架構為主人翁與眾人對峙，後來主人翁用計脫身。其固定的情節便是敘述其如何脫險的「應敵」。三則說法所運用的情節單元都是：咒唸使人黏坐在石頭上。

　　故此類型故事的基本結構為：

> 一個人被一群人追捕，被追的人爬上樹去，他要求樹下的人坐在石頭上聽他說完故事再捉他。他邊說故事邊唸咒語，等對方都黏在石頭上了，便從容逃脫。

聰明的小孩類型各說的差別列表如後：

	故事名稱	主人翁	情節項目	講述人族別	採錄或印行時間
1	惡靈的故事	兩個惡靈、青年	作怪、應敵	阿美族	1960〔註295〕
2	對敵人「下向」的傳說	加禮宛人、泰雅族人	應敵	噶瑪蘭族	1994〔註296〕
3	聰明的小孩	小孩	應敵	阿美族	1997〔註297〕

十一、徬徨無助的小孩

　　「徬徨無助的小孩」類型故事有一個常見於「兩姊妹」類型故事的開頭：「家有變故」。只不過，接下來的發展自成一個固定的模式：「神奇的變化」。而其變成的物體雖然不一樣，卻都取用兄姊背弟妹的形貌。這類型故事有阿美族和鄒族的說法，都採自高雄都會區。然而從其故事來源可知，前者是小時候聽父母說的，後者是小時候從同學之間聽來的。以兩位講述者分別為三十多歲和五十多歲的年齡估算，這種故事少說也已經在二十多年前出現了。

　　以下為其基本結構：

> 爸媽外出工作，從此沒有回來，家裡只剩下兩個孩子，找不到父母的兩個孩子變成背在一起的青蛙（或石頭）。

〔註295〕同註二八七，頁九九～一○一。
〔註296〕張振岳：《台灣後山風土誌》，（台北臺原出版社，民國八十三年六月），頁一三四。
〔註297〕洪學良講述，張百蓉採錄，高雄市前鎮區，一九九七年四月二十二日。

徬徨無助的小孩類型各說的差別列表如後：

	故事名稱	主人翁	情節項目	講述人族　別	採錄或印行時間
1	人變青蛙	兄妹	家有變故、神奇的變化	阿美族	1997〔註298〕
2	化成石頭的姊弟	姊弟	家有變故、神奇的變化	鄒族	1999〔註299〕

十二、離家出走的孩子

　　「離家出走的孩子」類型流傳於排灣、魯凱兩族，故事中的核心人物是兄、弟和母親，由於母親偏愛其中一位，導致孩子深受刺激，無法回家面對自己的處境，於是留在山林。而被偏愛的孩子或者因為失去手足而哀傷，或者一起逗留在外，遠離家園。父親的角色係以其對子女的公平慈愛來對照母親的偏心，但不必為每一個說法所強調，因此不一定出現。至於妹妹的角色，其作用和兄、弟近似，被加進來的機率就更低了。

　　本類型故事的段落組合絕大多數為：1、母親偏心。2、孩子離家。而「母親偏心」段下的情節都是以母親為兩人準備的食物內容，來反映母親的偏心。「孩子離家」段下，被嫌惡的孩子因此不願回家，其兄弟或者回去稟告父親，或者一起流落在外。流落在外的人都以變形之姿在山林裡生存。唯有一例是和精怪成婚生子。

　　其基本結構如下：

　　　　偏心的母親作了兩個內容懸殊的午餐，被嫌惡的兒子傷心欲絕，因
　　　　此變成異物，流落在外。

離家出走的孩子類型各說的差別列表如後：

	故事名稱	主 人 翁	情節項目	講述人族　別	採錄或印行時間
1	兄弟變成豹與熊	兄、弟、母	母親偏心、孩子離家	排灣族	1923〔註300〕
2	兄弟變成豹與熊	兄、弟、母	母親偏心、孩子離家	排灣族	1923〔註301〕
3	山	兄、弟、父、母	母親偏心、孩子離家	排灣族	1923〔註302〕

〔註298〕同註二九六。
〔註299〕鄭金鳳講述，張百蓉採錄，高雄縣大寮鄉，一九九九年三月十六日。
〔註300〕同註五五，頁四六一。頁一九八。
〔註301〕同註五五，頁四六○～四六一。頁一九九。
〔註302〕同註六二，頁三七三。

4	人變成豹的故事	兄、弟、父、母	父親嫌棄、孩子離家	魯凱族	1931〔註303〕
5	輕醜重美的後果	姊、妹、父、母	母親偏心、孩子離家	達悟族	1986～1987〔註304〕
6	人變熊	兄、弟、父、母	母親偏心、孩子離家	魯凱族	1992〔註305〕 1996〔註306〕 1998〔註307〕
7	兄弟山	兄、弟、母	母親偏心、孩子離家	排灣族	1996〔註308〕
8	帕咕拉拉的兩兄弟變成山	兄、弟、母	母親偏心、孩子離家	排灣族	1996〔註309〕
9	老虎	兄、弟、妹、母	母親偏心、孩子離家	排灣族	1996〔註310〕
10	人變老鷹	兄、弟、妹、父、母	母親偏心、孩子離家	排灣族	1997〔註311〕
11	人變熊的故事	兄、弟、母	母親偏心、孩子離家	魯凱族	1997〔註312〕
12	人變雲豹	兄、弟、父、母	母親偏心、孩子離家	魯凱族	1999〔註313〕
13	獵人的故事	兄、弟、母	母親偏心、孩子離家	排灣族	2001〔註314〕

十三、人變鳥（一）

　　人物變鳥的故事當中，隨其故事情節架構模式的不同，形成的類型也各不同。譬如人變鳥類型，便有同是「人變鳥」為故事核心的兩種情節架構模式，筆者將之分列為「人變鳥（一）」與「人變鳥（二）」兩個類型故事。

　　「人變鳥（一）」類型故事流傳在平埔族、魯凱族。故事的主人翁都是個孩子，另一個固定出現的便是他的朋友，而和孩子對立的都是家裡的長輩，至於對立的程度和內容則各個不同。朋友的作用都在充當其傾訴的對象。因此，這個類型故事的角色分配與情節發展可說是已有一定的規律了。

〔註303〕同註六八，頁三九三。頁六四。
〔註304〕夏本奇伯愛雅（周宗經）：《釣到雨鞋的雅美人》，（台中・晨星出版公司，民國八十一年），頁一三六～一三八。
〔註305〕同註七七，頁一九八。
〔註306〕同註八〇，頁三一～三四。
〔註307〕同註九八，頁四二～四九。
〔註308〕同註八七。
〔註309〕同註八二，頁八二～八三。
〔註310〕同註八二，頁五五～五六。
〔註311〕同註九四，頁九七～一〇八。
〔註312〕同註一一三。
〔註313〕李木蘭講述，張百蓉採錄，高雄縣茂林鄉萬山村，一九九九年四月十六日。
〔註314〕同註二四五。

其基本結構如下：

> 父母不理會女孩的意願和預警，於是她請託朋友轉告父母，自己變
> 成鳥離開了。

人變鳥（一）類型各說的差別列表如後：

	故事名稱	主 人 翁	情節項目	講述人族 別	採錄或印行時間
1	人變鷹	女孩、後母、朋友	受虐、告知、變形	平埔族	1908〔註315〕
2	鷹	姑娘、後母、男友	受虐、告知、變形	平埔族	1923〔註316〕
3	變鳥鴉的女孩	女孩、父親、母親、朋友	抗拒、告知、變形	魯凱族	1997〔註317〕

十四、人變鳥（二）

「人變鳥（二）」類型故事流傳於布農族、泰雅族和鄒族。故事中提及的人物不出孩子、父母和祖母，情節順序則為：1、支使，2、失約，3、變形，4、補償不及。至於故事中採用的允約之物，則有兩組，即：鍋巴飯和飾物。後者都出現在泰雅族的說法，前者則出現在布農族和鄒族的說法。

其基本結構如下：

> 母親支使孩子做事，並許以獎償，事成之後，卻屢次推拖。孩子憤
> 而以蓆為翼，化成老鷹衝飛上天。母親後悔，高舉獎償物件呼喚，
> 已於事無補。

人變鳥（二）類型各說的差別列表如後：

	故事名稱	主 人 翁	情節項目	講述人族 別	採錄或印行時間
1	人變飛鳥	孩子、爸爸、媽媽	支使、失約、變形、補償不及	布農族	1929〔註318〕

〔註315〕伊能生著：〈台灣土蕃の口碑〉《東京人類學會雜誌》二四（二七七）：五九～六一明治四十一，轉引自尹建中編，劉佳麗譯：《臺灣山胞各族傳統神話故事與傳說文獻編纂研究》，（台北國立台灣大學人類學系，民國八十三年四月），頁四四三。

〔註316〕同註六二，頁四〇八。

〔註317〕江美玲、蔡阿娥講述，張百蓉採錄，高雄縣鳳山市，一九九七年八月六日。

〔註318〕同註六八，頁六二五～六二七。頁七四。

2	人變飛鳥	孩子、後母、祖母	支使、失約、變形、補償不及	布農族	1929〔註319〕
3	人變飛鳥	孩子、後母、父親	支使、失約、變形、補償不及	布農族	1929〔註320〕
4	女孩變青鳩	女孩、母親	支使、失約、變形、補償不及	泰雅族	1930～1931〔註321〕
5	小孩變老鷹	孩子、母親、父親	支使、失約、變形、補償不及	泰雅族	1931〔註322〕
6	變成老鷹的孤女	後母、女孩、父親	支使、失約、變形、父亡	布農族	1944〔註323〕
7	老鷹的故事	女孩、母親	支使、失約、變形	泰雅族	1984〔註324〕
8	女孩變鴿	女孩、母親、父親	支使、失約、變形、補償不及	泰雅族	1984〔註325〕
9	人成為鷹的故事	女孩、母親	支使、失約、變形、補償不及	泰雅族	1987〔註326〕
10	孤兒變老鷹	後母、孩子	受虐、失約、變形、補償不及、後母亡	布農族	1992〔註327〕
11	鷹	孩子、父親	支使、失約、變形、補償不及	布農族	1993〔註328〕
12	一個可憐女孩變成鷹的傳說	女孩、後母、父親	支使、失約、變形、補償不及、父亡	布農族	1995〔註329〕
13	人變鳥	男孩、父親	支使、變形、父亡	布農族	1997〔註330〕

〔註319〕同註六八，頁六五八～六五九。頁七六。

〔註320〕同註六八，頁六四四～六四五。頁七六。

〔註321〕同註六八，頁五三～五四。頁六九。

〔註322〕同註二二二，頁九〇～九二。頁二五～二六。

〔註323〕同註二六一，頁九九～一〇〇。

〔註324〕同註二六五，頁五二～五三。

〔註325〕同註二六五，頁三五～三六。

〔註326〕多奧・尤給海，阿棟・尤帕斯：《泰雅爾族神話傳說》，（新竹・泰雅中會母語推行委員會，一九九一年八月），頁六五～六六。

〔註327〕田哲益：《布農族的古老傳說》，（南投縣政府，民國八十二年六月），頁七八～八三。

〔註328〕同註七七，頁三三七～三三八。

〔註329〕方有水、印莉敏：《布農——傳說故事及其早期生活習俗》，（南投・玉山國家公園出版社，民國八十四年十一月），頁三一～三二。

〔註330〕同註八三，頁一七三。

14	人變鳥	女孩、後母	受虐、變形、補償不及、後母亡	布農族	1997〔註331〕
15	人變鳥	孩子、後母	受虐、變形、補償不及、後母亡	布農族	1998〔註332〕
16	小孩變老鷹	孩子、母親	支使、失約、變形、補償不及	鄒族	2000〔註333〕

十五、地下世界

　　「地下世界」類型故事與另一個描述人間頭目之子在遊玩時不慎掉入地下世界經歷一番又回到地面的故事並不相同。「地下世界」類型故事的主人翁雖也進入地下，但其固定的經歷都是和在該處結了婚，而且帶著孩子回到地面。至於結婚的對象是何處何時邂逅的？倒沒有定說。這個類型故事流傳的族群，目前可見於排灣、魯凱和達悟族，而其被紀錄的時間也都在晚近。不過，講述者之中，排灣族的講述人有高齡七十二者，魯凱族有的故事來源是祖母，達悟族的紀錄也有來自於父親當年的口述。因此，這個故事流傳的時日應該不是開始於這幾年。

　　其基本結構如下：

　　　　某家子女進入地底，與當地人成婚。當他們再回到地面時，已經攜
　　　　兒帶女了。

地下世界類型各說的差別列表如後：

	故事名稱	主　人　翁	情節項目	講述人族　別	採錄或印行時間
1	生活在二個世界裡	女孩、父母	離開地面、成婚、回娘家、歸去	達悟族	1986～1987〔註334〕
2	金鑲黃冠的故事	女孩、父母	離開地面、成婚、回娘家、歸去	達悟族	1992〔註335〕

〔註331〕同註八三，頁一七二～一七三。
〔註332〕達西烏拉彎·畢馬（田哲益）、達給斯海方岸·娃莉絲（全妙雲）：《布農族口傳神話傳說》，（台北·臺原出版社，民國八十七年），頁二五三。
〔註333〕余明仁講述，許維健、顏蘭茜、陳怡君、王怡斐採錄，高雄市苓雅區，二○○○年四月六日。
〔註334〕同註三二二，頁三四～三六。
〔註335〕夏曼·藍波安（施努來）：《八代灣的神話》，（台中·星辰出版社，民國八十一年），頁八九～九五。

	故事名稱	主人翁	情節項目	講述人族別	採錄或印行時間
3	咕嚕嚕遊陰間	咕嚕嚕、妻子、孩子	離開地面、相遇、成婚、回家	排灣族	1996〔註336〕
4	鬼妻	咕嚕嚕、妻子、孩子	相遇、離開地面、成婚、回家	排灣族	1996〔註337〕
5	地下世界	兄弟、孩子	離開地面、成婚、回家	魯凱族	1997〔註338〕

十六、馴　狗

　　「馴狗」類型在卑南族的流傳擁有兩種形式，一是包含在兩兄弟傳說之中（詳見兩兄弟傳說類同現象各說的差別表列），二是含藏在部分「卑南大溪的來源」說法之中（見卑南大溪的由來各說表列）。然而自成首尾者，雖有排灣、賽夏、布農、泰雅和阿美族等五個之多的族群流傳，卻不見卑南族的紀錄。不過，除了泰雅族在馴狗部分只大略提說捕捉狗來幫忙打獵，而將重心放在狗原會說人話，只因多嘴而被割去舌頭。同時提及狗舌被割的還有布農族，但其馴狗的部分和其他各族群一樣，都有運用纏有髮絲的黏糕來控制狗嘴的情節單元，且馴狗目的都在引進其為狩獵的助手。

　　其基本結構為：

　　　　有人利用糯米飯纏了髮絲或其黏性粘住狗牙，而將其捕捉、馴服，
　　　　成為狩獵的助手。

馴狗的故事類型各說的差別列表如後：

	故事名稱	主　人　翁	情節項目	講述人族　別	採錄或印行時間
1	犬	PAVUROGAN-ZEIKON 和四名壯丁	馴狗為助手	排灣族	1910〔註339〕
2	獵犬的起源	蕃丁	馴狗為助手	賽夏族	1915〔註340〕

〔註336〕同註八二，頁七○～七一。
〔註337〕同註八二，頁七七～七八。
〔註338〕同註三○一。
〔註339〕伊能生著：〈台灣土蕃の口碑〉《東京人類學會雜誌》二五（二九○）：三○五～三○七，明治四十三年，轉引自尹建中編，劉佳麗譯：《臺灣山胞各族傳統神話故事與傳說文獻編纂研究》，（台北‧國立台灣大學人類學系，民國八十三年四月），頁二○一。
〔註340〕小島由道、河野喜六主編，中央研究院民族學研究所編譯：《番族慣習調查報告書（第三卷）》，（台北中央研究院民族學研究所，民國八十七年六月），頁一○。日文版出版於一九一五年。

3	犬	蕃人	馴狗爲助手	排灣族	1923〔註341〕
4	犬	蕃人	馴狗爲助手	賽夏族	1923〔註342〕
5	犬	蕃人	馴狗爲助手	賽夏族	1923〔註343〕
6	狗的舌頭	青年	馴狗爲助手、多嘴的狗	布農族	1923〔註344〕
7	狗的舌頭	社人	馴狗爲助手、多嘴的狗	泰雅族	1923〔註345〕
8	獵犬	卑南社人	馴狗爲助手	阿美族	1929〔註346〕
9	犬	富人、老人	馴狗爲助手	排灣族	1931〔註347〕
10	犬	蕃人	馴狗爲助手	排灣族	1931〔註348〕

卑南大溪的由來各說的差別列表如後：

	故事名稱	主 人 翁	情節項目	講述人族　別	採錄或印行時間
1	卑南溪的由來	狗主人（`amis 族人）、馴狗人（tuba）、引水之人（tukubis）	生食得孕、馴狗爲助手、發現大湖、引湖造溪	卑南族	1915〔註349〕
2	卑南溪	イマル之子、狗主人	馴狗爲助手、發現大湖、引湖造溪	卑南族〔註350〕	1923〔註351〕
3	卑南溪	引水之人（tukubis）	養狗爲助手、發現大湖、引湖造溪	卑南族〔註352〕	1923〔註353〕
4	獵犬與卑南大溪形成的傳說	狗主人、都古比斯、姊夫圖拔	馴狗爲助手、發現大湖、引湖造溪、改變溪流路線	卑南族	1963〔註354〕

〔註341〕同註六二，頁四三三。

〔註342〕同註六二，頁四三三。

〔註343〕同註五五，頁四三四。頁二八六～二八七。

〔註344〕同註五五，頁四三六～四三七。頁一四九～一五〇。

〔註345〕同註六二，頁四三五～四三六。

〔註346〕同註六六，頁五四八～五五〇。頁八六。頁三五。

〔註347〕同註六六，頁一八九～一九〇。頁八七。頁一九九～二〇〇。

〔註348〕同註六六，頁二一〇～二一一。頁八六。頁二〇〇。

〔註349〕同註一〇七，頁二七一～二七四。

〔註350〕原作排灣族呂家社，當是卑南族呂家社。

〔註351〕同註六二，頁三七〇～三七二。

〔註352〕原作排灣族知本社，當是卑南族知本社。

〔註353〕同註六二，頁三七二。

〔註354〕同註一〇九，頁四六～四八。

5	卑南大溪的演變及傳說	祭司（tuba）、跑得很快的人（tukubis）	發現大湖、引湖造溪、改變溪流路線	卑南族	1984〔註355〕
6	卑南大溪	都古比斯	引湖造溪、改變溪流路線	卑南族	1995〔註356〕
7	卑南溪的起源	杜古比斯、祭司杜巴	發現大湖、引湖造溪、改變溪流路線	卑南族	2001〔註357〕
8	卑南大溪改道的故事	祭司	改變溪流路線	卑南族	2002〔註358〕

第四節　神話和傳說的類同現象

　　由於 AT 分類法只對民間故事作類型分析，而不及於神話和傳說，本章前三節所論述的對象，也僅限於民間故事。然而在高雄都會區所採的台灣原住民神話和傳說裡，也有在不同說法中出現雷同的內容與結構者，這不僅與故事類型的條件近似，有時候還橫跨神話、傳說乃至民間故事的故事類別分界〔註359〕，為了呈現這些有別於 AT 分類界定的現象，姑以類同現象命之。並且，拋開神話和傳說在敘述對象上的條件限制，純就其組成一則敘事成品的架構，專闢本節討論這些發生在神話和傳說的類同現象。

　　在本文第三章所提到的神話和傳說當中，具有類同現象的總共有七則，茲略為寫述如下：

一、洪　水

　　普遍流傳於世界各地的洪水神話，在台灣原住民眾多族群之間也相當常見。但各族的說法，由於結構與取材各有側重，而相異其趣。不過，在鄒族的兩種說法中，其著重於「洪水形成、消退之原因以及如何取得火種」的一組說法〔註360〕，和布農族說法的著重點幾乎一樣。

〔註355〕同註一〇九，頁一二五～一二六。
〔註356〕蔡武雄講述，張百蓉採錄，高雄市左營區，一九九五年十一月六日。
〔註357〕林道生譯文：《原住民神話故事全集（一）》，（台北・漢藝色研文化事業有限公司，民國九〇年），頁一二七～一二八。
〔註358〕許介文講述，張百蓉採錄，高雄縣鳳山市，二〇〇二年七月十五日。
〔註359〕張百蓉：〈魯凱族「人蛇戀」故事各種異說之文化觀察〉，《二〇〇二年海峽兩岸民間文學研討會論文集》，（桃園・南亞技術學院，民國九十一年十二月），頁二五九～二六九。
〔註360〕吳姝嬙：〈賽夏族的洪水神話〉，（台北・中國文化大學中文研究所研究生論文

　　不僅一九一五年及一九三〇年，便有該兩族此一相似說法的紀錄，在一九九三年尚且有魯凱族人所講述的一則片段卻雷同的紀錄。至於出現在高雄都會區由漢人講述的「有關洪水的故事」，則明白指出故事來源是布農族。

　　在這些流傳於布農族、鄒族以及魯凱族的洪水神話裡，其情節項目以：「避難」、「取火」、「鬥蛇」或「鬥鰻」爲基準，而各作增損，但不論如何變異，「鬥蛇」或「鬥鰻」這一環節是固定不變的。至於故事角色，在「取火」部份：布農族選用蛙類、鳥類，鄒族則或用小型哺乳類的羌、山羊，或用蛙類、鳥類；在「鬥蛇」或「鬥鰻」部份：布農族選用螃蟹、蛇，鄒族則或用豬、鰻魚，或用螃蟹、鰻魚。都具有前者取材固定，後者取材多元的規律性。而相鬥的原因和結果都在除去水患。因此，這一組洪水神話應是具有類同性質的。其基本結構如下：

> 巨大的蛇（或鰻）擋住溪水造成水患，人們逃往高山避難。後來螃蟹夾死大蛇，才使洪水退去。還有鳥兒爲大家取火，而燒紅了嘴。

洪水類同現象各說的差別列表如後：

	故事名稱	動　物	情節項目	講述人族　別	採錄或印行時間
1	洪水	鳥、螃蟹、蛇	避難、取火、鬥蛇	布農族	1915〔註361〕
2	洪水	青蛙、鳥、螃蟹、蛇	避難、取火、鬥蛇、遷徙繁衍	布農族	1915〔註362〕
3	洪水	螃蟹、蛇	避難、鬥蛇	布農族	1916〔註363〕
4	洪水	螃蟹、蛇	避難、鬥蛇	布農族	1923〔註364〕

研討會，民國九十年）。

〔註361〕佐山融吉：《蕃族調查報告書》武崙族前篇（大正四年），轉引自尹建中編，余萬居譯：《臺灣山胞各族傳統神話故事與傳說文獻編纂研究》，（台北·國立台灣大學人類學系，民國八十三年四月），頁一一二。佐山融吉、大西吉壽：《生蕃傳說集》，（台北·南天書局，一九二三年台北初版，一九九六年二刷），頁九〇～九一。

〔註362〕佐山融吉：《蕃族調查報告書》武崙族前篇（大正四年），轉引自尹建中編，余萬居譯：《臺灣山胞各族傳統神話故事與傳說文獻編纂研究》，（台北·國立台灣大學人類學系，民國八十三年四月），頁一一三。

〔註363〕警察本署著：《蕃族一斑》（大正五年），轉引自尹建中編，黃文新譯：《臺灣山胞各族傳統神話故事與傳說文獻編纂研究》，（台北·國立台灣大學人類學系，民國八十三年四月），頁一一四。

〔註364〕佐山融吉、大西吉壽：《生蕃傳說集》，（台北·南天書局，一九二三年台北初版，一九九六年二刷），頁三二八～三二九。

5	創世紀（洪水段）	蝦蟆、鳥、螃蟹、蛇	避難、取火、鬥蛇	布農族	1929〔註365〕
6	洪水	蟾蜍、鳥、螃蟹、蛇	避難、取火、鬥蛇	布農族	1929〔註366〕
7	洪水	蟾蜍、鳥、螃蟹、蛇	避難、取火、鬥蛇	布農族	1929〔註367〕
8	洪水	蟾蜍、鳥、螃蟹、蛇	避難、取火、鬥蛇	布農族	1929〔註368〕
9	洪水	蟾蜍、鳥、螃蟹、怪鰻	避難、鬥鰻、取火	鄒族	1930〔註369〕
10	洪水	山羊、豬、鰻魚	避難、取火、條件、鬥鰻	鄒族	1930〔註370〕
11	洪水	大螃蟹、大魚	條件、鬥魚	鄒族	1960〔註371〕
12	洪水	大鰻、大蟹	避難、鬥鰻、獵首	鄒族	1960〔註372〕
13	洪水	大鰻、大蟹、鳥	避難、鬥鰻、取火	鄒族	1960〔註373〕

〔註365〕小川尚義：《原語による台灣高砂族傳說故事集》，（台北・南天書局，一九三五年二月台北初版，一九九六年一月二刷），頁六〇九～六一〇。陳千武譯：《台灣原住民的母語傳說》，（台北・臺原出版社，民國八十年），頁二〇七～二〇八。

〔註366〕小川尚義：《原語による台灣高砂族傳說故事集》，（台北・南天書局，一九三五年二月台北初版，一九九六年一月二刷），頁六三三～六三四。尹建中編，余萬居譯：《臺灣山胞各族傳統神話故事與傳說文獻編纂研究》，（台北・國立台灣大學人類學系，民國八十三年四月），頁一一一。

〔註367〕小川尚義：《原語による台灣高砂族傳說故事集》，（台北・南天書局，一九三五年二月台北初版，一九九六年一月二刷），頁五九一～五九三。尹建中編，余萬居譯：《臺灣山胞各族傳統神話故事與傳說文獻編纂研究》，（台北・國立台灣大學人類學系，民國八十三年四月），頁一一四。林道生譯文：《原住民神話故事全集（一）》，（台北・漢藝色研文化事業有限公司，民國九〇年），頁四五～四六。

〔註368〕同註三六五，頁六五二～六五三。頁二二。

〔註369〕同註三六五，頁六七九～六八一。頁二二。

〔註370〕同註三六五，頁七三二～七三五。頁二四。

〔註371〕杜而未：《大陸雜誌》二〇（一〇）：六，（一九六〇），引自《鄒族信仰體系與宗教組織》轉引自尹建中編，余萬居譯：《臺灣山胞各族傳統神話故事與傳說文獻編纂研究》，（台北・國立台灣大學人類學系，民國八十三年四月），頁二九六～二九七。

〔註372〕丁歧之：《民間知識》一八九，（一九六〇），引自《鄒族信仰體系與宗教組織》（一九八八）轉引自尹建中編：《臺灣山胞各族傳統神話故事與傳說文獻編纂研究》，（台北・國立台灣大學人類學系，民國八十三年四月），頁二九七～二九八。

〔註373〕胡耐安、劉義棠：《政大學報》六，（一九六二），引自《鄒族信仰體系與宗教組織》（一九八八）轉引自尹建中編：《臺灣山胞各族傳統神話故事與傳說文獻編纂研究》，（台北・國立台灣大學人類學系，民國八十三年四月），頁二九九～三〇〇。

14	洪水	大鰻、豬、羌	避難、取火、鬥鰻	鄒族	1988〔註374〕
15	洪水	大鰻、大蟹	避難、鬥鰻	鄒族	1990〔註375〕
16	洪水	大鰻、大蟹	避難、條件、鬥鰻	鄒族	1990〔註376〕
17	洪水	螃蟹、蛇	鬥蛇	魯凱族	1993〔註377〕
18	螃蟹與蛇爭戰的故事	螃蟹、蛇	鬥蛇	布農族	1995〔註378〕
19	洪水災難	蟾蜍、鳥、螃蟹、巨蛇	避難、取火、鬥蛇	布農族	1997〔註379〕
20	洪水的神話	蟾蜍、鳥、螃蟹、巨蛇	避難、取火、鬥蛇	布農族	1998〔註380〕
21	有關洪水的故事	螃蟹、巨蛇、鳥	避難、條件、鬥蛇、取火	漢族	2001〔註381〕

二、臭蟲的由來

　　「臭蟲的由來」這個有關物種來源的傳說，在排灣、魯凱和卑南族都有講述者，不過，卑南族的說法是聽自排灣、魯凱以外的其他族群，故事中人物則是鄒族。看來，知道這個傳說的不止於上述三個族群。

　　除了一九三〇年的兩個魯凱族說法之外，其他各說的人物，都是一女二男的情感糾葛為主軸，而該二男又有著身分或年齡的懸殊差距，落敗的一方心有不干，遂變形為臭蟲、跳蚤之類，以咬人、吸血為報復。一九三〇年的兩個魯凱族異說，人物只有兩個，所變的小動物也不一致，一是臭蟲、一是老鼠，

〔註374〕丙午生：〈Tsuao 族之傳說〉《台灣時報》五三，（一九八八），引自《鄒族信仰體系與宗教組織》（一九八八）轉引自尹建中編，黃耀榮譯：《臺灣山胞各族傳統神話故事與傳說文獻編纂研究》，（台北·國立台灣大學人類學系，民國八十三年四月），頁二九八。

〔註375〕巴蘇亞·博伊哲努（浦忠成）：《台灣鄒族的風土神話》，（台北·臺原出版社，民國八十二年），頁一二八。

〔註376〕同註一七，頁一二八～一二九。

〔註377〕李壬癸：《高雄縣南島語言》，（鳳山·高雄縣政府，民國八十六年），頁三四六～三四七。

〔註378〕方有水、印莉敏：《布農——傳說故事及其早期生活習俗》，（南投·玉山國家公園出版社，民國八十四年十一月），頁三五～三六。

〔註379〕霍斯陸曼·伐伐（王新民）：《中央山脈的守護者：布農族》，（台北·稻鄉出版社，民國八十六年十月初版），頁一六四～一六五。

〔註380〕達西烏拉彎·畢馬（田哲益）、達給斯海方岸·娃莉絲（全妙雲）：《布農族口傳神話傳說》，（台北·臺原出版社，民國八十七年），頁一六～一七。

〔註381〕阿仙·卡道講述，林美雯、王妍雅採錄，高雄市小港區，二〇〇一年三月三日。

雖然沒有提出具體的爭執事由，但藉著變形以報復對方的模式是一樣的。應是漏失部分情節的殘說。因此，這個傳說是有類同現象的。

其基本結構如下：

老人（或黑矮人）喜歡女孩，可是頭目之子（或一個年輕人）也看上女孩。老人（或黑矮人）搶不過對方，又不甘心，便趁夜在他們的房裡對床吐痰，從此就有了咬人的跳蚤。

臭蟲的由來類同現象各說的差別列表如後：

	故事名稱	主人翁	情節項目	講述人族別	採錄或印行時間
1	臭蟲	美女、老人、丈夫	邂逅、同歸、奪愛、變形	排灣族	1921～1938〔註382〕
2	臭蟲	美女、蕃丁、頭目	邂逅、同歸、奪愛、變形	排灣族	1923〔註383〕
3	臭蟲	美女、蕃丁、頭目	追求、藏美、奪愛、變形	排灣族	1923〔註384〕
4	臭蟲	美女、老人、情夫	結縭、奪愛、變形	排灣族	1923〔註385〕
5	臭蟲	美女、哥哥、弟弟	藏美、奪愛、變形	排灣族	1923〔註386〕
6	臭蟲	男子、老女、美女	奪愛、變形	排灣族	1923〔註387〕
7	變成老鼠的故事	哥哥、弟弟	變形	魯凱族	1931〔註388〕
8	變成臭蟲的故事	兩個人	變形	魯凱族	1931〔註389〕
9	人變成臭蟲	女孩、父親、兒子	藏美、奪愛、變形	魯凱族	1971〔註390〕

〔註382〕小林保祥著，松澤員子編，謝荔譯：《排灣傳說集》，（台北·南天書局，一九九八年三月），頁二五～二六。

〔註383〕佐山融吉·大西吉壽：《生蕃傳說集》，（台北·南天書局，一九三五年二月台北初版一九九六年六月二刷），頁四八一～四八三。尹建中編，余萬居譯：《臺灣山胞各族傳統神話故事與傳說文獻編纂研究》，（台北·國立台灣大學人類學系，民國八十三年四月），頁一九五～一九六。

〔註384〕同註三八三，頁四八三～四八四。頁一九六。

〔註385〕同註三八三，頁四八四。頁一九六～一九七。

〔註386〕同註三八三，頁四八四。頁一九五。

〔註387〕同註三八六。

〔註388〕同註三六四，頁三七六。頁六三～六四。

〔註389〕同註三八八，頁三七七。頁六四。

〔註390〕同註三七七，頁一〇二。

10	第四則故事	老人、孫兒、女孩	相遇、藏美、奪愛、成全	排灣族	1990〔註391〕
11	臭蟲的起源	女孩、佣人、主人	相遇、藏美、失愛、變形	排灣族	1996〔註392〕
12	跳蚤的由來	女孩、佣人、主人	相遇、藏美、失愛、變形	排灣族	1996〔註393〕
13	跳蚤的由來	黑矮人、頭目之子、美女	相遇、奪愛、變形	卑南族	1996〔註394〕

三、追白鹿的傳說

在高雄都會區所見之有關族群遷徙的傳說，有來自鄒族與邵族兩種角度的說法，不過其遷徙的事由沒變，都是由於出獵者追逐一隻鹿，而來到日月潭。然而，在布農族的傳說中，則有附著在獨木舟的來源和日月潭水由來兩種，也採用出獵者追逐一隻鹿的情節來構組故事。各說的性質不變，情節項目雷同，都在「追鹿」、「移居」的基準上，略作增益、變化，而主要角色也近似。因此，這些傳說是具有類同現象的。其基本結構如下：

> 一群人一路追捕白鹿而來到日月潭，白鹿在潭邊消失，這群人從此定居潭邊。

追白鹿的傳說類同現象各說的差別列表如後：

	故事名稱	主 人 翁	情節項目	講述人族 別	採錄或印行時間
1	獨木舟	五個人、白鹿、老鼠	追鹿、造舟、移居	布農族	1915〔註395〕
2	大水窟的故事	Is-va-tan 族群男子、白鹿	追鹿、移居	布農族	1995〔註396〕

〔註391〕 湯賢慧：《排灣語傳統神話故事集》，（台北·中央研究院歷史語言研究所，民國八十四年十二月），頁七四～九一。

〔註392〕 應裕康：《屏東地區排灣族口傳文學之採錄與整理成果報告》，（行政院國家科學委員會專題計劃 NSC 84-2421-11-017-004-A7，民國八十六年六月），頁七四～七五。

〔註393〕 林陳金花講述，張百蓉採錄，屏東縣瑪家鄉，一九九六年二月三、四日。

〔註394〕 蔡武雄講述，張百蓉採錄，高雄市左營區，一九九六年四月三十日。

〔註395〕 同註三六一，頁一七一。頁三〇五。

〔註396〕 同註三七八，頁六九。

| 3 | 追鹿的鄒族 | 鄒族人、大鹿、邵族人 | 追鹿、移居 | 鄒族 | 1999〔註397〕 |
| 4 | 白鹿的故事 | 十五個邵族人、白鹿 | 追鹿、移居 | 魯凱族 | 2001〔註398〕 |

四、祭儀的由來

　　同是由流落孤島的青年藉著騎乘水族得返家園的情節為基準的敘事架構，在阿美、卑南、排灣和平埔族之中，分別建構了海祭的由來、求雨儀式的由來、造船和捕魚技術的由來、小米的由來、野獸的由來等傳說，也建立了描寫奇遇的幻想故事，如排灣族的「坐海龜回來的男人」、阿美族的「被鯨魚吞的男子」、排灣族的「海龜救命的傳說」。其中的變異有：（1）傳說的事件不同，（2）減去傳說性質的部分轉成幻想故事，（3）流落孤島的原因不同，（4）乘坐的水族有海龜、鯨魚、大魚之別，（5）主人翁返鄉後有無呈現神奇的「天上數日，人間數年」情境的尋親、認親情節。這些變異，第二項是減損傳說性質的敘述、第五項是增附於結尾處的情節，都對故事結構沒有牽引作用或影響，其他則都是故事架構中的一環，變異者只限於素材的選擇不同，性質和作用則沒有更動。換言之，這些傳說與故事是具有類同性的。其基本結構大要如後：

> 主人翁獨自在一座孤島上，幸而遇見一條大魚（或鯨魚）願意背他回去。主人翁乘坐魚背上，在海上浮沉，終於回到家鄉。主人翁隨後到海邊祭拜以為回報。有說海祭由此而來，有說求雨儀式由此而來，有說海浪襲岩由此而來，有說造船和捕魚的技術由此而來。

祭儀的由來類同現象各說的差別列表如後：

故事名稱	主 人 翁	情節項目	講述人族　別	採錄或印行時間
1	求雨儀式的由來	青年、海魚	魚銜走他鄉、流落女人島、魚銜返鄉	阿美族	1908〔註399〕

〔註397〕鄭金鳳講述，張百蓉採錄，高雄縣大寮鄉，一九九九年三月十六日。

〔註398〕杜羽翔講述，吳瑛秋採錄，高雄縣鳳山市，二○○一年二月二十一日。

〔註399〕伊能生著：〈台灣土蕃の口碑〉《東京人類學會雜誌》二三（二七○）：四五九～四六二明治四十一，轉引自尹建中編，劉佳麗譯：《臺灣山胞各族傳統神話故事與傳說文獻編纂研究》，（台北・國立台灣大學人類學系，民國八十三年四月），頁二五～二六。

2	獨木舟的傳說	青年、鯨魚	鯨吞入腹、流落女人島、乘魚返鄉、認親	阿美族	1915〔註400〕
3	小米祭的由來	男子、外甥、魚、兩位神明	計盜粘糕、隔絕孤島、乘魚返鄉	卑南族	1915〔註401〕
4	坐海龜回來的男人	男子、海龜	漂流外島、坐海龜返鄉、認親	排灣族	1921〜1938〔註402〕 1923〔註403〕
5	女護島	男子、鯨魚	漂流女人島、乘鯨魚返鄉、認親、祭鯨魚、造船技術由來	阿美族	1923〔註404〕
6	女護島	男子、鯨魚	誤登鯨背、流落女人島、乘鯨返鄉、認親、祭鯨魚	阿美族	1923〔註405〕
7	女護島	男子、鯨魚	漂流女人島、乘鯨返鄉、贈禮回報	阿美族	1923〔註406〕
8	被鯨魚吞的男子	男子、鯨魚	鯨吞入腹、流落外島、乘鯨返鄉、贈禮回報	阿美族	1923〔註407〕
9	野獸的開始	青年、鯨魚、老婆婆	魚銜走他鄉、流落無肛人島、造船回鄉、野獸入山林	平埔族	1923〔註408〕
10	卑南人與鯨魚	卑南人、鯨魚	騎鯨魚、得小米、祭鯨魚	阿美族	1929〔註409〕

〔註400〕小島由道、河野喜六主編，中央研究院民族學研究所編譯：《番族慣習調查報告書（第二卷）》，（台北・中央研究院民族學研究所，民國八十七年十一月），頁一九〜二〇。日文版出版於一九一五年。

〔註401〕同註四〇〇，頁二七一。

〔註402〕同註三八二，頁四八〜四九。

〔註403〕同註三六四，頁五九〇〜五九一。

〔註404〕同註三六四，頁五九一〜五九三。

〔註405〕佐山融吉、大西吉壽：《生蕃傳說集》，（台北・南天書局，一九二三年台北初版，一九九六年二刷），頁五九三〜五九四。林道生：〈乘鯨到巴里桑：奇密社阿美族的教育故事〉《東海岸評論》三九：五二〜五三，民國八十年十月，轉引自尹建中編，黃文新譯：《臺灣山胞各族傳統神話故事與傳說文獻編纂研究》，（台北・國立台灣大學人類學系，民國八十三年四月），頁三九〜四〇。

〔註406〕同註三六四，頁五九四〜五九五。

〔註407〕同註三六四，頁五八八〜五八九。

〔註408〕同註三六四，頁二七九〜二八三。

〔註409〕同註三六六，頁五四四〜五四五。頁二六〜二七。

11	塔基俄的故事	男子、弟弟、大魚	計盜糕餅、隔絕孤島、乘魚返鄉、開始祭儀	卑南族	1929～1931〔註410〕
12	鯨魚「馬啾啾」	男子、鯨魚	漂流女人島、乘鯨魚返鄉、祭品獻鯨魚	阿美族	1931〔註411〕
13	海龜救命的傳說	男子、海龜	漂流外島、坐海龜返鄉、認親	排灣族	1932〔註412〕
14	女護島	男子、鯨魚	漂流女人島、乘鯨魚返鄉、認親、祭鯨魚、造船技術由來	阿美族	1932〔註413〕
15	王宮	男子、海神	海上遇險、海神相救、返鄉、認親、祭祀海神	阿美族	1957〔註414〕
16	女人島的故事	男子（現為里漏社所祭的神）、鯨魚、海豬	冒犯鯨魚、流落女人島、乘海豬返鄉、贈禮回報	阿美族	1960〔註415〕
17	鯨魚與阿拉西斯 arasis 氏族的海祭	三兄弟、鯨魚	計盜糕餅、隔絕孤島、乘鯨返鄉、開始祭儀	卑南族	1963〔註416〕
18	海祭起源	三兄弟、鯨魚	隔絕孤島、乘鯨返鄉、開始祭儀	卑南族	1963〔註417〕
19	阿拉西斯氏族與大魚	兩兄弟、大魚	隔絕孤島、乘鯨返鄉、開始祭儀	卑南族	1975〔註418〕

〔註410〕小川尚義：《原語による台灣高砂族傳說故事集》，（台北・南天書局，一九三五年二月台北初版，一九九六年一月二刷），頁三一八～三二○。林道生譯文：《原住民神話故事全集（一）》，（台北・漢藝色研文化事業有限公司，民國九○年），頁一一九～一二○。

〔註411〕同註三六六，頁五三八～五四四。頁四○。

〔註412〕鈴木作太郎：《臺灣の番族研究》，（台北・臺灣史籍刊行會，一九三二年九月初版，台北・南天書局，一九八八年六月再版），頁一四七～一四八。陳萬春譯：《臺灣蕃人的口述傳說》，（台北・《民間文學資料匯刊》自印本，民國八十七年十月），頁六一。

〔註413〕同註四一二，頁一五四～一五五。頁七三～七四。

〔註414〕陳國均：〈花蓮吉安鄉阿美族（上）〉《大陸雜誌》十四（八）：十一（民國四十六年四月），轉引自尹建中編，劉佳麗譯：《臺灣山胞各族傳統神話故事與傳說文獻編纂研究》，（台北・國立台灣大學人類學系，民國八十三年四月），頁二七。

〔註415〕王崧興：〈馬太安阿美族的故事〉，（《民族學研究所集刊》，民國五十一年秋季，十四期），頁一二二～一二三。

〔註416〕宋龍生：《台灣原住民史料彙編六　卑南族神話傳說故事集：南王祖先的話》，（台灣省文獻委員會，民國八十七年元月），頁四九～五○。

〔註417〕同註四一六，頁五○～五一。

〔註418〕同註四一六，頁五一～五二。

20	造船技術	男子、鯨魚	漂流女人島、乘鯨魚返鄉、認親、贈禮回報、造船技術由來	阿美族	1982〔註419〕
21	小米的故事	男子、海龜	素行不良、隔絕孤島、偷藏小米、乘龜返鄉	卑南族	1987〔註420〕
22	馬啾究與女人國	男子、鯨魚	漂流女人國、乘鯨魚返鄉、認親、開始祭儀	阿美族	1992～1993〔註421〕
23	祭海神的起源	男子、海神的鯨魚	漂流女人國、乘鯨魚返鄉、開始祭儀	阿美族	1992～1993〔註422〕
24	海祭的來源	男子、族人、大魚	計盜粘糕、隔絕孤島、乘魚返鄉、開始祭儀	卑南族	1995〔註423〕
25	海龜祭	男子、海龜	海上遇險、海龜救難、乘海龜返鄉、、祭海龜	阿美族	1999〔註424〕
26	阿美族造船、捕魚技術的由來	男子、鯨魚	漂流女人國、乘鯨魚返鄉、尋親、造船及捕魚技術的由來	阿美族	2000〔註425〕

五、溫泉的由來

　　流傳於卑南、排灣和魯凱族的說法，其內容梗要都是一個老人遭年輕女子戲弄的經過，年輕女子的人數以兩名居多，間或有一群和一人，算得上具有某種程度的規律。在情節發展的順序上，是以「戲弄」、「追逃」為基礎，變異的處理則是在其前後增添一些情節，如「墾田」、「溫泉的由來」。或者分解「追逃」為「害命」與「變形」兩段。

　　不過在「戲弄」和「追逃」當中，這十七則異說有兩種模式：（一）是以婚事為誘餌，騙老人殺豬；（二）是咒念草長，使老人疲於農務。在「殺豬」

〔註419〕林衡道：〈臺灣風土（公論報副刊）〉七一，轉引自尹建中編，劉佳麗譯：《臺灣山胞各族傳統神話故事與傳說文獻編纂研究》，（台北‧國立台灣大學人類學系，民國八十三年四月），頁四○～四一。

〔註420〕金榮華：《台東卑南族口傳文學選》，（台北‧中國文化大學中國文學研究所，民國七十八年），頁一四一～一四二。

〔註421〕李來旺：《阿美族神話故事》，（台東‧交通部觀光局東部海岸風景特定區管理處，民國八十三年一月），頁三五～四三。

〔註422〕同註六三，頁二二四。

〔註423〕蔡武雄講述，張百蓉採錄，高雄市左營區，一九九五年十一月六日。

〔註424〕金榮華：《台灣花蓮阿美族民間故事》，（台北‧中國口傳文學學會，民國九十年十月），頁二三～二四。

〔註425〕薛明偉講述，林怡芳採錄，高雄市鹽埕區，二○○○年十二月二十四日。

這一組，又有兩種發展：若老人被沸油燙死，則接著一個變形，故事性質便成了烏鴉由來的動物傳說；若欺騙者以頭蝨或虱子代答欺敵，則接下來便是利用咒念或水中便溺，使河水沸騰或高漲。此時，如果講述者的敘述著重在水沸的性質，故事便成了講述溫泉由來的地方傳說；至於不強調溫泉由來的幻想故事，則所有此類的敘述都指向老人的反應，或者是哭或者是砸石、打石、砍石，然而在對付石頭的細節上，也有以男根砸石之說，形成地形特徵的地方傳說。而在「咒念草長」這一組，以女孩送豬肉爲償，進一步的以包藏的糞便欺負老人，不過追趕出來的老人仍然被咒念或水中便溺所造成的沸水阻攔，故事轉向溫泉由來的傳說。這些在同一架構下的情節變換，可說是在同中生異，而變異中又錯落地安插些許相同的安排，是以在其靈活多變之中仍具有類同性質。

以下就其基本結構概述如下：

> 一說兩姊妹以婚事爲誘餌，騙老人殺豬，老人興高采烈的等者享艷福時，兩姊妹已經帶著豬肉逃走。一說有個老人拔完草休息時，結果一對姊妹跑來念咒使草重新長高。老人重新拔草，一回頭，草又長高了。後來老人逮到搗鬼的兩姊妹，後者願以山豬肉爲補償，卻又以一個裝滿糞便的豬胃假稱是豬肉來戲弄老人。兩說的結果都是，老人大怒，緊追逃跑的兩姊妹。接下來，一說兩姊妹以沸油燙死老人，老人變成烏鴉。一說兩姊妹就在河裡便溺，使河水變燙，讓老人無法過河。

溫泉的由來類同現象各說的差別列表如後：

	故事名稱	主　人　翁	情節項目	講述人族　別	採錄或印行時間
1	烏鴉的祖先	兩女子、老人	戲弄、害命、變形	卑南族	1915〔註426〕
2	老翁之戀	女子、老人	戲弄、追逃	排灣族	1923〔註427〕
3	烏鴉的祖先	兩女子、老人	戲弄、害命、變形	卑南族	1929～1931〔註428〕

〔註426〕同註四〇〇，頁二七六～二七七。
〔註427〕同註三八三，頁六九四～六九五。頁二二九。
〔註428〕同註三六五，頁三二〇～三二三。頁七九。

4	老人和兩女孩	兩女子、老人	戲弄、追逃	魯凱族	1931〔註429〕
5	烏鴉的來源	男人、兩女孩	戲弄、害命、變形	卑南族	1963〔註430〕
6	騙老公公殺豬	兩姊妹、老人	戲弄、追逃	魯凱族	1971〔註431〕
7	騙走老公公的豬	一群女子、老人	戲弄、追逃	魯凱族	1986〔註432〕
8	第三則故事	兩女孩、老人	戲弄、追逃	排灣族	1990〔註433〕
9	為什麼娶親要殺豬作聘禮	幾個女人、老人	戲弄、追逃	魯凱族	1996〔註434〕
10	多納溫泉的由來	兩姊妹、老人	戲弄、追逃	魯凱族	1996〔註435〕
11	撒富隆富隆的石頭洞	兩姊妹、老人	戲弄、追逃、變形	排灣族	1996〔註436〕
12	老人與兩姊妹	兩姊妹、老人	戲弄、追逃	魯凱、排灣族	1997〔註437〕
13	姊妹與老人	兩姊妹、老人	戲弄、追逃	魯凱族	1997〔註438〕
14	作弄人的少女	一群女子、老人	戲弄、追逃	魯凱族	1998〔註439〕
15	第十個故事	兩女孩、老人	墾田、戲弄、追逃	魯凱族	1999〔註440〕
16	溫泉的由來	兩小姐、老人	戲弄、追逃、溫泉的由來	魯凱族	1999〔註441〕

〔註429〕同註三六五，頁三六二～三六三。頁七九。

〔註430〕同註四一六，頁七二～七三。

〔註431〕同註三七七，頁九八～九九。

〔註432〕余萬居譯：《大南社》（民國七十五年），轉引自尹建中編：《臺灣山胞各族傳統神話故事與傳說文獻編纂研究》，（台北·國立台灣大學人類學系，民國八十三年四月），頁二七九。

〔註433〕同註三九一，頁五九～六四。

〔註434〕金榮華：《台灣高屏地區魯凱族民間故事》，（台北·中國口傳文學學會，民國八十八年十二月），頁二一～二三。

〔註435〕同註四三四，頁一七～一八。

〔註436〕同註三九二，頁五八～五九。

〔註437〕陳歸名、吳嬌講述，吳水華、張惠妹口譯，張百蓉採錄，高雄縣鳳山市，一九九七年十一月二十六日。

〔註438〕梁貴春講述，張百蓉採錄，高雄縣茂林鄉茂林村，一九九七年十一月二十一日。

〔註439〕伍麗華：《說媽媽的故事》，（屏東·國立屏東師範學院教育金會，民國八十七年），頁五八～六〇。

〔註440〕伍麗華：《萬山洪水主題之詮釋性研究》，（屏東·國立屏東師範學院國民教育研究所碩士論文，民國八十八年七月），附錄頁七四。

〔註441〕賴春秀講述，張百蓉採錄，高雄縣茂林鄉多納村，一九九九年四月十八日。

| 17 | 陽具插裂巨石的傳說 | 兩姊妹、老人 | 戲弄、追逃 | 排灣族 | 2000〔註442〕|

六、人嫁蛇的傳說

在台灣原住民的「人嫁蛇」故事，敘述一個女孩嫁進住在水裡的蛇家的人物傳說，原是魯凱族特有的。不過，在排灣、卑南族也都有所流傳。這一則「人嫁蛇」故事，在上述三個族群中，只有魯凱族的「巴冷嫁蛇」和排灣族的「巴嫩的故事」兩例，沒有提到沒入湖裡的情節，但都明白指出蛇的故鄉在鬼湖。而卑南族的「魯凱族小鬼湖之戀」，結果是一對戀人雙雙落入水中殉情，而那水域正是鬼湖。所以，不論是以人物傳說或者地方傳說的姿態出現〔註443〕，「沒入水中」都是這個故事在與蛇相戀、求婚、出嫁之外的固定情節或概念了。因此，這些傳說、故事的架構是具有類同性的。

其基本結構如後：

> 有條蛇來追求女孩並且上門提親，在女孩眼裡那是個男子，而不是旁人看見的蛇。女孩堅持要嫁，父親只好答應。迎親時男方來的也都蛇，女孩來到夫家，旁人只看見湖水，雨傘沒入水中時，表示她進了夫家門。入水之前，女孩叮囑大家，日後湖畔留的熱飯可吃，冷飯不可吃。

人嫁蛇的傳說類同現象各說的差別列表如後：

	故事名稱	主人翁	情節項目	講述人族別	採錄或印行時間
1	與蛇相戀的故事	少女、蛇	與蛇戀、沒入水中	排灣族	1923〔註444〕
2	巴冷嫁蛇	巴冷、蛇	嫁蛇、沒入水中	魯凱族〔註445〕	1923〔註446〕

〔註442〕江海：《漂流兩千年──邏發尼耀族家史》，（屏東縣立文化中心，民國八十九年），頁一二。
〔註443〕同註三五九。
〔註444〕同註三八三，頁七二九。頁二一九。
〔註445〕原作排灣族大南社，因日據時期日籍學者將魯凱、卑南族併為排灣族，故此處應是魯凱族。
〔註446〕同註三六四，頁七二八。

3	故人巴魯	巴魯、神	嫁神、沒入水中	魯凱族	1931〔註447〕
4	蛇郎君	巴冷、蛇	與蛇戀、嫁蛇、家在水中	卑南族	1966〔註448〕
5	人蛇聯姻的故事	女孩、蛇	求婚、出嫁、沒入湖中、結仇	魯凱族	1984～1988〔註449〕
6	蛇郎君	女孩、蛇、父母、村人	相戀、求婚、出嫁、沒入湖中、祭祀	魯凱族	1987〔註450〕
7	蛇郎君	女孩、蛇、村人	求婚、出嫁、沒入湖中	魯凱族	1988〔註451〕
8	蛇妻	女孩、蛇、村人	相戀、求婚、出嫁、沒入湖中	排灣族	1996〔註452〕
9	嫁給百步蛇的女孩	女孩、蛇	出嫁、沒入湖中	魯凱族	1996〔註453〕
10	人嫁蛇的故事	女孩、蛇、父母	相戀、求婚、出嫁、沒入湖中	魯凱族	1998〔註454〕
11	巴嫩的故事	姊妹、爸爸	相戀、求婚、出嫁、沒入湖中	排灣族	1998〔註455〕
12	巴嫩的故事	女孩、蛇、村人	相戀、結婚、生子、異能	排灣族	1998〔註456〕
13	巴嫩的故事	女孩、蛇、蛇子	出嫁、沒入湖中、生子、結怨	排灣族	1998〔註457〕
14	巴嫩的故事（殘）	女孩、蛇	出嫁、沒入湖中	排灣族	1998〔註458〕

〔註447〕同註三六五，頁三六〇。頁一五〇。

〔註448〕同註四二〇，頁一六五～一六六。

〔註449〕許功明：《魯凱族的文化與藝術》，（台北·稻鄉出版社，民國八〇年五月初版民國八十二年七月修訂版），頁六一～六二。前言頁三。

〔註450〕金榮華：《台東大南村魯凱族口傳文學》，（台北·中國文化大學中國文學研究所，民國八十四年五月），頁五五～六〇。

〔註451〕同註四四九，頁六〇～六三。

〔註452〕宋來金講述，採錄，屏東，一九九六年月日。

〔註453〕同註四三四，頁七七～七八。

〔註454〕杜櫻珠講述，張百蓉採錄，高雄市前鎮區，一九九八年二月二十三日。

〔註455〕廖金娟講述，張百蓉採錄，高雄市前鎮區，一九九八年三月十四日。

〔註456〕江雅玲講述，張百蓉採錄，屏東市，一九九八年七月二十五日。

〔註457〕余素花講述，余美月口譯，張百蓉採錄，屏東縣三地鄉大社村，一九九八年八月十八日。

〔註458〕盧秋妹講述，張百蓉採錄，屏東縣三地鄉大社村，一九九八年八月十九日。

15	鬼湖蛇郎	父母、女孩、蛇、族人、	相戀、求親、出嫁、沒入湖中	魯凱族	1999〔註459〕
16	人嫁給蛇	父母、女孩、蛇	求親、出嫁、沒入湖中	魯凱族	1999〔註460〕
17	人和蛇結婚	女孩、蛇、親戚	相戀、求婚、出嫁、沒入湖中	魯凱族	1999〔註461〕
18	巴冷嫁蛇	巴冷、蛇	相戀、求婚、出嫁	魯凱族	1999〔註462〕
19	蛇的故事	女孩、蛇	相戀、出嫁、沒入湖中	魯凱族	2000〔註463〕
20	公主愛上百步蛇	公主、百步蛇、爸、媽	相戀、被驅逐、結婚、沒入水中	排灣族	2001〔註464〕
21	女孩嫁給百步蛇	女孩、百步蛇、村人、父母	相戀、求婚、出嫁、沒入湖中	魯凱族	2001〔註465〕
22	蛇郎君	女孩、百步蛇、村人、父母	相戀、求婚、出嫁、沒入湖中	魯凱族	2001〔註466〕
23	蛇郎君的故事	女孩、百步蛇、族人	相戀、求婚、出嫁、沒入湖中	魯凱族	2001〔註467〕
24	巴冷的故事	女孩、百步蛇、村人	相戀、求婚、出嫁、沒入湖中	魯凱族	2001〔註468〕
25	魯凱族小鬼湖之戀	頭目的女兒、蛇妖、頭目、族人	相戀、失偶、殉情	卑南族	2001〔註469〕

〔註459〕小黑講述，黃建勳、許志貫採錄，南投縣魚池鄉大林村，一九九九年二月三日。

〔註460〕謝英妹、冬美花講述，張百蓉採錄，高雄市旗津區，一九九九年一月二十一日。

〔註461〕廖友蘭講述，廖家么女口譯，張百蓉採錄，高雄市三民區，一九九九年四月九日。

〔註462〕王明德講述，張百蓉採錄，高雄市前鎮區，一九九九年二月八日。

〔註463〕歐來好講述，郭玉菁採錄，屏東縣武潭鄉佳平村，二○○○年四月二十二日。

〔註464〕陸曉臻講述，黃琬玲採錄，高雄市鼓山區，二○○一年一月一日。

〔註465〕巴春松講述，劉容甄、吳季玲、王雅玲、方美琪、潘蕙如、黃婷鞠採錄，高雄市新興區，二○○一年二月五日。

〔註466〕杜勇明講述，劉容甄、吳季玲、王雅玲、方美琪、潘蕙如、黃婷鞠採錄，高雄市新興區，二○○一年二月五日。

〔註467〕柯淑夏講述，王佳雯、謝淑玲、邱梅瑄、吳美麟、陳姵華、何佳芬採錄，高雄市苓雅區，二○○一年二月十八日。

〔註468〕王娜良講述，林雅鳳、李妍瑾、許綺芬、郭津而、何琇玉採錄，高雄市左營區，二○○一年二月十七日。

〔註469〕詹子琳講述，陳貴淑、吳瑛秋、林惠萍、張金菊、梁秋珍採錄，高雄市三民區，二○○一年一月二十日。

七、兩兄弟傳說

「兩兄弟傳說」故事群的流傳見於阿美族和卑南族，這個系列故事包含了：「始祖來源」、「食物的起源」、「卑南大溪的來源」、「大美人」、「殺蛇」、「風箏救兄弟」、「建屋」、「報仇」、「七尺寶刀」九個故事。而在表列的二十一則異說當中，「大美人」出現十五次、「殺蛇」出現十七次、「風箏救兄弟」出現十八次、「建屋」出現十七次、「報仇」出現十二次，相較於分別位在故事群首尾位置的「始祖來源」之出現六次，「食物的起源」之出現一次、「卑南大溪的來源」之出現兩次，「七尺寶刀」之出現兩次，「大美人」、「殺蛇」、「風箏救兄弟」、「建屋」、「報仇」這五段故事隱然已成為這組故事群的重要組合。雖然在順序上，「殺蛇」、「風箏救兄弟」、「建屋」、「報仇」四者也有不同排列的組合出現，但情節都相去不遠，例如「殺蛇」一段的情節以「妹遭蛇噬」和「懲凶報仇」為主，若有增益，必是添上尋求驅除巨蛇惡靈之道，進而提及一些儀式的作法或來源，不過這些儀式的內容，在大同之中猶有小異；「風箏救兄弟」的情節則以「偷竊被捕」、「空中救人」為主幹，其後或者添附「傷及孕婦」、「嘔物成湖」，導引出有關生產的禁忌、習俗以及地名的由來；「建屋」的情節以「在村外建會館」、「弒親」為主，若有增添，也是以在後增加「施法除病」、「升天」等與習俗有關的後續發展；「報仇」的情節有「施法懲敵」、「驅離異族」，若有變異也都在後半處理，不外是增減「驅離異族」、「祭儀開始」、「升天」三者。

在不同的族群中，兩兄弟系列的故事群也有一些規律性的差異，例如在阿美族講述的異說之中，都沒有「大美人」這段故事，簡中原由當與該段故事涉及卑南族始祖來源之論述有關。本章先就故事架構進行分析，其他的討論留待下一章處理。而「大美人」的情節，在各異說之中，乃以「美人禍夫」、「異鄉結姻」、「遺兒認親」為主幹，若有增減，其處理方式是：在前面增加「無夫成孕」或「因風成孕」，在後面減去「遺兒認親」。

因此，這個充滿傳說性質或者殘留傳說痕跡的系列故事諸說，其敘述架構是具有類同性的。

其基本結構大致如後：

（一）大美人

> 有一美人因為女陰有齒，使丈夫喪命，被裝在箱裡流放入海。別村
> 的人鉤起箱子，為她除患，與頭目之子成婚，生下兩男兩女。美人

交代兩兄弟回娘家，取用當年使用的器物，外婆知情後，追跟兩孫兒而不得。

（二）殺　蛇

妹妹到溪邊洗衣，被巨蛇吞噬，兩兄弟持竿誘蛇，以刀斬蛇，爲妹妹報仇。蛇肚裡還掉出妹妹的鐲子。

（三）風箏救兄弟

兄弟殺巨蛇，觸犯禁忌，被禁止入村，兩兄弟遂入侵拉搭穆斯人蔗園偷竊。園主以石灰識破，並捉住弟弟，加以圈禁，餵食穢物。哥哥以風箏救出弟弟，掉落的刀，刺死一名孕婦。從此，弟弟吐出穢物形成的湖，在夜裡會發出哀叫、哭號、生孩子等聲音。

（四）建　屋

兩兄弟在村外搭建「拔拉貫」，誓言盡殺來人。父親執意前往，於是被殺。

（五）報　仇

兩兄弟爲報被捕受辱之仇，還引發地震，造成天地昏暗，以對付拉搭穆斯人。

兩兄弟傳說類同現象各說的差別列表如後：

	故事 名稱	主要人物	故事群	情節項目	講述人 族　別	採錄或 印行時間
1	雷電	妹妹、兩兄弟	殺蛇	妹遭蛇噬、懲凶報仇	阿美族	1909 〔註470〕
		兩兄弟、族人	風箏救兄弟	偷竊被捕、空中救人		
		兩兄弟、母親、父親、叔叔、妹妹	建屋	在村外建會館、弒親、升天		

〔註470〕伊能生著：〈台灣土蕃の口碑〉《東京人類學會雜誌》二四（二七七）：二五八～二六○明治四十二，轉引自尹建中編，劉佳麗譯：《臺灣山胞各族傳統神話故事與傳說文獻編纂研究》，（台北‧國立台灣大學人類學系，民國八十三年四月），頁三○。

2	卑南社的神話傳說	女神、石生人、竹生人	始祖來源	馬蘭社之始祖、卑南社的起源	卑南族	1912〔註471〕
		美人、知本人、兩兒兩女、外婆	大美人	無夫成孕、美人禍夫、異鄉結姻、遣兒認親		
		妹妹、兩兄弟	殺蛇	妹遭蛇噬、懲凶報仇		
		阿美族人、兩兄弟、孕婦	風箏救兄弟	偷竊被捕、空中救人、傷及孕婦		
		兩兄弟、父親、鳥、阿美族人、盲女、男子、平地漢人	建屋	在村外建會館、弒親、鳥占升天、異族罹禍、「太陽之眼睛」		
3	卑南社傳說	美女、知本人、三兒女、外婆	陰部長齒的女人	美人禍夫、異鄉結姻、遣兒認親	卑南族	1915〔註472〕
		兩兄弟、妹妹	除治大蛇	妹遭蛇噬、懲凶報仇、施法除蛇靈		
		兩兄弟、阿美族人、孕婦	上天的兄弟	偷竊被捕、空中救人、傷及孕婦		
		兩兄弟、父親、鳥	建屋	在村外建會館、弒親、施法除病		
		兩兄弟、阿美族人	報仇	施法懲敵		
4	卑南社的祖先	竹生人	卑南社的建立	創社	卑南族	1916〔註473〕
		父母、美人、知本人、兩兒兩女	大美人	美人禍夫、異鄉結姻		

〔註471〕引自宋龍生：《台灣原住民史料彙編六　卑南族神話傳說故事集：南王祖先的話》，（台灣省文獻委員會，民國八十七年元月），頁一三九～一四二。佐山融吉、大西吉壽：《生蕃傳說集》，（台北市南天書局，一九二三年台北初版，一九九六年台北二刷），頁一二四～一三三。

〔註472〕河野喜六，一九一五：三〇七～三一六，引自宋龍生：《台灣原住民史料彙編六　卑南族神話傳說故事集：南王祖先的話》，（台灣省文獻委員會，民國八十七年元月），頁一四四～一四九。小島由道、河野喜六主編，中央研究院民族學研究所編譯：《番族慣習調查報告書（第二卷）》，（台北·央研究院民族學研究所，民國八十七年十一月），頁二五九～二六四。日文版出版於一九一五年。

〔註473〕森丑之助著：〈卑南社の祖先〉《人類學雜誌》三一（一）：三一～三二（大正五年），轉引自尹建中編，劉佳麗譯：《臺灣山胞各族傳統神話故事與傳說文獻編纂研究》，（台北·國立台灣大學人類學系，民國八十三年四月），頁二五一。

		兩兄弟、姊姊	殺蛇	姊遭蛇噬、懲凶報仇	
		阿美族人、兩兄弟	風箏救兄弟	偷竊被捕、空中救人	
		兩兄弟、叔父、鳥	建屋	在村外建會館、弒親、羌祭亡靈驅罪	
		兩兄弟、阿美族人	報仇	施法懲敵、升天	
5	星辰	美人	大美人	異鄉結姻	卑南族〔註474〕	1923〔註475〕
		兩兄弟、妹妹、祖母	殺大蛇	妹遭蛇噬、懲凶報仇、除穢	
		兩兄弟、父親、祖母	建屋	在村外建會館、弒親、儀式驅罪	
		兩兄弟、阿美族人、老人	風箏救兄弟	偷竊被捕、空中救人、傷及孕婦、升天	
6	雷電	卑南社人、來自綠島的養狗人	捉狗	馴狗為助手	阿美族	1923〔註476〕
		兩個有法力的人、婦人	卑南大溪	發現大湖、引湖造溪	
		美人、母親、知本人	大美人	美人禍夫、異鄉結姻	
		兩兄弟、妹妹	殺蛇	妹遭蛇噬、懲凶報仇	
		兩兄弟、別族人	風箏救兄弟	偷竊被捕、空中救人、傷及孕婦	
		兩兄弟、父親、伯父	建屋	在村外建會館、弒親、儀式驅罪、升天	
7	雷電	兩兄弟、妹妹	殺蛇	妹遭蛇噬、懲凶報仇	卑南族〔註477〕	1923〔註478〕
		兩兄弟、父親、伯父	建屋	在村外建會館、弒親、儀式驅罪、升天	

〔註474〕原作排灣族知本社，然此分類係將卑南、魯凱、排灣併在排灣族，故此處當是卑南族知本社。
〔註475〕同註三六四，頁三六一～三六五。
〔註476〕同註三六四，頁三四〇～三四八。
〔註477〕原作排灣族卑南社，當為卑南族卑南社。
〔註478〕同註三六四，頁三五〇。

8	升天的兄弟	兩兄弟、妹妹	殺龍	妹遭龍噬、懲凶報仇	阿美族	1929〔註479〕
		兩兄弟、甘蔗園主人	風箏救兄弟	偷竊被捕、空中救人、傷及孕婦		
9	兩兄弟	兩兄弟、阿美族人、老人、孕婦	風箏救兄弟	偷竊被捕、空中救人、傷及孕婦	卑南族	1929～1931〔註480〕
		兩兄弟、阿美族人、祖母	報仇	施法懲敵、祭儀開始		
10	卑南社的起源	卑南社的祖先、兩兄弟	卑南社的祖先	登陸「巴拿巴拿樣」、插竹成林、以射箭決定移居地	卑南族	1963〔註481〕
		美人、知本人、兩兒一女、外婆	大美人	無夫成孕、美人禍夫、異鄉結姻、遣兒認親		
		妹妹、兩兄弟	殺蛇	妹遭蛇噬、懲凶報仇		
		阿美族（或拉拉鄂斯）人、兩兄弟、孕婦	風箏救兄弟	偷竊被捕、空中救人、傷及孕婦、嘔物處地名之由來		
		兩兄弟、父親、外婆的哥哥、鳥	建屋	在村外建會館、弒親、羌儀式的開始、司祭長的開始		
		兩兄弟、阿美族（或拉拉鄂斯）人、母親、舅舅	報仇	施法懲敵、驅離異族、升天		
11	卑南族神話	卑南社的祖先	竹生始祖	登陸「巴拿巴拿樣」、插竹成林、竹生始祖	卑南族	1963〔註482〕
		兩兄妹、母親、阿美族人、卑南族人	食物的起源	出門尋親、神奇的能力、動物的出現、神奇的動物、族群關係的形成		

〔註479〕小川尚義：《原語による台灣高砂族傳說故事集》，（台北·南天書局，一九三五年二月台北初版，一九九六年一月二刷），頁五五〇～五五二。
〔註480〕同註四七八，頁三〇八～三一三。
〔註481〕同註四一六，頁一〇～一九。
〔註482〕同註四一六，頁八五～九六。

		三兄妹、美人	大美人	（一）以射箭決定移居地、無夫成孕、美人禍夫、異鄉結姻	
		三兄妹、美人		（二）以射箭決定移居地、因風成孕、美人禍夫、異鄉結姻	
		美人、兩兄弟、外婆		遺兒認親	
		妹妹、兩兄弟	殺蛇	妹遭蛇噬、懲凶報仇	
		阿美族人、兩兄弟、兩孕婦	風箏救兄弟	偷竊被捕、空中救人、傷及孕婦、嘔物成湖	
		兩兄弟、外祖母、父親、鳥	建屋	在村外建會館、弒親、行燒野獸的廟祭	
		兩兄弟、外祖母的哥哥、阿美族人	報仇	施法懲敵、驅離異族	
12	兩兄弟的故事	美人、兩兄弟、妹妹、知本人、外公、外婆	大美人	美人禍夫、異鄉結姻、遺兒認親	卑南族
		兩兄弟、妹妹	殺龍	妹遭龍噬、懲凶報仇	1966〔註483〕
		兩兄弟、阿美族人、老人、孕婦	風箏救兄弟	偷竊被捕、空中救人、傷及孕婦	
		兩兄弟、阿美族人	報仇	施法懲敵	
		兩兄弟、外公、外婆、巫婆、老人	建屋	在村外建會館、弒親、消除儀式的開始、升天	
13	兩兄弟的故事	美人、兩兄弟、妹妹、知本人	大美人	美人禍夫、異鄉結姻	卑南族
		兩兄弟、阿美族人、老人	風箏救兄弟	偷竊被捕、空中救人	1966〔註484〕

〔註483〕同註四二〇，頁五五～六六。
〔註484〕同註四二〇，頁六六。

	兩兄弟、外公、外婆、巫婆、老人	建屋	在村外建會館、弒親、消除儀式的開始、升天		
14	兩兄弟的故事	美人、兩兄弟、妹妹、知本人、外公、外婆	大美人	美人禍夫、異鄉結姻、遣兒認親	卑南族	1988〔註 485〕
		兩兄弟、妹妹	殺龍	妹遭龍噬、懲凶報仇		
		兩兄弟、父親	建屋	在村外建會館、弒親、消除儀式的開始、升天		
15	兩兄弟的故事	女孩、兩兄弟、祖父母	大美人	異鄉結姻、遣兒認親	卑南族	1988〔註 486〕
		兩兄弟、阿美族婦人	風箏救兄弟	偷竊被捕、空中救人		
		兩兄弟、祖父、鳥、跛女	建屋	在村外建會館、弒親、贖罪儀式、產生祭司		
16	兩兄弟的故事	美人、兩兄弟、妹妹、外公、外婆	大美人、	美人禍夫、異鄉結姻、遣兒認親	卑南族	1988〔註 487〕
		兩兄弟、阿美族人、老人	風箏救兄弟	偷竊被捕、空中救人		
		兩兄弟、阿美族人	報仇	施法懲敵		
		兩兄弟、妹妹	殺龍	妹遭龍噬、懲凶報仇、哥哥邀功		
		兩兄弟、外祖父、外祖母、鳥	建屋	在村外建會館、弒親、贖罪方式、雷聲占事		
17	卑南部落兩兄弟的神話	美人、知本人、兩兒兩女、外祖母、拉拉鄂斯族人	大美人	因風成孕、美人禍夫、異鄉結姻、遣兒認親	卑南族	1994～1996〔註 488〕

〔註 485〕同註四八四。

〔註 486〕Alton Quack 編，洪淑玲譯：《老人的話知本卑南族發展史中的傳說（上）》，（民國七十七年），轉引自尹建中編：《臺灣山胞各族傳統神話故事與傳說文獻編纂研究》，（台北·國立台灣大學人類學系，民國八十三年四月），頁二五二～二五三。

〔註 487〕同註四八四，頁二五四～二五五。

〔註 488〕同註四一六，頁一一九～一二四。

		妹妹、兩兄弟	殺蛇	妹遭蛇噬、懲凶報仇		
		兩兄弟、長老、父親、鳥	建屋	在村外建會館、弒親、天譴		
		兩兄弟、拉拉鄂斯族人、孕婦	風箏救兄弟	偷竊被捕、空中救人、傷及孕婦、嘔物成湖		
		兩兄弟、拉拉鄂斯族人	報仇	施法懲敵、驅離異族、行祭祖靈祭、升天		
18	拉拉鄂斯族毀滅記	美人、知本人、三兒女、外祖母	大美人	因風受孕、美人禍夫、異鄉結姻、遣兒認親	卑南族	1995〔註489〕
		三兄妹	殺蛇	妹遭蛇噬、懲凶報仇		
		兩兄弟、父親、祖母、外祖母、鳥	建屋	建少年會所、弒親、獲譴、廟祭		
		兩兄弟、拉拉鄂斯族人、孕婦	風箏救兄弟	偷竊被捕、空中救人、傷及孕婦、嘔物成湖		
		兩兄弟、外祖母、	報仇	施法懲敵、升天、驅離異族		
19	卑南人的起源（甲）	夫妻、五個孩子、「砂咖」、狗主人	登陸都巒山	巫師被逐、後人漂流異地、馴狗為助手	卑南族	1995〔註490〕
		砂咖和都霸	卑南大溪的形成	發現大湖、引湖造溪		
		美人、兩兄弟、外婆	大美人	美人禍夫、異鄉結姻、遣兒認親		
		拉搭穆斯人、兩兄弟、拉搭穆斯孕婦	風箏救兄弟	偷竊被捕、空中救人、嘔物成湖		
		妹妹、兩兄弟	殺龍	妹遭龍噬、懲凶報仇		
		兩兄弟、拉搭穆斯人	報仇	施法懲敵、驅離異族		

〔註489〕同註四一六，頁一二九～一三八。
〔註490〕劉吉勇講述，張百蓉採錄，高雄縣鳳山市，一九九五年十二月二十四日。

		巫師、盲人、兩兄弟亡靈	七尺寶刀	地震為兆、託夢尋刀		
20	卑南人的起源（乙）	獵手、狗主人	登陸都巒山	後人漂流異地、馴狗為助手	卑南族	1996〔註491〕
		美人、知本人、兩兄弟、外婆	大美人	美人禍夫、異鄉結姻、遺兒認親		
		妹妹、兩兄弟	殺龍	妹遭龍噬、懲凶報仇		
		拉拉咪斯人、兩兄弟、拉拉咪斯孕婦	風箏救兄弟	偷竊被捕、空中救人、嘔物成湖		
		兩兄弟、父親	建屋	在村外建「拔拉貫」、弒親		
		拉拉咪斯人、兩兄弟	報仇	施法懲敵、驅離異族		
		巫師、盲人、兩兄弟亡靈	七尺刀	託夢尋刀		
21	兩兄弟	兩兄弟、妹妹、祖母、阿美族人、阿美族婦人	風箏救兄弟	偷竊被捕、空中救人、刀傷婦人	阿美族	1998〔註492〕
		哥哥、阿美族人	報仇	施法懲敵		
		兩兄弟、妹妹	殺龍	妹遭龍噬、懲凶報仇		
		兩兄弟	建屋	定居在外		

〔註491〕劉吉勇講述，張百蓉採錄，高雄縣鳳山市，一九九六年五月十九日。
〔註492〕陳勁榛：《台灣民間故事選十四》，（馬路客 http://vm.rdb.nthu.edu.tw/mallok/Folk/content.asp?post_serial=649，二〇〇一年三月五日投稿），二〇〇三年二月二十二日下載。

第五章　高雄都會區原住民口傳故事與相關資料之比較

　　上列三、四兩章，係就類別與類型兩個方面觀察高雄都會區採得的台灣原住民口傳故事之內容與特徵。不過，這些在高雄都會區流傳的故事，除了呈現傳播、發展的現狀，其在承襲過往或開創新局的過程，又具有什麼作用呢？

　　本章就第四章歸納整理所得之各型故事，與各族原鄉、其他台灣原住民族以及漢族故事進行比較與探討。

第一節　與各族原鄉故事之比較

一、神話與傳說方面

　　高雄都會區的原住民口傳故事，在神話傳說方面的類同現象分別有「洪水」、「臭蟲的由來」、「追白鹿的傳說」、「海祭的由來」、「溫泉的由來」、「人嫁蛇的傳說」、「兩兄弟傳說」。

　　（一）「洪水」的類同現象在高雄都會區的講述者是一名漢人，故事來源則是其布農族友人。在與此類同的神話當中，紀錄布農族原鄉說法的書面資料始自一九一五年〔註1〕。

　　比起原鄉的紀錄，高雄都會區的「有關洪水的神話」有三項變異：

　　1、原鄉的紀錄以「避難」、「取火」、「鬥蛇」為敘述順序的架構相當穩定，

〔註1〕參見第四章第四節「洪水類同現象各說的差別表列」。

而高雄都會區的說法則是以「避難」、「鬥蛇」、「取火」為順序。與傳統有異。

2、高雄都會區的說法在「避難」與「鬥蛇」之間插入「條件」一段，這是布農族原鄉紀錄中所沒有的。

3、高雄都會區的說法比原鄉傳統紀錄多出「鴿子擔任通訊職責」的情節。

姑不論「避難」、「取火」、「鬥蛇」的順序如何，這三段的內容都充滿了原始社會的需求和想像，而「洪水神話」也是個世界性的初民社會常見的傳說神話題材。以講述者身為高雄都會地區漢人的背景，應當不容易杜撰與布農族原鄉如此近似的情節內容和概念。因此，這裡的變異有兩種可能，一是高雄講述者不經意的異動，二是故事的來源，也就是高雄講述者口中的高雄縣桃源鄉的布農族友人，在講述時所做的變異。從族群分布的地理位置顯示，在桃源鄉的族群有布農族和鄒族，而鄒族也有屬於「洪水神話」類同現象的傳布，故而，鄒族的說法應該是一個可以追索的方向。不過這涉及本章下一節「與原住民其他各族故事之比較」的討論範圍，暫且不表，容後再議。

至於由鴿子擔任通訊職責的情節，和今天平地社會中飛鴿傳書的概念相近，但在《舊約聖經·創世紀》的洪水神話也有類似的敘述〔註2〕，則這個僅見於高雄都會區的變異，其影響究竟來自何方，還不能遽下定論。不過，其影響如果來自《舊約聖經·創世紀》，則屬於布農族原鄉的色彩會比較多，畢竟基督教在原住民原居地的耕耘已久，而台灣原住民接受這個外來信仰的人數也很多。

（二）「臭蟲的由來」在高雄都會區的講述者是卑南族，故事來源是賽德克族，故事背景設定為鄒族，故事中的角色卻摻雜了古老的黑矮人以及接近排灣、魯凱族階級制度背景的頭目之子。可見這一則傳說已在不少的族群間流轉。

不過，「臭蟲的由來」在原鄉的採集紀錄裡，是一則並見於排灣、魯凱兩族的物種傳說〔註3〕。排灣族的最早紀錄在一九二一到一九三八年間，魯凱族的是在一九三一年。只是排灣族各種異說所鎖定的臭蟲、跳蚤，不論在外型或類屬上都比較相近。而魯凱族起初的說法裡則有老鼠或臭蟲，在外型或類屬上的差別較大。在故事的架構上，魯凱族只有「變形」一節，流傳的地區也侷限在下三社。因此之故，至今仍在排灣族原鄉流傳的「臭蟲的由來」，應

〔註2〕 參見吳妹嬙：《賽夏族民間故事》，（台北·中國文化大學中研所碩士論文，民國九十年六月），頁二三～二四。

〔註3〕 參見第四章第四節之「臭蟲的由來傳說類同現象各說的差別表列」。

該是一則源自排灣族的傳說。

　　除了傳統的說法，排灣族原鄉流傳的「臭蟲的由來」，在一九九○年董桂招的講述中，已被處理爲「捨去變形、抹去貴族階級色彩，老少三角戀爭奪的結果是老人退讓，年輕人結爲連理」的生活故事了。反觀高雄都會區的講述，則仍然沉浸在初始的變形趣味之中。

　　（三）「追白鹿的傳說」在高雄都會區的講述者有鄒族和魯凱族，後者的故事來源是邵族。分別以鄒族與邵族的角度講述同一個族群遷徙的傳說，除了在族群認定的立場不同，這兩個故事的情節和地理背景是非常一致的。至於其源頭的確定，則因原鄉文字紀錄的不足，一時還無法進行分辨。

　　（四）「祭儀的由來」的類同現象，在高雄都會區有阿美族的「阿美族造船、捕魚技術的傳說」與卑南族的「海祭的來源」。

　　在阿美族原鄉的傳述歷程，「祭儀的由來」類同現象的諸多說法裏〔註4〕，主人翁騎鯨魚返鄉之前的奇遇，絕大多數是發生在一座女人島上，這島的主要特色就是那裡住的全是女子，而且從來沒有見過男子。有時候還會爲那些女子增添「不吃食物只吸食氣味」的習性。其實，「只有女人的地方」和「不吃食物只吸食氣味的人」在台灣原住民族群中都是相當古老的傳說，也非阿美族群所獨有，但把這些情節安排在一座島上，卻是阿美族在本類同現象的特色，而且早在一九○八年的「求雨儀式的由來」之說，便是這樣處理。而今，在近百年之後的高雄都會區，阿美族的講述者依然保有這個特色。

　　少數不提女人島的例外，有馬蘭社的「被鯨魚吞的男子」、「卑南人與鯨魚」和吉安鄉的「王宮」、「海龜祭」。馬蘭社鄰近卑南族，受到的外來影響顯而易見。至於吉安鄉，兩種說法都是主人翁被救入海底多年後返鄉。在一九五七年的紀錄「王宮」還強調，故事中的主人翁是當初駕著獨木舟由萊美社而來，在北海濱登陸之始祖的後人。不論是「王宮」還是「海龜祭」的情節裡，那他鄉奇遇的部分，都和其它阿美族原鄉的說法不同。倒是在新竹縣有一則由泰雅族人講述的「海龜的禮物」〔註5〕，有著類似的海底奇遇情節，而這故事的主人翁不但是日本著名的童話人物——浦島太郎，故事來源也正是講述者小時候的日本老師。從此看來，這一段海底世界經歷的構想，應該是源自於日據時期的日本故事。

〔註4〕參見第四章第四節之「祭儀的由來類同現象各說的差別表列」。
〔註5〕金榮華：《台灣桃竹苗地區民間故事》，（台北·中國口傳文學學會，民國八十九年十一月），頁二三二～二三四。

　　此外，不論是否提到女人島，從一九〇八年的「求雨儀式的由來」開始，本類同現象的重心幾乎都在祭儀。一九一五年里漏社的「獨木舟的傳說」，雖然提到了船，但那是用來祈願而不涉及造船技術由來的。而高雄都會區的「阿美族造船、捕魚技術的傳說」卻只有造船、捕魚技術的由來。

　　其實，在一九二三年，里漏社還有一則獨木舟的傳說〔註6〕，敘述主人翁在海邊撿柴，神明沙伊寧呼喚並且教他游水，帶他到神明的船上。爲了便於交遊往來，神明要主人翁在五天後攜帶雞與餅來，然後教導他造船技術與祭船的儀式、歌謠。其結構與「祭儀的由來」類同現象不同，但在造船技術由來的題材上有交集。爾後，在「祭儀的由來」類同現象中，凡是並列祭儀與造船、捕魚技術由來的說法，關於造船、捕魚技術由來的部分都只在結尾處一語帶過，顯然獨木舟傳說的片段是被掛接在結尾處了。時至今日，在高雄都會區的原住民口中，雖然有意彰顯造船與捕魚技術，但其敘述已脫離不了以本類型架構爲基石的長久影響力。

　　至於在卑南族原鄉流傳的「祭儀的由來」類同現象，從一九一五年的「小米祭的由來」開始，便幾乎都是以祭儀爲重心。那騎鯨魚返鄉的主人翁，多半是素行不良，被有意隔離到外島的。故事開端的「計盜黏糕」，尤其是本類型在卑南族傳述時的重要特徵，大多數的講述者都不會遺漏。儘管這個情節充滿諧謔，主人翁的行事風格也接近民間故事裏常見的機智人物模式，但是在卑南族的講述當中，仍然將之定位在引進祭儀的老人家。即使在高雄都會區講述的「海祭的來源」也不例外。而且，高雄都會區的講述人還因爲自己身爲主持該祭儀之家族的後人，卻長年客居異鄉，在講述時更是抱持了一分追述先人遺事，以示後人繼承大任的嚴謹心態。

　　（五）「溫泉的由來」傳說故事，在高雄都會區雖然是由魯凱族和排灣族合講，但講述的排灣族人早年嫁入魯凱部落，並且長年定居該處，其講述來源實是魯凱族。

　　「溫泉的由來」類同現象在魯凱族原鄉的流傳〔註7〕，包括了屏東縣、高雄縣和台東縣。而且各地的說法都有「便溺河中使水變熱」的情節，至於將之附會在溫泉的形成，甚至直指多納溫泉的紀錄，則只見於多納村和萬山村。

　　魯凱族原鄉流傳的本類同現象，故事的架構大都不出「戲弄」和「追逃」

〔註6〕佐山融吉、大西吉壽：《生蕃傳說集》，（台北・南天書局，一九二三年台北初
　　　　版，一九九六年二刷），頁二二二～二二五。金觀漢先生譯，未刊稿。
〔註7〕參見第四章第四節之「溫泉的由來類同現象各說的差別表列」。

兩段。其內容講述：

> 兩女子誘騙老人殺豬，且令「奇虱代答」逃之夭夭，而後，老人追
> 逃，女子又「便溺河中使水變熱」，使老人追趕不上。

不過，在多納村和萬山村另有一組異說，內容如下：

> 兩女利用「咒念草長」的方法戲弄老人，事發之後又假借賠罪，送
> 來灌滿糞便的豬腸。老人氣不過，從後追趕卻又被其「便溺河中使
> 水變熱」阻去追路。老人莫可奈何，只有大哭或猛打石頭。

「咒念草長」戲弄農人的情節單元，也在茂林村講述的「農夫與烏龜」
〔註8〕中出現，該故事內容是：

> 烏龜「咒念草長」戲弄農人，被捉後卻運用「把假裝會淹死的烏龜
> 丟進河裏作為處罰」的情節單元，再次的愚弄農人。

這是一個流行很廣的故事類型，名稱為「農夫與烏龜」，型號為1310。可知魯
凱族不但流傳「農夫與烏龜」類型故事（1310），還拆解其情節單元，與本族
傳統故事併合。不過這種併合並不見於茂林村。

此外，在萬山村裡還有一組異說：

> 把「神奇的女婿」類型前半以捻線墾地的情節單元安置在老人拔草
> 之前，而後展開兩女子「咒念草長」戲弄老人的種種，女子仍然以
> 「便溺河中使水變熱」，阻去追路，老人憤而丟石頭。最後老人被兩
> 女子誘下懸崖而死。

這是同一講述人的兩種異說之一，其另一則「作弄人的少女」故事，內容還
是以殺豬戲人為故事開端。

如此看來，「溫泉的由來」類同現象共有三組異說，以殺豬戲人為故事開
端，而不提溫泉起源的說法在一九三一年便已出現，而且遍傳於魯凱族的分
布地區：屏東縣、高雄縣和台東縣。不過，此說在高雄縣只見於茂林、萬山
兩村。其他兩組，一是在多納、萬山兩村流傳的說法：結合「農夫與烏龜」
類型故事（1310），並且提及溫泉由來；另一在萬山村流傳的說法，則是結合
「神奇的女婿」類型和「農夫與烏龜」類型故事（1310），同時提及溫泉由來。

萬山村位在多納、茂林兩村之間，而本類同現象異說的分布則是：茂林
村流傳的是以殺豬戲人為開端的說法，多納村流傳的是結合了「農夫與烏龜」

〔註8〕金榮華：《台灣高屏地區魯凱族民間故事》，（台北・中國口傳文學學會，民國
八十八年十二月），頁八三～八五。

類型故事（1310）的說法，萬山村所流傳的則囊括了前段所述的三組異說。

因此，在茂林鄉這三個村落，本類同現象變異的發展，似乎以位在兩村之間的萬山村最具有開放性，不但吸納的類型故事最豐富，將這些類型故事的情節或情節單元，加以重組結合的嘗試也最多。相形之下茂林村、多納村雖然也吸納外來故事情節，多納村甚至結合了當地溫泉的景觀特徵，但其變化還是比萬山村少。居間而立的萬山村，在本類同現象故事的發展方面，可說是充分發揮其左右逢源的地理優勢。

在高雄都會區的講述人都來自萬山村，年齡也都在七、八十歲，故事來源是幼年時期聽老人家說的。其內容結合「農夫與烏龜」類型故事（1310），且融入多納溫泉由來一節，是與多納村相同的說法。因此這一個流通於兩村的說法，在萬山村至少有六、七十年的歷史了。

（六）具有「人嫁蛇的傳說」類同現象的故事，在高雄都會區的講述者有魯凱、排灣和卑南族〔註9〕。早在一九二三年，便有魯凱、排灣兩族的原鄉紀錄，卑南族原鄉的說法則在一九六六年出現，而且以魯凱族的大南村爲背景，足見其故事來源是魯凱族。而筆者在採訪一位熟悉傳統文化的大社村排灣族頭目時，她也明白指出自己所講的「巴嫩的故事」是魯凱族的傳說故事〔註10〕。由此可見，本類同現象源自魯凱族的事實，在鄰近魯凱族的排灣族和卑南族之中，都是有所聽聞的。

在一九二三年的魯凱和排灣族兩說法裡，人蛇的結合相當直接，並沒有追求、出嫁這些過程的描述，更沒有「旁人眼中是蛇，女孩眼中是人」的情節單元，人蛇雙雙離去的原因，是被旁人發現與蛇在一起，女孩心生羞愧才投水的。這種安排與思維在魯凱、排灣族是常見的奇聞異說。而吩咐族人只吃水邊熱食、勿吃冷食，則是本類同現象獨有的情節。一九三一年魯凱族的說法「故人巴魯」，也是以此爲主要內容。文獻資料顯示，上門提親之說，反而是通過一九六六年卑南族的傳述，以大南村爲故事背景的姿態出現，可見提親情節較爲後起，而且也和魯凱族有關。

到了一九八四～一九八八年好茶村的說法，已是「相戀」、「求婚」、「出嫁」、「沒入水中」四段具足，而且充分運用「旁人眼中是蛇，女孩眼中是人」的情節單元來表現提親和婚嫁時的神奇場面。「沒入水中」部分除了水邊留食

〔註9〕 參見第四章第四節之「人嫁蛇的傳說類同現象各說的差別表列」。
〔註10〕 江雅玲講述，張百蓉採錄，屏東市，一九九八年七月二十五日。

物之外，還有根據女主角隨身之物在水面的動靜判斷其是否進入夫家的情節。不過，那女主角交代大家來打獵時必需先以酒肉祭拜的敘述，倒是被後來的講述者省略了。在高雄都會區的講述者當中，只有一位來自好茶的年長頭目，提起祭拜之事，但不知該如何進行儀式，因為他早在年輕時就改信基督教，而且從沒見過有人祭拜。

　　比起高雄都會區籠罩在「相戀」、「求婚」、「出嫁」、「沒入水中」四段落的敘述，二〇〇〇年在魯凱族原鄉屏東縣武潭鄉所見之紀錄，為「人嫁蛇的傳說」類同現象提供了另一個發展的方向：除了女孩在投水前叮囑族人日後只吃水邊熱食、勿吃冷食的情節之外，還安排女孩與蛇在花間相遇，同時在宴請蛇郎時，又有只見食物消失卻不見人影的奇景。

　　那蛇是女孩在澆花時出現在花叢裡的，這樣的畫面和「蛇郎君」（433D）類型故事裡蛇郎在人摘花時出現於花叢的模式極為接近，應當是受到「蛇郎君」（433D）類型故事影響的產物。

　　飲食或工作時，只見食物消失或工作進行但不見人影的情節，也在高雄都會區的說法裡出現，講述者都來自屏東縣霧臺鄉、台東縣大南村，也就是高雄縣茂林鄉以外的魯凱族分布區。然而類似的情節，在茂林鄉則是用幻想故事「小孩變魔鬼」〔註11〕和傳說故事「長穗小米的由來」〔註12〕，在在顯示本類同現象在大同之中的小異，是具有地域性的。如今高雄都會區雖然提供了相遇的舞台，但雙方還沒有相互流通的跡象。

　　（七）卑南族「兩兄弟傳說」類同現象的系列故事〔註13〕，在原鄉流傳的歷史悠久，而且故事的先後順序大致穩定。甚至其源自南王部落的事實，也在故事的安排與取捨之中流露出顯而易見的跡象。例如在故事群之首，知本村的說法絕不會提起祖先來源或創社緣由的部分，因為該段落講述的是南王村的祖先和創社由來。而在南王村的諸多說法都明白一致講到美人在知本村獲救及嫁人的經過，到了知本的說法裡卻把村名「知本」模糊處理。

　　高雄都會區的卑南族講述人來自寶桑里，根據講述者的說明，寶桑里的居民來自南王村，其中混居一些阿美族人。和原鄉諸多異說比較起來，他講

〔註11〕李壬癸：《高雄縣南島語言》，（鳳山・高雄縣政府，民國八十六年），頁一五五～一五七。
〔註12〕伍麗華：《說媽媽的故事》，（屏東・國立屏東師範學院教育金會，民國八十七年），頁一八六～一九〇。
〔註13〕參見第四章第四節之「兩兄弟傳說類同現象各說的差別表列」。

述的兩種「兩兄弟傳說」類同現象系列故事有兩個特色，一是：內容延續到三十多年前，增加了兩兄弟的靈魂托夢尋刀的情節。其二：在「卑南人的起源（甲）」的開端，以「登陸都巒山」、「卑南大溪的形成」兩段故事，講述了先人馴狗的經過，以及卑南大溪的由來。

卑南大溪的由來在原鄉和高雄都會區都有人講述，但都是單篇的故事，至於馴狗，則不論原鄉或高雄都會區，都沒有卑南族的講述紀錄。而講述者的故事來源雖然是卑南族老人家，卻也不是同一人的講述，可見在與南王村同一系統的村落裡，本類同現象的內容也有不小的差異。

在原鄉的紀錄裡，殺巨蛇和弒親之後，必須施法驅除蛇靈和施法除罪的情節，不論是一九三一年以前的早期紀錄，或一九六三年以後的後期紀錄，都各有詳加交代與完全略過這兩種完全不同的處理。看來這一系列故事所蘊含的傳統信念和相關祭儀，早就在講述過程中展開時隱時現的牽動。而在高雄都會區裡，講述者會提到禁忌的觀念，例如巨蛇有靈，殺了它是不可以進入村子的，也因此帶出情節何以發展的轉折，但是在相關的祭儀方面，則沒有描述。雖然講述者在說完故事之後，也說解示範了一些傳統祭儀的細節，但並沒有提起與故事情節的聯繫，因此還不能確定這些祭儀細節的描述與故事是否有關係。

二、故事方面

高雄都會區的原住民口傳故事，其民間故事屬於原住民特有類型的有：「猴子與穿山甲」、「吃橘子的孕婦」、「蛇木的故事」、「熊與豹」、「兄妹鳥」、「尿聲退敵」、「神奇的女婿」、「兩姊妹」、「人鹿通婚」、「不祥的女人」、「聰明的小孩」、「徬徨無助的小孩」、「離家出走的孩子」、「人變鳥（一）」、「人變鳥（二）」、「地下世界」、「馴狗」。

（一）「猴子與穿山甲」類型通常以兩隻動物朋友的交遊活動為內容，藉由相互較勁的種種，呈現這些動物的不同習性。其互戲較勁的項目則不外乎「上樹摘果」、「地下挖莖塊」、「捉魚」、「放火」。

從原鄉資料的數目顯示〔註 14〕，本類型故事在排灣族或魯凱族的流傳是遍及各處部落的。而其內容則以「放火」一節的出現率最高，其次是「上樹摘果」，「地下挖莖塊」再次之，「捉魚」一節往往和「地下挖莖塊」結合，獨

〔註14〕參見第四章第三節之「猴子與穿山甲類型各說的差別表列」。

立出來的情形明顯地較少。就目前所知，互戲較勁項目多寡並沒有什麼明顯的趨勢或規律可言。在排灣族方面，一九三一年以前和近年的紀錄，都保持者繁簡並存的狀態，在魯凱族方面，其晚近紀錄中的互戲項目以三項者居多。這些現象只能確定目前所知的「猴子與穿山甲」類型故事之內容形式，在排灣、魯凱兩族已早有發展。

　　不過，在一九九六年採自排灣原鄉的「猴子和螃蟹」有突出的變異：在戲弄項目只保留「上樹摘果」一節，但向前銜接「狐狸分乾酪」（51＊＊＊）類型故事，向後接續的是「小動物和小物件同心把仇報」（210）類型故事。其變化的幅度和方向都遠遠超出本類型故事既有的情況。到了一九九八年在台灣北部台北縣烏來鄉與泰雅族混居的漢族講述人，以及二○○○年台灣南部屏東縣泰武鄉的魯凱族講述人都以「猴子和螃蟹」爲名，在「上樹摘果」一節接續「小動物和小物件同心把仇報」（210）類型。可見這一個異說在原住民分布的原鄉地區已經流傳開了。

　　此外，在一九九八年高雄都會區魯凱族講述的「猴子跟土撥鼠」，則在故事角色裡提出本地所沒有的「土撥鼠」。爲本類型故事劃出都市化、甚而地球村化的變化方向。

　　（二）「吃橘子的孕婦」類型故事中的人物是一家人，以孕婦害喜嗜酸的習性發端，展開一段夫妻紛爭的互動，繼而親子也加入事件的經過。在魯凱族原鄉，萬山村、多納村的說法和都會區所採得的說法比較接近，內容大致如下：

　　　　孕婦因爲嗜食酸果而被不耐的丈夫綑綁在樹幹上，棄之不顧。孕婦
　　　　死後產子，嬰兒吸食露水長大，拼湊枯骨使母親復活，而後返回村
　　　　子。

不過，回到村子的母女對待父親的做法，三個講述者各有一種結局。不外是父親另組家庭但家境困苦，或被眾人唾棄孤獨一生，或者心生羞愧不敢相認。然而在這些說法裡，那小孩不是擁有法力，便是被尊若神明，甚至把父親村莊的人都吸引過來形成一個新的村落。這種高高在上、擁有咒唸的法力、爲眾人擁戴追隨的形象，正是排灣族和魯凱族描述頭目時慣有的作爲，因此，這一則幻想故事所描寫的似乎不僅僅只是個家庭的糾紛而已。

　　在多納村一位年近九十的講述人以及大南村所提供的說法裡，對於被害母女的不凡還有更直接的刻畫。兩說都沒有接骨復活的神奇情節，多納村的

說法是孕婦不斷咒念使自己活下去，使小孩出生並且瞬間長大，回到村子則變出漂亮堂皇的房子，而那狠心的丈夫則委頓卑微地蜷縮屋角，被妻子先以開水燙死，繼而拋出屋外。大南村的說法則是孕婦死後產下的孩子靠露水活命，但是當太陽出來露水蒸發時，小孩便發出必須讓人知道他在這裡待援的意念，於是在其上空應之而出現彩虹，讓人們循線而至，將他接回撫養。

兩者流露出的氣勢，和先前受難無依的形象截然不同，何以能如此？支撐起這一切的，正是「頭目不可侵犯」的信念。只不過，這些概念已經隱含在看似奇幻或者殘暴的情節裡面，不論在原鄉或者高雄都會區，都是隱而不彰的了。

（三）「熊與豹」類型故事在魯凱族的說法大概分成兩組，一組是兩動物互畫，一組則是兩人互畫，當然結果都形成了熊與豹現在的模樣。前者最早的紀錄在一九二三年的大南社，後者最早的紀錄在一九三一年的多納社〔註15〕。

多納的說法裡，在本類型故事之前加上「女孩吃檳榔受孕生下太陽之子」的傳說，而那兩個互畫的人便是太陽之子。不過這種尊貴的出身，只出現在這一個說法，爾後的說法當中那兩個人只被提起是兄弟或朋友。甚至在一九二三年的大南社說法裡，那兩動物也是朋友關係。

純粹以動物的身分為主人翁的紀錄在魯凱族並不多，一九二三年大南社之後，只有一九三一年達拉馬勾社和一九九八年萬山村兩例。似乎偏好動物前身是人的講述較多，尤其兩人為兄弟之說，還發展出母親偏心致使兄弟變成熊與豹，而互畫身體便是變形前的情節。這是把另一則「離家出走的孩子」類型的前半部嫁接到「熊與豹」類型之前，而且連敘述「便當內容如何不同」的情節和素材都完全相同。

在高雄都會區的講述人陳述的便是結合兩類型故事的說法，其說自然來自原鄉。只不過高雄都會區的講述人來自萬山村，結合兩類型故事的原鄉紀錄則來自茂林村，可見這樣處理並不是某一人某一村的單一構想。

（四）「兄妹鳥」類型故事在高雄都會區，講述者有排灣、魯凱、卑南三族。主人翁變化的鳥類，在三族的講述中並不相同。魯凱族的說法有兩組，一是變成烏鴉，一是變成兩種鷹鳥。排灣族的兩組，一是變成烏鴉與藍鵲，一是變成兩種鷹鳥。卑南族的說法則只有一組，就是變成兩種鷹鳥。所謂的

〔註15〕參見第四章第三節之「熊與豹類型各說的差別表列」。

兩種鷹鳥，往往以其鳴叫聲爲鳥名，但凡講述者有模擬其聲者，三族的模擬音都是：「獨估瑞」與「央央兒」，或與其近似的聲音。從此可以判定三族所指的兩種鷹鳥，應該是一樣的。

在高雄都會區魯凱族的兩類說法裡，來自茂林鄉者採變烏鴉之說，而來自霧臺鄉者採變成兩種鷹鳥之說。與流傳原鄉的分布情形完全一樣。排灣族的兩組說法，只有一例是採用變成烏鴉與藍鵲，講述者雖然定居高雄市，講述地點卻是原鄉三地門村。可以說原鄉與都會區的說法一樣，都會區的生活經驗，對之並沒有什麼影響力。至於另一說法，不論是在原鄉或高雄都會區，變成的鳥都是兩種鷹鳥。卑南族的說法更是單純，從一九一五年至今，始終是變成兩種鷹鳥之說。

綜而言之，不論是在什麼地方，本類型故事中人物所變化的鳥都有相當的穩定性，具有隨著個別族群、原鄉而變化的規律，而且少有例外。儘管在遠離山林的高雄都會區，這兩組鳥別依然是互不交錯的。

（五）「尿聲退敵」類型所運用的諧音造成誤判的趣味，常見於多重語言、文化的環境。在高雄都會區的原住民口傳故事裡，這類型的笑話不少，可以說是高雄都會區與傳統口傳故事差異最大，也最爲獨特的一部分。

「尿聲退敵」類型故事是一個傳統故事，它反映的是早期台灣原住民族群的互動。「尿聲」與各族相同的「九」之發音正是族群互動的徵象，而孤身女子遭逢外族圍獵的險境，也是族群接近帶來的生活風險。

本類型故事在高雄都會區和原鄉的特色都一樣：保留了一些傳統生活習俗的描述，例如在高雄都會區講述的獵首之說，在原鄉敘述的鳥占之說。畢竟這些都是各個故事的背景，減省不得。

（六）「神奇的女婿」類型故事最早的紀錄可溯及日人小島由道一九一二～一九一三年間在阿美族採錄的「米、小米、豬出生的傳說」，直到一九九八年在高雄都會區的「神奇的女婿」，見諸紀錄的歷史已近九十年〔註16〕。

在阿美族，本類型故事的變異通常與主人翁的身分有關，一般都是天降的神明，從而帶出一些祭儀、習俗、禁忌的由來或指示。「米、小米、豬出生的傳說」故事看似例外，但是在其「剖開竹子得豬隻」的情節裡，卻流露出傳統認爲巫師作法時的概念：「豬隻會從竹中出現」，因此這個類型故事的起源應該是結合傳統信仰的。而主人翁種種神奇乃至登天的舉措，都因爲這天

〔註16〕參見第四章第三節之「神奇的女婿類型各說的差別表列」。

降神明的背景而顯得合情合理。它反映了阿美族人對於世界起源的摹畫──上界有高明莫測的神明，人世的種種不足都看在其眼裡，也因為祂們的神力相助，世界上的物資和規範才得以充實和建立。

一九八九年以後的說法都不再強調神明的身分，反映了傳統信仰的逐漸式微。只在主人翁結束任務，登天梯上天國這類殘留的敘述裡，洩漏了這位能人可能的出身。

至於在高雄都會區的講述者，其內容完整的繼承了原鄉晚近的敘述，沒有任何變換。但是對故事的理解和應用，卻完全融入眼下離鄉出外奮鬥的情境，把一個猶帶奇幻色彩的故事當作一則以「立定志向就要力行不移」為宗旨的勵志寓言，不但用以自勉，也拿來鼓舞同鄉的夥伴。

（七）「兩姊妹」類型，在高雄都會區的講述者都是排灣族。故事中的孤兒在遭逢變故，飽受欺凌之際，得到神秘的助力，不但改善自己的困境，還一躍而為眾人仰望的頭目。

不論是都會區還是原鄉，本類型在同一架構之下都隱然有兩種不同的組合，一是描述被欺凌的情狀，典型的做法便是把垃圾丟到主人翁家；二是強調匱乏的狀態，通常是沒有飲水、食物或者沒有火。與「堆積垃圾」銜接的是以神奇的法力解決困境，而那神奇法力或者來自主人翁自己，或者來自一些小動物，透過法力的幫忙，不但清除了垃圾，還可幻化出豐物的物資。而與「物質匱乏」銜接的，則是在一陣驚恐的描述之後，出現一位神秘的餽贈者，當然，其餽贈是相當豐富的。

基本上，本類型故事不論在高雄都會區還是原鄉，都有不小的變異。不過，都會區是在原有架構上減少一些敘述，尤其是彰顯貴族身分的細節部分。另外，也以上帝的眷顧來詮釋主人翁的奇遇，取代頭目擁有不凡神力的傳統概念。在原鄉，固然有藉著失親少年少女的被欺凌，表現兩貴族家庭的對立、爭鬥，充滿了傳統尊崇貴族的思維者，如一九九○年董桂招之講述。但是把神奇力量造就財富的情節，轉變為得到意外之財的生活故事情節，如一九九六年的「寶箱」，也出現在原鄉。其他，一九九六年的「兩兄弟」，在描述主人翁物資匱乏的困境之後，銜接了類似「狗耕田」（542）類型故事的連續變形情節：出賣物品換來的一隻具有神奇力量能夠有求必應的小鳥，且小鳥死後埋身之處長出大樹，那樹幹製成的飯匙又能生出許多東西。到了結尾處，又加入一段「神奇的女婿」類型故事中主人翁擁有的神奇異能：「運用繩索瞬間

清理出一塊耕地」。這些結合其他故事類型和情節單元的結果，在在說明了本類型故事在原鄉的流傳並不止於承襲傳統而已。

一九三一年的兩則說法「種鹿」和「孤兒和烏鴉」，在本類型故事諸說中尤其特殊，其故事內容所用的情節正是「神奇的女婿」類型故事的「運用繩索瞬間清理出一塊耕地」和「種出的瓜果剖出米糧、動物」。但是，如果把它歸爲「神奇的女婿」類型故事在排灣族的說法，整個故事卻已經抹去利用婚姻進入另一家庭來改善其生活的基本模式，而套進本故事類型的介入孤兒生活，助其改善生活之架構模式。因此，這兩個說法應當是「神奇的女婿」類型故事傳入排灣族以後，被改換故事背景，融入本族故事類型的結果。其吸納其他故事情節的作法，和上述的「兩兄弟」故事是一樣的。

本類型故事對其他傳統故事情節的吸納也頗有表現，譬如早在一九二一～一九三八年間講述的「成了孤兒的兄弟」，便共用了「兄妹鳥」類型故事在排灣族說法中常用的「咒唸使東西從高處掉下來」的情節單元。可見其在原鄉的變異形態之多，並不亞於高雄都會區。

（八）在卑南族，「人鹿通婚」類型故事被公認是發生在建和村的故事，該村屬於石生系統。在高雄都會區，也有來自竹生系統的南王村的講述者曾經提起這個建和村的故事，但對內容並不清楚。講述「人與鹿結婚的故事」的是來自石生系統的知本村年輕人。不過，對照歷來的紀錄，這一則在原鄉向來架構穩定，情節、素材也頗爲固定的類型故事，在都會區卻有大幅的變異。

以不見容於世人的人鹿戀爲主題，從一九一三年到一九八七年在原鄉所見的諸多說法〔註17〕，內容都是父親射殺踐踏作物的鹿，結果女孩以鹿角自刺殉情。除了一九二九年的「鹿」之外，其他各說還提到鹿角掛有珠鍊，或者強調鹿角的美麗。出現次數居多的珠鍊之說，又都和男女定情、許婚情節有關。

反觀高雄都會區的講述，人鹿戀的主題不變，但故事背景卻從耕種作物轉爲射殺鹿群維生，鹿角成了逃命時的羈絆，父親反對戀情卻沒有交代其是否射殺女兒的鹿情人，女孩殉情的情節也沒有出現。但是在結尾處卻提出：此後頭目家都懸掛一隻鹿頭，以爲紀念和福佑之用。和原鄉穩定的情節比起來，都會區的說法顯然岐異太大，但是，其中「射殺鹿群」和「鹿角」的提

〔註17〕參見第四章第三節之「人鹿通婚類型各說的差別表列」。

出，又都是原鄉故事情節中必有的特徵。尤其結尾處與前段敘述不甚銜接，卻與原鄉各說相應的說明，更洩露出其與原鄉流傳故事的淵源。因此，有理由相信，都會區的說法應該是年輕的講述人憑著殘存的印象所作的新組合。

　　（九）「不祥的女人」類型故事在高雄都會區的講述者有卑南、魯凱和排灣族。其內容大略為：一美貌女子身有「女陰有齒」的異相，連連傷及新婚丈夫的性命，遂被家人裝箱順水流放，經他村人撈起，除去身上異物而恢復正常生活。

　　本類型故事在卑南族原鄉一直是「兩兄弟傳說」系列裡的一段故事，到目前為止，獨立成篇的形式僅見於高雄都會區。而一九一六年的「卑南社的祖先」看似是一則故事，其實是「兩兄弟傳說」系列的濃縮版，女孩的身分仍是卑南社的祖先之一。顯然，本類型故事的女主人翁在卑南族原鄉是以歷史人物看待的，相形之下，高雄都會區的說法將之轉換成奇幻人物，可以說是個特例。

　　魯凱族和排灣族的原鄉都有不少本類型故事的紀錄。魯凱族方面，早在一九二三年大南社的說法裡，不但有「禍夫」、「流放」、「除害」等完整的段落，還將之歸納為琉璃珠的由來。但是一九三一年的魯凱族，包括高雄縣、屏東地區的諸多說法，都沒有多少情節，只把焦點放在男女性徵上的怪談，與本類型故事的交集只是「女陰有齒」。一九七一年以後，在高雄縣的說法裡，「禍夫」、「流放」兩段成了主要內容，但也止於主人翁的被流放。大致說來，本類型故事在魯凱族的分布區都有流傳〔註18〕，但內容簡繁不一。

　　排灣族方面，最早的一九二三年說法出現在鄰近卑南族的太麻里社，故事背景也明指是卑南社（今南王里），不過，故事只有「流放」、「除害」兩段，便導向琉璃珠的由來。隨後一九三一年的「女陰之齒」和「模阿卡凱」，不以卑南族為背景，但段落完整，結尾是琉璃珠的由來。一九三二年的說法又以卑南社為背景，段落完整，且結尾不提琉璃珠。其後一九四〇年和二〇〇〇年的兩種說法，段落簡繁不一，但是一律導向琉璃珠的由來。

　　綜合上述，排灣族說法的來源應該是卑南族，也承襲了本類型故事在該族具有的負載文化歷史功能，將象徵排灣族尊貴地位的琉璃珠之由來置於其

〔註18〕　本文雖然沒有霧臺鄉方面的紀錄，但是筆者在該鄉好茶村採訪時，曾聽聞一位年已七旬的老人家說起，只是中年的口譯者當場表示要問清楚這故事的意義何在，因而未作紀錄。惟據此可以判定，霧臺鄉方面的魯凱族也有本類型故事的流傳。

中。而且，自始至終沒有多大的變動。

　　相較於此，高雄都會區由魯凱族和排灣族合講的「不祥的女人」，既沒有提到琉璃珠的由來，在結構上也只有「禍夫」、「流放」兩段。不論是取材或內容都與魯凱族所流傳的模式接近，看來講述人之一的排灣族，在本類型故事的傳述上，已經完全接受魯凱族了。

　　（十）「聰明的小孩」類型故事在高雄都會區的講述者是阿美族，故事的主人翁雖然具有咒語能力，但仍以人類視之，是個幻想故事。但是在一九六〇年原鄉的說法裡，故事的主人翁顯然是個精怪，而故事背景也設在一個物種互變的神奇世界，例如「筷子會變成稻種」。比較兩者，原鄉的內容雖然比較豐富詳細，但也有節奏緩慢，枝節蔓生的現象。而都會區的內容，則有主旨明確，節奏明快的特色。其中的差異，恐怕和原鄉舒緩與都會區快捷的環境情調有關吧。

　　（十一）「離家出走的孩子」類型故事在高雄都會區有排灣、魯凱兩族的講述。本類型故事在兩族的傳統說法大致如下：

> 母親偏愛兩兄弟的弟弟，她在食物裡作手腳。打獵休息時，哥哥看
> 見自己的食物包裹了蟑螂屎，而弟弟的卻是豬肉，結果哥哥決定離
> 家，但弟弟緊隨不捨，於是雙雙變形。

　　在排灣族原鄉所見的變形〔註19〕有兩類：山和動物。動物方面又有兄弟變爲熊與豹，以及哥哥變成老虎、老鷹等兩種變異。從時代來看，一九二三年的紀錄，不論是山或動物，變形的都是兄弟兩人。但是，一九九六年以來的紀錄就不這麼規律，而是貴族身分的哥哥一個人變形，甚至出現兄妹離家共患難的情節，添入吐檳榔汁長出檳榔、荖葉的情節單元。與此類似的情節與情節單元，也常在其他講述貴族落難的排灣族故事裡出現。可見其變異已經有其他故事的影響。

　　到了高雄都會區，則首度出現弟弟被歧視，離家後又沒有變形，且與白蛇結婚生子的變化。但是不論如何，這些排灣族說法的發展始終不離：母親偏心，利用食物的好壞表現差別待遇，致使遭遇不公的孩子離家不歸，並且發生一些奇事。比較特別的是，一九九六年講述的故事「帕咕拉拉的兩兄弟變成山」和「老虎」，前者在結尾添上一段豐年祭時備酒祭山的傳統習俗，後者則增添忌殺老虎，以及殺了老虎必須殺豬請巫婆作法補償的禁忌。而如此

〔註19〕參見第四章第三節之「離家出走的孩子類型各說的差別表列」。

一來，看似奇幻性質的家庭倫理故事，變成了傳遞習俗由來的傳說。至於這些說法是後來的變異，還是至今才得到紀錄的古老說法，則有待更多資料的累積才足以確定。

本類型故事在魯凱族的說法集中在高雄縣，變的形一直是熊或豹。一九三一年的說法有哥哥咒變成豹之後，要家人從獵物的冷熱判定其生死的變異，這是魯凱族說法的特色，直到近年仍爲萬山村的講述人所引用。此外，在萬山村也有一說，強調哥哥變成雲豹，因而帶出不殺雲豹的禁忌，如果誤殺也不能食用，還得爲之停止活動七天，就像爲人守喪一樣，只因爲雲豹原來是人。

在高雄都會區的講述者也來自萬山，所用的變形是熊，而且帶出台灣黑熊胸口白紋的由來。但是這台灣黑熊的白色圖紋，卻是「熊與豹」類型故事裡，爲布農族所突顯強調的特徵。或許，高雄都會區的說法裡已經受到「熊與豹」類型故事，而且是布農族說法的影響。

（十二）「馴狗」類型故事在卑南族通常是附在「卑南大溪的由來」〔註20〕之前，但並不是每個「卑南大溪的由來」故事都會提到這一段。「馴狗」故事的主人翁所用的道具幾乎都是纏著頭髮的黏糕，只有一九二三年知本社的說法是以「帶回小狗飼養」一筆帶過的。

在高雄都會區，卑南族的講述者在「卑南人的起源（甲）」裡也提到以纏著頭髮的黏糕馴狗。不過，那是前代傑出英雄人物的兩項事蹟之一。另一項事蹟便是開出卑南大溪，也就是「卑南大溪的由來」之傳說。

然而，在同一位講述者的另一個說法「卑南人的起源（乙）」裡，並沒有提到「卑南大溪的由來」傳說，卻也無礙於馴狗情節的講述。換言之，在高雄都會區的講述中，「馴狗」類型故事與「卑南大溪的由來」是可以拆解的兩個部分。這和卑南族原鄉普遍將兩者併合的做法是不一樣的。兩者的差異則在於，前者以事件爲單位，後者以人物爲中心。

（十三）「植物或物品變成的妻子」（400D.1）類型故事在台灣原住民只有排灣族有此說法。論眞說來，排灣族的「芋頭變人的故事」，只是在動物以外的物件變成女子嫁給人間男子這一個主題和此類型故事相符，至於「芋頭變成人」的情節單元，在此類型故事裡還沒有其他族群或地區的紀錄。台灣地區的漢族社會也不例外。

〔註20〕參見第四章第三節之「卑南大溪的由來類型各說的差別表列」。

　　倒是在原鄉，「芋頭變成人」的說法另有流傳〔註21〕，而且主人翁出身頭目家族。因為這頭目的光環，她擁有隨意變形的能力和特權。那株芋頭原是主人翁咒念而變的，為的只是要親近另一位貴族男子。也因為其尊貴的身分，使得婚後男家母親稱其為芋頭所變時，大大地傷害了這位女頭目的自尊，於是飄然離去。原鄉的說法充滿了「頭目高高在上，與眾不同且不容侵犯」的傳統信念，相形之下，高雄都會區的講述雖然在情節上近似，素材也貼近傳統的生活背景，如芋頭、山鳥，但對於傳統的階級文化特徵，則是略而未提。值得注意的是，高雄都會區講述人是平民，而原鄉的講述人則出身貴族家族。因此兩則故事的差異，其影響的因素就不僅僅是流傳在都會區和原鄉的差別而已了。

第二節　與原住民其他各族故事的比較

一、神話與傳說方面

　　（一）「洪水」的類同現象所流傳的族群包括了布農、鄒族以及魯凱族。其情節項目以：「避難」、「取火」、「鬥蛇」或「鬥鰻」為基準。

　　比較各族的說法可發現，布農族的順序一直是：「避難」、「取火」、「鬥蛇」。相對於布農族的規律，鄒族的各種說法除了所鬥之物固定為鰻魚（魚）之外，其段落順序並不固定。究其變異之處，主要是「取火」一段在「鬥鰻」之前或後。同時，鄒族的說法裏有時還在「鬥鰻」之前加入「條件」一段。至於魯凱族的說法，就只有「鬥蛇」一段。

　　綜合上述，「洪水」的類同現象在各族的說法隱然可分為兩組，即布農族與魯凱族合為一組，而鄒族自成一組。魯凱族的原鄉紀錄在一九九三年出現，比起一九一五年就有紀錄的布農族說法要晚出許多，加上這一則魯凱族紀錄來自高雄縣茂林鄉，該鄉素與布農族有地緣和婚嫁往來的淵源，因此魯凱族的這個說法極可能是受了布農族的影響。

　　至於鄒族、布農兩族的說法，在紀錄裡一向是各具特色，大同之中的小異絕不含混的。然而，鄒族和布農族經歷多次的遷村之後，在今天高雄縣桃源鄉已有相鄰而居，甚至共處一個村落的事實。兩族的交流在所難免，其「洪

〔註21〕湯賢慧：《排灣語傳統神話故事集》，（台北·中央研究院歷史語言研究所，民國八十四年十二月），頁一九七～二二一。

水」的類同現象是否也有交流的可能？

在高雄都會區，由漢族講述的「洪水」類同現象，故事來源是住在高雄縣桃源鄉的布農族友人。而情節卻出現了鄒族才有的「避難」、「鬥蛇」、「取火」的順序，且在「鬥蛇」之前插入「條件」一段的模式，也是鄒族的傳統。是以，這一則在高雄都會區所採之「有關洪水的故事」是布農、鄒族兩族交流的結果，應是可以確定的事實了。

（二）「追白鹿的傳說」在高雄都會區的鄒族和邵族兩種說法，都鎖定我族的遷移為主題。只不過，兩說立場雖然不同，但對於遷移的族群之認定卻是一樣的。

早在一九一五年的布農族也有利用追鹿情節導出族群遷移和獨木舟由來的紀錄，其運用的「追逐白鹿發現水潭」情節，和前述兩說毫無二致。獨木舟由來則以族人模擬老鼠在水潭上的動作為說明，這在故事的架構上，也相當合理。

相形之下，鄒族說法在結尾處接上那有布農血統的公主喜歡划獨木舟，便顯得突兀而且多餘，令人懷疑其存在之必要。但就故事流傳的角度來看，一九一五年的布農族紀錄何嘗不是為此看似突兀多餘的敘述提供了一分可能性，也就是說這公主喜歡划獨木舟一節是布農族當年說法的殘留加上變異所形成的。

在布農族方面，直到一九九五年仍有在原鄉流傳的「大水窟的故事」，講述著族人如何因追逐白鹿而發現水潭，進而帶動一次族群的遷移。因此，這一則講述族群遷徙的傳說故事其實為三個族群所共享。

（三）「祭儀的由來」的類同現象在歷來的紀錄裡，遍布於阿美、卑南、排灣和平埔族。

卑南族的說法一直是以祭儀為重心，而阿美族的變化就比較多：以祭儀為重心者有之；附加造船技術由來者有之；說明海浪拍岸現象者有之；不提出任何事物的由來而成為幻想故事的也有之。排灣族的說法都是幻想故事，從來不具說明事物由來的傳說性質，而且紀錄很少，只出現在一九二一年到一九三二年間，流傳地點又有與平地社會接近的高士佛社。至於平埔族，唯一的紀錄出現在一九二三年，重心放在野獸的由來。

綜觀上述所見，本類同現象所分布的阿美、卑南、平埔和排灣族的高士佛社都居住在平地，因此其相互影響和接受外來文化的機率都很大。其中卑

南族以及平埔族在揉入自身傳統色彩方面用力較深，排灣族只以故事視之，不但沒有本族化的跡象，流傳的歷程和地區也不廣，阿美族則既兼容並蓄又各顯特色，因此形式風格最為多樣。

高雄都會區所採之阿美族的「阿美族造船、捕魚技術的傳說」與卑南族的「海祭的來源」，所呈現的特徵也正是如此。

（四）「溫泉的由來」的類同現象紀錄最早見於一九一五年的卑南族〔註22〕，內容描述兩女子色誘老人殺豬，然後以滾燙的豬油燙死老人，老人死後變成烏鴉，專吃其作物以報仇。而後在一九二三年排灣族的紀錄則在女子色誘老人殺豬之後，接著以「奇虱代答」、「便溺河中使水變熱」兩個情節單元而逃脫，追趕不及的老人憤而以其男根穿石成洞，並且放出蜜蜂螫其村人。

卑南族在一九六三年的說法，與一九一五年毫無差異。但是，一九二九到一九三一年間的紀錄則除了指明發生的地點有卑南社、卑南溪之外，在殺豬之後，也有與上述排灣族說法性質接近的「臭蟲代答」、「咒唸使溪水減弱」。但接下來的發展仍然回歸卑南族變形報復的特徵。由此可見，這時期的卑南族說法在保有本族的特徵之外，也和排灣族的說法有所交集。

然而，一九二三年以後的排灣族說法在故事之初的女子色誘老人殺豬，和結尾處的老人以男根撞石或者以石撞石，為其一致的鋪陳之外，在首尾之間安置的情節單元則有一些變化。大致上，在鄰近拉瓦爾亞群的三地村說法採用的是「頭蝨代答」、「便溺河中使水變熱」兩個情節單元，而屬於布曹爾亞群北部排灣的來義鄉義林村說法，採用的是「咒唸使河水高漲」、「老人的男根長得可以搭橋」。另外，與排灣族長期混居但自成一系的箕模人，在此則是沒有附加任何情節單元。義林村的說法還對蜜蜂螫人有所交代，那蜜蜂是沾在男根上的雜刺變成的，專螫女孩的族人，和一九二三年的紀錄比較起來，其敘述更為完整合理。不過，男根沾刺變蜜蜂螫人的情節，在魯凱族、排灣族的原鄉往往是被獨立出來的怪談異說，並且早在日人的紀錄裡便已有之。在茂林鄉萬山村的魯凱族，甚至有將其比附為與某一家族有關的事情。可見，此類同現象在排灣族的發展是首尾情節固定而在中間有所變化。而這些變化的取材，一種是偏向男女情事怪談，與首尾情節的性質一致，另一種是排灣、魯凱族群早已流傳的個別異聞。因此，這些後出說法中的不同情節，匯集的

〔註22〕參見第四章第四節之「溫泉的由來類同現象各說的差別表列」。

是性質相近的舊說。

在文獻紀錄上，「溫泉的由來」類同現象最早見於卑南族。在情節方面，「殺豬」為卑南、排灣、魯凱三族所共有。兩處都有女子以色誘達到殺豬目的的敘述，只是卑南、排灣兩族的表達比較直率，而魯凱族則有含蓄帶過或者轉為解釋結婚為什麼要殺豬的由來。從此可以判定，本類同現象原來是以男女之事為其講述主題的。

而在敘述的環節裡，除了箕模人、卑南族卑南社和魯凱族茂林村年輕人的說法之外，流傳於三族的所有說法都或顯或隱的保有河水或豬油的「滾熱」。因此，「殺豬」和「液體的滾熱」應該是本類同現象在共同架構之外的另一個共同項。很可能是本類同現象最初內容的殘留。而今這兩個殘留經過不同族群文化的揀擇，不同地理景觀的搭配，再加上不同故事情節的穿插之下，已經衍生出一些談說風俗、解釋地理現象的傳說故事了。這樣的發展，在卑南、排灣、魯凱三族之中，更以魯凱族尤其是萬山村最為突出。在高雄都會區，來自該村的講述，反映的正是其中之一。

（五）在卑南族所採的「人嫁蛇的傳說」類同現象，直指故事中人是大南村人，而且蛇家就在深山湖裡，前者指明是發生在魯凱族的事，後者為本類同現象內容的重要特徵。其簡要樸素的敘述和內容，和一九二三年的魯凱、排灣兩故事一樣，但是，完全沒有提到水邊留熱食、冷食之事。

近年所見的排灣族原鄉說法，大都接近魯凱族好茶村的模式，亦即運用了「旁人眼中是蛇，女孩眼中是人」的情節單元。「沒入水中」部分除了水邊留食物，以及根據女主角隨身之物在水面的動靜判斷其是否進入夫家的情節，連在結尾處增加的蛇子回家探親一節，在屏東縣泰武鄉講述的「蛇妻」和屏東縣大社鄉講述的「巴嫩的故事」裡，也都有相同的舉動但不同的發展：「蛇妻」以此衍生嫁蛇女孩認為母親不能接受她的婚姻，而「巴嫩的故事」則發展出蛇何以會咬人的解釋。至於在排灣族的這些異說，只要刪減情節，減去的必然是水邊留熱食、冷食之事。

如此看來，本類同現象傳入排灣族的來源比較單純，應該就是魯凱族好茶村的說法。不過，排灣族對於水邊留熱食、冷食一節比較缺乏興趣，相形之下，此一情節在魯凱族說法裡則具有較強烈的固著力。

（六）「兩兄弟傳說」類同現象除了卑南族之外，只在阿美族流傳。不過，阿美族的說法絕口不提族群色彩強烈的創社由來和祖先來源。至於大美人的

故事，其實阿美族也有架構相似的美人故事，卻從不列在此一系列而另成一個故事，而且與其物質文化關係密切的貝類起源相結合。可見得，在卑南族裡具有傳說性質的人物故事，在阿美族仍然保有傳說的性質，但是已隨族別而調整內容了。

阿美族「兩兄弟傳說」類同現象，多著墨在本系列的殺巨蛇、風箏救人，究其原因當是：一來不涉及族群歷史，再則具有故事趣味。不過，在卑南族人口中，阿美族人原是風箏救人故事裡敵對的一方，到了阿美族人的講述裡則把那族別模糊掉了。

雖說阿美族在本類同現象的流傳，扮演的是承襲卑南族說法的角色。但是，從一九二三年阿美族馬蘭社的紀錄對照高雄都會區的內容，卻可發現其講述的卑南社（即南王部落）故事，正可彌補在卑南族原鄉遍尋不得的以馴狗與卑南大溪由來為故事之首的早期紀錄。

二、故事方面

（一）除了排灣族和魯凱族，「猴子與穿山甲」類型在布農、鄒族兩族也有所流傳。不過，布農族的各個說法都把互戲項目固定在「放火」一項，而故事裡的角色雖然都有穿山甲，但與之對應的卻是山貓、烏鴉。相較於排灣族說法中與穿山甲對應的猴子、兔子，布農族隨著所選擇的動物屬性特徵而沒有發展出「上樹摘果」、「地下挖莖塊」、「捉魚」等情節，是相當合理而自然的。此外，排灣族的角色組合還有蜥蜴、螃蟹、蝦子等水中動物的加入，他們不是相互組合，便是取代穿山甲來與猴子配對。

此外，排灣族與布農族都利用火燒後造成兔子（野兔）毛色變成棕色、蝦子顏色變黑、烏鴉變成黑色之由來，其構想模式有雷同之處。而且在排灣族故事中，也以「放火」為戲的次數最多。

鄒族所流傳的說法在角色方面仍然以穿山甲為固定角色，與之對應的有獅子、猴子、野貓、黃葉貓、狐狸。獅子、野貓、黃葉貓、狐狸都是在地面活動的獸類，而在這類組合之下，互戲的項目仍然集中在「放火」，間或有鄒族獨有的「上樹摘蜂蜜」，而在與猴子對應的說法則有「捉魚」、「上樹摘果」的情節出現，這固然是呼應了配對動物的屬性。但講述這種情節模式的部落卻是與魯凱族有地緣關係的四社蕃、沙阿魯亞社。

而魯凱族在本類型故事中角色組合向來穩定，都是猴子與穿山甲，少數

的變化不過是把角色變成兩隻猴子以及一例「蝦子與蜻蜓」的特別組合。

綜合上述，在角色的選擇上，排灣族採用的組合模式最多，有穿山甲和猴子、穿山甲與兔子、猴子與水族、還有水族與水族，大致有以「入水（土）下鑽」和「向上攀爬」兩種習性之動物相組合的規律。魯凱族採用的動物種類最固定，幾乎就是穿山甲和猴子，在完全吻合排灣族的組合規律之外，還有其本族的個別性。布農族的說法，與穿山甲角色配對的是獸類、鳥類，鄒族則除了鄰近魯凱族的地區之外，也有其以穿山甲和獸類組合的規律。因此，魯凱、布農族、鄒族都以穿山甲為固定的角色，各族的個別性表現在與其配對動物之不同：魯凱族的是猴子；布農族的是獸類、鳥類；鄒族的是獸類；排灣族雖然組合較多樣，但也有其僅見的動物：兔子、水族。所以，四族的關係應當是排灣族與魯凱族的交集最大，排灣族與布農族次之，魯凱族對鄒族有一些流通，布農族和鄒族則有部分交集。而魯凱族和布農族幾乎沒有交集。不過，就族群分布和通婚情況看來，魯凱族和布農族是頗有往來的，其中緣由如何，恐怕要等待更多的資料了。

故事情節方面，「放火」一項在布農族是唯一的情節，在鄒族是固定的情節，在魯凱、排灣族都是出現次數最多的情節。因此，本類型的雛型極可能就是「放火」一節。但是，目前這情節在排灣、魯凱兩族的流傳之中，有逐漸被捨棄的趨勢。

如此一來，高雄都會區由魯凱族講述的「猴子跟土撥鼠」之變異，便顯得意義不同。因為，他不但捨棄「放火」一節，還把最固定的傳統角色穿山甲也給取代了。

（二）「吃橘子的孕婦」類型故事在鄒族和卑南族也有流傳，卑南族的說法尤其早在一九一五年便已出現，故事裡的孕婦還是另一個「兄妹鳥」故事中的母親。她被丈夫棄置樹下，死後產子。丈夫又回到現場帶回嬰兒撫養，長大後的女兒從父親口中探得實情，回到樹下，從腳到頭依次拼合枯骨，咒念使母親復活，終於母女一起回家。故事裡拼合骨骼的部分，講述仔細而且順序井然，可說是觀察入微，徵實明確，再配合那肅穆誠摯的咒語，流露出自信而嚴謹的信念。無怪乎即使定居在高雄都會區，卑南族人仍然以其巫術法力出眾為榮。「吃橘子的孕婦」故事在卑南族所展現的特徵，正是其族群文化的特徵。至於故事裡的夫妻、父女在這些事件當中的反應之不合常理，如丈夫為摘橘而棄妻致死，父親不顧妻子生死卻重返陳屍處，帶回女兒撫養。

講述者雖然完全沒有處理，卻與孕婦原來的身分是「兄妹鳥」中的狠心母親，在虐害骨肉之後，居然還和父親關係如常，而且發展出新故事之不作交代，這兩個都讓人不解的發展模式，倒是沒有自相衝突。

時至近代，一九六三年的卑南族人再講起這一則故事時，對丈夫的舉動已有相當周延的處理：因為懷孕的妻子在不結橘子的季節硬要橘子吃，於是把哭鬧不休的妻子拴在橘子樹下，讓她跟橘樹去吵。一天一夜之後，妻子恢復理性了，對丈夫認錯，終於結束一場紛爭。

孕婦因為吃橘子而被綁在樹下的情節依舊，但故事中不近人情或反應過激的情節，都被近代人重新調整，而成為一個處理紛爭的標準故事。

鄒族的說法也出現得早，一九二三年的紀錄裡便講述了這聲稱年代古遠的故事。但是，在背景方面，鄒族摘蜜柑和綁人的地點都是自家園圃，而非魯凱族說法的山中野橘。被綁的孕婦是在活著的時候生下嬰孩的，只是母親仍然死去，而嬰孩也是靠露水長大。接下來的枯骨重生，既不同於魯凱族以呼喚親屬名稱來辨識枯骨的身分，也不同於卑南族的逐節拼合，而是以撫摸遺骨使其自動重組復生。復活的母子同心生活，兒子踢樹幹以落葉變成漂亮的房子，再踢一樹使其落葉變成許多人，而自任酋長。這樣的變化和模式頗有結合魯凱族原鄉的幾個說法的味道，但是變形的部分畢竟還是充滿濃郁的鄒族特徵，因為這與鄒族以落葉變成人的始祖神話，是一脈相承的。而以鄒族父系社會的背景，生出男孩子好使母親生活有保障，也一樣具有族群特色。

上述卑南族與鄒族的說法，前者與魯凱族的台東縣大南村鄰近，後者是今在高雄縣三民鄉的鄒族卡那布群，而魯凱族此說的分布地區正是台東縣大南村與高雄縣茂林鄉。這樣的地緣關係，應當對故事的流傳有所影響，其流動的源頭極可能就是魯凱族。

目前可以確定的是，這個類型故事在各個族群裡，都與其文化有深入的結合，因此在各族流傳的時間應當不短。

（三）「蛇木的故事」類型，在高雄都會區講述的魯凱族和卑南族，都沒有原鄉的紀錄。不過，兩者的故事來源都是自己的家鄉，而他們的家鄉都在卑南鄉，一在大南村，一在南王里。因此這個情節簡單的故事，應該是卑南鄉當地流傳的生活趣事，只是年輕的魯凱族人著重在所坐樹幹是蛇體的畫面和反應，而年長的卑南族人則利用坐在誤為草堆的蛇體上，引出前人是如何以咒語驅走蛇類的。

咒念驅蛇的觀念在許多原住民族群都有流行，魯凱族和卑南族都是其中之一。因此，此處敘述重點的轉移，反映的應當是年輕世代對傳統信仰的逐漸淡出。

（四）在魯凱族之外，「熊與豹」類型在布農、排灣、卑南、阿美、鄒族、賽夏及泰雅族都有流傳的紀錄。也有「兩動物互畫」和「兩人互畫」兩組，但是，在鄒族、賽夏及泰雅三族，都以動物為主角，而阿美族的主角則是人的變形。排灣族有兩例結合了「離家出走的孩子」類型，其他各族雖有變異但都沒有這樣的模式。

而各族的變異也頗具個別性，例如阿美族的兩個說法都安排了獵首突襲的意外破壞了塗彩工作；卑南族的七例之中，增添情節的只有二說，而且與其他各族都不相同；布農族的說法最突出的有二，一為主角是夫妻關係，二為對黑熊胸前月牙圖案的描述特別清楚；泰雅族則發展出幾個不在身上塗彩，但仍然變成熊與豹的其他故事；排灣族則有把互畫的主角換成蛇類的例子。

從變異的交集程度而言，則以排灣族與魯凱族最接近，如結合「離家出走的孩子」類型、「兩動物互畫」和「兩人互畫」兩組並存。這和兩族文化特徵與地緣相近的事實也是相吻合的。

（五）「兄妹鳥」類型故事在各族原鄉的流傳集中在排灣族、魯凱族、卑南族，而平埔族和鄒族也各有一例，但是在架構上都只保存前兩段落。不過，鄒族完全沒有小孩如何變形的描寫，其與本類型有關的部分只剩下哥哥照顧弟弟，而母親不顧幼兒哭鬧，終於失去兩子。

平埔族的說法只到小孩變形為止。其在仔細說明所變的是鷹鳥，以及虐兒的母親另有男友的兩個情節上，和卑南族的說法是相同的。從筆者訪問的高雄都會區卑南族人當中，不乏父親是平埔族、母親是卑南族的例子看來，這兩個居住在平地的族群之交流，在本類型故事的相似情節上，應當是有影響的。

比較排灣、魯凱、卑南三族的說法，三者在人變鳥的規律性差異，以及第三章所述卑南族為惡母的行為提出一個合理的交代等等，其所呈現的變異在故事流傳的歷程當中，應該屬於共時並見的階段。至於，其源流之何所自則應從他處入手。

早在一九一五年「變成鳥的人」一說裡，卑南族人便把故事主人翁所變

鷹鳥在八月左右從東方飛來的習性與族人的八月收割、聯合狩獵活動結合在一起。活動期間尚且要絕食七天，而這些風俗在在都是爲了比擬兩孩童之飢餓與父親的狩獵之舉〔註23〕。

從「吃橘子的孕婦」類型故事中可知，在卑南族的說法裡，「兄妹鳥」類型故事裡的惡母並沒有因爲兩兒變形而有任何罪惡感或受到懲罰，而父親也不曾爲此採取行動，倒是在接下來的「吃橘子的孕婦」故事裡也作了棄置妻子的過當行爲。而且，也沒有任何罪惡感或受到懲罰。

先民在講述這些故事，還將其遭遇轉化爲與族人生計有關的生活習俗，則這些故事角色必然被視爲與族人生存關係密切的對象。換言之，他們不是尋常的凡人，而其言行作爲所代表的意義當然也和人世間的層面不同，在此共識之下，故事裡一些看似不經意的仔細描述，其實正是對人間遵行禮俗的指示。如此一來，三族講述者在兩種鷹鳥的飛行習性、鳴叫聲方面，始終有著或簡或繁的保留，以及類似的擬音等現象就不難理解了。

這一則蘊含傳統習俗、信念的類型故事，恐怕在鄰近的平埔族、排灣族以及部分的魯凱族都曾發揮相同的作用。不過，茂林鄉的魯凱族在這一個文化層面則應該是沒有交流，傳入故事的時期也比較晚。

（六）「尿聲退敵」類型在阿美族原鄉也有流傳，和高雄都會區卑南族的講述不同處，在於阿美族原鄉故事裡的敵我雙方是不同群的阿美族人，而非不同的種族，其對峙場面的規模也比較大。諧音之所以發生根本就是語言相同的緣故，還有利用竹爆火中的聲響，製造誤以爲放槍的故事情節，也挾帶一些傳說性質的情節。

相形之下，卑南族在高雄都會區的說法，便顯得焦點集中而且情節單純。

（七）阿美族之外，「神奇的女婿」類型在卑南、泰雅、賽夏三族也有流傳，而且那擁有神奇能力的女婿都來自天上：卑南族的說法選用天上的彩霞，泰雅與賽夏族則是雷神。

彩霞助人的方式比較不同，他是召請天上雲彩下凡來幫忙整地，至於收穫也是從瓜果中剖出稻米和豬隻，與阿美族不同的是沒有利用陀螺整地，但是入贅幫助妻子、岳母改善家境的思維是一樣的。這和兩族同爲母系社會的

〔註23〕小島由道、河野喜六主編，中央研究院民族學研究所編譯：《番族慣習調查報告書（第二卷）》，（台北・中央研究院民族學研究所，民國八十七年十一月），頁二六七。日文版出版於一九一五年。

文化背景有關。

在泰雅、賽夏這兩個父系社會的族群,「神奇的女婿」類型故事最大的變化不在情節而是女婿與岳父、母的關係。賽夏族還保有岳父對女婿的期待,維持女婿應負起家庭責任的思維,但是泰雅族卻衍出岳母與女婿互動不良的趣味,兩族的說法都終結在雷神被迫下廚而轟然作響,只留下一棵芭蕉樹的結局。

(八)除了排灣族,「兩姊妹」類型在魯凱、阿美、卑南等族也有流傳。魯凱族的變異有三種,一是引用「神奇的女婿」類型故事之情節者,如一九九六年的「神奇的葫蘆」。二是類似排灣族典型說法,採用「把垃圾丟到主人翁家」情節者,如一九九二年「毛阿卡凱傳說」和一九九八年的「頭目的孩子復仇的故事」。三是包含了「離家出走的孩子」類型故事之「以包裹蟑螂屎的飯糰虐待孩子」情節單元,「兄妹鳥」類型故事之「父親將虐子的母親燙死」情節單元,如一九二九年的「彩虹女」和一九七○年的「毛阿卡凱的傳說」。而第三種的說法模式雖然在一九二九年和一九七○年各出現一次,但其流傳地點都在大南村,似乎地區性很強。不過,一九二三年排灣族瑪家社的本類型故事「天助」,其情節單元的組合也與本模式有雷同之處。

魯凱族和排灣族一樣,截至目前所知,還沒有流傳「神奇的女婿」類型故事的紀錄,但兩族都運用了其中的情節單元。不過魯凱族的說法比起排灣族還多了一些本族的色彩,譬如「咒語生魚池」情節單元。大致看來,魯凱族的三種變異都和排灣族有交集,至於流傳方向如何,現有的資料還不足以判定。可以肯定的是兩族交流之密切。

卑南族所流傳六則「兩姊妹的故事」類型故事異說也有兩種。一種是運用「神奇的女婿」類型故事之情節者,即一九三○年的「飢荒」;另一種的情節則融合了排灣族所流行兩組說法,而屬於此說的五個異說裡,也有一則融入「神奇的女婿」的情節。足見本類型故事與「神奇的女婿」類型故事的交流,在排灣、魯凱、卑南三族都有支持者。而排灣族與卑南族在本類型故事的交集也相當深厚。

盛傳「神奇的女婿」類型故事的阿美族也流傳「兩姊妹的故事」類型故事,但從現有的紀錄顯示,這兩種類型故事完全不曾在阿美族群中交流。而且流傳於阿美族的「兩姊妹的故事」類型故事,只有「神奇的幫助」一段,其情節單元近似排灣族說法,應該是把排灣族說法阿美化的結果。

　　（九）「人鹿通婚」類型故事在卑南、排灣、阿美、布農、泰雅、賽夏等族的原鄉都有流傳〔註24〕，而且有隨族別而情節不同的趨勢。譬如在排灣族與卑南族說法出現「鹿角掛項鍊」情節；在布農族出現「少女肚子生出山豬」的情節；連結「螃蟹來源」和「在鹿角掛上嘴琴」的情節，則只在泰雅族、賽夏族出現。而阿美族的說法包括三種模式：一僅交代「鹿死後女孩利用鹿角刺胸而亡」；二與排灣、卑南一樣，採用「鹿角掛項鍊」情節；三則結合「開墾祭的由來」。

　　珠鍊爲排灣族的婚俗中爲最具有地位象徵意義的條件，嘴琴在泰雅與賽夏兩族是追求女子的樂器，而布農族本有一個人與豬生出豬仔的故事，至於開墾祭儀則是阿美族某氏族所主持的傳統信仰。上述種種組合，都是與各自族群文化結合的結果。比較特別的是，阿美族的說法顯然在本族化之外，也流行排灣族的說法。而卑南族之說則大量採用排灣族婚俗中的重要聘物珠鍊爲素材。

　　本類型故事異說的內容顯示出：排灣、卑南、阿美三族有所交流，以及泰雅與賽夏兩族在文化上的接近。當然，從本類型故事的分布，也可以看到卑南、排灣、阿美、布農、泰雅、賽夏等族，早在一九一三年到一九五九年間，便在這個類型故事上，展現一幅族群交相影響的流動圖。

　　（十）在卑南族被視爲人物傳說的「不祥的女人」類型故事，在布農、阿美、泰雅、賽夏等族也有流傳的紀錄，只是目前所知的資料集中在一九一五～一九二九年，性質都是奇聞逸事。比較特殊的是一九六〇年的「女陰長齒的故事」，這一則阿美族的說法在人物和情節架構都和卑南族相彷彿，然而涉及的地名、器物則完全阿美族化，如「大港口」、「織布具nanokaan」，而結尾把故事歸結到海邊貝類的起源，也充分反映了阿美族靠海的生活背景特徵。

　　綜合看來，各族說法的源頭應該都是卑南族，只是布農、泰雅、賽夏等族止於一時且簡短的奇聞傳述，而阿美族不但接收了完整的架構，還將之本族化。

　　（十一）「聰明的小孩」類型故事在噶瑪蘭族加禮宛社，是一個利用「向魂」制服泰雅族人的故事〔註25〕。

〔註24〕參見第四章第三節之「人鹿通婚類型各說的差別表列」。
〔註25〕張振岳：《台灣後山風土誌》，（台北·臺原出版社，民國八十三年六月），頁一三四。

　　弱勢的加禮宛人面對一群「出草」的泰雅族人，利用唱歌使敵人黏坐在石頭上，終於反客爲主，砍盡對方的腦袋。而高雄都會區則以一個小孩對付五、六個異族大人的追捕，藉著說故事的方式暗藏咒語，令對方黏坐在石頭上，從而順利逃逸。

　　相較於阿美族原鄉以兩個精怪利用咒語戲弄眾人，使他們黏坐在石頭上的強勢。前述兩異說的相似程度是比較高的。

　　加禮宛社位在阿美族聚落附近，兩族文化有所交流是必然的。至於流動的方向，由於阿美族原鄉和加禮宛社的說法都保有傳統信仰的思維，尚難評定其先後。

　　（十二）「徬徨無助的小孩」類型故事，在高雄都會區有阿美與鄒族的說法。敘述一對失去父母小兄妹的變形經過。所變之物，都和其原鄉生活經驗有關，或者是互背的青蛙，或者是狀若互背人形的石頭。其構思的概念和取材的來源都一樣，至於兩族之說是否互有流通，則難以判定。

　　（十三）「人變鳥（一）」類型故事流傳的族群只有平埔和魯凱兩族。平埔族說法在一九○八年和一九二三年便有紀錄，不論是情節、架構、人物都很穩定。那是一個女孩不堪後母虐待，剖竹爲翅膀，向朋友哭訴後，變形爲鷹的奇幻故事。

　　到了一九九七年高雄都會區裡，魯凱族講述的「變烏鴉的女孩」之變異有：1、變形動機轉爲抗拒父母做主的婚姻，2、變形的能力來自主人翁的意志。其他在展翅高飛之前，先向朋友哭訴的架構仍在。而婚姻不能自主，以及相信憑藉意志來咒念可以變形，都是魯凱族的傳統風俗和信念，因此，「變烏鴉的女孩」應該是魯凱族化的結果。

　　（十四）在高雄都會區，「人變鳥（二）」類型故事是鄒族講述的。內容是一個小孩在母親的指使下不斷地工作，卻又遲遲不履行給鍋巴吃的承諾，遂以草蓆爲翅膀，變成老鷹飛了。在原住民的原鄉，流傳這類型故事的族群有布農族和泰雅族〔註26〕。至於鄒族原鄉，則尚未找到紀錄。

　　布農族的說法不但結構固定，在情節、素材甚至細節方面，也都相當穩定，譬如母親或後母許諾的一定是「給他鍋巴吃」，變形的道具一律是篩子當翅膀、掃帚當尾巴，結局幾乎都有父親或後母的頭斷了。

　　泰雅族的說法，也有素材、細節穩定的現象，例如女孩要求的都是爲了

－－－－－－－－－－－

〔註26〕參見第四章第三節之「人變鳥（二）類型各說的差別表列」。

迎接獵人回來所穿著的衣飾，變形後的鳥大都棲息在樹上、屋頂，母親只是懊惱，卻沒有喪命。

根據上述所見，布農、泰雅兩族流傳的「人變鳥（二）」類型故事是各有特色，互不相涉。反觀高雄都會區的說法，不但接近布農族，其講述人故事來源的鄒族原鄉，也正是布農族居住的高雄縣桃源鄉。因此，在高雄都會區講述的這一則「小孩變老鷹」幻想故事，應該是鄒族與布農族交流的結果。

（十五）「離家出走的孩子」類型故事在排灣、魯凱兩族的說法都有與「熊與豹」類型故事結合的跡象。就目前所見，兩說互滲時，還有採用「互畫」情節與否的區別，但不知講述者在傳述時是否有此分別的意圖。

此外，在蘭嶼島上的達悟族也有一則描述母親偏心的故事，理由是愛美嫌醜。不過那對兄弟被改變為姊妹，表現不公的素材從食物換成裝盛食物的食具，傷心的姊姊也離家而去，不過她沒有變形而是投海餵魚。不但是架構沒變，即使變換的素材也跟原類型故事中的性質接近。不過，在形式上卻充分顯現達悟族靠海維生的特殊生活背景和文化色彩。

（十六）「地下世界」類型故事在高雄都會區是由魯凱族講述的，原鄉流傳的紀錄，目前只看到達悟族與排灣族。

地下另有世界的概念，在排灣、魯凱、布農、泰雅、鄒、達悟等族都有故事流傳，大致分為結合「小米來源」或「在地下世界展現異能」兩種模式，泰雅與達悟兩族尚且有視其地為仙境、鬼域的描述。

「地下世界」類型故事的架構與這些故事並不相同，主要的差別在於主人翁進入地下到返回地面之間，經過了結婚生子的歷程。只是，達悟族在為何進入地下世界的部分，一律套用「離家出走的孩子」類型故事中母親偏心虐待長女的情節，排灣族的說法則有「無意中掉進洞裡」和「有計畫的為愛入地下」兩種。高雄都會區魯凱族的說法極為簡略，從其以挖地動作引出故事的思緒看來，應該是「無意中掉進洞裡」之說的殘缺印象。

（十七）「馴狗」類型故事在排灣、賽夏、泰雅、布農、阿美等族都有流傳。流傳此說的阿美族還是鄰近卑南社的馬蘭社，故事的主人翁也是卑南社人。在馴狗的手段上，共有三種：1、以纏著頭髮的黏糕為道具，2、讓黏糕粘住狗牙，3、把小狗捉回去。採第一種做法的是排灣族，第二種的是布農、賽夏、阿美，第三種的則是泰雅族。

綜合卑南族南王里所見的描述：「主人翁假說為狗主人捉頭蝨，偷偷拔下

三根頭髮纏在黏糕裡，丟給狗吃，結果狗嘴因為頭髮纏住牙齒而張不開。」顯然，前述三種變異，正是其簡化的結果。

以狗嘴張不張得開為捉狗的要領，並不具有多大的說服力。倒是在某些說法裡，不經意地透露出的「那狗會吃人」之說，使張不張嘴變得重要起來。不過這個部分，在卑南族的說法裡已經不多見，其他族群則完全不提。於是，在保留「纏著頭髮的黏糕」的排灣族說法裡，還得以「狗兒因黏牙掙扎而被擒」為解釋。既然是黏牙導致掙扎，只需要黏性粟糕的想法也被一些族群接納，甚至衍出在母狗吃黏糕時捉小狗。最後，索性捉隻小狗便可完成任務。

從此推知，「馴狗」類型故事的捉狗情節之變異，與其在傳述過程遺失某些背景條件有關。

（十八）327（孩子和吃人的妖怪）類型故事在高雄都會區有阿美族人講述的「小孩與魔鬼」，在原鄉則有新竹縣尖石鄉泰雅族流傳的「七兄弟」〔註27〕。這位泰雅族講述者在二○○○年受訪時七十歲，故事來源是小時候的日本老師，若以聽講時為十歲推算，則327（孩子和吃人的妖怪）類型故事曾在六十多年前由日本人傳入原住民族群。

「七兄弟」的內容大要是：後母唆使父親丟棄七個孩子，而在大哥的帶領之下，孩子藉著丟下的小白石找回家。第二次，改丟的地瓜塊被鳥獸吃了，於是大哥上樹搜索，發現燈光，來到也有七個孩子的魔鬼家。大哥換了他們的帽子，使魔鬼誤殺自己的孩子。七兄弟穿魔鞋逃走，魔鬼夫婦追趕時，又被偷走魔鞋。七兄弟擺脫魔鬼，又藉著燈光來到姑媽家。在姑媽的痛罵之下，父親變成魔鬼，後母變成火團。七兄弟由姑媽撫養長大，還都大學畢業。

「七兄弟」與阿爾奈・湯普森故事類型索引紀錄的327（孩子和吃人的妖怪）類型故事相類的情節，和「小孩與魔鬼」不太一樣，計有：R135 被棄的小孩根據線索（石子）找路；R135.1 沿路的麵包屑（穀物）被鳥吃掉；K1611 因為帽子被換，食人妖誤殺了自己的小孩。只不過那沿路的麵包屑，被本土的地瓜塊取代了。

「七兄弟」和「小孩與魔鬼」也有共同之處，譬如：都未採用在樹上住宿，而把N776「夜裡在投宿的樹上看到亮光，跟著亮光去冒險」轉為「爬上樹去查看四周，於是跟著看到的亮光去冒險」。

〔註27〕金榮華：《台灣桃竹苗地區民間故事》，（台北・中國口傳文學學會，民國八十九年十一月），頁二二七～二三二。

　　至於「七兄弟」獨具的不同，則有：把聰明的孩子變成年紀最大的孩子；逃跑時有魔鞋為助力；遺棄孩子的父親和後母都沒有好下場，而孩子們還有個現代化的成就。這些素材、情節和泰雅族傳統勉強有關係的，恐怕只有地瓜塊、變成魔鬼和化成一團火當作惡報的安排，但是那頭上長角的魔鬼造型，又是個典型的外來物。如此看來，這一則泰雅族的 327（孩子和吃人的妖怪）類型故事裡，可能保有不少當年日本老師的說法。而阿美族的「小孩與魔鬼」，就顯得充滿族群元素。

　　（十九）301G（桃太郎）類型故事在高雄都會區講述的原住民有阿美、魯凱兩族。另外，平埔族也有套用桃太郎故事情節模式的地方傳奇故事「加禮宛地名的由來」。

　　阿美族兩則說法的變異，一是省去桃中有人的重要情節，一是極力強調分享的重要。而且都在讚美主人翁的出色方面，融入阿美族的價值觀，亦即乖巧、聰慧、幫父母的忙。魯凱族的說法保存原說的內容比較多，甚至還有一些日本異說：「主人翁駕神奇馬車從食人鬼之島拯救被捉的公主」的殘留，如駕車的獵人。不過，仍然有桃子變人的變異。從此可見，301G（桃太郎）類型故事傳入台灣的說法可能不只一種。

　　至於地方傳奇故事「加禮宛地名的由來」，在讚美主人翁出色的主旨之外，將素材全面更換的變異，更充分展現吸納轉化外來文化的能量。

第三節　與漢族故事的比較

　　高雄都會區的原住民口傳故事，見於 AT 分類並且流傳於漢族社會的計有九種：

　　　　一、鸚鵡扮城隍（243）

　　　　二、桃太郎（301G）

　　　　三、孩子和吃人的妖怪（327）

　　　　四、虎姑婆（333C）

　　　　五、蛇郎君（433D）

　　　　六、父親的指示——田裡埋了銀子（910E）

　　　　七、謹守誡言，躲過送死陷阱（910K）

　　　　八、扛著包袱騎馬（1242A）

　　　　九、懶得不肯動手的妻子（1387A*）

一、鸚鵡扮城隍（243）

高雄都會區這一型故事仍有些變異，例如故事開始時小鳥的偷竊失風，送官被懲，並不如本類型一貫在此將其偷竊行為正當化為劫富濟貧，或報恩的模式。因而被懲以拔毛的舉動自然也不具有報復的正當性，其後再藉此事件營造遇難被救的場景，進而以偷盜富人財富給貧窮恩人的情節，發展出本類型故事的標準程式：心有不甘的小鳥鑽入神像，假冒神旨捉弄對手。由於偷盜和被拔毛的情節已經出現過一次，遂以師爺緩頰免去拔毛之刑，避免了與前段的重複。而下令拔毛的縣官，雖然也被愚弄拔去半邊鬍鬚，但還是得償所願，喜獲麟兒。廟宇也在師爺督軍之下煥然一新。

上述種種的變異其實大部分是為了照顧故事本身的發展脈絡，至於為何會有那不一樣的開頭，從其情節和素材都和類型故事相同，只是順序移動的情況看來，這個說法的變化因素應該是講述者的記憶，而非文化，更與族群無關。也由於小鳥和縣官的衝突不強，使得原來在類型故事裡讓對方在眾目睽睽之下出醜的激烈結局，轉變成各有所得、皆大歡喜的溫和場面。這種故事性質上的轉移，在未來的流傳歷程裡是否延續下去，則有待來日了。

總之，平埔族講述的這一則「小鳥報恩的故事」，完全接受了漢族社會的說法與背景，其中變異並沒有文化轉換的問題。

二、桃太郎（301G）

在丁乃通先生的類型索引，其「桃太郎」（301G）類型故事是直接援引日人池田弘子所編定的結構與分析，可見在中國社會所流傳的內容與變異不大。至於在台澎地區，由於經歷過五十年的日本政權統治，一般人普遍在學校的教材裡讀過這一則日本傳說故事，漢族社會和原住民各族群所接受的主要來源和內容可以說幾乎都是一樣的。在漢族社會流傳的「桃太郎」（301G）類型故事，不外是：桃太郎是一位在河邊洗衣的老婆婆，在河面拾來的桃子，剖開後所得到孩子。小孩長大後帶著飯糰，一路分給許多動物，終於集結大家的力量，除掉惡魔〔註28〕。

〔註28〕 筆者幼年曾聽過讀完日本公小學的鄰居長輩演唱「桃太郎」歌謠，今年（九十二年）五月間，也聽家母張許敦瑗女士唱念該歌謠。歌謠所述情節為此故事之後半部分。而根據池田弘子的說明，在日本，桃太郎故事的標準版本已列入學校教科書，而其早在十七世紀就載在 akakohon 的內容和現今的標準版本則幾乎相同。

不過，「桃太郎」（301G）類型故事在台灣地區漢族社會裡的傳播，除了老一輩的日語歌謠、口傳故事，更大量出現在繪有日本人物插圖的童書之中，可以說始終穩坐在外來故事的區塊，是個異國背景清楚的幻想故事。反觀高雄都會區講述「桃太郎」（301G）類型故事的阿美、魯凱兩族之三種說法，這故事在原住民社會裡，雖然故事主人翁還保有日文名字，但其內容已多半披上流傳族群色彩，並且有藉此故事或故事中人來教化子弟的傾向。至於平埔族的地方傳說「加禮宛地名的由來」，除了主人翁所標示的教育意義不變之外，其套用「桃太郎」（301G）類型故事情節但改換人物性別、故事素材與類別的程度，可謂更加全面。

三、孩子和吃人的妖怪（327）

「孩子和吃人的妖怪」（327）類型故事，除了高雄都會區阿美族講述的「小孩與魔鬼」以及新竹縣尖石鄉泰雅族流傳的「七兄弟」〔註29〕。在漢族方面有源自鹿港的「聰明的孩子」〔註30〕，主人翁是孤兒，危害孩子的是一批人口販子，主人翁是有計畫的被捉，接下來的情節和情節單元，即心裡明白地跟著心懷鬼胎的大人走進山區，並在沿路灑下預藏的豆子。最後，所有的小孩在這聰明的孩子指揮之下，全數脫離險境。其和「孩子和吃人的妖怪」（327）類型故事架構有雷同之處，只是幻想成分的情節和角色完全被抽掉了。而一九九四年東勢鎮的客語故事「聰明的小孩」〔註31〕也是如此。這一則客語故事還恢復了「孩子是被父母丟棄」的遭遇，並保留了孩子循著自己丟灑的記號走回家。總之，台灣的漢族社會裡不論是閩南還是客家，都把「孩子和吃人的妖怪」（327）類型故事轉為生活故事。

但是，同屬漢族社會的四川在一九八七年採錄的「姊妹倆和野人婆」〔註32〕就還保有幻想成分，其在情節的發展方面，有與鹿港說法相同之處：

〔註29〕 金榮華：《台灣桃竹苗地區民間故事》，（台北・中國口傳文學學會，民國八十九年十一月），頁二二七～二三二。

〔註30〕 施翠峰蒐集，連湘譯：《台灣民間故事》，（河北少年兒童出版社，一九八七年七月第一版），頁一二四～一二八。

〔註31〕 胡萬川，黃晴文總編輯：《東勢鎮客語故事集（四）》，（台中縣立文化中心，民國八十六年七月），頁一一八～一一九。

〔註32〕 《中國民間故事集成──四川卷（下）》，（北京・新華書店，一九九八年三月第一版），頁八七九～八八二。

惡人都藏身在山洞，主人翁都挖洞出逃。也有與泰雅、阿美說法相同者：吃人者誤殺了自己的孩子。而與泰雅、阿美以及客家說法相同的是：孩子被父母遺棄。

綜合上述，台灣漢族社會的說法在講述的態度上，傾向於比較理性的生活故事，在素材的選擇上則與四川漢族的說法比較接近。而泰雅、阿美的共同點又不與任何漢族的說法相重，可見泰雅、阿美兩族說法的來源應該不是漢族，而都是泰雅族講述人所說的日本人。不過，日本說法和四川漢族說法的基本架構和幻想性質又是一致的。因此，這幾個說法的關係應該是，日本說法和四川漢族說法屬於同一階層，鹿港說法為四川漢族說法的變化，客家說法是日本與四川漢族這一階層的變化，泰雅、阿美兩族的說法則是日本說法的變化。在台灣地區，「孩子和吃人的妖怪」（327）類型故事的流傳路徑上，漢族與泰雅、阿美兩族的交集很小。

四、虎姑婆（333C）

平埔族以外的原住民族群，對傳入漢族故事的處理，就不但有族群的差異，還有許多的變化。例如以告誡孩子為宗旨的種種吃小孩之精怪幻想，在台灣各原住民族群本身都不乏講述者與故事。但是對於來自漢族社會，也談及吃小孩精怪的「虎姑婆」（333C）類型故事，就只流傳於排灣、魯凱、阿美和卑南族〔註33〕。

〔註33〕 排灣族：「吃平地花生的山猴」，劉行騰講述，張百蓉採錄，屏東縣牡丹鄉大梅村，一九九八年十二月二十六日。

「虎姑婆」，曹阿賢講述，張百蓉採錄，高雄市左營區，一九九八年十二月二十日。

「斷手的上社人」，楠一郎講述，卡吉萊社，一九三一年八月。小川尚義：《原語による台灣高砂族傳說故事集》，（台北‧南天書局，一九三五年二月台北初版，一九九六年一月二刷），頁一七八～一八〇。

「吃人的妖怪」，陳枝烈：《排灣族神話故事》，（屏東縣立文化中心，民國年八十六年六月），頁七一～七七。

「沙蕊鳥」，鳥美雲講述，屏東縣牡丹鄉石門村，應裕康：《屏東地區排灣族口傳文學之採錄與整理成果報告》，（行政院國家科學委員會專題計畫 NSC 84-2421-11-017-004-A7，民國八十六年六月），頁一〇。

「里古肴」，陳玉英講述，屏東縣牡丹鄉高士村，應裕康：《屏東地區排灣族口傳文學之採錄與整理成果報告》，（行政院國家科學委員會專題計畫 NSC 84-2421-11-017-004-A7，民國八十六年六月），頁一三～一六。

關於魯凱族的流傳情況，根據施翠峰先生的實地接觸，「虎姑婆」在屏東縣霧臺鄉好茶村頗為流行，不過內容都比台灣地區的說法要簡略。

至於排灣族，早在一九三一年便傳出了位於南台灣卡吉萊村的說法。如今該村和鄰近的高士村、大梅村也都還有流傳的紀錄，而高雄都會區的排灣族講述人便來自卡吉萊村（即石門村）。只不過一九三一年紀錄的內容非常簡單，只有吃人者從門孔伸進手好讓小孩相信牠的情節單元，而那隻手的下場則是硬生生地被拉斷，和漢族的說法已有不同。

情節比較完整的排灣族說法，有高雄都會區的「虎姑婆」和屏東地區的「吃人的妖怪」。兩說在情節和素材都保有妖怪先摸黑餵飽兩個孩子，再把和牠同睡的孩子吃了，而另一個孩子也都聽見啃硬物的聲音，隨後有一番關於到何處如廁的對答，小主人翁終於讓妖怪綁住身體出門去，進而逃脫。兩者的歧異之處是，都會區的講述者採用的綑綁物不是慣見的繩子，而是背孩子的背巾，逃脫的助力是代為應答的糞便。事實上，以背巾為素材以及找異物代為應答的情節單元，在排灣族的許多幻想故事裡相當常見。在屏東地區的說法，則利用排灣族傳統住屋上有天窗的特徵，讓孩子攀爬驟長的竹子穿越天窗而上。增添的變異都和排灣族的背景相關。

相形之下，一九九六年間採自原鄉之石門、高士村的兩個說法在保有冒充者在黑暗中到訪、伸出手腳以供辨識、尾巴塞在臼裡、年幼的弟妹被吃、聽見啃硬物聲、探問冒充者吃何物、燙死冒充者等情節互有參差之外，其一致的變異是：沒有要求出恭的對答。此外，尚有分別以啃乾芋頭代替吃花生、以頭殼代替手指頭、以開水代替熱油等等具有排灣化特徵的變異。

卑南族說法的情節也很完整，和前段所述比較，其結局是：逃脫的小孩被捉回來，趁著熊外婆打瞌睡，用開水燙死牠。

只取其部分情節單元的簡略說法，仍然有其流傳的一席之地，就在卡吉萊村附近的大梅村，便有一例：山猴變成老爺爺坐在米臼上，尾巴在臼裡發出聲音，小孩問起，則答以在吃平地花生〔註34〕。講述者還為此仔細說明，

魯凱族：「虎姑婆」，施翠峰蒐集，連湘譯：《台灣民間故事》，（河北少年兒童出版社，一九八七年七月第一版），頁一三三附註。

阿美族：「吃小孩的婦人」，林春花講述，張百蓉採錄，高雄市左營區，一九九八年五月二十八日。

卑南族：「熊外婆」，見於金榮華：《台東卑南族口傳文學選》，（台北・中國文化大學中國文學研究所，民國七十八年），頁九一～九四。

〔註34〕劉行騰講述，張百蓉採錄，一九九八年十二月二十六日。

幼年時住處正是如此的人煙稀少，門戶難掩，而在夜裡常有怪事。如此一來，一則幻想故事的情境與實境的演述彼此交侵，造成虛實難辨的效果，若非「尾巴在臼裡」、「回答孩子吃花生」等情節單元與素材，尤其那特別署名的「平地花生」，洩漏了「虎姑婆」類型故事的蹤跡，還真像是一則以當地生活為背景的排灣族故事。

　　阿美族的說法，在高雄都會區的講述人說的並不完整，內容只有：一個外來的婦人在村裡啃食硬物，並且回答小孩，她在吃生薑，其實是在吃小孩的手指頭。根據講述人的說明，這個故事還有下文，只是幼年的她害怕不敢聽下去而打斷了。可見阿美族的原鄉，也流行「虎姑婆」類型故事，而且是說給孩子聽的。

　　綜合這些採自原住民族群的「虎姑婆」幻想故事，去除其族群色彩後，可以發現的情節和情節單元計有：1、母親帶著兩個或四個孩子過日子，2、媽媽出門工作或採買，3、吃人的妖怪化為女性，4、騙孩子開門時伸進手供其辨認，5、妖怪不喜歡點燈，6、她有尾巴得坐在有孔的地方，7、她餵飽孩子，再把同睡的孩子吃了，8、另一個孩子聽見聲響，她就說自己在吃生薑、豆子或花生，丟來一節指頭，9、經過一番對答才讓小孩出門如廁，10、小孩是綁著一根繩子出門的，11、小孩往高處爬。除了故事結尾的熱油燙死妖怪以及出面救難的賣貨郎，排灣、魯凱、阿美三族的說法幾乎囊括了台灣地區漢族社會流行的「虎姑婆」〔註35〕情節與素材，其故事來源可說十分明顯。至

〔註35〕彰化縣鹿港鎮：「虎姑婆」，施翠峰蒐集，連湘譯：《台灣民間故事》，（河北少年兒童出版社，一九八七年七月第一版），頁一二九～一三三。
　　　彰化縣田尾鄉：「虎姑婆」，胡萬川總編輯：《彰化民間文學集——故事篇（四）》，（彰化縣立文化中心，民國八十四年七月），頁一三六～一三九。
　　　台中市：「虎姑婆」，胡萬川總編輯：《大墩民間文學採錄集》，（台中市立文化中心，民國八十四年七月），頁一〇〇～一一一。
　　　台中縣：「虎姑婆」，胡萬川，黃晴文總編輯：《新社鄉閩南語故事集（一）》，（台中縣立文化中心，民國八十五年六月），頁一一六～一三七。
　　　宜蘭縣：「蒼蠅和蚊子」，邱坤良等編：《宜蘭縣口傳文學（上）》，（宜蘭縣政府，民國九十一年），頁一五九～一六一。
　　　台北縣：「虎姑婆仔」，陳勁榛，《台灣民間故事選（二一）》，（二〇〇〇年十二月八日投稿），http://vm.rdb.nthu.edu.tw/mallok/Folk/content.asp?post_serial=676
　　　澎湖縣：「虎姑婆（一）」，金榮華，《澎湖縣民間故事》，（台北‧中國口傳文學學會，民國八十九年十月），頁一九六～一九七。
　　　「虎姑婆（二）」，金榮華，《澎湖縣民間故事》，（台北‧中國口傳文學學會，民國八十九年十月），頁一九七～一九九。

於在台灣地區獨有的妖怪身分——虎姑婆，則只被石門村的排灣族保留，其他都模糊化或當地化了。

此外，卑南族說法所採用的「熊外婆」，不論是作怪的動物或假扮的親戚身分都不同於台灣地區的流行。若說熊是本地的動物，這個變異是本地化的結果，但外婆一詞在卑南族的母系社會裡，應該還是一個外來的概念。而且在廣東、廣西、浙江、四川等省流傳的說法裡，都有以熊爲作怪動物的選擇，稱之爲外婆的說法也有浙江、湖南、江蘇、安徽、河南、東三省等地〔註36〕，因此，卑南族的說法可能另有其來源。畢竟，歷來從大陸地區來台的漢族人士並不止於沿海各省。在高雄都會區的一位卑南族長老級講述人，父親便是來自河南省。或者可以作爲此可能性的旁證。

從「虎姑婆」類型故事在原住民族群流傳的現狀，可知排灣、魯凱、卑南、阿美等族與漢人的接觸相當早。其對傳入的外來事物，也早有一番消融的工夫，並沒有失去主導性。在高雄都會區的說法仍然沿襲著這種傳統。

五、蛇郎君（433D）

高雄都會區由魯凱和排灣兩族所講述的「蛇郎君」（433D）類型故事，也早在這兩族的原鄉便已經有所流傳。和「虎姑婆」（333C）類型故事的情形一樣，「蛇郎君」（433D）類型故事在阿美、卑南兩族也有傳述。

魯凱、排灣、阿美、卑南四族所流傳的「蛇郎君」（433D）類型故事，在情節和取材上是有些規律可循的。魯凱族流傳的故事多在第一個段落「女孩許配給蛇」處結束，若故事有後續的發展，也不會是類型故事中的連續變形，而是其他傳統故事的情節。不但早在一九三一、一九三二年〔註37〕時，萬山、茂林兩村的紀錄是如此，到了一九七一至一九九八年間〔註38〕，即使來到都

「虎姑婆（三）」，金榮華，《澎湖縣民間故事》，（台北·中國口傳文學學會，民國八十九年十月），頁一九九～二○一。

「虎姑婆（四）」，金榮華，《澎湖縣民間故事》，（台北·中國口傳文學學會，民國八十九年十月），頁二○二～二○四。

〔註36〕參見黃馨霈：〈中國民間童話「老虎外婆」故事類型初探〉，（台北《中國文學研究》，民國九十一年六月，十六期），頁二二五～二三○之附錄。

〔註37〕「百步蛇」，小川尚義：《原語による台灣高砂族傳說故事集》，（台北·南天書局，一九三五年二月台北初版，一九九六年一月二刷），頁三九一～三九二。

「百步蛇」，小川尚義：《原語による台灣高砂族傳說故事集》，（台北·南天書局，一九三五年二月台北初版，一九九六年一月二刷），頁三七四～三七五。

〔註38〕「百步蛇『鬼蛇』」，李壬癸：《高雄縣南島語言》，（鳳山·高雄縣政府，民國

會區的年輕人，講述的規律還是如此。

就在這段期間，多納村也有包括妒忌的姊姊陷害妹妹情節的說法〔註39〕，只是這害人的姊姊很快就被識破，並且結束故事，變形的情節還是沒有出現。而在萬山村則有一說〔註40〕捨去「女孩許配給蛇」的摘花、脅婚，故事從婚後開始，有「謀殺女主角」、「女主角變鳥」、「女主角變植物」、「其他化身」、「夫妻團圓」等段落。除了「驅除魔惑」一段，其餘在魯凱族其他說法裡遺漏的該類型故事內容，在這裡完全補齊了。這兩個例子說明了一件事實，「蛇郎君」（433D）類型故事的每段情節都曾傳入魯凱族。只是在魯凱族流傳時，多數講述人都偏愛摘花、許婚的部分，欺騙與連續變形情節的支持者相當少。

「蛇郎君」（433D）類型故事在排灣族流傳的形態較複雜，其一九二一～一九三八年的「嫁給神蛇的姑娘」〔註41〕，將蛇郎神化為天降的神蛇，著眼於人蛇通婚盛況的描述，採摘的植物也是在婚禮中作為頭飾用的「阿普」草，似乎將故事的重心指向婚俗的來源，而這樣的處理模式與流行於排灣、魯凱兩族的人嫁蛇故事「巴嫩嫁蛇」故事類型之大量描述婚俗是相當接近的，應

八十六年），頁八七～八九。

「百步蛇變成人」，李壬癸：《高雄縣南島語言》，（鳳山‧高雄縣政府，民國八十六年），頁一九九～二○五。

「蛇郎君（一）」，金榮華：《台灣高屏地區魯凱族民間故事》，（台北‧中國口傳文學學會，民國八十八年十二月），頁六七～七○。

「蛇郎君（二）」，金榮華：《台灣高屏地區魯凱族民間故事》，（台北‧中國口傳文學學會，民國八十八年十二月），頁七○～七四。

「蛇郎君」，江美玲講述，張百蓉採錄，高雄縣鳳山市，一九九七年八月六日。

「蛇郎君」，吳水華、李麗珍、張惠妹講述，張百蓉採錄，高雄縣鳳山市，一九九七年八月六日。

「蛇郎君」，吳水華講述，張百蓉採錄，高雄縣鳳山市，一九九七年十一月二十六日。

「蛇郎君」，蔡金葉、方再發講述，梁景龍口譯，張百蓉採錄，高雄縣茂林鄉，一九九七年一月十三日。

「孝順的三女兒」，伍麗華：《說媽媽的故事》，（屏東‧國立屏東師範學院教育金會，民國八十七年），頁六六～七○。

〔註39〕「蛇郎君（三）」，金榮華：《台灣高屏地區魯凱族民間故事》，（台北‧中國口傳文學學會，民國八十八年十二月），頁七四～七六。

〔註40〕「吃醋的女人」，伍麗華：《說媽媽的故事》，（屏東‧國立屏東師範學院教育金會，民國八十七年），頁三○～三三。

〔註41〕小林保祥著，松澤員子編，謝荔譯：《排灣傳說集》，（台北‧南天書局，一九九八年三月），頁一～四。

可視爲「蛇郎君」（433D）類型故事之排灣化現象；一九二三年紀錄的「蛇性之淫」，則省去摘花、脅婚、連續變形等情節，而化約爲兩姊妹與蛇精男子的情感糾葛。但姊妹之間的爭奪情節相當單純，只不過是趁著妹妹落水和男方交往，當妹妹重新出現時，羞愧的姊姊便退出了，原來的一對則從此和睦一生。妹妹的落水不但不認作是姊姊的作爲，還轉成妹妹因此到了男方家去，顯然是將本類型故事中姊推妹入水與原住民族的人嫁蛇入水情節加以裁剪結合的結果；一九二一～一九三八年的「蜂財主」、一九二三年的「嫉妒」、「蜂的求婚」，三者都省去摘花一節，故事的重心放在造成連續變形的姊妹之爭，乃至冒充者伏罪的種種情節。「蜂財主」和「蜂的求婚」還保有蜜蜂一角，本來有蜜蜂來作媒，是本類型故事在台灣地區漢族之間流傳了百餘年的說法中〔註42〕之特有情節，不過，在排灣族裡則有時被移作女主角所嫁的夫君；一九二三年的「青蛙的化身」，甚至把女主角所嫁的夫君換作青蛙，而保留了蜂爲媒時的「送來檳榔」，又把摘花情節變異爲「要將薔薇放在路上使你不能回去」的脅婚手段，必須出嫁的仍然是么女，但是沒有那些商量、應答以表現么女性情的描寫。五天後送來「竹和貨幣」的聘禮，更足以驗明此說傳自外來漢族蛇郎君故事的底蘊：一則竹和貨幣都不是排灣族的傳統聘禮，二則貨幣是漢族社會的產物。而竹子是供男方的蛇形迎親者過夜時蜷曲睡眠之用的安排，則並見於「巴嫩嫁蛇」故事類型的某些說法，不過，這部分的交流或影響的方向如何，還難以推斷。隨後的情節，故事內容的思維轉成對付精怪，女孩的母親想找機會殺掉青蛙，卻在自己受傷而遲疑不進之際，被奪去女兒，結果女孩在五天後浮屍水面。顯然，「青蛙的化身」改造了不少「蛇郎君」（433D）類型故事的情節，但仍在敘述婚事的過程裡讓後人得以窺見漢族「蛇郎君」（433D）類型故事當年傳入排灣族的一些面貌。至於以對付精怪的角度來處理這件婚事與結局，是否融入了先民的搶婚習俗，並且呈現古人在自然界生存搏鬥的艱難處境，則有待來日進一步的探討。此外，位在今天屏東縣牡丹鄉的卡吉萊村，也就是石門村，在一九三五年的「蛇妻」，一九九六年的「蛇郎君（一）」、「蛇郎君（二）」，三說都保有豐富而完整的漢族「蛇郎君」（433D）類型故事情節。「蛇妻」情節裡甚至還保存了台灣地區漢族說法裡的細節：老人發現摘的是蛇郎的花，試圖把花放回枝幹上而不

〔註42〕簡齊儒：《台灣地區蛇郎故事研究》，（台中·國立中興大學中國文學系碩士論文，民國八十九年七月），頁二六。

能;「蛇郎君（一）」和「蛇郎君（二）」則保留蜜蜂為媒的情節。

　　綜合看來，排灣族在接受漢族「蛇郎君」（433D）類型故事方面，既有全面吸收者、偏重某些情節者，也有加以重組情節者、情節本族化者，但是比起魯凱族的說法，排灣族所容納的漢族故事情節比較多，呈現的形式也比較多樣。當然，兩族在擇選情節的差異上也有明顯的族別性。這不但在比較兩族各自流傳的說法時可以明顯的分辨出來，還可以以兩族相互流通時，其壁壘分明，毫不相混的情節處理作為旁證，例如一九九六年的「蛇郎君（四）」，由排灣族人講述發生在茂林鄉魯凱族的蛇郎君故事裡，便是沿襲魯凱族慣見的規律——沒有欺騙與連續變形情節，只取第一個段落「女孩許配給蛇」摘花、許婚情節，續接的則是魯凱族的傳統故事情節。

　　在阿美族流傳的本類型故事，採於一九九四年的花蓮縣吉安鄉。這一則「變成田雞的妹妹」也保留了豐富的漢族故事情節，但重心放在姊妹之爭、連續變形、夫妻團圓，摘花、脅婚都不在故事裡，角色裡也沒有任何的精怪。尤其特別的是，其情節安排和故事重心的擇選，在一九二三年排灣族的「嫉妒」、一九九八年魯凱族的「吃醋的女人」也有一模一樣的呈現。截至目前，本類型故事在阿美族的說法僅有本例，而與本例相仿的魯凱族說法在該族之中也是僅有一例，至於排灣族，雖有相近的說法，但把蛇郎轉換為人的做法，也是僅此一例。不過，三說又各有其族別化的變異，例如阿美族的蒸桶、吹竹、將竹椅丟入大海，甚至安插了「白水素女」類型故事常用的情節「異物變化為人，為人煮飯」；排灣族的灰燼變麻糬；魯凱族的灰燼變地瓜。因此，此類說法各在其族群的流傳應該都有一些消融轉化的時日。

　　至於三者的流傳關係，筆者以為排灣族對「蛇郎君」（433D）類型故事的接受和轉化本來就相當多樣。把蛇郎轉換為人的說法雖然只有此例，但是將男方身分游移在人蛇之間，且重心放在男女情感糾葛的處理也曾在一九二三年的「蛇性之淫」出現過，相對於其他兩族毫無近似之說的孤例，該兩族說法的來源應該是在排灣族變異處理過後的「蛇郎君」（433D）類型故事。

　　在台灣原住民族之中，卑南族的「蛇郎君」（433D）類型故事「虎郎君」最特別之處是將提親的蛇變換為老虎。不過，卑南族人普遍信奉土地公，還有蛇是土地公使者的說法，而在漢族的信仰裡，也曾有蛇與虎接聽令於土地公的記載〔註43〕，因此，將土地公和蛇、虎關係的概念一併接收的可能性很

〔註43〕楊玲秋：〈蛇十一章〉，（台北市《民俗台灣》，昭和十六年十一月，第一卷第

大，如此一來，將蛇換作虎恐怕是在漢族影響下的推類之變。除此之外，「虎郎君」在情節組合與素材的擇取都沒有卑南化的痕跡，反而是留下了他族不曾選用，但屬於漢族風俗的情節「沿路撒芝麻」〔註44〕。在連續變形時採用了僅見於阿美族的「青蛙（田雞）」，保留了閩南漢族及阿美族共有的「竹子」、「竹椅」。最後，女孩變成花朵的情節則又和一九九六年的排灣族「蛇郎君（一）」一樣。看來，卑南族的「蛇郎君」（433D）類型故事與漢族、阿美族、排灣族共享了一些各該族特有的元素。因此，有理由相信，其故事來源和上述三族有關，甚至就是來自三方的混合體，亦未可知。畢竟，卑南族和漢、阿美、排灣三族，不論在地緣或文化接觸，都有相當久遠的淵源。

　　在高雄都會區講述「蛇郎君」（433D）類型故事的魯凱和排灣兩族，其說法並不曾脫離各自原鄉的規律。只不過，排灣族的兩說都和魯凱族傳統的「巴冷嫁蛇」傳說故事結合，而魯凱族說法不是在允婚、結婚之處結束，就是續接其他的傳統故事，而絕無把「巴冷嫁蛇」傳說故事與「蛇郎君」（433D）類型故事併合講述的情形。從此可以得知，源自漢族的「蛇郎君」（433D）類型故事在排灣、魯凱兩族的心目中，其概念和定位是不一樣的。這種情形即使在高雄都會區，也是涇渭明白的。

六、父親的指示——田裡埋了銀子（910E）

　　「父親的指示——田裡埋了銀子」（910E）類型故事在高雄都會區的講述者是排灣族，然而故事情節中水田、播穀種的稻作文化背景，與排灣族刀耕火墾的耕植傳統並不相應。在台灣地區具有稻作文化背景的族群是漢族。

　　根據講述者廖金娟女士的說明，這故事是小時候聽來的。廖女士在十八歲以後離開原鄉，而這個位在隘寮溪的東北面坡地的原鄉——三地村，由於地形和供水條件不足，至今無法發展水稻種植。同時，該村在過去又是平地人和原住民買賣交易的孔道，因此，這個類型故事應該是從漢族社會傳入原鄉的外來故事。

五號），頁三六。

〔註44〕見「蛇郎君」，《中國民間故事集成——福建卷》，（一九九八年十二月第一版），頁六○八：「現在查某子（姑娘）出嫁，父母要給她帶茉籽、芝麻籽的習俗，就是從這裡來的。」簡齊儒：《台灣地區蛇郎故事研究》，（台中‧國立中興大學中國文學系碩士論文，民國八十九年七月），頁七四：「『贈與豆蘇隨行』的描寫，在漢民族方面，是有其民俗意義的映射，反映了漢民族婚俗當中，以豆蘇為婚聘禮品之一，用以象徵『多子多孫』之民俗意涵」。

此類型故事在今浙江、陝西、福建等漢族社會也有近似的內容與架構，除了福建的「金哥銀弟」〔註45〕，其餘各說都以種稻爲其生產方式。因此，台灣地區的「父親的指示──田裡埋了銀子」（910E）類型故事的來源可能來自大陸地區的漢族社會。

廖女士原來認爲這故事是教訓之詞，自己也以之訓誡兒子。因此，推想當初這則故事可能不是在一種消遣娛樂的情境下聽講的。廖女士在家鄉聽講故事或教導的管道有二，一是家裡的長輩，一是當時擔任立法委員的表哥。前者講述的多是傳統故事，但也有利用外來故事「友愛的兄弟」教導廖女士要和表妹相親相愛的前例。後者則與教會結合，把書上看來的新鮮事傳述給族裡的年輕人，例如「謹守誡言，躲過送死陷阱」（910K）類型故事的「害人反害己」。不過，廖女士非常確定「害人反害己」是外來的故事，對於「父親的指示──田裡埋了銀子」（910E）類型故事的「田裡有金子」卻沒有這樣的肯定，想來其聽講的情境也跟「友愛的兄弟」一般，都是親長的訓誨吧。

如此一來，可以推知，在廖女士的故鄉屏東縣三地門鄉，家庭裡的講述活動已經接受一些外來的故事。至於其傳入的管道如何，尚不得而知。

七、謹守誡言，躲過送死陷阱（910K）

根據阿爾奈‧湯普森的故事類型索引的紀載，引導「謹守誡言，躲過送死陷阱」（910K）類型故事情節的是一句句的「誡言」或「忠告」，它使主人翁免於禍害，故事的發展也因此出現轉折。

不過，在高雄都會區排灣族的講述之下，使主人翁免於禍害，造成故事轉折的「誡言」或「忠告」完全消失。主人翁之所以招患、免禍，完全是毫無機心的結果，最後的結論則是「害人反害己」。至於，「害人反害己」這個故事源自何方呢？

在故事人物方面，「謹守誡言，躲過送死陷阱」（910K）類型故事有時採用國王、王后這類尊貴人，以排灣族文化的階級制度，將這類身分轉移爲頭目，應該是性質相當的。不過，在「害人反害己」裡的人物卻都是平常人，主人翁還受雇於人，他的老闆擁有窯廠。這些條件，既不是排灣族文化的一

〔註45〕《中國民間故事集成──福建卷》，（北京‧新華書店，一九九八年十二月第一版），頁七四六～七四七。

部分，又存在於浙江的「買閒話」〔註46〕和遼寧的「張財買話」〔註47〕兩說之中，因此，排灣族說法的來源極可能是漢族社會。

而且浙江的「買閒話」和遼寧的「張財買話」雖然所用的「誡言」內容不盡相同〔註48〕，但結論都歸結在「害人反害己」之旨、之語。相形之下，排灣族說法捨去的是族別性格強烈的「誡言」，而在故事中人有心與無意的對比之中，發展出一樣的「害人反害己」效果和結論。兩者雷同、相關的痕跡仍然無法抹滅。

而本類型故事常見的因慾生恨事件，也被排灣族轉換成適合孩子聽講的忌妒、挑撥結怨情節。當然，這種處理也可能完成於一本經過改寫出版的故事書裡。因為，當初的講述者是看了書的。

八、扛著包袱騎馬（1242A）

在高雄都會區講述這一則「扛著包袱騎馬」（1242A）類型故事「背著比較不重」的排灣族人，二十二歲便跟著外省籍的丈夫來高雄定居。但是她在講述的故事裡還是把故事背景設在山地，傻氣的主人翁是背著木材從山上下來的。類似的內容，筆者在初中時代也曾聽同學說起，故事發生在公車上，背著東西試圖減輕司機負擔的是一位鄉下婦人。

從阿爾奈・湯普森的故事類型索引和採自北京的笑話「三個糊塗蟲」〔註49〕可見，故事背景的說法還包括了騎驢跨馬的時代，可見這笑話的流傳既廣且久。原住民社會沒有經歷過騎驢跨馬的生活形態，這個笑話自然不可能是原鄉流傳變化的成果，其來源為當代平地社會的說法，應是殆無疑義的。

九、懶得不肯動手的妻子（1387A*）

「懶得不肯動手的妻子」（1387A*）類型故事在台灣的漢族社會與魯凱族

〔註46〕《中國民間故事集成——浙江卷》，（北京・新華書店，一九九七年九月第一版），頁七九一～七九二。

〔註47〕《中國民間故事集成——遼寧卷》，（北京・新華書店，一九九四年九月第一版），頁八七〇～八七二。

〔註48〕浙江「買閒話」採用的是：「是你是你，是我是我」、「朋友妻勿可戲」、「月明月明，勿可獨行」。遼寧「張財買話」採用的是：「外財不可貪」、「嫂嫂不可欺」、「聽話聽到底」、「害人如害己」。

〔註49〕《中國民間故事集成——北京卷》，（北京・新華書店，一九九八年十一月第一版），頁八七一。

都有流傳的紀錄。漢族說法的懶人是丈夫，魯凱族的兩說都是兒子，其故事大要和故事人物的關係都不出丁乃通先生所紀錄的範圍，可見這一則專屬於中國的類型故事，其故事情節和角色都相當穩定。

不過在詮釋故事的角度上，台灣所見的三則說法卻都各不相同。漢族社會的說法「懶人的故事」〔註50〕，著重在懶人懶惰程度之奇，因此，其在類型故事的情節之後還添了一段：另一人倒行前來拜師，以便省卻轉身動作的懶上加懶，令原來的懶人甘拜下風。整個故事的內容，只有一種在窮極無聊中表現詼諧詭點的逗樂情調。甚至在某種程度上，有一種縱容男性的放任。相對於男性至上的漢人傳統社會環境，倒也頗能相應。

在高雄都會區的魯凱族說法「懶人的故事」卻相當嚴肅，其講述地點還是在教會的講壇，因此懶人之懶得到悲慘而應得的下場——餓死。故事裡的情境寄寓了宗教信仰的訓誡。在魯凱族的原鄉，「懶惰而死的孩子」的懶人之懶仍然以餓死收場，不過在故事的鋪陳上，增添了一些原住民傳統生活的描述，掛在胸前的食物也不是前兩說的餅乾，而是串成一掛的地瓜、芋頭、山肉。根據筆者在大社鄉採訪時聽聞當地的講述者〔註51〕談起幼年往事，便有將山豬內臟串成一串給孩子掛在胸前當零食吃的情形，而這還是貴族家庭才供得起的特權。據此可見，流傳在魯凱族原鄉的「懶得不肯動手的妻子」（1387A*）類型故事，已經融入一些當地的風俗了。

比較上述三說，漢族止於談笑助興之用；魯凱族原鄉藉著生活化的情節，寄託父母對子女的教育；而在高雄都會區則襲用漢族故事的素材，表現其結合魯凱族傳統和近代宗教的訓導精神。

〔註50〕金榮華：《台灣桃竹苗地區民間故事》，（台北・中國口傳文學學會，民國八十九年十一月），頁一六一～一六三。

〔註51〕講述者父系是魯凱族，母系是排灣族，居住在四面環繞魯凱族的排灣族拉瓦爾群。

第六章　結　論

　　縱然高雄都會區鄰近山區有排灣、魯凱、布農、鄒等族群的聚落，但是也只在高雄市崛起、興隆的近幾十年間，才足以吸引其人力的大量投入。而分布在東岸平原地區，與漢族社會早有接觸的阿美、卑南族群，則在地理因素之下，多把隔著中央山脈位在西岸的高雄地區視爲往外發展的次要選擇。

　　由於群體行動的傳統習性，其在高雄都會區的工作場域和居處，則有隨工作場地移動的群聚傾向，例如早期的鼓山、前鎮，後來的楠梓、左營、三民、小港、鳳山。只因人數比例過少，經濟能力不足等因素，始終沒有形成固定的聚落，所以在高雄都會區的台灣各族原住民，其居所大致上是分散在各處的。和族人的往來多半是利用假日上原住民教會，就近返鄉或與同鄉聚會吃喝閑聊、舉行球賽。有時還爲了社團活動，而約期在公園、球場演練新編的舞步。在這些的活動中，也有三兩不同族群的聯誼、競賽，或者一、二落單的別族原住民參與其中。

　　不論如何，高雄都會區這個以吸引大量外來人口成就其經濟發展的開放空間，仍然移入了人數不等的台灣各原住民族群。而從中採錄所得的口傳故事自然也是涵蓋各族，而顯得龐雜多樣。就故事類別而言，不但幾乎包括了所有的故事類別，還不乏故事類別之間轉換的例子，如「人嫁蛇」、「溫泉的由來」、「桃太郎」。其中符合故事類型條件者固然不少，而未構成類型的故事資料更占了二分之一強，包括常見的傳統故事，也有首次紀錄但充滿傳統元素的故事，甚至還有與日據時期所採故事直接相承，卻中斷紀錄許久的故事，如：卑南族的「卑南人的起源（甲）」、「殺蛇救妹」。而其他穿插了高雄都會生活情境的原住民故事，數量雖然不多，但在累積當代台灣原住民在都會地

區所形成的口傳故事資料方面，已經是一個起步。僅就蒐集資料的角度而言，已可證明在高雄都會區裡，仍有質、量兼備的台灣原住民口傳故事可供採集。

此外，在高雄都會區所見的台灣原住民口傳故事，猶有下列特色：

一、同類型故事中的變異，不但有因族群不同而呈現的不同，還保有同一族群中的地區性差異，例如「兄妹鳥」中所變化的鳥別，「巴嫩的故事」在擇取婚俗情節的變異，「溫泉的由來」中情節的取捨，都具有隨著地區不同而不同的規律性。而這些差異的規律，在進入高雄都會區這種各族接觸機會大增的情境裡，仍然沒有匯流互通的跡象。

由此可見，台灣原住民族不但不能以籠統的原住民視之，即使是目前所區分之十一大族群也不足以完整的呈現其個別差異性。這種以村落或氏族為文化單位的形式與其傳統以地域為活動單位的背景結合，傳衍的歷史既然久遠，建立的基石亦相對深固，自然不是一時可以取代或瓦解重組的。至少這一切在其口傳故事的流傳之中，仍然是清楚明白的。而這些現象的存在，在提供「多元」之概念和認知上，應該是足資參考與思考的。

二、那些傳自漢族社會的類型故事，如「虎姑婆」、「蛇郎君」、「懶人的故事」等等，固然接受了不少屬於台灣地區漢族說法的特徵。甚至於，原鄉已融入漢族社會的族群如平埔族，講述的故事背景與素材和漢族說法根本是一般無二。不過在其他的族群，這些早在原鄉便已流傳的類型故事，在高雄都會區講述中的個別異說不但是來自原鄉的記憶，運用的素材和加入的情節也都有相當程度的本族化，這顯示了台灣原住民族群與漢族社會的交流已久，而平埔族以外的其他各族群在吸納外來事物的歷程，還深受本族固有文化和信念的影響。至於高雄都會區這個以棲身謀職為主的環境，對這類民間故事的變異並無影響力。

三、傳統故事中有些在都會區顯得冗長蕪蔓的內容，在原鄉卻是和傳統習俗、信念的傳遞有關。譬如「兄妹鳥」故事中對於鷹鳥習性的仔細描繪，其實與涉及生存問題的風俗、祭典有關；「卑南人的起源（甲）、（乙）」系列故事裡，為何不准進村，何以有弒親行為，關係著禁忌和祭儀的內容；「神奇的女婿」故事中人物的出身，牽連到糧食的起源和祭典的說明。只是當其遇到生活節奏與信念不同的都會區，這些含藏文化知識的敘述便只剩下載負故事的任務，為完成明確精準的故事架構而捨棄許多情節了。

四、高雄都會區所採錄的口傳故事，最具特色的是笑話。而這些笑話中

在用爲諧音的素材上，又以頻頻出現閩南語爲最特殊。儘管因爲早期學校教育力行說國語，在台灣便有一些只會說國語而不懂閩南語的原住民。但是，在表現其高雄都會生活經驗的諧音笑話裡，閩南語卻都不曾缺席。從此可見，這些諧音笑話不但反映出南台灣的漢族社會普遍通行閩南語的社會現象，另一方面，在南台灣高雄都會區的原住民，其生活經驗中因閩南語而生起的困擾和趣味也比較多。

此外，這些笑話雖然在講述者的說明裡聲稱是從族人或其他族群處聽來，但是從題材的選用，如「智力測驗」裡利用了電腦這新元素之外，包括「智力測驗」在內，其他如「上帝原諒我吧」、「你叫什麼」，都在網路笑話中也有類似架構、情節或元素的運用和流傳，而且這些網路網站還涵括了台、港、大陸這兩岸三地。看來，在當代的環境裡，網際網路已是口傳故事尤其是笑話不可忽視的接收與流傳新管道。即使是台灣原住民也不能自外於這股洪流。

參考文獻

一、書籍部份

1. 小島由道、河野喜六主編，中央研究院民族學研究所編譯：《番族慣習調查報告書（第二卷）》，台北・中央研究院民族學研究所，民國八十七年十一月，日文版出版於一九一五年。

2. 方有水、印莉敏：《布農──傳說故事及其早期生活習俗》，南投・玉山國家公園出版社，民國八十四年十一月。

3. 王鑫：《台灣的地形景觀》，台北・渡假出版公司，民國八十六年五月。

4. 尹建中編：《臺灣山胞各族傳統神話故事與傳說文獻編纂研究》，台北・國立台灣大學人類學系，民國八十三年四月。

5. 巴蘇亞・博伊哲努（浦忠成）：《台灣鄒族的風土神話》，台北・臺原出版社，民國八十二年。

6. 中國民間文學集成全國編輯委員會：《中國民間故事集成──北京卷》，北京・新華書店，一九九八年十一月第一版。

7. 中國民間文學集成全國編輯委員會：《中國民間故事集成──四川卷（下）》，北京・新華書店，一九九八年三月第一版。

8. 中國民間文學集成全國編輯委員會：《中國民間故事集成──浙江卷》，北京・新華書店，一九九七年九月第一版。

9. 中國民間文學集成全國編輯委員會：《中國民間故事集成──福建卷》，北京・新華書店，一九九八年十二月第一版。

10. 中國民間文學集成全國編輯委員會：《中國民間故事集成──遼寧卷》，北京・新華書店，一九九四年九月第一版。

11. 台灣省文獻委員會：《台灣史》，台北・眾文圖書公司，民國八十五年十

月一版五刷。

12. 台灣省文獻委員會：《台灣府輿圖纂要》，(《台灣歷史文獻叢刊》，台北·台灣省文獻委員會，民國八十六年六月。

13. 台灣省文獻委員會：《台灣省通誌》卷一土地志地理篇，台北·台灣省文獻委員會，民國五十九年六月。

14. 必麒麟（W.A.Pickering）著、陳逸君譯述：《歷險福爾摩沙》，台北·原民文化出版社，民國八十八年第一版。

15. 田哲益：《布農族的古老傳說》，南投縣政府，民國八十二年六月。

16. 伍麗華：《說媽媽的故事》，屏東·國立屏東師範學院教育金會，民國八十七年。

17. 交通部運輸研究所：《高雄都會區住戶交通旅次調查》，交通部運輸研究所，民國八十七年八月。

18. 多奧·尤給海，阿棟·尤帕斯：《泰雅爾族神話傳說》，新竹·泰雅中會母語推行委員會，一九九一年八月。

19. 江海：《漂流兩千年——邁發尼耀族家史》，屏東縣立文化中心，民國八十九年。

20. 宋龍生：《台灣原住民史料彙編六　卑南族神話傳說故事集：南王祖先的話》，台北·台灣省文獻委員會，民國八十七年元月。

21. 李壬癸：《高雄縣南島語言》，鳳山·高雄縣政府，民國八十六年。

22. 李來旺：《阿美族神話故事》，台東·交通部觀光局東部海岸風景特定區管理處，民國八十三年一月。

23. 李昉等編纂：《太平御覽》，台北·台灣商務印書館，民國二十四年十二月初版，民國六十四年四月台三版。

24. 阮昌銳編著：《台灣的原住民》，台北·省博物館，民國八十五年初版一刷，民國八十七年初版二刷。

25. 吳文政：《泰雅爾族神話故事》，台北·台灣世界展望會家庭生活教育組，民國七十三年十二月。

26. 吳寧遠：《文化變遷與生活適應之研究：原鄉地區原住民遷徙都會問題之省思》，委託單位：高雄市政府原住民事務委員會，研究單位：國立中山大學，民國八十八年六月。

27. 何廷瑞：《台灣土著的神話、傳說比較研究》，台北·東方文化供應社，民國五十六年。

28. 佛雷澤著、汪培基譯：《金枝（上）——巫術與宗教之研究》，台北·久大、桂冠聯合出版，民國八十年初版。

29. 林玉如：《清代台灣港口的空間結構》，台北·知書房出版社，民國八十

五年初版。

30. 林金泡:《台北市高雄市山胞居民生活狀況》,台北縣政府,民國七十三年八月。

31. 林道生譯:《原住民神話故事全集(一)》,台北‧漢藝色研文化事業有限公司,民國九十年。

32. 金榮華:《中國民間故事集成類型索引(一)》,台北‧中國口傳文學學會,民國八十九年元月。

33. 金榮華:《中國民間故事集成類型索引(二)》,台北‧中國口傳文學學會,民國九十一年三月。

34. 金榮華:《中國民間故事與故事分類》,台北‧中國口傳文學學會,民國九十二年三月。

35. 金榮華:《台北縣烏來鄉泰雅族民間故事》,台北‧中國民間文學學會,民國八十七年十二月。

36. 金榮華:《台東卑南族口傳文學選》,台北‧中國文化大學中國文學研究所,民國七十八年。

37. 金榮華:《台東大南村魯凱族口傳文學》,台北‧中國文化大學中國文學研究所,民國八十四年五月。

38. 金榮華:《台灣阿美族民間故事》,台北‧中國口傳文學學會,民國九十年十月。

39. 金榮華:《台灣高屏地區魯凱族民間故事》,台北‧中國口傳文學學會,民國八十八年十二月。

40. 金榮華:《台灣桃竹苗地區民間故事》,台北‧中國口傳文學學會,民國八十九年十一月。

41. 金榮華:《金門民間故事集》,台北‧中國文化大學中國文學研究所‧福建省金門縣立社會教育館,民國八十六年三月。

42. 金榮華:《高雄屏東地區卑南族與魯凱族口傳故事之採錄與整理》,行政院國家科學委員會專題計劃NSC 84-2421-11-034-001-A7,民國八十六年。

43. 金榮華:《澎湖縣民間故事》,台北‧中國口傳文學學會,民國七十八年。

44. 金榮華:《澎湖縣民間故事》,台北‧中國口傳文學學會,民國八十九年十月。

45. 邱坤良等編:《宜蘭縣口傳文學(上)》,宜蘭縣政府,民國九十一年。

46. 施翠峰蒐集,連湘譯:《台灣民間故事》,河北少年兒童出版社,一九八七年七月第一版。

47. 胡萬川總編輯:《大墩民間文學採錄集》,台中市立文化中心,民國八十四年七月。

48. 胡萬川總編輯:《彰化民間文學集——故事篇(四)》,彰化縣立文化中心,民國八十四年七月。

49. 胡萬川,黃晴文總編輯:《東勢鎮客語故事集(四)》,台中縣立文化中心,民國八十六年七月。

50. 胡萬川,黃晴文總編輯:《新社鄉閩南語故事集(一)》,台中縣立文化中心,民國八十五年六月。

51. 高雄市政府原住民事務委員會:《高雄市原住民基本資料暨生活狀況調查統計分析報告》,民國八十九年十月。

52. 高雄市發展史編纂小組:《高雄市發展史》,高雄市文獻委員會,民國七十七年元月初版,民國八十四年四月再版。

53. 夏本奇伯愛雅(周宗經):《釣到雨鞋的雅美人》,台中‧晨星出版公司,民國八十一年。

54. 夏曼‧藍波安(施努來):《八代灣的神話》,台中‧星辰出版社,民國八十一年。

55. 許功明:《魯凱族的文化與藝術》,台北‧稻鄉出版社,民國八十年五月初版 民國八十二年七月修訂版。

56. 許美智:《排灣族的琉璃珠》,台北‧稻香出版社,民國八十一年十一月初版。

57. 頂和國際工程顧問公司:《高雄港區聯外道路與高雄都會區交通運輸系統整合規劃初期報告(上冊)》,頂和國際工程顧問股份有限公司,民國八十四年十二月。

58. 張振岳:《台灣後山風土誌》,台北‧臺原出版社,民國八十三年六月。

59. 張湛注:《列子》,台灣中華書局,四部備要子部,中華書局據世德堂本校刊,民國六十九年七月臺四版。

60. 曹永和:《台灣早期歷史研究》,台北‧聯經出版公司,民國八十四年十一月初版五刷。

61. 陳千武譯:《台灣原住民的母語傳說》,台北‧臺原出版社,民國八十年。

62. 陳枝烈:《排灣族神話故事》,屏東縣立文化中心,民國八十六年六月。

63. 陳冠學:《老台灣》,台北‧東大圖書公司,民國八十八年八月六刷。

64. 童春發:《排灣族史篇》,南投‧省文獻會,民國九十年。

65. 曾玉昆:《高雄市各區發展淵源(上)》,高雄市文獻委員會,民國八十一年初版,民國八十四年再版。

66. 湯賢慧:《排灣語傳統神話故事集》,台北‧中央研究院歷史語言研究所,民國八十四年十二月。

67. 楊家駱主編:《中國笑話書》,台北‧世界書局,一九九六年三月二版一刷。

68. 照史：《打狗滄桑》，高雄・春暉出版社・民國七十四年九月。

69. 達西烏拉彎・畢馬（田哲益）、達給斯海方岸・娃莉絲（全妙雲）：《布農族口傳神話傳說》，台北・臺原出版社，民國八十七年。

70. 詹素娟、張素玢：《平埔族史篇（北）》，南投・省文獻會，民國九十年三月。

71. 潘英：《台灣平埔族史》，台北・南天書局，民國八十五年六月初版一刷。

72. 劉還月：《尋訪台灣平埔族》，台北・常民文化事業公司，一九九五年十二月初版一刷　一九九六年六月初版二刷。

73. 霍斯陸曼・伐伐（王新民）：《中央山脈的守護者：布農族》，台北・稻鄉出版社，民國八十六年十月初版。

74. 鄧相揚、許木柱：《邵族史篇》，南投・省文獻會，民國八十九年十二月。

75. 應裕康：《屏東地區排灣族口傳文學之採錄與整理成果報告》，行政院國家科學委員會專題計劃 NSC 84-2421-11-017-004-A7，民國八十六年六月。

76. 聶甫斯基著，白嗣宏、李福清、浦忠成譯：《台灣鄒族語典》，台北・臺原出版社，民國八十二年七月。

77. 藍鼎元：《東征集》，《台灣歷史文獻叢刊》，台北・台灣省文獻委員會，民國八十六年六月。

二、論文部分

（一）單篇論文

1. 王崧興：〈馬太安阿美族之宗教及神話〉，《民族學研究所集刊》，民國五十年秋季，十二期。

2. 王崧興：〈馬太安阿美族的故事〉，《民族學研究所集刊》，民國五十一年秋季，十四期。

3. 田銀旺著，李璧年、黃秀敏、許俊德譯：〈祖先的故事〉，《民族學研究所資料彙編》，民國八十八年六月，十四期。

4. 洪國勝：〈孤巴察峨岩石雕刻勘察記〉，《山海文化雙月刊》，一四期，民國八十六年九月，原載於民國七十三年十二月《今日經濟》。

5. 曹永和著、陳宗仁、陳利甫合譯：〈十七世紀作為東亞轉運站的台灣〉，《台灣風物》四十八卷三期，民國八十七年九月。

6. 黃馨霈：〈中國民間童話「老虎外婆」故事類型初探〉，台北《中國文學研究》，民國九十一年六月，十六期，附錄。

（二）學位論文

1. 溫浩邦：《歷史的流變與多聲——「義人吳鳳」與「莎韻之鐘」的人類學

分析——》，台北・國立台灣大學人類學研究所碩士論文，民國八十五年六月。

2. 伍麗華：《萬山洪水主題之詮釋性研究》，屏東・國立屏東師範學院國民教育研究所碩士論文，民國八十八年七月。

3. 簡齊儒：《台灣地區蛇郎故事研究》，台中・國立中興大學中國文學系碩士論文，民國八十九年七月。

4. 吳姝嬙：《賽夏族民間故事》，台北・中國文化大學中研所碩士論文，民國九十年六月。

（三）研討會論文

1. 吳姝嬙：〈賽夏族的洪水神話〉，台北・中國文化大學中文研究所研究生論文研討會，民國九十年。

2. 張百蓉：〈魯凱族「人蛇戀」故事各種異說之文化觀察〉，《二〇〇二年海峽兩岸民間文學研討會論文集》，桃園・南亞技術學院，民國九十一年十二月。

三、網　站

1. 行政院原住民族委員會　原住民族資訊網
http://www.apc.gov.tw/

2. 高雄市政府原住民事務委員會
http://www.kcg.gov.tw/
http://arts.nthu.edu.tw/NewWww/Exhibition/1996-12-09/Intro/table.html

3. 陳勁榛：《台灣民間故事選》，（馬路客
http://vm.rdb.nthu.edu.tw/mallok/Folk/http://www.life-dkd.com.tw/
http://www.chinatimes.org.tw/news/1999/04/19/990419_03.htm
http://192.192.148.27/news/2001/04/30/2001-0430ch12.html

四、西　文

1. Antti Aarne and Stith Thompson, The Types of the Folktale（Helsinki, Academia Scientiarum Fennica, 1973）

2. Heda Jason, The Types of Indic Oral Tales Supplement.（Helsinki, Academia Scientiarum Fennica, 1988）

3. Hiroko Ikeda, A Types and Motif Index of Japanese Folktale-Literature.（Helsinki, Academia Scientiarum Fennica, 1971）

4. Nai-Tung Ting, A Types Index of Chinese Folktales.（Helsinki Academia Scientiarum Fennica, 1978）鄭建成、商孟可、李京、白可譯，李廣成校：《中國民間故事類型索引》，北京・中國民間文藝出版社，一九八六年七

月。

5. Seán ó Súilleabháin and Reidar TH. Christiansen, The Types of the Irish Folktale.（Helsinki, Academia Scientiarum Fennica, 1968）

6. Stith Thompson and Warren E.Roberts, The Types of Indic Oral Tales.（Helsinki, Academia Scientiarum Fennica, 1991）

7. 李壬癸：《魯凱語料》，台北・中央研究院歷史語言研究所專刊之六十四之二，民國六十四年十月

五、日　文

1. 小川尚義：《原語による台灣高砂族傳說故事集》，台北・南天書局，一九三五年二月台北初版　一九九六年一月二刷。

2. 小林保祥著，松澤員子編，謝荔譯：《排灣傳說集》，台北・南天書局，一九九八年三月。

3. 佐山融吉、大西吉壽：《生蕃傳說集》，台北・南天書局，一九二三年台北初版，一九九六年二刷。金觀漢譯：《生蕃傳說集》，未刊稿。。

4. 鈴木作太郎：《臺灣の番族研究》，台北・臺灣史籍刊行會，一九三二年九月初版，台北・南天書局，一九八八年六月再版。陳萬春譯：《臺灣蕃人的口述傳說》，台北・《民間文學資料匯刊》自印本，民國八十七年十月。

5. 楊玲秋：〈蛇十一章〉，台北・《民俗台灣》，昭和十六年十一月，第一卷第五號。